中国民法

入门手册

董启真

鲁嘉珺　李　勇

著

中国法制出版社

CHINA LEGAL PUBLISHING HOUSE

图书在版编目（CIP）数据

中国民法入门手册/ 董启真，鲁嘉珺，李勇著．——
北京：中国法制出版社，2023.3
ISBN 978-7-5216-2475-5

Ⅰ.①中… Ⅱ.①董…②鲁… ③李… Ⅲ.①民法-
中国-手册 Ⅳ.①D923-62

中国国家版本馆 CIP 数据核字（2023）第 010186 号

策划编辑　陈晓冉　　　　　　责任编辑　陈晓冉　　　　　　封面设计　周黎明

中国民法入门手册
ZHONGGUO MINFA RUMEN SHOUCE

著者/董启真，鲁嘉珺，李勇
经销/新华书店
印刷/保定市中画美凯印刷有限公司
开本/710 毫米×1000 毫米　16 开　　　　　　　印张/ 31.75　字数/ 311 千
版次/2023 年 3 月第 1 版　　　　　　　　　　2023 年 3 月第 1 次印刷

中国法制出版社出版
书号 ISBN 978-7-5216-2475-5　　　　　　　　　　　　　　定价：99.00 元

北京市西城区西便门西里甲 16 号西便门办公区
邮政编码：100053　　　　　　　　　　　　　　传真：010-63141600
网址：http：//www.zgfzs.com　　　　　　　编辑部电话：010-63141835
市场营销部电话：010-63141612　　　　　　　印务部电话：010-63141606

（如有印装质量问题，请与本社印务部联系。）

推荐序一

作为"社会生活的百科全书",2021 年 1 月 1 日起开始实施的《中华人民共和国民法典》(以下简称《民法典》)是中国民法的集大成者,其植根于社会生活的深厚土壤,充分贯彻以人民为中心的发展思想,着眼人民群众对美好生活的向往,充分保障广大人民群众的民事权益,是一部体现我国社会主义性质、符合人民利益和愿望、顺应时代发展要求的法律,是一部固根本、稳预期、利长远的基础性法律。

在《民法典》颁布实施后,按照习近平总书记提出的"民法典要实施好,就必须让民法典走到群众身边、走进群众心里"的要求,要广泛开展《民法典》普法工作,将其作为"十四五"时期普法工作的重点来抓,引导群众认识到《民法典》是保护自身权益的法典,做《民法典》自觉遵守者、模范践行者、坚定捍卫者。如此,才能使法治精神融汇于广大人民群众的日常实践。正如卢梭所言:"一切法律之中最重要的法律,既不是刻在大理石上,也不是刻在铜表上,而是铭刻在公民的内心里。"

在《民法典》的宣传普及中,需要采取各种为人民群众所喜闻乐见的形式,也需要一些深入浅出地宣传《民法典》的注释、普及性读物。《中国民法入门手册》就是一本介绍我国《民法典》及民事法律基础制度的入门读物。该书内容详实、体系完整、逻辑清晰,有以下特点。

第一,该书围绕《民法典》的体例架构,系统性地介绍了我国民法基本知识,全方位涵盖了民法领域中总则、物权、合同、人格权、婚姻家庭、继承、侵权责任等重要方面,为读者全景式地展现了我国民事法律制度。

第二，该书语言简洁精炼、通俗易懂，并以思维导图的方式梳理出不同民事法律概念的关系，能让民法初学者及对民法有兴趣的非法律专业读者较为直观、快速地理解我国民法核心知识点。

第三，该书以《民法典》的规定作为主要框架、以典型案例和司法解释等作为注释，以案释法、以法说案，对民法的实务应用也具有一定的参考价值。

民法世界浩瀚无垠，民法的学习永无止境。希望该书能为广大读者开启一扇民法世界的大门，也期待能为诸位读者带来更多的启发和思考。

是为序。

王利明
中国人民大学一级教授、博士生导师

推荐序二

中国内地民法理论与制度博大精深，涵盖内容纷繁复杂。对于未曾系统性接受中国内地法学教育的读者而言，要初窥民法体系全貌颇为不易。但是，随着内地和香港法律行业的不断交流，尤其是粤港澳大湾区律师执业考试制度的建立，越来越多香港同行希望能够学习、了解内地民法。

因此，我十分欣喜看到这本《中国民法入门手册》出版。这本书通过合理的体系编排，以通俗简洁的语言向读者系统地介绍了内地民法基本理论与制度，从而向读者全面、直观地普及内地民法知识。同时，本书内容紧贴《民法典》条款及相关司法解释，辅以大量的精选案例，为读者提供了实践方面的指导和参考。相信对于想了解和学习内地民法的香港同行而言，一定能从本书中获益良多。

林新强

香港立法会议员（法律界）、太平绅士、香港律师

前　言

民法在我国法律体系中具有举足轻重的地位，是市场经济和市民社会的基本法，具有保障民事权益、调整民事关系、维护社会和经济秩序的重要作用。

《民法典》是我国民事立法的集成榫卯之作。2020 年 5 月 28 日，《中华人民共和国民法典》由十三届全国人大三次会议表决通过，并自 2021 年 1 月 1 日起正式施行。《民法典》的颁布具有划时代的意义，它系统整合了新中国成立 70 多年以来长期实践形成的各类民事法律规范，总结提炼了司法实践经验，汲取了中华民族 5000 多年优秀法律文化，借鉴了人类法治文明建设有益成果，对推进全面依法治国、加快建设社会主义法治国家、推进国家治理体系和治理能力现代化具有重大意义。

本书以《民法典》为树根和主干、其他民事单行法为枝叶的逻辑展开介绍我国民法，立足于我国现行法律体系，系统阐述了我国民法的基本理念与制度、基本原则与规则，全面而又不失深度地展现了我国的民事法律规范。本书参照《民法典》的结构体系设置为八编 33 章，八编具体包括"民法概述""民法总则篇""物权篇""合同篇""人格权篇""婚姻家庭篇""继承篇"和"侵权责任篇"。

本书整体上具有以下几个特点。

第一，在体系设计上，按照我国《民法典》的编次体例设计全书篇章结构，确保理论知识的体系化和完备性。读者可对照《民法典》条文阅读本书，更易于其全面快速地掌握我国民法的整体框架。

第二，在内容构造上，每个章节在重点理论知识后辅之以司法案例。司法案例经过精心筛选，大体分为两类：一类是经典案例，如最高人民法院指导性案例、公报案例等；另一类是近5年来案情较为简单易懂的案例，易于初学者阅读学习。全书共设置75篇案例，每篇案例具体包括"事实""争议焦点""法院认为"三个部分。诚如王泽鉴教授所言，实例最能训练法律人的思考方法及能力，实例研习可为从事实务工作提供准备。① 因此，本书中充分翔实的司法案例便于读者实现理论和实操的良性互动。

第三，在表述形式上，本书注重可视化表达，于每编篇首设置一幅思维导图，展现全编知识的体系脉络，章节内附设部分图示及表格，部分司法案例中也绘制了法律关系示意图，从而将复杂问题简单化，便于读者理解并记忆理论知识和案例。

我们希望能为内地及港澳台地区的民法初学者，或者对我国民法知识感兴趣的读者提供一本普及民法基础知识的工具书。这也是本书之所以命名为"入门手册"的缘由。在本书起草过程中，有很多朋友为我们的工作提供了支持和协助，也借此机会向他们表示感谢。我国民法的内容博大精深，但囿于作者能力所限，文中难免存在诸多疏漏之处，敬请各位读者批评指正、提出宝贵意见！

本书作者团队

---

① 参见王泽鉴：《民法思维：请求权基础理论体系》，北京大学出版社2022年版，第12页、第15页。

凡　例

全称	简称
1. 现行有效	
《中华人民共和国宪法》	《宪法》
1.1 法律	
《中华人民共和国民法典》（2021 施行）	《民法典》
《中华人民共和国立法法》（2015 修正）	《立法法》
《中华人民共和国民事诉讼法》（2021 修正）	《民事诉讼法》
《中华人民共和国合伙企业法》（2006 修订）	《合伙企业法》
《中华人民共和国个人独资企业法》（2000 施行）	《个人独资企业法》
《中华人民共和国企业破产法》（2007 施行）	《企业破产法》
《中华人民共和国海商法》（1993 施行）	《海商法》
《中华人民共和国著作权法》（2020 修正）	《著作权法》
《中华人民共和国商标法》（2019 修正）	《商标法》
《中华人民共和国道路交通安全法》（2021 修正）	《道路安全交通法》
《中华人民共和国产品质量法》（2018 修正）	《产品质量法》
《中华人民共和国海域使用管理法》（2002 施行）	《海域使用管理法》
《中华人民共和国矿产资源法》（2009 修正）	《矿产资源法》
《中华人民共和国水法》（2016 修正）	《水法》
《中华人民共和国渔业法》（2013 修正）	《渔业法》
《中华人民共和国农村土地承包法》（2018 修正）	《农村土地承包法》

全称	简称
《中华人民共和国土地管理法》（2019 修正）	《土地管理法》
《中华人民共和国城市房地产管理法》（2019 修正）	《城市房地产管理法》
《中华人民共和国劳动法》（2018 修正）	《劳动法》
《中华人民共和国劳动合同法》（2012 修正）	《劳动合同法》
《中华人民共和国建筑法》（2019 修正）	《建筑法》
《中华人民共和国招标投标法》（2017 修正）	《招标投标法》
《中华人民共和国城市居民委员会组织法》（2018 修正）	《城市居民委员会组织法》
《中华人民共和国村民委员会组织法》（2018 修正）	《村民委员会组织法》
《中华人民共和国个人信息保护法》（2021 施行）	《个人信息保护法》
《中华人民共和国数据安全法》（2021 施行）	《数据安全法》
《中华人民共和国母婴保健法》（2017 修正）	《母婴保健法》
《中华人民共和国产品质量法》（2018 修正）	《产品质量法》
《中华人民共和国缔结条约程序法》（1990 施行）	/
1.2 行政法规及规章	
《中华人民共和国市场主体登记管理条例》（2022 施行）	《市场主体登记管理条例》
《中华人民共和国城镇国有土地使用权出让和转让暂行条例》（2020 修订）	《城镇国有土地使用权出让和转让暂行条例》
《医疗事故处理条例》（2002 施行）	/
《建设工程安全生产管理条例》（2004 施行）	/
《建设工程质量管理条例》（2019 修订）	/
《保障农民工工资支付条例》（2020 施行）	/
《对外承包工程管理条例》（2017 修订）	/
《民用建筑节能条例》（2008 施行）	/
《物业管理条例》（2018 修订）	/
《工伤保险条例》（2011 修改）	/

续表

全称	简称
《必须招标的工程项目规定》（2018 施行）	/
1.3 司法解释	
《最高人民法院关于适用〈中华人民共和国民法典〉总则编若干问题的解释》（法释〔2022〕6 号）	《总则编解释》
《最高人民法院关于审理买卖合同纠纷案件适用法律问题的解释》（法释〔2020〕17 号）	《买卖合同司法解释》
《最高人民法院关于审理商品房买卖合同纠纷案件适用法律若干问题的解释》（法释〔2020〕17 号）	《商品房买卖合同司法解释》
《最高人民法院关于适用〈中华人民共和国民法典〉有关担保制度的解释》（法释〔2020〕28 号）	《担保制度司法解释》
《关于适用〈中华人民共和国民法典〉时间效力的若干规定》（法释〔2020〕15 号）	/
《最高人民法院关于审理道路交通事故损害赔偿案件适用法律若干问题的解释》（法释〔2020〕17 号）	/
《最高人民法院关于确定民事侵权精神损害赔偿责任若干问题的解释》（法释〔2020〕17 号）	/
《最高人民法院关于适用〈中华人民共和国民法典〉继承编的解释（一）》（法释〔2020〕23 号）	/
1.4 其他	
《全国法院民商事审判工作会议纪要》（法〔2019〕254 号）	/
2. 已失效	
2.1 法律	
《中华人民共和国民法通则》（2009 修正）	《民法通则》
《中华人民共和国物权法》（2007 施行）	《物权法》
《中华人民共和国合同法》（1999 施行）	《合同法》
《中华人民共和国担保法》（1995 施行）	《担保法》

续表

全称	简称
《中华人民共和国婚姻法》（2001 修正）	《婚姻法》
《中华人民共和国侵权责任法》（2010 施行）	《侵权责任法》
2.2 司法解释	
《最高人民法院关于贯彻执行〈中华人民共和国民法通则〉若干问题的意见（试行）》（法（办）发〔1988〕6 号）	《民法通则意见》
《最高人民法院关于适用〈中华人民共和国担保法〉若干问题的解释》（法释〔2000〕44 号）	《担保法解释》
《最高人民法院关于适用〈中华人民共和国合同法〉若干问题的解释（一）》（法释〔1999〕19 号）	/
《最高人民法院关于适用〈中华人民共和国合同法〉若干问题的解释（二）》（法释〔2009〕5 号）	/

目　　录

第二编 民法总则篇

第三编 物权篇

第四编 合同篇

第五编　人格权篇

第六编　婚姻家庭篇

第七编　继承篇

第八编　侵权责任篇

案例索引

第一编　民法概述

第二编　民法总则篇

第三编　物权篇

第四编 合同篇

第五编　人格权篇

第六编　婚姻家庭篇

第七编　继承篇

第八编　侵权责任篇

·第一编·
民法概述

本章主要对民法的概念、调整对象、基本原则、法源、效力以及适用原则进行介绍。这部分是整个民法体系中通用的基础概念。

概念

调整对象
　人身关系
　财产关系

基本原则
　功能
　　指导
　　约束
　　补充
　原则
　　平等原则
　　自愿原则
　　公平原则
　　诚实信用原则
　　合法与公序良俗原则
　　绿色原则

民法概述

法源
　制定法
　　宪法
　　法律
　　行政法规
　　地方性法规、自治条例和单行条例
　　部门规章、地方政府规章
　　国际条约与协定
　　司法解释
　非制定法
　　习惯
　　其他

民法的效力
　时间效力
　空间效力
　对人效力

适用原则
　上位法优于下位法
　新法优于旧法
　特别法优于普通法

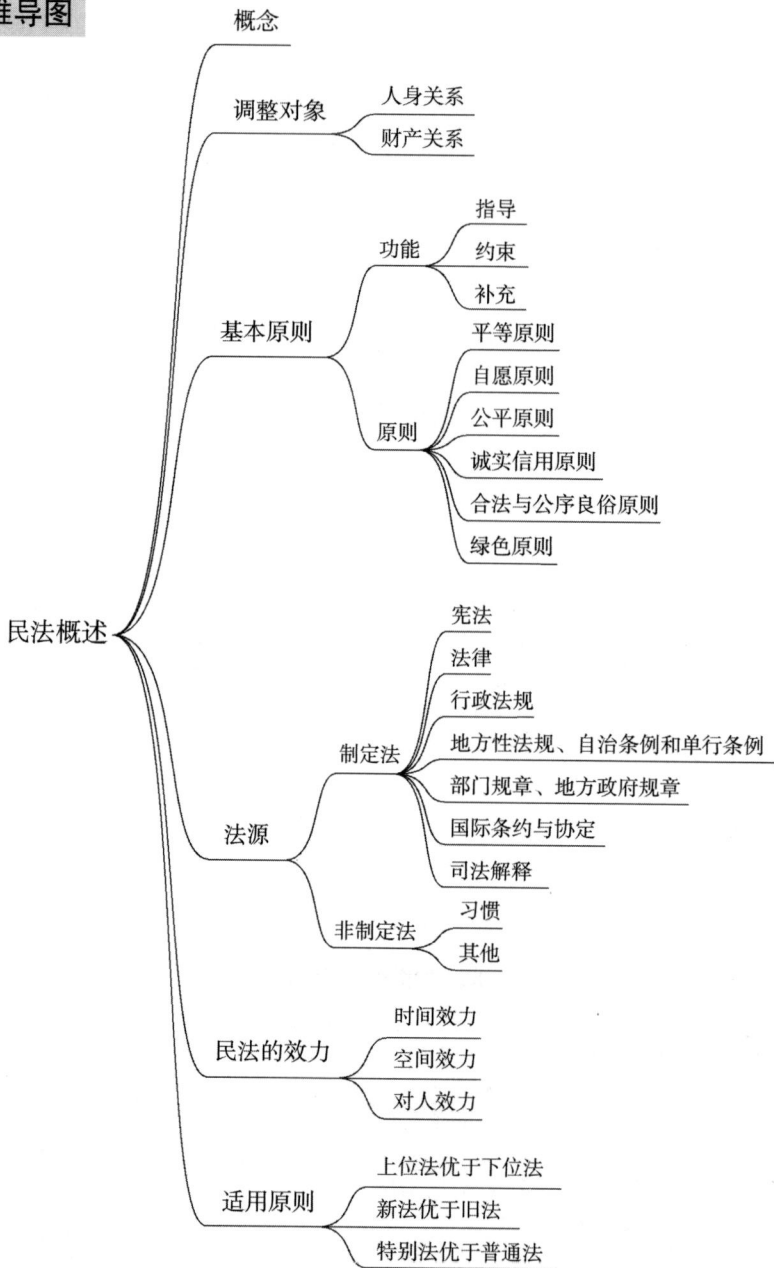

图 1　民法概述章节总览

第一章　民法的概念、调整对象及基本原则

一、民法的概念与调整对象

民法是调整平等主体之间的人身关系和财产关系的法律规范的总称。

我国《民法典》第2条规定："民法调整平等主体的自然人、法人和非法人组织之间的人身关系和财产关系。"

人身关系，是指没有直接的财产内容，但有人身属性的社会关系，包括基于人格产生的人身关系和基于一定身份产生的人身关系。[①]

财产关系，是指人们在产品的生产、分配、交换和消费过程中形成的具有经济内容的关系。[②]

案例1【民法的调整对象】

某房地产开发有限公司与
人民政府债务纠纷案[③]

事实：某房地产开发有限公司为市政府投资建设集中供暖锅炉房，由于该项目为城市基础设施、公益事业建设项目，建设投资大，回收期长，回报率低，建成后长期处于低负荷亏损运行状态，政府专门对此项目出台

---

① 王利明等著：《民法学》，法律出版社2020年版，第8—9页。
② 王利明等著：《民法学》，法律出版社2020年版，第9页。
③ （2006）民一终字第47号民事裁定书，载《最高人民法院公报》2007年第4期（总第126期）。

优惠政策。项目实施过程中，因国家政策的变更以及建设工程项目变更，市政府对优惠政策所涉金额进行重新审计与调整。某房地产开发有限公司对相关款项有异议而向法院提起民事诉讼。

法院认为：第一，本案双方当事人在优惠政策制定和履行中地位不平等，不属于民法意义上的平等主体。讼争供热建设项目优惠政策的确定、某公司介入的形式以及讼争工程结算款的确定等诸多方面都是市政府单方决定的。尽管双方当事人之间在本案讼争建设项目上不存在领导关系、隶属关系，但市政府在制定和执行优惠政策方面居于支配和主导地位。某房地产开发有限公司虽然具有是否承担讼争项目建设的决定权，以及对优惠政策如何理解、如何执行的建议权，但从整体上讲，在介入方式、优惠政策制定及如何履行优惠政策等方面，某房地产开发有限公司居于次要和服从的地位，双方当事人尚未形成民法意义上的平等主体之间的民事关系。

第二，本案双方当事人之间没有形成民事合同关系。本案讼争供热建设项目得以执行所依据的优惠政策是市政府单方制定的，未邀请某房地产开发有限公司参加市政府办公会议并与之平等协商，也未征得某房地产开发有限公司同意，市政府作出的单方意思表示，没有某房地产开发有限公司的意思配合。因此，市政府办公会议纪要等相关文件不是双方平等协商共同签订的民事合同。

综上，尽管本案双方当事人之间讼争的法律关系存在诸多民事因素，但终因双方当事人尚未形成民法所要求的平等主体关系，市政府办公会议关于优惠政策相关内容的纪要及其文件不是双方平等协商共同签订的民事合同，故本案不属于人民法院民事案件受理范围。原审法院将此作为民事纠纷予以受理并作出实体判决不当，应予纠正。

二、民法基本原则

（一）民法基本原则的含义与功能

民法的基本原则，是民法的本质和特征的集中体现，是高度抽象的、最一般的行为规范和价值判断标准。[①] 民法基本原则有以下几种功能。[②]

1. 指导功能

民法基本原则对立法、司法与民事行为均具有指导意义。立法应当根据基本原则体现的精神来制定，符合基本原则的要求，司法应当以民法基本原则为出发点，同时民事活动的当事人应当以民法基本原则为自己的行为准则。

2. 约束功能

民法基本原则对民事立法、司法和民事行为有约束力。

3. 补充功能

法律出现漏洞时，应当以民法基本原则的精神来弥补法律的缺陷。但是通常在民事法律规范有具体规定的情况下，必须适用具体规定，不能直接适用民法基本原则。[③]

（二）我国民法基本原则

《民法典》第 4 条至第 9 条对民法的基本原则进行了规范。

1. 平等原则

《民法典》第 4 条规定："民事主体在民事活动中的法律地位一律平等。"平等原则是民法的首要原则，平等原则是由民法调整的社会关系的性质决定的，没有平等就没有民法，市场经济最本质的特征正是体现在主体之间的平等性上。

---

① 王利明等著：《民法学》，法律出版社 2020 年版，第 34 页。
② 胡雪梅主编：《民法》，清华大学出版社 2021 年版，第 15 页。
③ 王利明等著：《民法学》，法律出版社 2020 年版，第 34 页。

案例2 【平等原则】

郭某诉成都某餐饮娱乐有限公司餐饮服务合同纠纷案①

事实： 郭某得知被告经营的餐饮店专门对具有四川大学的教师及学生身份的消费者有优惠政策，在与被告确认优惠政策只针对四川大学师生后，进店消费，并以被告涉嫌反向歧视为由向法院提起诉讼。

争议焦点： 经营者实施有针对性的优惠政策是否违反平等原则？

法院认为： 在民事活动中，平等原则强调的是民事主体地位平等，具体而言，民事主体享有平等的权利和义务，民事活动以一种自愿、等价有偿的方式进行。在商品交易过程中，消费者享有自主选择商品或者服务的权利。同样，经营者也享有在合法基础上自主选择有利于自己的营销策略和经营方式。本案中原告明知被告仅对四川大学师生打折，仍选择到被告处就餐，是自愿行为，被告并未采取欺诈、胁迫等手段要求原告进行消费，也并未将自己的意志强加给原告，原告自由选择交易对象的权利和机会并未被剥夺。原、被告双方之间的交易行为是自愿和等价有偿的，所以原告的平等权并未受到侵害。平等原则是民事活动的基本原则，而自由也是法律价值的重要体现，被告对四川大学师生实行打折优惠并不违反法律法规的禁止性规定，故对原告的诉请不予支持。

2. 自愿原则

《民法典》第5条规定："民事主体从事民事活动，应当遵循自愿原则，按照自己的意思设立、变更、终止民事法律关系。"民事主体可以自己决定民事法律关系的确立、变更和终止。但是，这种自由不是绝对的，民事主体自主自由地从事民事法律活动不得违反法律的规定，不得损害他人的利益，不得违背公序良俗。

---

① （2009）武侯民初字第4680号民事判决书。

案例 3 【自愿原则】

大洼天某祥化工有限公司与金某科技（湖北）化工有限公司买卖合同纠纷案①

事实： 大洼天某祥化工有限公司（以下简称大洼天某祥公司）与金某科技（湖北）化工有限公司（以下简称金某公司）双方签订油品销售合同，金某公司向大洼天某祥公司购买燃料油。大洼天某祥公司按约履行供货义务后，金某公司仅支付部分货款。大洼天某祥公司向金某公司催款时，被要求须另行签订还款协议，协议约定案外人支付金某公司货款后才支付大洼天某祥公司货款。大洼天某祥公司以还款协议显失公平，严重损害其合法权益为由向法院提起诉讼。

法院认为： 一审法院判决认为，大洼天某祥公司按约向金某公司交付燃料油后，金某公司应当依约及时、足额支付大洼天某祥公司货款。双方其后签订的还款协议，排除了金某公司的合同义务，限制了大洼天某祥公司的合同权利，违背自愿、公平、诚实信用原则，对大洼天某祥公司主张撤销该协议书予以支持。二审法院认为，双方签订的还款协议书，从形式上看，确系双方当事人协商一致的结果。但是双方签订协议书时，金某公司利用其支付货款的优势地位，通过签订还款协议，使大洼天某祥公司享有的货款权益处于不确定状态，加大其应收货款的风险，使双方当事人的权利和义务严重不对等，案涉协议书显失公平，支持大洼天某祥公司的诉讼请求。

3. 公平原则

《民法典》第 6 条规定："民事主体从事民事活动，应当遵循公平原则，合理确定各方的权利和义务。"公平原则是将市场经济活动中公平交易和公平竞争的道德准则上升为法律原则的结果，对于维护市场经济秩序、弥补

---

① （2016）鄂 96 民终 245 号民事判决书。

法律漏洞有着重要意义。

案例 4 【公平原则】

A. P. 穆勒-马某基有限公司（A. P. Moller-MaerskA/S）与浙江隆某不锈钢有限公司海上货物运输合同纠纷再审案①

事实： 2014 年 6 月，浙江隆某不锈钢有限公司（以下简称隆某公司）由中国宁波港出口一批不锈钢无缝产品至科伦坡。隆某公司通过货代向马某基公司订舱，涉案货物于 6 月 28 日装载于 4 个集装箱内装船出运。7 月 9 日，隆某公司通过货代向 A. P. 穆勒-马某基有限公司（以下简称马某基公司）发邮件称，发现货物运错目的地，要求改港或退运。马某基公司于同日回复，因货物距抵达目的港不足 2 天，无法安排改港，如需退运则需与目的港确认后回复。次日，隆某公司的货代询问货物退运是否可以原船带回，马某基公司于当日回复"原船退回不具有可操作性，货物在目的港卸货后，需要由现在的收货人在目的港清关后，再向当地海关申请退运。海关批准后，才可以安排退运事宜"。涉案货物于 7 月 12 日左右到达目的港。马某基公司应隆某公司的要求于 2015 年 1 月 29 日向其签发了编号 603××××80 的全套正本提单。根据提单记载，托运人为隆某公司，收货人及通知方均为 VENUSS××××PVTLTD，起运港中国宁波，卸货港科伦坡。5 月 18 日，隆某公司向货代发邮件称决定向马某基公司申请退运。次日，隆某公司向马某基公司发邮件表示已按马某基公司要求申请退运。马某基公司随后告知隆某公司涉案货物已被拍卖。

争议焦点： 隆某公司是否有改港或退运的权利？

法院认为： 最高人民法院认为，依据《合同法》第 308 条（现《民法典》第 829 条）的规定，在承运人将货物交付收货人之前，托运人享有请

---

① （2017）最高法民再 412 号民事判决书。

求变更运输合同的权利，但双方当事人仍要遵循《合同法》第 5 条（现《民法典》第 6 条）规定的公平原则确定各方的权利和义务。在海上货物运输合同下，托运人并非可以无限制地行使请求变更运输合同的权利，承运人也并非在任何情况下都应无条件服从托运人请求变更运输合同的指示。为合理平衡海上货物运输合同中各方当事人的利益，在托运人可以行使请求变更运输合同权利的同时，承运人也相应地享有一定的抗辩权。

4. 诚实信用原则

《民法典》第 7 条规定："民事主体从事民事活动，应当遵循诚信原则，秉持诚实，恪守承诺。"民事主体从事民事活动时，应当诚实守信，正当行使民事权利并履行民事义务，不实施欺诈和规避法律的行为，在不损害他人利益和社会利益的前提下追求自己的利益。民法将诚实信用这一道德准则上升为法律原则，要求民事主体在民事活动中维持民事主体之间的利益平衡以及当事人利益与社会利益之间的平衡。诚信原则一般被认为是最高法律原则，被称为帝王条款。

案例 5 【诚实信用原则】

李某某、陈某某等股权转让纠纷案[①]

事实： 2018 年 12 月，两原告李某某和陈某某作为甲方（委托人、出资方）和第三人邹某作为乙方（被委托人、代持方）签订了《委托收购、代持股权协议书》，基于甲方出资收购株洲某房地产开发有限公司 33.8125% 的股权。甲方作为购买股权的实际出资方，委托乙方就股权收购及代持的有关事宜，双方经协商一致，达成如下协议：第一条甲方出资购买某科技有限公司在株洲某房地产开发有限公司拥有的 33.8125% 的股权，全权委托乙方（以乙方名义）实施处理股权收购、股权代持等相关事宜。12 月 4 日，

---

① （2021）湘 02 民终 1726 号民事判决书。

某科技有限公司作为转让方（甲方）与邹某作为受让方（乙方）签订了《产权交易合同》。本合同的标的企业为株洲某房地产开发有限公司，甲方合法持有该标的企业 33.8125% 的股权。该合同约定，第十四条违约责任 14.4 标的企业的资产、债务等存在重大事项未予以披露或存在遗漏，对标的企业可能造成重大不利影响，或可能影响产权转让价格的，乙方有权解除本合同，并要求甲方向乙方支付人民币（小写）380 万元违约金。第十五条 15.2 发生下列情况之一时，一方可以解除本合同。……（4）另一方出现本合同第十四条所述违约情形的。两原告认为被告有多项债务未予以披露或遗漏，符合《产权交易合同》第十四条的违约情形，满足约定的合同解除条件，主张解除合同，于 2020 年 10 月 21 日向被告发出了《解决股权转让遗留问题暨解除合同通知书通知函》。

法院认为： 二审法院认为，根据当事人签订的《产权交易合同》，李某某、陈某某有权主张解除合同，但依据《全国法院民商事审判工作会议纪要》（法〔2019〕254 号）第 47 条 "合同约定的解除条件成就时，守约方以此为由请求解除合同的，人民法院应当审查违约方的违约程度是否显著轻微，是否影响守约方合同目的实现，根据诚实信用原则，确定合同应否解除。违约方的违约程度显著轻微，不影响守约方合同目的实现，守约方请求解除合同的，人民法院不予支持；反之，则依法予以支持" 之规定，考虑到合同已经履行两年之久，若解除合同，很难恢复到交易前的状态，并且该税收事项披露的差异不会导致李某某、陈某某订立合同的目的根本不能实现，其完全可以通过由某科技公司就有关事项进行补偿而弥补损失。法院依据诚实信用原则，在违约方的违约程度不会导致合同根本目的的实现时，对守约方的合同解除权未予支持。

5. 合法与公序良俗原则

《民法典》第 8 条规定："民事主体从事民事活动，不得违反法律，不得违背公序良俗。" 公序良俗由公共秩序和善良风俗构成。公共秩序，是指社会存在和发展的一般秩序；善良风俗，是指一国或地区在一定时期占主导地位的一般道德或基本伦理要求。民事主体从事民事活动的内容和目的不得违反公共秩序和善良风俗。

案例6 【合法与公序良俗原则】

王某、高某等赠与合同纠纷案①

事实： 王某与庄某为夫妻关系，二人于1994年5月8日登记结婚。在王某与庄某婚姻关系存续期间，高某于2009年在江苏工作时认识庄某，后二人发展成为男女朋友关系，高某于2013年受庄某邀请来厦门生活工作。庄某与高某约定双方合作经营厦门市思明区××路××咖啡厅，约定由庄某出资投入，由高某经营和管理会所，庄某不参与管理。王某起诉要求高某归还庄某对高某赠与的1484600元。

法院认为： 高某在庄某与王某婚姻关系存续期间，明知庄某有配偶仍与其保持不正当关系，其行为有悖公序良俗和社会主义婚姻道德，而庄某的行为违背了夫妻之间的忠诚义务，违反了《婚姻法》的禁止性规定，应予以谴责。若庄某确赠与高某相关款项，赠与行为应认定为无效并相应返还。但本案依据现有证据并不足以证明庄某向高某存在赠与1484600元的事实，对其要求确认所赠款项无效并要求高某返还赠与款项的事实，依法不予支持。

6. 绿色原则

《民法典》第9条规定："民事主体从事民事活动，应当有利于节约资源、保护生态环境。"这一原则，体现了国家对资源、生态环境的高度重视，也是社会可持续发展的要求。民事主体从事民事活动，要注意人与资源的平衡，节约资源，保护环境，实现人与自然的和谐发展。

---

① （2021）闽02民终6533号民事判决书。

案例 7 【绿色原则】

某地住房和城乡建设局、
张某跃等建设工程合同纠纷案①

事实： 2012 年 2 月，某地住房和城乡建设局（以下简称某地住建局）与某公司签订《绿化工程合同》一份，将某绿化工程发包给第三人施工。合同签订后，张某跃于 3 月开始持上述合同以"某公司某绿化工程项目部"名义进场。张某跃系某绿化工程的实际施工人。竣工后，因超出图纸部分所栽种苗木的结算价款产生争议，而提起诉讼。

争议焦点： 某地住建局是否应支付栽种苗木数量超过图纸清单的结算价款。

法院认为： 法院在判定由某地住建局向张某跃支付工程款时认为民事主体从事民事活动，应当有利于节约资源、保护生态环境。虽然某地住建局在 2014 年即要求第三人"将招标清单外的旱柳、桂花、夹竹桃等苗木清理出场"，但第三人并未清理，某地住建局在接收工程后亦未采取清理措施，相反，涉案苗木栽种至今接近十年，其长势良好，已与周围环境形成和谐统一的整体，如果此时移植苗木不仅会破坏美好的景观环境，也会影响自然生态系统的修复，后续重新栽种亦必然造成重复建设和资源浪费，不仅有违绿色原则，更不符合社会主义核心价值观的理念，故从节约资源，保护生态环境的角度出发，张某跃要求某地住建局支付工程款具有法律依据。

---

① （2021）苏 08 民终 4561 号民事判决书。

第二章　民法的渊源

民法的法源又称民法的渊源，是法学的专门术语，包含法的历史渊源、理论渊源、效力渊源等多重含义。本书中民法的法源专指法的效力渊源，指民法规范的存在和表现形式。法的效力渊源说明了法的效力的直接来源。

《民法典》第 10 条规定："处理民事纠纷，应当依照法律；法律没有规定的，可以适用习惯，但是不得违背公序良俗。"由此可见，立法明确将法律和习惯作为民法的渊源。

一、制定法

与以判例法为主的英美法系不同，我国的法律是成文法，或称制定法。作为民法渊源的制定法，包括宪法、法律、行政法规、地方性法规、自治条例和单行条例、部门规章、地方政府规章、国际条约与协定、司法解释。

1. 宪法

宪法是国家的根本法，是各部门法的立法依据。宪法中有关民事方面的规定，如财产制度、公民的基本权利与义务等，是民事立法的基本依据，宪法是民法的重要法源。

2. 法律

法律是全国人民代表大会及其常委会制定的规范性文件。《民法典》是我国的民事基本法，《著作权法》《商标法》等则属于民事单行法。除了民事基本法和民事单行法等民事法律以外，其他法律中涉及民事问题的法律规范，也属于民法的法源。例如，《道路安全交通法》《产品质量法》等法律中关于民事问题的规定，也是解决民事纠纷的依据。

3. 行政法规

国务院制定规范性文件中有关的民事规范，如《医疗事故处理条例》《城镇国有土地使用权出让和转让暂行条例》等，是民法的法源。

4. 地方性法规、自治条例和单行条例

地方性法规、自治条例与单行条例中有些属于民事规范，但是这些地方性民事规范只在发布机关管辖区域内具有法律效力。

5. 部门规章、地方政府规章

部门规章和地方政府规章不直接作为裁判主文的依据，可以用作裁判理由，广义上讲，属于民法的渊源。

6. 国际条约与协定

根据《中华人民共和国缔结条约程序法》和有关法律的规定，我国缔结或参加的国际条约与协定在我国具有法律效力，属于中国法的渊源，其中关于民事的部分，则属于民法的渊源。

7. 司法解释

最高人民法院的民事司法解释在法院审判实践中具有重要的作用，属于民法的渊源。

二、非制定法

1. 习惯

民事习惯，是指一定范围、一定区域的人们长期形成的，为多数人认可并遵从的行为规则，习惯是补充性的法源，在法律没有规定的情况下适用，且不得违背公序良俗。

2. 其他

除习惯外的非制定法法源包括政策、指导性案例等，都是非正式的法律渊源。政策是国家或政党为了完成一定时期的任务而制定的活动准则；①最高人民法院发布的指导性案例对各级人民法院在处理类似案件时具有参照的约束力，在此种意义上讲也具备法律渊源的地位。此外，如《全国法院民商事审判工作会议纪要》这类文件虽然既非司法解释，也不能作为裁判依据进行援引，但是对于统一裁判思路，规范法官自由裁量权等方面具有重要意义，对司法实践也有重大的影响。

---

① 张文显主编：《法理学》，高等教育出版社 2018 年版，第 91 页。

第三章　民法的效力

民法的效力也称民法的适用范围。包括民法的时间效力、空间效力以及对人的效力三个方面。

一、民法的时间效力

民法的时间效力包括民法的生效时间、失效时间以及溯及力。

1. 民法的生效时间

有的民法规范自颁布之日起生效；有的则是民法本身规定生效时间，如《民法典》于 2020 年 5 月 28 日颁布，但生效时间却为 2021 年 1 月 1 日。

2. 民法的失效时间

有的是民法规范明文规定废除同一事项的旧法，则该旧法自新法生效之日起失效。有的则是未明文废止旧法，但依据新法优于旧法的原则，自新法生效之日起，旧法与新法相抵触的内容自然失效。

3. 溯及力

法不溯及既往是法治原则的要求。因此，民法规范原则上仅适用于规范生效后的民事法律关系。2020 年 12 月 29 日，最高人民法院发布了《关于适用〈中华人民共和国民法典〉时间效力的若干规定》。该规定第 1 条就明确了法不溯及既往的基本原则，但也规定了例外规则。主要是有利溯及适用规则和新增规定溯及适用规则。

二、民法的空间效力

《民法典》第 12 条规定："中华人民共和国领域内的民事活动，适用中华人民共和国法律。法律另有规定的，依照其规定。"依据这一规定，在我国领域从事民事活动，原则上适用我国法律。但是法律另有规定时，则适用其他法律。例如，《涉外民事关系法律适用法》对涉外民事关系适用法律进行了特别规定，在我国领域内发生的涉外民事关系，可能适用外国法。

三、民法的对人效力

民法的对人效力，存在两种不同的理论。一是属人主义，只要具有本国国籍，无论其在国内还是国外从事民事活动，都适用本国法律。二是属地主义，凡是居住在本国领土之内的人，无论国籍，均受本国法律的管辖。从我国《民法典》第 12 条规定来看，其对属地主义作出了规定，无论是中国还是外国的自然人、法人及无国籍人，在中国领域内从事民事活动，一律适用中国民法，法律另有规定的除外。

第四章　民法的适用原则

一、上位法优于下位法

在效力较高的规范性法律文件与效力较低的规范性法律文件相冲突的情况下，应当适用效力较高的规范性法律文件。效力的确定主要依据规范性法律文件的制定主体的地位。我国《立法法》第 87 条至第 89 条的规定体现了这一适用原则。第 87 条规定《宪法》具有最高的法律效力。第 88 条第 1 款规定法律的效力高于行政法规、地方性法规、规章。第 89 条规定地方性法规的效力高于本级和下级地方政府规章。

二、新法优于旧法

依据我国《立法法》第 92 条的规定，同一位阶的规范发生冲突时，新法优于旧法。例如，《全国法院民商事审判工作会议纪要》中规定："因民法总则施行后暂不废止民法通则，在此之前，民法总则与民法通则规定不一致的，根据新的规定优于旧的规定的法律适用规则，适用民法总则的规定。"此处的新法优于旧法，是在新法与旧法都生效时何者优先适用所需要遵循的法律适用规则。如果旧法已经废止，此时考虑到法不溯及既往的基本原则，应适用法律行为发生时有效的法律。

案例 8 【上位法优于下位法、新法优于旧法】

赵某某与某物业管理有限公司抵押权纠纷再审案①

事实：2014 年 9 月 12 日，赵某某与某房地产公司签订《抵押借款合同》，约定某房地产公司向赵某借款 5000 万元。同日，某物业管理有限公司（以下简称某物业公司）（抵押人）与赵某（抵押权人）签订《某市房地产抵押合同》，由某物业公司用房产提供抵押担保并办理了抵押权登记。借款到期后，赵某某提起诉讼，要求某房地产公司偿还借款及利息，取得胜诉判决。后又向法院提出行使抵押权。当事人就抵押权的行使是否超过了法定期间产生争议。

法院认为：抵押权行使期间在《物权法》与《担保法》（现均已失效）解释规定中存在不一致。2000 年 12 月 13 日起施行的《最高人民法院关于适用〈中华人民共和国担保法〉若干问题的解释》（以下简称《担保法解释》）第 12 条第 2 款规定："担保物权所担保的债权的诉讼时效结束后，担保权人在诉讼时效结束后的二年内行使担保物权的，人民法院应当予以支持。"2007 年 10 月 1 日起施行的《物权法》第 202 条规定："抵押权人应当在主债权诉讼时效期间行使抵押权；未行使的，人民法院不予保护。"显然，《物权法》与《担保法解释》关于抵押权行使期间的规定并不一致。根据《物权法》第 178 条关于"担保法与本法的规定不一致的，适用本法"的规定以及《立法法》规定的上位法优于下位法、新法优于旧法的法律适用原则，《物权法》作为上位法，且颁布实施时间在后，应当优先适用，故本案应当适用《物权法》第 202 条的规定。

三、特别法优于普通法

我国《民法典》第 11 条规定："其他法律对民事关系有特别规定的，

---

① （2020）最高法民再 110 号民事判决书，本篇被选为最高人民法院第四届"百篇优秀裁判文书"获奖案例。

依照其规定。"此条确定了特别法优于普通法的原则。依据法律的适用领域、适用主体等有无限制,法律分为普通法和特别法。民事普通法,是指适用于全国领域、规定一般事项,并且无适用的时间限制的民事法律。民事特别法,是指适用于特定区域、规定特定事项,或在适用时间上有限制的民事法律。特别法的规定应当优先于普通法的规定而适用。在《民法典》内部,关于总则与分则的关系,也适用特别法优先于普通法的规则。例如,关于合同的效力,《民法典》合同编的规定优先适用,在合同编没有相关规定时,适用《民法典》总则编关于法律行为的规定。

案例 9 【特别法优于普通法】

某银行股份有限公司深圳某支行等与
深圳市某投资有限公司等金融借款合同、
担保合同纠纷管辖权异议上诉案①

事实:案件当事人在合同中约定了管辖法院为深圳市中级人民法院,符合《民事诉讼法》协议管辖的规定。同时,由于天津市第一中级人民法院已经受理了被告之一的破产重整案件,根据《企业破产法》的规定,本案应移送天津市第一中级人民法院审理,各方对管辖权产生异议。

法院认为:虽然涉案主合同约定了有效的协议管辖条款,但根据特别法优于普通法的原则,本案应优先适用《企业破产法》确定本案的管辖法院。根据《企业破产法》第21条"人民法院受理破产申请后,有关债务人的民事诉讼,只能向受理破产申请的人民法院提起"的规定,原审法院将本案移送天津市第一中级人民法院审理于法有据。

① (2017)粤民辖终 525 号民事裁定书。

·第二编·
民法总则篇

《民法典》总则编是《民法典》的总纲，其规定了民法的基本原则、基本制度与基本方法。①

_____

① 杨立新著：《民法总则》，法律出版社 2020 年版，第 21 页。

民事主体
　　自然人
　　法人
　　非法人组织

民事法律行为
　　概念、特征与分类
　　法律行为的形式
　　意思表示
　　民事法律行为的生效
　　无效的民事法律行为
　　可撤销的民事法律行为
　　效力待定的民事法律行为
　　民事法律行为的附条件和附期限

民法总则

代理
　　概念、特征及适用范围
　　代理的分类
　　代理权
　　无权代理
　　代理的终止

诉讼时效与期间
　　诉讼时效
　　期间

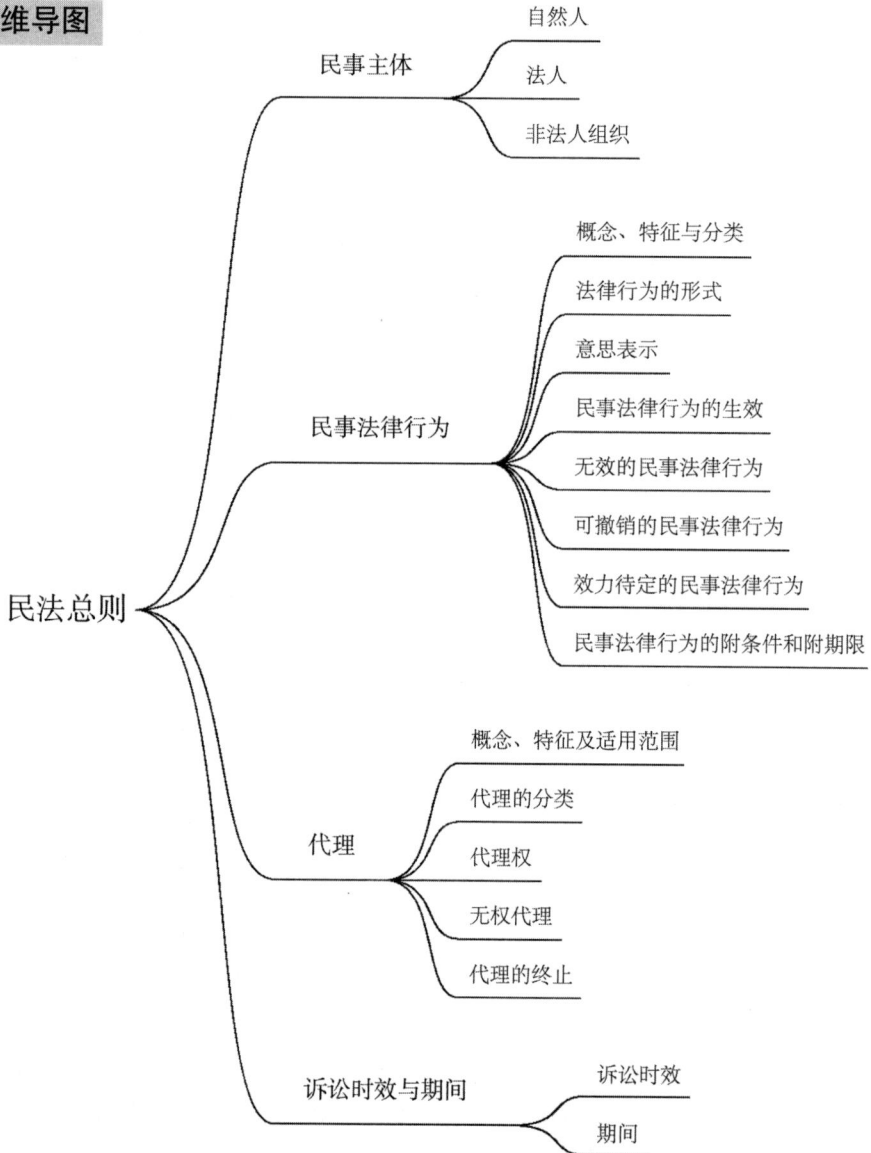

图 2-1　民法总则章节概览

第一章　民事主体

民事主体是一个特定的法律范畴，是指依法律规定能够参与民事法律关系，享有民事权利和承担民事义务的人。[①] 在我国，民事主体包括自然人、法人和非法人组织。

思维导图

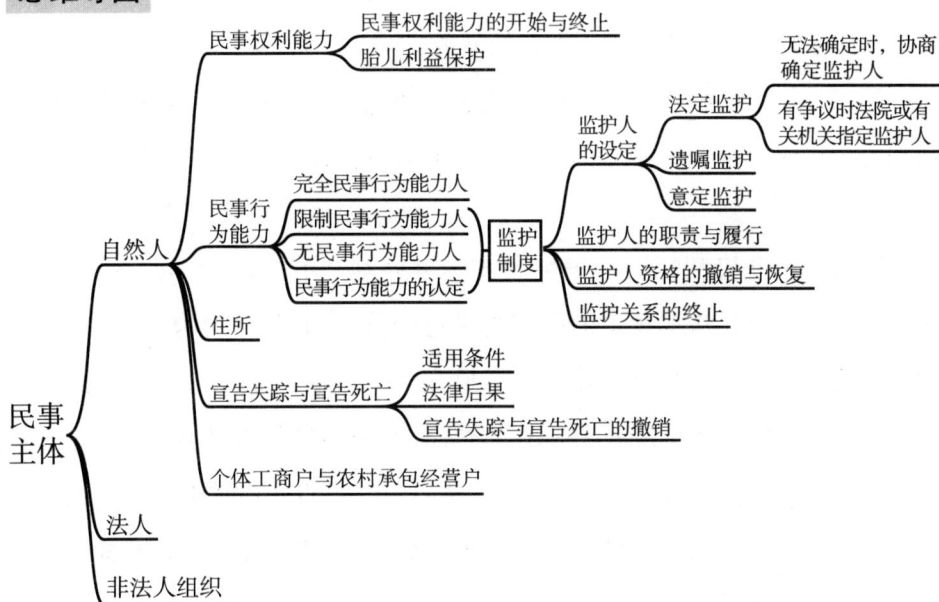

图 2-2　民事主体的类型

一、自然人

自然人是最基本的民事主体，法律对自然人民事主体地位的确认是自

[①]　王利明等著：《民法学》，法律出版社 2020 年版，第 61 页。

然人依法从事民事活动、享有民事权利、承担民事义务的前提。

（一）自然人的民事权利能力

自然人的民事权利能力是自然人依法享有民事权利和承担民事义务的资格，它是每个自然人平等地享有民事权利、承担民事义务的可能性。

要注意区分民事权利能力与民事权利这两个概念。

第一，民事权利能力是享有民事权利、承担民事义务的资格，是自然人取得民事权利的前提。自然人享有民事权利能力，并不等同于取得实际的民事权利。

第二，民事权利能力包括享有民事权利的能力以及承担民事义务的能力。而民事权利只涉及权利，不包括义务。

第三，民事权利能力是由国家通过法律赋予的，而民事权利是自然人依据民事法律行为、事实行为、法律规定的事件或者法律规定的其他方式取得的。[①]

第四，民事权利能力与民事主体不可分割，不能转让，也不得放弃。而民事权利可以在法律规定的范围内进行处分，如财产方面的具体民事权利，自然人可以选择享有、转让或者放弃。生命权、健康权等人身权则不可以转让，非依法律规定并经法定程序，不得进行限制或者剥夺。

《民法典》第13条规定："自然人从出生时起到死亡时止，具有民事权利能力，依法享有民事权利，承担民事义务"。因此，自然人的民事权利能力始于出生，终于死亡。

自然人出生时间与死亡时间的确定，根据《民法典》第15条的规定："自然人的出生时间和死亡时间，以出生证明、死亡证明记载的时间为准；没有出生证明、死亡证明的，以户籍登记或者其他有效身份登记记载的时

---

① 黄薇主编：《中华人民共和国民法典释义（上）：总则编·物权编》，法律出版社2020年版，第33页。

间为准。有其他证据足以推翻以上记载时间的，以该证据证明的时间为准。"

需要注意我国《民法典》关于胎儿利益特殊保护的规定。《民法典》第16条规定："涉及遗产继承、接受赠与等胎儿利益保护的，胎儿视为具有民事权利能力。但是，胎儿娩出时为死体的，其民事权利能力自始不存在。"根据本条规定，胎儿本身虽非民事主体，但是在涉及胎儿利益保护时，法律将胎儿视为具有民事权利能力。这种保护以胎儿娩出时为活体为条件。胎儿利益保护范围不限于遗产继承和接受赠与。例如，人身损害赔偿请求权，在胎儿未出生之前，其人身受到侵权行为的损害，也可以在其出生后提出损害赔偿的请求。①

案例 10 【胎儿利益保护】

某财产保险股份有限公司某中心支公司、
翟某某等机动车交通事故责任纠纷案②

事实：2018 年 8 月，张某驾驶货车与行人翟某某发生剐撞交通事故，致翟某某受伤。经交警大队道路事故认定书认定，张某负全部责任，翟某某无责任。因张某在某财产保险股份有限公司某中心支公司（以下简称保险公司）投保有交强险及商业三者险，且事故发生在保险期间内，一审法院判决保险公司在保险限额内承担相应的赔偿责任。保险公司认为一审判决有错误，翟某某事故发生后八个月才出生的儿子不应该作为翟某某的被扶养人得到赔偿，故提起上诉。

争议焦点：翟某某在事故发生后八个月才出生的儿子是否应当予以赔偿？

法院认为：本案事故发生时，翟某某的儿子虽然尚未出生，属于胎儿，但是《民法典》第16条规定："涉及遗产继承、接受赠与等胎儿利益保护

---

① 杨立新著：《民法总则》，法律出版社 2020 年版，第 88 页。
② （2021）豫 16 民终 5482 号民事判决书。

的，胎儿视为具有民事权利能力。但是，胎儿娩出时为死体的，其民事权利能力自始不存在。"该条规定并未排除胎儿的损害赔偿请求权，因此保险公司关于翟某某的儿子不具有民事权利能力的主张缺乏法律依据，本院不予支持。

（二）自然人的民事行为能力

自然人的民事行为能力，是指自然人独立参与民事活动，以自己的行为取得民事权利或者承担民事义务的法律资格。[①] 自然人要现实地参与民事法律关系，仅仅具有民事权利能力是不够的，还必须具有一定的民事行为能力。

《民法典》将自然人划分为完全民事行为能力人、限制民事行为能力人和无民事行为能力人。

1. 完全民事行为能力人

完全民事行为能力，是指自然人能以其自己的行为独立享有民事权利、承担民事义务的资格。完全民事行为能力人有两类。

一是根据《民法典》第17条的规定："十八周岁以上的自然人为成年人……"第18条第1款规定："成年人为完全民事行为能力人，可以独立实施民事法律行为。"成年人为完全民事行为能力人。

二是根据《民法典》第18条第2款的规定："十六周岁以上的未成年人，以自己的劳动收入为主要生活来源的，视为完全民事行为能力人。"此处的"以自己的劳动收入为主要生活来源"，根据最高人民法院印发《关于贯彻执行〈中华人民共和国民法通则〉若干问题的意见（试行）》的通

[①] 黄薇主编：《中华人民共和国民法典释义（上）：总则编·物权编》，法律出版社2020年版，第41页。

知①,是指"能够以自己的劳动取得收入,并能维持当地群众一般生活水平"。

2. 限制民事行为能力人

限制民事行为能力又称不完全民事行为能力,是指自然人部分独立的,或者说在一定范围内具有民事行为能力。限制民事行为能力人有两类。

一是《民法典》第19条规定:"八周岁以上的未成年人为限制民事行为能力人,实施民事法律行为由其法定代理人代理或者经其法定代理人同意、追认;但是,可以独立实施纯获利益的民事法律行为或者与其年龄、智力相适应的民事法律行为。"

二是《民法典》第22条规定:"不能完全辨认自己行为的成年人为限制民事行为能力人,实施民事法律行为由其法定代理人代理或者经其法定代理人同意、追认;但是,可以独立实施纯获利益的民事法律行为或者与其智力、精神健康状况相适应的民事法律行为。"

对于限制民事行为能力人来说,法律只允许其独立从事纯获利益的民事法律行为或者与其年龄、智力及精神健康状况相适应的民事法律行为。限制民事行为能力人依法不能独立实施的民事法律行为,则应由其法定代理人代理或者经其法定代理人同意、追认。限制民事行为能力人实施的依法不能独立实施的行为效力未定,其是否有效取决于其法定代理人是否事先同意或事后追认。

3. 无民事行为能力人

无民事行为能力人,是指自然人无独立从事民事活动的资格。无民事行为能力人包括两类。

一是《民法典》第20条规定:"不满八周岁的未成年人为无民事行为

---

① 此司法解释已经废止,但根据《最高人民法院关于印发〈全国法院贯彻实施民法典工作会议纪要〉的通知》(法〔2021〕94号),《最高人民法院关于贯彻〈中华人民共和国民法通则〉若干问题的意见(试行)》(现已失效)第2条关于以自己的劳动收入为主要生活来源的认定规则,人民法院可以在裁判文书说理时阐述。

能力人，由其法定代理人代理实施民事法律行为。"

二是《民法典》第 21 条规定："不能辨认自己行为的成年人为无民事行为能力人，由其法定代理人代理实施民事法律行为。八周岁以上的未成年人不能辨认自己行为的，适用前款规定。"成年人和年满 8 周岁的未成年人本应分别属于完全民事行为能力人和限制民事行为能力人，如果其不能辨认自己的行为，则应当属于无民事行为能力人。

无民事行为能力人不能独立实施民事法律行为，必须由其法定代理人代理实施，因此无民事行为能力人所实施的民事法律行为无效。

4. 自然人民事行为能力的认定

对于不能辨认或者不能完全辨认自己行为的成年人，我国《民法典》第 24 条规定了自然人民事行为能力认定制度。

根据《民法典》第 24 条的规定，被认定的主体为"不能辨认或者不能完全辨认自己行为的成年人"。有权申请认定的主体为"利害关系人或者有关组织"，在认定该成年人恢复为限制民事行为能力人或完全民事行为能力人时，有权申请认定的主体还包括其本人。此处的"利害关系人"的具体范围未通过立法确定，认定利害关系人是不是适格的申请主体，需要看本人的民事行为能力状况对其是否有重要意义或者影响。例如，本人的债务人如果不是为了确定民事法律行为的效力，也不得向法院申请其为无民事行为能力人、限制民事行为能力人。[1] "有关组织"依据《民法典》第 24 条第 3 款规定为："本条规定的有关组织包括：居民委员会、村民委员会、学校、医疗机构、妇女联合会、残疾人联合会、依法设立的老年人组织、民政部门等。"

---

[1] 黄薇主编：《中华人民共和国民法典释义（上）：总则编·物权编》，法律出版社 2020 年版，第 52 页。

（三）自然人的住所与监护

1. 自然人的住所

住所是自然人参与各种法律关系集中发生的中心地域，这就需要在法律上确定自然人的住所。《民法典》第 25 条规定："自然人以户籍登记或者其他有效身份登记记载的居所为住所；经常居所与住所不一致的，经常居所视为住所。"

2. 监护的设定

监护，是指民法上所规定的对于无民事行为能力人和限制民事行为能力人的人身、财产及其他合法权益进行监督、保护的一项制度。[1] 监护从其本质上讲，是对缺乏民事行为能力人的监督、照顾和辅助制度。[2]

我国《民法典》主要规定了法定监护、遗嘱监护、意定监护等方式。

（1）法定监护

所谓法定监护，是指监护人由法律直接规定的监护。《民法典》第 27 条和第 28 条分别对未成年人和无民事行为能力或限制民事行为能力的成年人的法定监护人作出了规定。

《民法典》第 27 条第 1 款规定："父母是未成年子女的监护人。"根据本款规定，父母无条件地成为未成年子女的监护人，只有在父母死亡或者没有监护能力的情况下，才可以由其他个人或有关组织担任监护人。

《民法典》第 27 条第 2 款规定："未成年人的父母已经死亡或者没有监护能力的，由下列有监护能力的人按顺序担任监护人：（一）祖父母、外祖父母；（二）兄、姐；（三）其他愿意担任监护人的个人或者组织，但是须经未成年人住所地的居民委员会、村民委员会或者民政部门同意。"本款对父母之外的其他个人或组织担任监护人作出了规定。此处的监护人具有法定的顺序，

---

① 佟柔主编：《中国民法》，法律出版社 1990 年版，第 75 页。
② 王利明等著：《民法学》，法律出版社 2020 年版，第 72 页。

只有在顺序在前的人无法担任监护人时，顺序在后的人才能担任监护人。

《民法典》第 28 条规定："无民事行为能力或者限制民事行为能力的成年人，由下列有监护能力的人按顺序担任监护人：（一）配偶；（二）父母、子女；（三）其他近亲属；（四）其他愿意担任监护人的个人或者组织，但是须经被监护人住所地的居民委员会、村民委员会或者民政部门同意。"此处规定的监护人依然具有法定顺序。根据《民法典》第 1045 条第 2 款的规定，近亲属包括配偶、父母、子女、兄弟姐妹、祖父母、外祖父母、孙子女、外孙子女。本条第 3 款规定的"其他共同生活的近亲属"应当是除被监护人的配偶和父母、子女以外的近亲属。

根据《民法典》第 27 条和第 28 条的规定具有监护资格的人如果为两人或两人以上，无法确定监护人的，应当依据第 30 条规定进行协商。《民法典》第 30 条规定："依法具有监护资格的人之间可以协议确定监护人。协议确定监护人应当尊重被监护人的真实意愿。"协商不成时，应当依据第 31 条的规定监护争议解决程序处理。第 31 条也被称为指定监护的规定。《民法典》第 31 条第 1 款规定："对监护人的确定有争议的，由被监护人住所地的居民委员会、村民委员会或者民政部门指定监护人，有关当事人对指定不服的，可以向人民法院申请指定监护人；有关当事人也可以直接向人民法院申请指定监护人。"第 31 条第 3 款规定了临时监护制度。第 31 条第 3 款规定："依据本条第一款规定指定监护人前，被监护人的人身权利、财产权利以及其他合法权益处于无人保护状态的，由被监护人住所地的居民委员会、村民委员会、法律规定的有关组织或者民政部门担任临时监护人。"

在没有《民法典》第 27 条和第 28 条所规定的具有监护资格的人的情况下，《民法典》规定了兜底性的国家监护作为保障。《民法典》第 32 条规定："没有依法具有监护资格的人的，监护人由民政部门担任，也可以由具备履行监护职责条件的被监护人住所地的居民委员会、村民委员会担任。"

（2）遗嘱监护

遗嘱监护，是指被监护人的父母在担任监护人期间，通过遗嘱的方式为被监护人指定监护人的监护制度。《民法典》第 29 条规定："被监护人的父母担任监护人的，可以通过遗嘱指定监护人。"应当注意的是，只有被监护人的父母担任监护人，才可以通过遗嘱指定监护人；遗嘱监护的生效需要被指定的人同意担任监护人，否则该指定不发生效力；并且遗嘱作为一种死因法律行为，其生效以遗嘱人死亡为条件，即只有在立遗嘱人死亡后，遗嘱监护才能生效。

案例 11 【遗嘱监护与法定监护】

徐某、王某与蔡某 D 监护权纠纷案①

事实： 被监护人蔡某 A、蔡某 B 的父亲蔡某 C 在被监护人的母亲去世后，通过遗嘱形式指定蔡某 D 为二被监护人的监护人，二被监护人的外祖母徐某和外祖父王某主张对二监护人的监护权，产生纠纷诉至法院。

法院认为： 遗嘱监护是指被监护人的父母以遗嘱方式选定监护人的监护，根据本案证据经审理认为，蔡某 D 系二被监护人的父亲蔡某 C 通过遗嘱指定的合法监护人，其依法享有的监护权应得到法律保护。徐某系与二被监护人具有血缘关系的外祖母，王某与徐某为婚姻关系，虽与二被监护人不具有血缘关系，但系法律规定的拟制血亲，依法与徐某均具有监护人资格，但二人以实际抚养照顾二被监护人以及具有监护人资格而主张系二被监护人的合法监护人，缺乏法律依据，法院不予以支持。

（3）意定监护

意定监护规定在我国《民法典》第 33 条。第 33 条规定："具有完全民事行为能力的成年人，可以与其近亲属、其他愿意担任监护人的个人或者

---

① （2021）辽民申 6670 号民事裁定书。

组织事先协商，以书面形式确定自己的监护人，在自己丧失或者部分丧失民事行为能力时，由该监护人履行监护职责。"

意定监护是在监护领域对自愿原则的贯彻落实，是具有完全民事行为能力的成年人对自己将来的监护事务，按照自己的意愿事先所作的安排。

一般而言，意定监护优先于法定监护予以适用。法律设立意定监护制度即要尊重成年人自己的意愿，当然具有优先适用的地位。只有在意定监护协议无效或者因各种原因，如协议确定的监护人丧失监护能力，监护协议无法履行的情况下，才适用法定监护。[1]

3. 监护人的职责及其履行

《民法典》第 34 条第 1 款规定："监护人的职责是代理被监护人实施民事法律行为，保护被监护人的人身权利、财产权利以及其他合法权益等。"此款是关于监护人职责的规定，由于监护制度的重要目的是弥补监护人民事行为能力的不足和对被监护人进行照管，因此本款将"代理被监护人实施民事法律行为，保护被监护人的人身权利、财产权利以及其他合法权益"从监护人职责中单列出来作强调。除此之外的职责还包括对被监护人的教育、监督和管教。[2]

第 34 条第 2 款规定："监护人依法履行监护职责产生的权利，受法律保护。"监护人在履行监护职责的过程中享有一定的权利。例如，监护人为保护被监护人的财产利益，享有财产的管理和支配权；被监护人合法权益受到侵害或与人发生争议时，代理被监护人参加诉讼的权利等。监护人行使这些权利时，其他人不得侵害或者剥夺。[3]

第 34 条第 3 款规定："监护人不履行监护职责或者侵害被监护人合法

---

[1] 黄薇主编：《中华人民共和国民法典释义（上）：总则编·物权编》，法律出版社 2020 年版，第 70 页。

[2] 王利明等著：《民法学》，法律出版社 2020 年版，第 80 页。

[3] 黄薇主编：《中华人民共和国民法典释义（上）：总则编·物权编》，法律出版社 2020 年版，第 72 页。

权益的，应当承担法律责任。"此处责任包括两个方面：一是对被监护人的侵权行为承担责任。《民法典》第 1188 条第 1 款规定："无民事行为能力人、限制民事行为能力人造成他人损害的，由监护人承担侵权责任……"二是监护人不履行监护职责或者侵害被监护人合法权益，造成被监护人人身、财产损害的，应当承担民事责任。

除此之外，《民法典》第 34 条第 4 款还规定了紧急情况下的临时照料。第 34 条第 4 款规定："因发生突发事件等紧急情况，监护人暂时无法履行监护职责，被监护人的生活处于无人照料状态的，被监护人住所地的居民委员会、村民委员会或者民政部门应当为被监护人安排必要的临时生活照料措施。"例如，在新冠肺炎疫情期间，监护人被隔离观察，其子女可能年龄较小无法独立生活，此时，相关主体需要对被监护人进行临时照料。

依据《民法典》第 35 条关于监护人职责履行的规定，监护人职责的履行，应按最有利于被监护人的原则履行，并且要尊重被监护人的真实意愿，除为维护被监护人利益外，不得处分被监护人的财产。

4. 监护人资格的撤销与恢复

当出现《民法典》第 36 条规定的情形之一时，人民法院可以根据有关个人或者组织的申请，撤销监护人资格。第 36 条第 1 款规定的情形为：（一）实施严重损害被监护人身心健康的行为；（二）怠于履行监护职责，或者无法履行监护职责且拒绝将监护职责部分或者全部委托给他人，导致被监护人处于危困状态；（三）实施严重侵害被监护人合法权益的其他行为。人民法院撤销监护人资格以后，应当安排必要的临时监护措施，并按最有利于被监护人的原则依法指定监护人。

此处的"有关个人或者组织"依据第 36 条第 2 款和第 3 款规定为：其他依法具有监护资格的人，居民委员会、村民委员会、学校、医疗机构、妇女联合会、残疾人联合会、未成年人保护组织、依法设立的老年人组织、民政部门等。前款规定的个人和民政部门以外的组织未及时向人民法院申请撤销监护人资格的，民政部门应当向人民法院申请。

同时需要注意的是，撤销监护资格并非免除法定的扶养义务。《民法典》第 37 条规定："依法负担被监护人抚养费、赡养费、扶养费的父母、子女、配偶等，被人民法院撤销监护人资格后，应当继续履行负担的义务。"

监护资格被撤销后，在一定条件下可以恢复。《民法典》第 38 条规定："被监护人的父母或者子女被人民法院撤销监护人资格后，除对被监护人实施故意犯罪的外，确有悔改表现的，经其申请，人民法院可以在尊重被监护人真实意愿的前提下，视情况恢复其监护人资格，人民法院指定的监护人与被监护人的监护关系同时终止。"《民法典》对于监护资格被撤销后的恢复条件规定得较为严格。第一，适用对象仅限于被监护人的父母或者子女，且需有悔改表现，其他监护人资格一旦被撤销，即不再恢复。第二，对被监护人实施故意犯罪的不能恢复监护资格。第三，人民法院在尊重被监护人真实意愿的前提下，视情况恢复。如果被监护人不愿意恢复其监护人资格，人民法院不能恢复其监护资格。

案例 12 【监护人资格的撤销与国家监护】

某地民政局诉刘某申请撤销监护人资格案①

事实：刘某于 2002 年捡拾一名女婴，取名小芳（女，未成年人），并正式办理了收养手续。在刘某作为监护人期间，长期对小芳实施家庭暴力，且怠于履行监护职责，放任其男友对小芳进行暴力殴打，导致小芳多次遭受他人犯罪侵害，某地民政局申请撤销刘某监护人资格并由该民政局作为小芳的监护人。

法院认为：父母或者其他监护人应当为子女创造良好、和睦的家庭环

---

① （2017）京 0108 民特第 531 号民事判决书。

境，依法履行对未成年人的监护职责和抚养义务，禁止对未成年人实施家庭暴力。被申请人刘某系小芳养母，作为监护人长期对小芳实施辱骂、殴打等家庭暴力行为，强迫其彻夜捡拾废品导致睡眠严重不足，影响休息、学习。且刘某未尽监护义务，致使小芳在2010年至2016年多次被家庭成员于某强奸，并放任其男友王某长期辱骂、暴力殴打小芳，严重侵害了小芳的合法权益，损害了未成年人的身心健康。鉴于刘某不仅本人长期实施严重损害被监护人小芳身心健康的行为，且怠于履行监护职责，导致小芳多次遭受王某的暴力伤害和于某的犯罪侵害，处于危困状态，确属依法应撤销其监护人资格的情形。

父母是未成年子女的监护人。未成年人的父母已经死亡或者没有监护能力的，由下列有监护能力的人按顺序担任监护人：一是祖父母、外祖父母；二是兄、姐；三是其他愿意担任监护人的个人或者组织，但是须经未成年人住所地的居民委员会、村民委员会或者民政部门同意。小芳自幼被刘某捡拾并办理收养手续，本案不具备符合上述法律规定的依法具有监护人资格的其他个人或组织。判决撤销监护人资格，未成年人有其他监护人的，应当由其他监护人承担监护职责，没有依法具有监护资格的人的，监护人由民政部门担任，也可以由具备履行监护职责条件的被监护人住所地的居民委员会、村民委员会担任。某地民政局所属的该地救助管理咨询站作为临时庇护机构，自2016年10月至今，积极履行庇护照料职责，对小芳给予了及时有效的临时监护、生活照顾、学习帮助，并聘请专业社工对小芳进行心理疏导、情感抚慰等观护教育辅导。根据最有利于未成年人的原则，为维护小芳的合法权益，综合考虑本人意愿，申请人某地民政局申请撤销被申请人刘某为小芳的监护人资格，由申请人某地民政局担任小芳的监护人的理由成立，本院予以支持。

5. 监护关系的终止

《民法典》第39条第1款对监护关系终止的情形进行了列举。

一是被监护人取得或者恢复完全民事行为能力。此种情形下，监护没有存在的必要，监护关系终止。

二是监护人丧失监护能力。监护人具有监护能力，是具有监护资格的必要条件，如果丧失监护能力，监护关系终止。

三是被监护人或者监护人死亡。监护人或被监护人一方死亡，监护关系即自动终止。

四是人民法院认定监护关系终止的其他情形。例如，人民法院依法撤销监护人资格时，监护关系终止。

《民法典》第 39 条第 2 款规定："监护关系终止后，被监护人仍然需要监护的，应当依法另行确定监护人。"

（四）宣告失踪与宣告死亡

自然人下落不明可能导致相关的财产关系和人身关系处于不确定状态，通过建立宣告失踪制度和宣告死亡制度，可以及时了结下落不明人与他人的财产关系和人身关系，从而维护正常的社会秩序。

宣告失踪的目的是通过人民法院确认自然人失踪的事实，并通过设置财产代管人管理失踪人的财产，并及时了结其债权债务关系，以保护失踪人和利害关系人的利益，维护社会经济秩序的稳定。[1]

宣告死亡的目的是彻底解决民事法律关系因某自然人长期失踪而产生的不确定状态，了结长期下落不明人与他人的财产关系和人身关系。

宣告失踪并非宣告死亡的必经程序，《民法典》第 47 条规定："对同一自然人，有的利害关系人申请宣告死亡，有的利害关系人申请宣告失踪，符合本法规定的宣告死亡条件的，人民法院应当宣告死亡。"

---

[1] 王利明等著：《民法学》，法律出版社 2020 年版，第 85 页。

1. 宣告失踪与宣告死亡的条件

（1）自然人下落不明满法定期限

根据《民法典》第40条、第46条和第41条的规定，自然人下落不明满二年的，利害关系人可以向人民法院申请宣告该自然人为失踪人。自然人下落不明满四年或因意外事件而下落不明满二年的，利害关系人可以向人民法院申请宣告自然人死亡；因意外事件下落不明，经有关机关证明该自然人不可能生存的，申请宣告死亡不受二年时间的限制。自然人下落不明的时间自其失去音讯之日起计算。如果自然人是战争期间下落不明的，下落不明的时间自战争结束之日起计算，如果有关机关确定了自然人下落不明的时间，则从该时间起算。

（2）由利害关系人向人民法院提出申请

根据《最高人民法院关于适用〈中华人民共和国民法典〉总则编若干问题的解释》（以下简称《总则编解释》）第14条的规定："人民法院审理宣告失踪案件时，下列人员应当认定为民法典第四十条规定的利害关系人：（一）被申请人的近亲属；（二）依据民法典第一千一百二十八条、第一千一百二十九条规定对被申请人有继承权的亲属；（三）债权人、债务人、合伙人等与被申请人有民事权利义务关系的民事主体，但是不申请宣告失踪不影响其权利行使、义务履行的除外。"相较于已经废止的《最高人民法院印发关于贯彻执行〈中华人民共和国民法通则〉若干问题的意见（试行）》（以下简称《民法通则意见》）中关于利害关系人的规定，《总则编解释》增加了《民法典》第1128条规定的代位继承人和第1129条规定的尽了主要赡养义务的丧偶儿媳、丧偶女婿为利害关系人。此外，对于与被申请人有民事权利义务关系的民事主体增加了限制条件，即"不申请宣告失踪不影响其权利行使、义务履行的"不属于可以向人民法院申请失踪的利害关系人。

《总则编解释》对可以申请宣告死亡的利害关系人作了进一步限制。

《总则编解释》第 16 条第 1 款和第 2 款规定："人民法院审理宣告死亡案件时，被申请人的配偶、父母、子女，以及依据民法典第一千一百二十九条规定对被申请人有继承权的亲属应当认定为民法典第四十六条规定的利害关系人。符合下列情形之一的，被申请人的其他近亲属，以及依据民法典第一千一百二十八条规定对被申请人有继承权的亲属应当认定为民法典第四十六条规定的利害关系人：（一）被申请人的配偶、父母、子女均已死亡或者下落不明的；（二）不申请宣告死亡不能保护其相应合法权益的。"第 3 款规定："被申请人的债权人、债务人、合伙人等民事主体不能认定为民法典第四十六条规定的利害关系人，但是不申请宣告死亡不能保护其相应合法权益的除外。"对于申请宣告死亡的利害关系人的范围，相较于申请宣告失踪的利害关系人范围进一步限缩。被申请人的配偶、父母、子女和尽了主要赡养义务的丧偶儿媳、丧偶女婿为利害关系人。其他近亲属以及有代位继承权的代位继承人仅在被申请人的配偶、父母、子女均已死亡或者下落不明的情形，或者不申请宣告死亡不能保护其相应合法权益的情形下才被认定为利害关系人。被申请人的债权人、债务人、合伙人等民事主体不被认定为利害关系人，除非是不申请宣告死亡不能保护其相应合法权益。

（3）由人民法院依据法定程序宣告

宣告失踪和宣告死亡只能由人民法院作出，其他任何机关和个人无权作出宣告失踪与宣告死亡的决定。人民法院在受理申请后，按照《民事诉讼法》规定的特别审理程序发出寻找下落不明人的公告，公告期届满，没有其音讯的，人民法院作出失踪或死亡的宣告。

2. 宣告失踪的法律后果

宣告失踪的法律后果是为失踪人设置财产代管人。《民法典》第 42 条规定："失踪人的财产由其配偶、成年子女、父母或者其他愿意担任财产代管人的人代管。代管有争议，没有前款规定的人，或者前款规定的人无代管能力的，由人民法院指定的人代管。"

财产代管人的职责，依据《民法典》第 43 条第 1 款和第 2 款的规定，应为"财产代管人应当妥善管理失踪人的财产，维护其财产权益"和"失踪人所欠税款、债务和应付的其他费用，由财产代管人从失踪人的财产中支付"。财产代管人管理失踪人的财产，既包括对失踪人财产的保管，也包括作为代理人收取失踪人的到期债权。财产代管人管理失踪人的财产并非合同约定，而是直接来自法律的规定，这种管理财产的行为通常是无偿的，财产代管人只要尽到善良管理人的义务即可。① 当然，依据《民法典》第 43 条第 3 款规定，如果财产代管人因故意或者重大过失造成失踪人财产损失的，需要承担赔偿责任。

财产代管人可能会产生变更，依据《民法典》第 44 条的规定，财产代管人设立后，变更的情形有两种：一是"财产代管人不履行代管职责、侵害失踪人财产权益或者丧失代管能力的，失踪人的利害关系人可以向人民法院申请变更财产代管人"。二是"财产代管人有正当理由的，可以向人民法院申请变更财产代管人"。

人民法院变更财产代管人的，原财产代管人应当及时向新财产代管人移交有关财产并报告财产代管情况。

3. 宣告死亡的法律后果

（1）宣告死亡时间的认定

自然人死亡时间的认定对于确定相关的权利义务关系具有重要意义。《民法典》第 48 条规定："被宣告死亡的人，人民法院宣告死亡的判决作出之日视为其死亡的日期；因意外事件下落不明宣告死亡的，意外事件发生之日视为其死亡的日期。"

（2）宣告死亡并不当然消灭被宣告死亡人的民事主体资格

宣告死亡并非为了绝对地消灭或剥夺被宣告死亡人的主体资格，而在

---

① 黄薇主编：《中华人民共和国民法典释义（上）：总则编·物权编》，法律出版社 2020 年版，第 87 页。

于结束被宣告死亡人既有的民事法律关系。① 自然人在被宣告死亡后仍然可能生存，并从事民事活动。因此，《民法典》第49条规定："自然人被宣告死亡但是并未死亡的，不影响该自然人在被宣告死亡期间实施的民事法律行为的效力。"

（3）财产关系的变动

自然人一旦被宣告死亡，其财产将作为遗产由其继承人继承。同时，被宣告死亡的自然人的债权人也有权请求该自然人的继承人清偿债务。

（4）婚姻关系的消灭

《民法典》第51条规定："被宣告死亡的人的婚姻关系，自死亡宣告之日起消除……"

4. 宣告失踪与宣告死亡的撤销

依据《民法典》第45条第1款和第50条的规定，自然人在被宣告失踪或死亡后，如果又重新出现，则其本人或利害关系人有权申请法院撤销宣告。

（1）撤销失踪宣告的法律后果

失踪宣告一旦撤销，相应的财产代管关系也应当终止。《民法典》第45条第2款规定："失踪人重新出现，有权请求财产代管人及时移交有关财产并报告财产代管情况。"

（2）撤销死亡宣告的法律后果

一是婚姻关系的恢复。《民法典》第51条规定："……死亡宣告被撤销的，婚姻关系自撤销死亡宣告之日起自行恢复。但是，其配偶再婚或者向婚姻登记机关书面声明不愿意恢复的除外。"死亡宣告撤销后，被宣告死亡人的婚姻关系原则上自行恢复，但是其配偶再婚或者向婚姻登记机关书面声明不愿意恢复的为例外情形。此处的再婚，即使再婚后又离婚或再婚后

---

① 王泽鉴著：《民法总则》，北京大学出版社2009年版，第111页。

新配偶死亡，其与被宣告死亡的配偶之间的婚姻关系也均不得自行恢复。

二是对收养关系的影响。《民法典》第52条规定："被宣告死亡的人在被宣告死亡期间，其子女被他人依法收养的，在死亡宣告被撤销后，不得以未经本人同意为由主张收养行为无效。"由于宣告死亡有消灭自然人既有人身关系的效力，被宣告死亡人的子女可能被他人收养，为维护合法收养关系的效力，即使死亡宣告被撤销，被宣告死亡人也不得以未经其同意为由主张收养关系无效。

三是对财产关系的影响。死亡宣告的撤销将产生财产关系恢复的效果。《民法典》第53条第1款规定："被撤销死亡宣告的人有权请求依照本法第六编取得其财产的民事主体返还财产；无法返还的，应当给予适当补偿。"其继承人应当返还依继承法所取得的财产，由于继承人对宣告死亡的发生并无过错，且为合法取得财产，其有权使用、消费财产，如果其所继承的财产无法返还，只需要给予适当补偿。如果他人被宣告死亡是由于利害关系人隐瞒真实情况，并且利害关系人因此取得财产，此时该利害关系人有过错，根据《民法典》第53条第2款，除应当返还财产外，还应当对由此造成的损失承担赔偿责任。

（五）个体工商户和农村承包经营户

个体工商户和农村承包经营户是具有中国特色的民事主体。[1] 个体工商户和农村承包经营户不属于非法人组织，其实质为商自然人。[2]

1. 个体工商户

《民法典》第54条中规定，"自然人从事工商业经营，经依法登记，为个体工商户"。由此可见，个体工商户，是指经依法登记，从事工商业经营的自然人。

---

① 黄薇主编：《中华人民共和国民法典释义（上）：总则编·物权编》，法律出版社2020年版，第99页。

② 朱庆育：《民法总论》，北京大学出版社2016年版，第476—479页。

个体工商户是民事主体的一种类型，个体工商户可以是一个自然人，也可以是数个自然人。根据 2022 年 3 月 1 日起施行的《市场主体登记管理条例》第 3 条和第 5 条，个体工商户必须依法办理登记，市场监督管理部门是其登记管理机关。依据《民法典》第 54 条的规定，"个体工商户可以起字号"，这是个体工商户依法享有的权利。

个体工商户从事的"工商业经营"的范围应作广义理解，只要是不属于法律、行政法规禁止进入的行业，个体工商户均可进入并开展经营活动。①

个体工商户债务的承担，《民法典》第 56 条第 1 款规定："个体工商户的债务，个人经营的，以个人财产承担；家庭经营的，以家庭财产承担；无法区分的，以家庭财产承担。"

2. 农村承包经营户

《民法典》第 55 条规定："农村集体经济组织的成员，依法取得农村土地承包经营权，从事家庭承包经营的，为农村承包经营户。"

农村土地家庭承包的承包方是本集体经济组织的农户。农户是农村中以血缘和婚姻关系为基础组成的农村最基本的社会单位。承包是以"户"为单位进行的，土地承包经营权证书按户制作并颁发。

针对农村承包经营户的债务承担，《民法典》第 56 条第 2 款规定："农村承包经营户的债务，以从事农村土地承包经营的农户财产承担；事实上由农户部分成员经营的，以该部分成员的财产承担。"考虑到农村承包经营户是以"户"为单位进行农业经营活动，其债务也应当由"户"来承担，法条中的农户财产包括户内成员的个人财产和共同财产。② 考虑到我国城乡经济结构的调整和城镇化的发展，有的家庭成员进城务工就业，分门立户，完全不参与家庭土地承包经营，也不分享承包家庭的收益，在此种情况下，可以不再承担原所在家庭承包经营的债务，因此本条后半部分规定："事实

---

① 黄薇主编：《中华人民共和国民法典释义（上）：总则编·物权编》，法律出版社 2020 年版，第 101 页。

② 王利明等著：《民法学》，法律出版社 2020 年版，第 94 页。

上由农户部分成员经营的，以该部分成员的财产承担。"①

二、法人

法人制度使具备法人条件的组织取得独立的民事主体资格，像自然人一样具有民事权利能力和民事行为能力，对促进经济发展和规范经济社会秩序起到了积极的推动作用。

（一）法人的概念与特征

我国《民法典》第57条将法人定义为"法人是具有民事权利能力和民事行为能力，依法独立享有民事权利和承担民事义务的组织"。它是除自然人外被法律赋予民事主体资格的另一类最重要的民事主体。法人有以下特征。②

1. 法人是具有独立名义的社会组织体

法人与自然人的最大区别在于法人是一种由一定数量的自然人集合而成的统一的社会组织体，具有独立的名义。法人能够以自己的名义参加民事活动，并能在法院起诉、应诉。

2. 法人具有独立的财产

法人具有独立的财产，其所拥有的财产独立于其成员的财产之外，对财产享有所有权，自主支配其所有的财产，享有完整的占有、使用、收益和处分的权能。法人具有独立的财产，决定了其责任的独立性以及法人成员的有限责任。

3. 法人承担独立的责任

《民法典》第60条规定："法人以其全部财产独立承担民事责任。"法

---

① 黄薇主编：《中华人民共和国民法典释义（上）：总则编·物权编》，法律出版社2020年版，第105页。

② 杨立新著：《民法总则》，法律出版社2020年版，第123页；刘凯湘著：《民法总论》，北京大学出版社2006年版，第169页。

人仅以自身的财产对债务承担民事责任，组成法人的个人或组织以及创设法人的国家均不对法人的债务承担责任，反过来说，法人也不对组成法人的个人或组织以及国家的债务承担责任。①

案例 13 【法人独立承担民事责任】

徐某与贵某顾问有限公司、
赵某某商品房预约合同纠纷案②

事实： 贵某顾问有限公司（以下简称贵某公司）作为房产销售中介，为龙某公司介绍海景房销售。贵某公司的法定代表人赵某某向徐某介绍购买一套龙某公司的海景房，并收取徐某购房款 50000 元。其后龙某公司公告声称因贵某公司和赵某某的违规行为，已经取消与贵某公司和赵某某的合作。徐某起诉商品房预约合同纠纷，后以贵某公司系房屋销售公司，无权收取购房款，并因贵某公司和赵某某的原因无法购买案涉房屋为由，变更为不当得利纠纷，要求贵某公司退还购房款，并要求赵某某承担连带清偿责任。

法院认为： 贵某公司并未取得龙某公司的授权向徐某收取购房定金，也未促成徐某和龙某公司签订房屋买卖合同，其收取占有徐某的 50000 元款项无法律依据，应当予以返还，并应承担从收款次日起产生的资金占用利息。

关于徐某诉请的要求赵某某承担连带责任。法律规定："法人以其全部财产独立承担民事责任。""法定代表人以法人名义从事的民事活动，其法律后果由法人承受。"本案中，徐某并未提供证据证明贵某公司与赵某某存在人格混同的情形，贵某公司应当依法以其全部财产独立对徐某承担民事责任。因此，对徐某要求赵某某承担连带责任的诉讼请求，本院依法不予支持。

---

① 胡雪梅主编：《民法》，清华大学出版社 2021 年版，第 64 页。
② （2021）渝 0103 民初 31711 号民事判决书。

（二）法人的分类

我国《民法典》将法人分为营利法人、非营利法人和特别法人三类。

1. 营利法人

《民法典》第76条第1款规定："以取得利润并分配给股东等出资人为目的成立的法人，为营利法人。"营利法人的设立目的是取得利润并分配给股东等出资人，与非营利法人相区别的是，其设立目的并非公益目的或其他目的。

依据《民法典》第76条第2款的规定："营利法人包括有限责任公司、股份有限公司和其他企业法人等。"有限责任公司与股份有限公司在《公司法》中进行了详细的规定。

2. 非营利法人

《民法典》第87条第1款将非营利法人定义为："为公益目的或者其他非营利目的成立，不向出资人、设立人或者会员分配所取得利润的法人。"

非营利法人与营利法人的区别不在于是否从事经营活动，而在于其经营所得的利润是否分配给出资人、设立人或者会员。非营利法人不允许进行此种利润分配。此外，非营利法人终止后剩余财产的分配也具有特殊性。依据《民法典》第95条的规定："为公益目的成立的非营利法人终止时，不得向出资人、设立人或者会员分配剩余财产……"

非营利法人的类型，依据《民法典》第87条第2款的规定，包括事业单位、社会团体、基金会、社会服务机构等。《民法典》第88条、第90条和第92条分别对以上四种类型的非营利法人进行了定义。

事业单位法人，是指"具备法人条件，为适应经济社会发展需要，提供公益服务设立的事业单位"。事业单位，是国家为了社会公益目的，由国家机关举办的或者其他组织利用国有资产举办的，从事教育、科技、文化、卫生等活动的社会服务组织。①

社会团体法人，是指"具备法人条件，基于会员共同意愿，为公益目的或者会员共同利益等非营利目的设立的社会团体"。例如，工会、妇女联合会、工商业联合会等。

捐助法人，是指"具备法人条件，为公益目的以捐助财产设立的基金会、社会服务机构等，经依法登记成立，取得捐助法人资格。依法设立的宗教活动场所，具备法人条件的，可以申请法人登记，取得捐助法人资格。法律、行政法规对宗教活动场所有规定的，依照其规定"。捐助法人分为基金会、社会服务机构和宗教活动场所三类。

3. 特别法人

根据《民法典》第96条的规定，特别法人包括机关法人、农村集体经济组织法人、城镇农村的合作经济组织法人和基层群众性自治组织法人。特别法人是一个"大杂烩"，它把不能由营利法人和非营利法人所涵盖的法人杂糅地放在一起，其特殊性在于此类法人都具有行使公权力的职能。②

根据《民法典》第97条的规定，机关法人是有独立经费的机关和承担行政职能的法定机构，其可以从事为履行职能所需要的民事活动。机关法人成立的方式是依据宪法和法律的规定，为履行法定职能而特许设立，无须经专门机构核准登记。同时，机关法人的经费纳入国家预算，由国家财政拨给。机关法人可以以法人资格与其他民事主体进行民事活动，如购置办公用品等。③

农村集体经济组织法人，是指利用农村集体的土地或其他财产，从事农业经营等活动的组织。目前，我国的农村集体经济组织包括三类：乡镇

---

① 参见《事业单位登记管理暂行条例》（2004修订）第2条第1款。
② 胡雪梅主编：《民法》，清华大学出版社2021年版，第68页。
③ 黄薇主编：《中华人民共和国民法典释义（上）：总则编·物权编》，法律出版社2020年版，第188页。

集体、村集体、村民小组。①

城镇农村的合作经济组织是按照自愿互利、民主管理、协作服务原则组建的经济组织，主要是指供销合作社等。②

基层群众性自治组织法人包括居民委员会和村民委员会。《城市居民委员会组织法》在第 2 条第 1 款中规定："居民委员会是居民自我管理、自我教育、自我服务的基层群众性自治组织。"《村民委员会组织法》在第 2 条第 1 款中规定："村民委员会是村民自我管理、自我教育、自我服务的基层群众性自治组织……"《民法典》确认了居民委员会和村民委员会的民事主体资格，便于其从事民事活动，如签订建设社区公益设施的合同等。

(三) 法人的成立和登记

1. 依法成立

根据《民法典》第 58 条第 1 款的规定："法人应当依法成立。"

依法成立在内容上包括两个方面：第一，成立程序合法。《民法典》第 58 条第 2 款及第 3 款规定："……法人成立的具体条件和程序，依照法律、行政法规的规定。设立法人，法律、行政法规规定须经有关机关批准的，依照其规定。"第二，成立条件合法。包括法人的目的、宗旨合法，符合国家和社会公共利益的要求，组织机构、经营范围、经营方式等内容合法。③

2. 有必要的财产或经费

法人要有必要的财产或经费，能够进行必要的经营活动和承担民事责任。

3. 有自己的名称、组织机构、住所

根据《民法典》第 80 条至第 82 条的规定，营利法人应当设权力机构

① 王利明等著：《民法学》，法律出版社 2020 年版，第 137 页。
② 黄薇主编：《中华人民共和国民法典释义（上）：总则编·物权编》，法律出版社 2020 年版，第 193 页。
③ 王利明等著：《民法学》，法律出版社 2020 年版，第 106 页。

和执行机构，或者设监督机构；第 91 条第 2 款、第 3 款规定，社团法人应当设权力机构和执行机构；第 93 条第 2 款、第 3 款规定，捐助法人应当设决策机构和监督机构；第 63 条规定："法人以其主要办事机构所在地为住所，依法需要办理法人登记的，应当将主要办事机构所在地登记为住所。"

4. 法人的登记

登记包括设立登记、变更登记和消灭登记。登记的重要功能在于公示，以便于第三人查询知悉，从而保障交易安全。①

在我国，法人的成立大都必须经过登记，方能取得法人资格。例如，《民法典》第 77 条规定："营利法人经依法登记成立。"第 92 条第 1 款规定："……基金会、社会服务机构等，经依法登记成立，取得捐助法人资格。"

在法人存续期间登记事项发生变化的，应当依法向登记机关申请变更登记。登记机关应当依法及时公示法人登记的有关信息。

当法人的实际情况与登记的事项不一致时，根据《民法典》第 65 条的规定，"法人的实际情况与登记的事项不一致的，不得对抗善意相对人"。

案例 14 【法人的实际情况与登记的事项不一致的，不得对抗善意相对人】

贵州益某矿业有限公司与陶某学案外人执行异议之诉②

事实：陶某学诉鑫某公司股权转让纠纷一案，经贵州省高院最终判决，判令鑫某公司支付陶某学转让款。法院在 2018 年强制执行中查封了金某煤矿的采矿权，拟司法拍卖，益某矿业有限公司（以下简称益某公司）对此提出执行异议。

2011 年，金某煤矿作为甲方与乙方益某公司签订《矿山企业转让协议》，将金某煤矿转让给益某公司。2013 年，刘某代表原金某煤矿与鑫某公

---

① 王利明等著：《民法学》，法律出版社 2020 年版，第 107 页。
② （2020）黔民终 479 号民事判决书。

司签订《采矿权转让合同》，约定将原金某煤矿转让给鑫某公司，其后鑫某公司与金某煤矿又签订《另行约定协议》，协议中明确之前签订的《采矿权转让合同》无须实际履行，仅为金某煤矿继续取得煤矿经营资格之挂靠使得而签署。益某公司主张其为金某煤矿的实际投资人，金某煤矿与鑫某公司仅是挂靠关系，据此主张排除对金某煤矿采矿权的强制执行。

法院认为：益某公司主张金某煤矿与鑫某公司的真实关系是代持股关系，但工商登记信息显示，金某煤矿于2014年4月25日变更为鑫某公司金某煤矿，市场主体类型为其他有限责任公司分公司。虽然金某煤矿与鑫某公司通过《另行约定协议》约定了内部企业运行的相关机制，但依据法律规定，法人的实际情况与登记的事项不一致的，不得对抗善意第三人。由于登记机关为国家机关，其对于法人的设立、变更、注销进行的登记行为，彰显了公权力对私权利的确认，对私法事实的公示，其所公布的登记信息具有权威性，足以使社会公众相信其真实性与准确性，故对社会公众产生公信力。本案中，金某煤矿在工商部门登记为鑫某公司分公司，该登记对外具有公信力。而转让合同、《另行约定协议》系当事人之间内部权利义务约定且未依法办理变更登记，不改变已经法定审批程序予以登记的采矿权归属，故益某公司应当承担登记公示的法律后果。

（四）法人的民事能力

1. 法人的民事权利能力和民事行为能力的产生与消灭

法人作为民事主体，其具有民事权利能力和民事行为能力。《民法典》第59条规定："法人的民事权利能力和民事行为能力，从法人成立时产生，到法人终止时消灭。"

法人的民事权利能力和民事行为能力，从法人成立时产生。具体而言，对于营利法人，登记机关发给营利法人营业执照，营业执照的签发日期为营利法人的成立日期；对于事业单位和社会团体法人，不需要办理法人登记的，从成立之日起，具有权利能力和行为能力；需要办理法人登记的，依法登记成立后，具有权利能力和行为能力；捐助法人经依法登记成立后，具有权利能力和行为能力；机关法人从成立之日起，具有权利能力和行为能力。

法人的民事权利能力和民事行为能力从其终止时消灭。法人完成清算并注销登记的，法人终止，其民事权利能力和民事行为能力消灭。

2. 法人的民事能力的特殊情形

（1）设立中的法人

设立中的法人，其民事能力受到限制，一方面是其只能从事必要的设立行为，超出设立行为的民事行为都不得实施。另一方面是其以将来法人成立为条件而享有民事权利能力，如果将来法人不能有效成立，应当由筹建人和设立人承担法律后果。①

《民法典》第75条第1款规定："设立人为设立法人从事的民事活动，其法律后果由法人承受；法人未成立的，其法律后果由设立人承受，设立人为二人以上的，享有连带债权，承担连带债务。"

设立人为设立法人而实施民事活动，可能以该设立法人的名义，也可能以自己的名义。此时产生的民事责任，第三人享有选择权。《民法典》第75条第2款规定："设立人为设立法人以自己的名义从事民事活动产生的民事责任，第三人有权选择请求法人或者设立人承担。"

（2）法人的分支机构

法人可以依法设立分支机构，但法人的分支机构不具备法人资格。《民法典》第74条第2款规定："分支机构以自己的名义从事民事活动，产生的民事责任由法人承担；也可以先以该分支机构管理的财产承担，不足以承担的，由法人承担。"

（3）法人的法定代表人

法定代表人是依照法律或者法人章程的规定，代表法人从事民事活动

① 杨立新著：《民法总则》，法律出版社2020年版，第132—133页。

的负责人。

法定代表人以法人名义从事的民事活动，其法律后果由法人承受。法定代表人因执行职务造成他人损害的，由法人承担民事责任。法人承担民事责任后，依照法律或法人章程的规定，可以向有过错的法定代表人追偿。

案例 15 【法定代表人因执行职务造成他人损害的，由法人承担民事责任】

杭州迪某科技有限公司与北京三某科技有限公司名誉权纠纷案①

事实：杭州迪某科技有限公司（以下简称杭州迪某公司）的法定代表人赵某某发现部分"二某火"收银系统使用商户与北京三某科技有限公司（以下简称三某公司）在经营活动中出现交易问题后，发布对相关争议处理结果表达不满的评论文章，认为三某公司通过限制合作外卖商户使用由三某自行研发的与"二某火"收银系统相似的收银系统来实现不正当竞争。三某公司认为迪某公司侵犯其名誉权而向法院提起诉讼。

法院认为：杭州迪某公司的法定代表人发表涉案文章虽事出有因，但在评述过程及表达观点时，以带有贬损人格含义的措辞来宣泄不满，未能尽到合理的注意义务，主观上具有相应过错。杭州迪某公司之法定代表人在发现其公司遭受经营问题后未能采取合理的法律维权方式，而先行发布涉案文章，造成较大范围内的网络受众对三某公司进行了负面评价，其行为及措辞方式超出了维权的合理限度，造成了三某公司的社会评价被降低的损害后果。因此，涉案文章构成对三某公司名誉权的侵犯。就杭州迪某公司是否应当承担民事责任一节。法院认为，法定代表人以法人名义从事的民事活动，其法律后果由法人承受。法定代表人因执行职务造成他人损害的，由法人承担民事责任。赵某某作为杭州迪某公司的法定代表人，本

---

① （2020）京 01 民终 2397 号民事判决书。

案中，赵某某虽系以个人名义注册头条用户并发表文章，但其头条认证为"二某火创始人兼CEO（首席执行官）"，且涉案文章的内容均为关于"二某火"的市场经营行为的内容，并明确针对同行业者"某团"的经营行为，从评论内容看，也均为对"二某火"及某团的评论，故涉案内容系为了杭州迪某公司的法人利益，而非赵某某的个人利益，并与赵某某从事的业务和职务直接相关，属于法定代表人的职务行为。虽然两篇文章中的评论内容，部分嘲讽、侮辱性的措辞带有明显的个人不满情绪发泄，但其账号认证信息以及法定代表人的身份，仍然可以使公众理解为其两篇文章均系因"二某火及某团"关系而作出的情绪表达。鉴于法定代表人的职务行为的认定应当适用外观主义原则，即只要法定代表人的行为在客观上具备了执行职务的特征，就可以认定该行为是法定代表人的职务行为，故根据涉案文章的内容及相应的公众评论意见，均可认定赵某某发表涉案文章的行为系代表杭州迪某公司，故应由杭州迪某公司承担相应民事责任。

案例16 【法人章程或法人权力机构对法定代表人代表权的限制，不得对抗善意相对人】

黄某煤矿有限责任公司、龙某2民间借贷纠纷案①

事实： 2012年黄某煤矿公司成立。2016年3月龙某1、郑某、宋某与黄某煤矿股东签订了《黄某煤承包经营协议》，约定龙某1、郑某、宋某三人承包黄某煤矿经营权，龙某1为法定代表人，但不得以公司法定代表人名义对外进行活动。2016年11月，为处理黄某煤矿工人讨要工资事宜，龙某1向龙某2借款5万元，借条上的借款单位为黄某煤矿，加盖龙某1私章和黄某煤矿公司财务章。因未归还借款，龙某2提起诉讼。

诉讼焦点： 法定代表人实施的超越其对内签订的承包经营协议对法定

---

① （2021）鄂28民终2056号民事判决书。

代表人的限制的行为是否有效。

法院认为：法人的法定代表人，系依照法律或者章程的规定，代表法人从事民事活动的负责人。法定代表人以法人名义从事的民事活动，其法律后果由法人承担。法人章程或者权力机构对法定代表人代表权的限制，不得对抗善意第三人。龙某1向龙某2出具借条时，系黄某煤矿公司的法定代表人，其以黄某煤矿公司的名义出具借条行为的法律后果，依法应由黄某煤矿公司负担。黄某煤矿公司称借条上的印章不是该公司的印章，龙某1私刻印章对外融资的法律后果，应由龙某1负担。对此，本院认为，龙某2作为借款人，其无法辨别借条上的印章是否为公司的印章，无法获取黄某煤矿公司与龙某1签订的《黄某煤矿承包经营协议》，无从知晓黄某煤矿公司对龙某1使用公司印章的限制，因此龙某2属于善意第三人，黄某煤矿公司应对龙某1出具欠条的法律后果承担责任，黄某煤矿公司关于其根据《黄某煤矿承包经营协议》不应承担还款责任的上诉理由不能成立，本院不予支持。

(4) 营利法人的法人人格否认

法人有独立于其成员的人格，有独立的法律地位，独立地承担法律责任。但是法人的这些特点有时会被其成员滥用，损害债权人的利益。因此，《民法典》规定了营利法人的人格否认制度，矫正有限责任制度对债权人保护的失衡。

《民法典》第83条第2款规定："营利法人的出资人不得滥用法人独立地位和出资人有限责任损害法人债权人的利益；滥用法人独立地位和出资人有限责任，逃避债务，严重损害法人债权人的利益的，应当对法人债务承担连带责任。"在这种情形下，债务人可以直接请求滥用法人独立地位和出资人有限责任的出资人承担责任。

（五）法人的变更和终止

1. 法人的变更

（1）法人的合并

法人的合并，是指两个或两个以上的法人合并为一个法人，包括新设合并和吸收合并。

新设合并，也叫创设合并，是指两个以上的法人合并成为一个新的法人，被合并的原法人全部归于消灭的合并形式。

吸收合并，也叫存续合并，是指一个或多个法人归并到一个现存的法人，被合并的法人主体资格消灭，存续的法人主体资格仍然存在。

（2）法人的分立

法人的分立，是指一个法人分成两个或两个以上的法人，包括新设分立和派生分立。

新设分立，又称创设分立，指一个法人分成两个或两个以上的法人，原有的法人资格消灭。

派生分立，又称存续分立，是指将原来法人分出一部分，成立新法人，原法人资格仍然存在，分立的法人成为新法人。

（3）法人分立和法人合并的债权和债务

依据《民法典》第67条的规定，"法人合并的，其权利和义务由合并后的法人享有和承担。法人分立的，其权利和义务由分立后的法人享有连带债权，承担连带债务，但是债权人和债务人另有约定的除外"。

法人合并后，新设合并，合并各方的权利和义务由新的法人概括承受，原债权人有权请求新设法人承担债务清偿义务；吸收合并，被吸收方的债权债务由吸收方承受，被吸收方的原债权人有权请求吸收方承担债务清偿义务。

法人分立，无论是新设分立还是派生分立，由分立后的法人享有连带债权、承担连带债务，除非债权人与债务人另有约定。

2. 法人的终止

法人的终止，是指法人资格的消灭，即法人作为民事主体的资格丧失，法人的民事权利能力和民事行为能力不再存在。根据《民法典》第 68 条的规定，法人终止的原因有以下几点。

（1）法人解散

依据《民法典》第 69 条的规定，有下列情形之一的，法人解散。

第一，法人章程规定的存续期间届满或者法人章程规定的其他解散事由出现。

第二，法人的权力机构决议解散。

第三，因法人合并或者分立需要解散。

第四，法人依法被吊销营业执照、登记证书，被责令关闭或者被撤销。

第五，法律规定的其他情形。

（2）法人被宣告破产

（3）法律规定的其他原因

出现以上法人终止的原因，并依法完成清算、注销登记的，法人终止。

3. 法人的清算

清算，是指清理即将终止的法人的财产，了结其作为当事人的民事法律关系，从而使该法人归于消灭的程序。[①]

根据《民法典》第 70 条的规定，法人解散的，清算义务人应当及时组成清算组进行清算。法人合并或分立的情况，不需要进行清算，因为分立或合并后的法人要对债务人承担连带责任，以保护债权人的利益。[②]

清算义务人为法人的董事、理事等执行机构或者决策机构的成员，法律、行政法规另有规定的，依照其规定。

---

① 胡雪梅主编：《民法》，清华大学出版社 2021 年版，第 79 页。
② 王利明等著：《民法学》，法律出版社 2020 年版，第 114 页。

清算义务人有及时履行清算的义务，根据《民法典》第 70 条第 3 款的规定，清算义务人未及时履行清算义务，造成损害的，应当承担民事责任；主管机关或者利害关系人可以申请人民法院指定有关人员组成清算组进行清算。

根据《民法典》第 72 条第 1 款和第 3 款的规定，清算期间法人依然存续，但其权利能力和行为能力受到限制，不得从事与清算无关的活动。清算结束并完成法人注销登记时，法人终止；依法不需要办理法人登记的，清算结束时，法人终止。

三、非法人组织

非法人组织是自然人和法人以外的第三类民事主体。

（一）非法人组织的概念与类型

依据《民法典》第 102 条的规定，非法人组织，是指虽不具有法人资格但可以以自己的名义从事民事活动的社会组织。

在我国，非法人组织主要包括个人独资企业、合伙企业、不具有法人资格的专业服务机构等。

个人独资企业，是指在中国境内设立，由一个自然人投资，财产为投资人个人所有，投资人以其个人财产对企业债务承担无限责任的经营实体。[①]

合伙企业，是指自然人、法人和其他组织在中国境内设立的普通合伙企业和有限合伙企业。[②]

普通合伙企业由普通合伙人组成，合伙人对合伙企业债务承担无限连带责任。《合伙企业法》还规定了一种特殊的普通合伙企业。在特殊的普通合伙企业中，一个合伙人或者数个合伙人在执业活动中因故意或者重大过

---

① 参见《中华人民共和国个人独资企业法》第 2 条。
② 参见《中华人民共和国合伙企业法》第 2 条。

失造成合伙企业债务的，应当承担无限责任或者无限连带责任，其他合伙人以其在合伙企业中的财产份额为限承担责任。[①] 以专业知识和专门技能为客户提供有偿服务的专业服务机构，可以设立为特殊的普通合伙企业。

有限合伙企业由普通合伙人和有限合伙人组成，普通合伙人对合伙企业债务承担无限连带责任，有限合伙人以其认缴的出资额为限对合伙企业债务承担责任。

不具有法人资格的专业服务机构，是指专门提供专业服务的非法人组织，如会计师事务所和律师事务所。[②]

（二）非法人组织的设立

《民法典》第 103 条规定："非法人组织应当依照法律的规定登记。设立非法人组织，法律、行政法规规定须经有关机关批准的，依照其规定。"

第一，非法人组织设立应当依照法律的规定进行登记。在《个人独资企业法》《合伙企业法》等法律中规定了设立登记的程序，非法人组织须依其规定进行登记。

第二，某些非法人组织的设立，依据法律和行政法规的规定须经有关机关批准，报经批准后，才能取得非法人组织的资格。例如，在《律师事务所管理办法》中规定律师事务所的设立要报相关司法行政机关审核，作出是否准予设立的决定。

（三）非法人组织的责任

《民法典》第 104 条规定："非法人组织的财产不足以清偿债务的，其出资人或者设立人承担无限责任。法律另有规定的，依照其规定。"

与法人承担有限责任不同的是，非法人组织承担无限责任。非法人组

---

① 参见《中华人民共和国合伙企业法》第 57 条第 1 款。
② 王利明等著：《民法学》，法律出版社 2020 年版，第 146 页。

织的债务，先以非法人组织自己的财产进行清偿，不足以清偿的债务，由其出资人或设立人承担无限责任。

（四）非法人组织的解散

根据《民法典》第106条的规定，出现下列情形的，非法人组织解散。

第一，章程规定的存续期间届满或者章程规定的其他解散事由出现。

第二，出资人或者设立人决定解散。

第三，法律规定的其他情形。例如，《合伙企业法》中规定合伙人已不具备法定人数满30天、依法被吊销营业执照、责令关闭或者被撤销等事由也构成合伙企业解散的原因。

非法人组织解散的，应当依法进行清算，清算结束之后，办理注销登记，其民事主体资格消灭。

第二章　民事法律行为

思维导图

民事法律行为
- 概述
  - 民事法律行为的概念
  - 民事法律行为的特征
  - 民事法律行为的分类
    - 单方法律行为、双方法律行为、多方法律行为、决议行为
    - 有偿法律行为与无偿法律行为
    - 诺成法律行为与实践法律行为
    - 要式法律行为与不要式法律行为
    - 主法律行为与从法律行为
    - 独立的法律行为与辅助的法律行为
    - 财产行为与身份行为
    - 有因行为与无因行为
    - 生前行为与死因行为
  - 法律行为的形式
    - 书面形式
    - 口头形式
    - 其他形式（推定、沉默）
  - 意思表示
- 民事法律行为的生效
  - 民事法律行为的有效要件
    - 主体适格
    - 意思表示真实
    - 不违反法律、行政法规的强制性规定
    - 不违背公序良俗
  - 无效的民事法律行为
  - 可撤销的民事法律行为
  - 效力待定的民事法律行为
- 民事法律行为的附条件和附期限

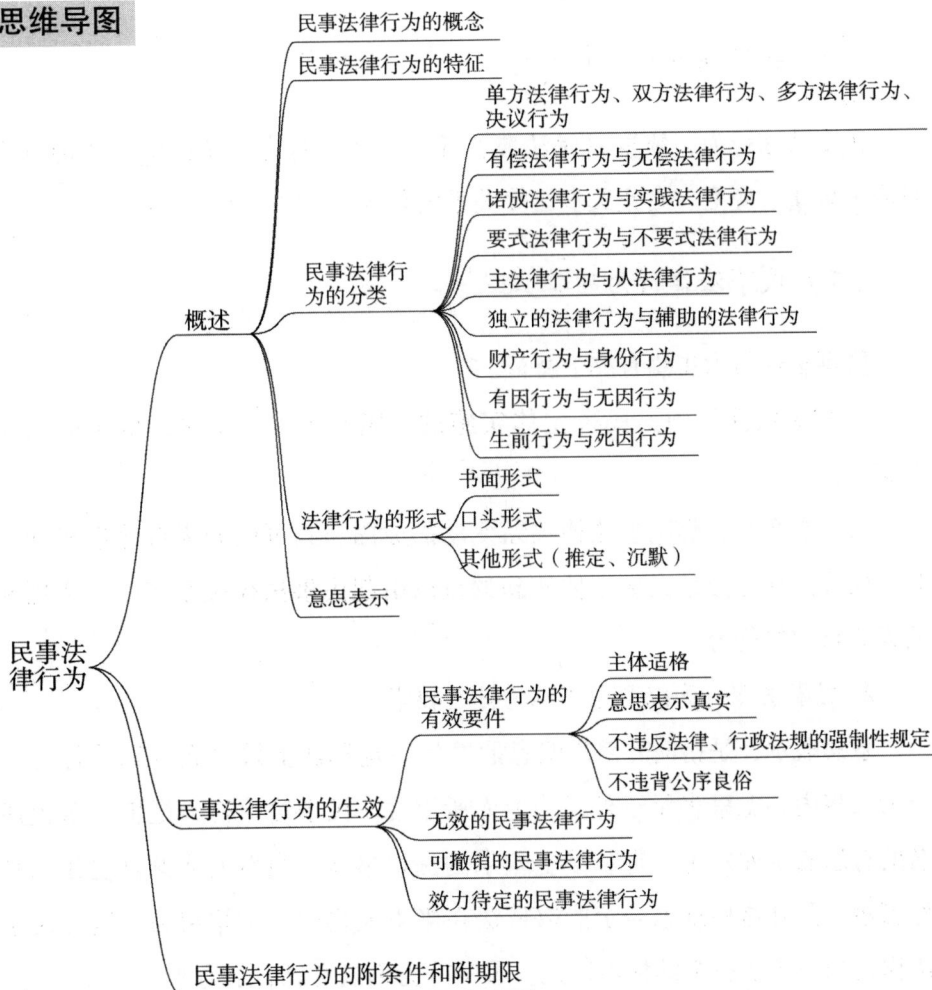

图2-3　民事法律行为知识点框架

一、民事法律行为的概念、特征与分类

法律行为是民法中核心的制度之一，法律行为制度通过赋予当事人自由意志以法律效力，使当事人能够自主安排自己的事务，从而实现民法作为任意法的功能。[①]

（一）民事法律行为的概念

民事法律行为，依据《民法典》第 133 条的规定，是民事主体通过意思表示设立、变更、终止民事法律关系的行为。

（二）民事法律行为的特征

民事法律行为主要有如下特征。

1. 民事法律行为是民事主体实施的、能够产生一定法律效果的法律事实

法律事实是引起民事法律关系变动的原因，其可以分为自然事实和行为。民事法律行为是民事主体实施的，以引起民事法律关系产生、变更和消灭为目的的行为。

2. 民事法律行为以意思表示为核心要素

意思表示，是指向外部表明意欲发生一定私法上效果之意思的行为。[②]行为人将内心意思表示于外，为他人所知晓。民事法律行为是依当事人所谓的意思表示而发生一定私法上效果的法律事实。当事人能够自主作出意思表示，并且这种意思表示能够依法在当事人之间产生拘束力，这是民事法律行为与事实行为的根本区别。事实行为不以意思表示为要件。

---

① 王利明等著：《民法学》，法律出版社 2020 年版，第 187 页。
② 梁慧星著：《民法总论》，法律出版社 2011 年版，第 189 页。

3. 民事法律行为能够产生当事人预期的法律效果

民事法律行为不仅能产生法律效果，即导致民事法律关系的产生、变更和消灭，而且能够产生依当事人所期望的法律后果。民事法律行为是私法自治的工具。

（三）民事法律行为的分类

1. 单方法律行为、双方法律行为、多方法律行为和决议行为

单方法律行为，是指根据一方的意思表示就能够成立的行为。例如，抛弃所有权、订立遗嘱等。

双方法律行为，是指当事人双方意思表示一致而成立的法律行为，合同是最典型的双方法律行为。

多方法律行为，是指三方以上的当事人意思表示达成一致而成立的法律行为。例如，三个以上的合伙人订立合伙协议的行为。

决议行为，根据《民法典》第 134 条第 2 款的规定，是指法人、非法人组织依照法律或者章程规定的议事方式和表决程序作出决议的行为。决议行为有全票通过，也有多数票通过，因此与须各方意思一致的多方法律行为有所区别。

2. 有偿法律行为和无偿法律行为

以法律行为的双方是否承担对待给付义务为标准，法律行为可以分为有偿法律行为和无偿法律行为。

有偿法律行为，是指双方承担互为对待给付义务的法律行为。法律行为一般贯彻等价有偿原则，大多为有偿法律行为。例如，买卖行为等。

无偿法律行为，是指一方当事人承担给付义务，而对方当事人不承担给付义务的行为。例如，赠与、无偿保管等。

区分两种行为的意义在于，法律对两种行为的当事人资格以及对双方权利和义务的设定有所不同。

3. 诺成法律行为和实践法律行为

以法律行为的成立除了意思表示之外是否还需以交付标的物为标准，法律行为分为诺成法律行为和实践法律行为。

诺成法律行为，是指只要当事人意思表示一致即可成立的法律行为，法律行为大多为诺成法律行为。

实践法律行为也叫要物行为，是指当事人除了意思表示一致之外，还必须交付标的物才能成立的法律行为，如定金合同等。

案例 17 【"以物抵债"协议是诺成合同还是实践合同】

张某媛、张某斌房屋买卖合同纠纷案①

事实：被告张某斌和黄某芹与原告张某媛之间存在多次借贷。二被告部分还款后因出现财务困难，始终未能偿还剩余借款。在无法偿还借款的情形下，原告张某媛与被告张某斌签订《房屋买卖合同》，口头约定该房屋折抵欠款本息后，原告只需支付 20 万元房款。双方对《房屋买卖合同》的效力产生争议而诉至法院。

法院认为：一审法院认定原、被告之间签订的《房屋买卖合同》实质上为原、被告之间达成的由原告受领他种给付以替代原定给付，进而使原债权债务关系归于消灭的法律行为，即以物抵债协议。以物抵债也称代物清偿，是我国法律允许的一种债权实现、债务消灭的方式。我国法律并未对代物清偿行为予以明确规范，但根据民法基本原理，代物清偿作为清偿债务的方法之一，是以他种给付替代原定给付的清偿，以债权人现实地受领给付为生效条件。具体而言，代物清偿强调其要物性，即代物清偿的成立仅有当事人合意尚不够，必须履行替代给付标的物的转移手续。本案中，原、被告双方在《房屋买卖合同》中未约定抵债物具体给付时间，同

① （2019）冀 10 民终 5253 号民事判决书。

时原告也未实际占有、使用抵债房屋；另双方在协议签订后，原、被告并未按照《物权法》（现已失效）的规定完成抵债房屋的交付，即未进行房屋产权变更登记，故原、被告之间签订的代物清偿协议因缺乏现实的给付这一条件而并未生效。因此，原、被告之间签订以房屋抵偿欠款的代物清偿协议，未履行房屋过户登记手续，不发生效力，故一审法院对原告要求确认原、被告之间签订的《房屋买卖合同》合法有效的诉讼请求不予支持。

本案二审法院则持如下观点：以房抵债是以物抵债的一种具体体现。张某媛与张某斌、黄某芹之间原为借款合同关系，张某媛为贷款人，张某斌、黄某芹为借款人。借款到期后，张某斌、黄某芹无法偿还借款本息。双方对账后，签订了《房屋买卖合同》，张某斌将名下房屋出售给张某媛，以抵消其所欠张某媛的债务本息。该份《房屋买卖合同》将原定的给付内容由"货币"变为"房屋"，通过替代给付，消灭原有债务，该合同符合以物抵债的基本特征，是当事人在债务履行期限届满后达成的以房抵债协议。关于以物抵债协议性质上是诺成合同还是实践合同，学术界存在争论。根据我国《民法典》的规定，在合同成立问题上，以诺成合同为原则，以实践合同为例外。在没有法律明确规定或当事人明确约定的情况下，合同原则上为诺成合同。以物抵债合同在没有当事人明确约定将物的交付作为以物抵债协议的成立要件的情况下，应当认定以物抵债协议为诺成合同，自双方达成合意时成立，不以抵债物的交付或办理过户登记作为成立要件。故一审法院以未履行房屋过户登记手续，案涉合同不发生效力为由驳回张某媛的诉讼请求，缺乏法律依据。

4. 要式法律行为和不要式法律行为

以法律行为的成立是否以某种特定的形式为标准，法律行为分为要式法律行为和不要式法律行为。

要式法律行为，是指法律规定或当事人约定必须采取一定形式才能成立的法律行为。例如，《民法典》第 789 条规定："建设工程合同应当采用书面形式。"

不要式法律行为，是指法律不要求采取特定形式，由当事人任意选择所用形式的法律行为。例如，《民法典》第 469 条第 1 款规定："当事人订立合同，可以采用书面形式、口头形式或者其他形式。"

5. 主法律行为和从法律行为

以法律行为之间的相互关系为标准，法律行为可以分为主法律行为和从法律行为。

主法律行为，是指不需要其他法律行为存在就可以独立存在的法律行为。

从法律行为，是指要以其他法律行为的存在为前提的法律行为。例如，为借款合同设定担保，借款合同为主法律行为，担保合同则为从法律行为。

区分主法律行为与从法律行为的意义在于，从法律行为的成立和生效取决于主法律行为，即主法律行为无效或者消灭，从法律行为随之无效或者消灭。

6. 独立的法律行为和辅助的法律行为

以法律行为是否有独立的实质内容为标准，法律行为可以分为独立的法律行为与辅助的法律行为。

独立的法律行为，是指行为人通过自己的意思表示就可以成立的法律行为。完全民事行为能力人实施的行为，为独立的法律行为。

辅助的法律行为，是指行为人的意思表示必须在他人意思表示的辅助下才能够成立的法律行为。法定代理人对未成年人的意思表示所作出的同意表示属于辅助的法律行为。

这种区分的意义在于，辅助的法律行为仅为独立的法律行为生效的条件，自身无独立的实质性内容；而受辅助的法律行为辅助的独立行为在没有辅助行为之前不发生效力。①

---

① 杨立新著：《民法总则》，法律出版社 2020 年版，第 244 页。

7. 财产行为和身份行为

以法律行为产生的后果是导致财产关系还是身份关系的变动为标准，法律行为可以分为财产行为和身份行为。

财产行为，是指导致财产关系发生变动的法律行为，如买卖。

身份行为，是指导致身份关系发生变动的法律行为，如结婚、离婚、收养。

这种区分的意义在于，一方面，财产行为主要适用物权编、合同编的规则，而身份行为主要适用婚姻家庭编、继承编。另一方面，对财产行为所设置的限制通常较少，而对身份行为的法律限制较多。例如，婚姻登记必须由当事人亲自实施，不得代理等。

8. 有因行为和无因行为

以法律行为是否以原因的存在为有效要件为标准，法律行为可以分为有因行为和无因行为。

有因行为，也称要因行为，是指行为与其原因在法律上相互结合不可分离的法律行为，如债权行为是有因行为。绝大多数民事法律行为都是有因行为。

无因行为，也称不要因行为，是指行为与其原因可以分离的法律行为，如票据行为是无因行为。

区分有因行为与无因行为的意义在于：无因行为，原因虽不存在，但其行为仍然有效；有因行为，如果原因不存在，其行为应归于无效。

9. 生前行为和死因行为

以法律行为的效力系发生在行为人的生前或死后为标准，可以分为生前行为与死因行为。

生前行为，是指当事人生前发生法律效力的行为，大部分法律行为都为生前行为。

死因行为，是指以当事人的死亡为生效要件的法律行为，如遗嘱为典型的死因行为。

区分二者的意义在于，死因行为在行为人死亡后生效，利害关系人之间容易产生争议，法律对死因行为多设有特别规则，确保行为人的真意得到贯彻。

二、法律行为的形式

《民法典》第 135 条规定："民事法律行为可以采用书面形式、口头形式或者其他形式；法律、行政法规规定或者当事人约定采用特定形式的，应当采用特定形式。"

（一）书面形式

书面形式，是指以文字等可以再现民事法律行为内容的形式。《民法典》第 469 条第 2 款和第 3 款规定："书面形式是合同书、信件、电报、电传、传真等可以有形地表现所载内容的形式。以电子数据交换、电子邮件等方式能够有形地表现所载内容，并可以随时调取查用的数据电文，视为书面形式。"

书面形式可以督促当事人谨慎行为，方便证据保存，主要适用于不能即时清结、数额较大的法律行为。

（二）口头形式

口头形式，是指当事人通过口头对话的方式实施的民事法律行为。口头形式简便、迅速，但发生纠纷时，举证较为困难，主要适用于即时清结或标的数额较小的法律行为。

（三）特定形式

特定形式主要包括以下两种情形。

1. 推定形式

推定形式，是指当事人没有口头或书面表示，但通过其有目的、有意识的积极行为推定其内在意思。例如，房屋租赁合同中，租期届满后，双方未协商续租，但承租人继续缴纳房租，出租人继续收取房租，此种情况推定为双方作出不定期延长租期的法律行为。

2. 沉默形式

沉默形式，是指当事人无口头或书面表示，也无积极行为可供推定的情况下，将当事人的沉默视为意思表示而使法律行为成立。沉默通常不能作为意思表示的方式，只有在法律有特别规定，当事人约定或者符合当事人之间的交易习惯时，才可以视为意思表示。

三、意思表示

意思表示是民事法律行为的核心，在民事法律行为中具有重要地位。《民法典》在"民事法律行为"一章中单设"意思表示"一节，对意思表示作出了详细的规定。

（一）意思表示的概念与特征

意思表示是民事主体向外部表明意欲发生一定的民法上法律效果的意思的行为。"意思"是指设立、变更、终止民事法律关系的内心意图；"表示"是指将此种内心意图表示于外部的行为。[①]

意思表示具有如下特征。

第一，意思表示的表意人具有旨在使法律关系发生变动的意图，该意图不违反法律、行政法规的强制性规定和不违背公序良俗，因而发生当事人所预期的效力。

第二，意思表示是一个意思由内到外的表示过程。单纯停留在内心的

———————

① 杨立新著：《民法总则》，法律出版社 2020 年版，第 248 页。

意思没有法律意义，意思必须表示在外，能够为人所知晓。

第三，依据意思表示是否符合相应的生效要件，法律赋予其不同的效力。符合法定生效要件的意思表示可以发生当事人预期的法律效果，不符合法定生效要件的意思表示发生的法律效果可能与当事人的意思不尽一致。[①]

（二）意思表示的形式

《民法典》第140条规定："行为人可以明示或者默示作出意思表示。沉默只有在有法律规定、当事人约定或者符合当事人之间的交易习惯时，才可以视为意思表示。"

单纯的沉默，原则上并不具有意思表示的意义。只有在有法律规定、当事人约定或者符合当事人之间的交易习惯时，才可以视为意思表示。

（三）意思表示的生效

《民法典》第137条至第139条是关于意思表示生效的规定。

1. 有相对人的意思表示的生效

有相对人的意思表示，也称需受领的意思表示，是指对相对人发出的意思表示。例如，合同订立过程中向特定人发出的要约。根据意思表示作出的方式，可分为以对话方式作出的意思表示和以非对话方式作出的意思表示。

第一，以对话方式作出的意思表示，根据《民法典》第137条第1款的规定："以对话方式作出的意思表示，相对人知道其内容时生效。"此处，《民法典》对以对话方式作出的意思表示的生效采取了解主义，即只有在表意人的意思表示被相对人知悉时，意思表示才能够生效。

第二，以非对话方式作出的意思表示，根据《民法典》第137条第2

[①] 王利明等著：《民法学》，法律出版社2020年版，第195—196页。

款的规定:"以非对话方式作出的意思表示,到达相对人时生效……"由此可见,《民法典》对以非对话方式作出的意思表示的生效采取到达主义。到达,是指根据一般的交易观念,已经进入相对人可以了解的范围。到达并不意味着相对人亲自收到,只要意思表示已进入受领人的控制领域,并在通常情况下可以期待受领人能够知悉意思表示的内容,就视为已经到达。①

以非对话方式作出的意思表示包括以邮件、传真等方式作出的意思表示,也包括采用数据电文形式作出的意思表示。《民法典》第 137 条第 2 款对采用数据电文形式的意思表示的生效作出了专门规定。在当事人对采用数据电文形式的意思表示的生效时间有约定时,遵从其约定确定生效时间。在当事人没有约定的情形下,如果相对人指定了特定系统接收数据电文,自该数据电文进入该特定系统时生效;如果相对人未指定特定的系统接收数据电文,则自相对人知道或者应该知道该数据电文进入其系统时生效。

2. 无相对人的意思表示的生效

《民法典》第 138 条规定:"无相对人的意思表示,表示完成时生效。法律另有规定的,依照其规定。"

无相对人的意思表示,如悬赏广告、单方允诺等,由于没有意思表示的相对人,不需要受领,在意思表示完成时即生效。

"法律另有规定的,依照其规定",主要是指遗嘱。遗嘱的意思表示是无相对人的意思表示,法律规定,立遗嘱人死亡时,遗嘱才生效。

3. 以公告方式作出的意思表示的生效

由于公告方式难以判断何时到达相对人,《民法典》第 139 条规定:"以公告方式作出的意思表示,公告发布时生效。"

(四) 意思表示的撤回

意思表示的撤回,是指意思表示发出之后,生效之前,表意人将其意

---

① 徐国建著:《德国民法总论》,经济科学出版社 1993 年版,第 96 页。

思表示撤回的行为。《民法典》第 141 条规定："行为人可以撤回意思表示。撤回意思表示的通知应当在意思表示到达相对人前或者与意思表示同时到达相对人。"

意思表示的撤销，则是指意思表示在发出并生效以后，表意人又撤销其意思表示。意思表示的撤回与撤销的区别在于，意思表示的撤回是使意思表示不发生效力，而意思表示的撤销则是使已经生效的意思表示失去效力。我国《民法典》未规定意思表示的撤销，而是在第 476 条规定了要约的撤销。

（五）意思表示的解释

意思表示的解释，是指在表示不清楚、不明确而产生争议的情况下，对意思表示进行的解释。《民法典》第 142 条对有无相对人的意思表示的解释分别作出了规定。

有相对人的意思表示的解释，《民法典》第 142 条第 1 款规定："有相对人的意思表示的解释，应当按照所使用的词句，结合相关条款、行为的性质和目的、习惯以及诚信原则，确定意思表示的含义。"

无相对人的意思表示的解释，《民法典》第 142 条第 2 款规定："无相对人的意思表示的解释，不能完全拘泥于所使用的词句，而应当结合相关条款、行为的性质和目的、习惯以及诚信原则，确定行为人的真实意思。"

对意思表示的解释因相对人的有无而有所不同。对有相对人的意思表示而言，采取客观主义，在对意思表示进行解释时，考虑到相对人信赖利益的保护，不能完全依据表意人的内心真意来解释，要考虑一般的受领人的理解水平。对于无相对人的意思表示而言，由于不涉及相对人的利益，在解释时应当探求表意人的真实意思。[1]

---

[1] 王利明等著：《民法学》，法律出版社 2020 年版，第 202—203 页。

四、民事法律行为的生效

民事法律行为效力的有效发生，是当事人实现意思自治的关键。

（一）民事法律行为的生效

民事法律行为的生效，是指已经成立的民事法律行为因符合法定的生效要件，从而能产生法律上的约束力。[①]

《民法典》第 136 条第 1 款规定："民事法律行为自成立时生效，但是法律另有规定或者当事人另有约定的除外。"一般情况下，民事法律行为的成立和生效同时发生，但在某些情况下，民事法律行为的成立时间和生效时间并不一致。例如，法律规定某些民事法律行为须经过登记才能够发生法律效力，附生效条件或附生效期限的民事法律行为在所附条件成就或者所附期限到来时，法律行为方可生效。

（二）民事法律行为生效对行为人的拘束力

民事法律行为一旦生效，即对行为人产生法律上的拘束力。《民法典》第 136 条第 2 款规定："行为人非依法律规定或者未经对方同意，不得擅自变更或者解除民事法律行为。"

（三）民事法律行为的有效要件

根据《民法典》第 143 条的规定，民事法律行为有效需具备以下条件。

1. 行为人具有相应的民事行为能力

民事法律行为以当事人的意思表示为基础，以产生一定的法律效果为目的，所以行为人必须具备正确理解自己的行为性质和后果，独立地表达自己的意思的能力，也就是说，要具备与从事某项法律行为相应的民事行为能力。

[①] 　王利明等著：《民法学》，法律出版社 2020 年版，第 205 页。

2. 意思表示真实

意思表示真实，是指当事人的内心意思与外部表示相一致，不存在胁迫、误解等情形。

3. 不违反法律、行政法规的强制性规定，不违背公序良俗

民事法律行为如果违反法律、行政法规的效力性强制性规定或者违背公序良俗，将导致民事法律行为无效。

五、无效的民事法律行为

（一）无效的民事法律行为的概念

无效的民事法律行为，是指虽然已经成立，但因其在内容上违反法律、行政法规的强制性规定或违背公序良俗而确定、当然、自始地不能产生当事人预期的法律效果的民事法律行为。[1]

（二）无效的法律行为的类型

1. 无民事行为能力人实施的民事法律行为

《民法典》第144条规定："无民事行为能力人实施的民事法律行为无效。"无民事行为能力人包括8周岁以下的未成年人和不能辨认自己行为的人。无民事行为能力人的行为应由其法定代理人代为实施。

2. 通谋虚假表示实施的法律行为

通谋虚假表示，是指表意人与相对人通谋所为的外在表示行为与内心上效果意思不一致的意思表示。《民法典》第146条第1款规定："行为人与相对人以虚假的意思表示实施的民事法律行为无效。"通谋虚假表示实施的法律行为无效，如为逃避债务而虚假赠与财产等行为。

对于被虚假意思所隐藏的民事法律行为的效力，《民法典》第146条第

---

① 胡雪梅主编：《民法》，清华大学出版社2021年版，第114页。

2 款规定："以虚假的意思表示隐藏的民事法律行为的效力，依照有关法律规定处理。"被隐藏的民事法律行为并不因通谋虚假行为而无效，需要根据被隐藏的民事法律行为本身判断其效力。例如，为了逃税，当事人订立"阴阳合同"，其中"阳合同"为虚假的意思表示，"阴合同"是隐藏的法律行为。"阳合同"因为是通谋虚假意思表示实施的行为，为无效的民事法律行为。但"阴合同"的效力要根据其自身是否合法而判断其效力，该行为可能有效，也可能无效。

3. 违反法律、行政法规的强制性规定的民事法律行为

《民法典》第 153 条第 1 款规定："违反法律、行政法规的强制性规定的民事法律行为无效。但是，该强制性规定不导致该民事法律行为无效的除外。"法律和行政法规中的强制性规定可以分为效力性强制性规定和管理性强制性规定，违反效力性强制性规定，直接导致民事法律行为无效，但是违反管理性强制性法律规定，并不一定导致民事法律行为无效。

4. 违背公序良俗的行为

《民法典》第 153 条第 2 款规定："违背公序良俗的民事法律行为无效。"本条可以发挥兜底性的作用，只要违背了公共秩序和善良风俗，即使没有现行法律规定，也应当认为该法律行为无效。[①]

5. 恶意串通的行为

恶意串通的民事法律行为，是指双方当事人非法串通，进行某种民事法律行为，造成国家、集体或第三人利益损害。[②]《民法典》第 154 条规定："行为人与相对人恶意串通，损害他人合法权益的民事法律行为无效。"

构成恶意串通，首先，当事人要明知其所实施的法律行为将造成国家、集体或第三人的损害而故意为之，其主观上有损害第三人合法权益的故意。其次，当事人之间互相串通。当事人之间存在意思联络，都希望通过实施

---

① 王利明等著：《民法学》，法律出版社 2020 年版，第 214 页。
② 王利明等著：《民法学》，法律出版社 2020 年版，第 214 页。

某种行为而损害他人的合法权益，并在客观上互相配合或者共同实施了该非法的民事法律行为。最后，要造成他人合法权益的损害。

（三）民事法律行为的部分无效

《民法典》第156条规定："民事法律行为部分无效，不影响其他部分效力的，其他部分仍然有效。"由此条可知，如果无效的原因只基于民事法律行为的部分内容，且不影响其他部分效力的，其他部分仍然有效。例如，在格式合同中，部分格式条款可能因为违反法律规定而无效，去除此无效部分条款之后的合同可能依然有效。

六、可撤销的民事法律行为

（一）可撤销的民事法律行为的概念与特征

可撤销的民事法律行为，是指当事人在从事民事法律行为时，因意思表示不真实或不自由，法律允许撤销权人通过行使撤销权而使该已经生效的法律行为归于无效。

可撤销的民事法律行为的特征有以下几点。

第一，在被撤销之前，该法律行为有效。

第二，该行为是否归于无效取决于撤销权人的意思。撤销权人以外的其他人不得主张撤销。

第三，可撤销的民事法律行为的撤销必须有撤销行为。撤销权人要在规定的期限内向法院或仲裁机构申请予以撤销。

第四，撤销的效力溯及既往。撤销权一旦行使，其效力溯及行为成立之时，自行为成立之时该行为即丧失效力。

（二）可撤销的民事法律行为的类型

《民法典》第147条到第151条规定了可撤销的法律行为的类型。

1. 重大误解

《民法典》第 147 条规定："基于重大误解实施的民事法律行为，行为人有权请求人民法院或者仲裁机构予以撤销。"所谓重大误解，是指行为人由于自己的过错，对民事法律行为的内容等发生误解，由此实施了法律行为，误解直接影响到当事人所享有的权利和义务。

因重大误解而实施的民事法律行为的构成要件有以下几个。

第一，表意人对民事法律行为的内容等发生了重大误解。《总则编解释》第 19 条第 1 款规定："行为人对行为的性质、对方当事人或者标的物的品种、质量、规格、价格、数量等产生错误认识，按照通常理解如果不发生该错误认识行为人就不会作出相应意思表示的，人民法院可以认定为民法典第一百四十七条规定的重大误解。"误解必须是重大的，该误解在客观上实质性地影响了当事人的权利义务关系。

第二，表意人因为误解作出了意思表示。表意人作出的意思表示必须是因为误解造成的，表意人的错误认识与其作出的意思表示之间存在因果关系。

第三，误解是由当事人自己的过错造成的。误解不是因为受他人的欺骗或不正当影响造成的，是由于当事人不注意、不谨慎造成的。

《民法典》只规定了重大误解，未规定错误。在《总则编解释》第 20 条中规定："行为人以其意思表示存在第三人转达错误为由请求撤销民事法律行为的，适用本解释第十九条的规定。"这表明，对于第三人转达错误也可以按照重大误解进行处理。

对于重大误解实施的民事法律行为，重大误解一方有权请求法院或仲裁机构予以撤销。

2. 欺诈

欺诈，是指"故意告知虚假情况，或者负有告知义务的人故意隐瞒真实情况，致使当事人基于错误认识作出意思表示"①。《民法典》将当事人

---

① 参见《最高人民法院关于适用〈中华人民共和国民法典〉总则编若干问题的解释》第 21 条。

一方欺诈与第三人欺诈分别用第 148 条和第 149 条予以规定。

（1）当事人一方欺诈

《民法典》第 148 条规定："一方以欺诈手段，使对方在违背真实意思的情况下实施的民事法律行为，受欺诈方有权请求人民法院或者仲裁机构予以撤销。"

当事人一方欺诈而实施的民事法律行为的构成要件有以下几个。

第一，欺诈方具有欺诈的故意。欺诈方明知自己告知虚假情况或隐瞒真实情况会使被欺诈人陷入错误认识，而希望或放任这种结果发生。

第二，欺诈方实施了欺诈行为。欺诈方有故意陈述虚假情况或者隐瞒真实情况的行为。

第三，被欺诈一方因欺诈而陷入错误认识。欺诈行为与认识错误要有因果联系。如果受欺诈人未陷入错误认识或发生的错误认识不是欺诈造成的，则不构成欺诈。

第四，被欺诈人因错误认识而作出了意思表示。行为人在因欺诈而发生错误认识后，基于错误的认识而作出了意思表示并实施了民事法律行为。

（2）第三人欺诈

《民法典》第 149 条规定："第三人实施欺诈行为，使一方在违背真实意思的情况下实施的民事法律行为，对方知道或者应当知道该欺诈行为的，受欺诈方有权请求人民法院或者仲裁机构予以撤销。"

第三人欺诈而实施的民事法律行为的构成要件有以下几个。

第一，第三人实施欺诈行为。实施欺诈行为的人应是当事人以外的第三人。

第二，受欺诈方因第三人欺诈行为而实施民事法律行为。

第三，相对人知道或者应当知道该欺诈行为。如果相对人对欺诈行为不知情也不应当知情，则此法律行为不构成可撤销的民事法律行为，受欺诈方不享有撤销权。

3. 胁迫

胁迫，是指"以给自然人及其近亲属等的人身权利、财产权利以及其他合法权益造成损害或者以给法人、非法人组织的名誉、荣誉、财产权益等造成损害为要挟，迫使其基于恐惧心理作出意思表示"。①

《民法典》第 150 条规定："一方或者第三人以胁迫手段，使对方在违背真实意思的情况下实施的民事法律行为，受胁迫方有权请求人民法院或者仲裁机构予以撤销。"

因胁迫而实施的民事法律行为的构成要件有以下几个。

第一，一方或第三人实施了胁迫行为。

第二，胁迫方具有胁迫的故意。

第三，受胁迫方因胁迫而违背真实意愿实施了民事法律行为。受胁迫方实施的民事法律行为应与胁迫有因果关系，受胁迫方因胁迫而产生恐惧，进而实施了民事法律行为。

第四，胁迫行为是非法的。胁迫行为给对方施加一种强制和威胁，必须是非法的，是没有法律依据的。如果有合法的根据对另一方施加某种压力，则不构成胁迫。

4. 显失公平

显失公平的法律行为，是指一方当事人利用对方处于困境或者缺乏能力等情形，向对方当事人实施的对自己明显有重大利益而使对方明显不利的民事法律行为。②《民法典》第 151 条规定："一方利用对方处于危困状态、缺乏判断能力等情形，致使民事法律行为成立时显失公平的，受损害方有权请求人民法院或者仲裁机构予以撤销。"

显失公平的民事法律行为的构成要件有以下几个。③

第一，当事人的给付与对待给付明显失衡。一方得到的给付明显多于

①　参见《最高人民法院关于适用〈中华人民共和国民法典〉总则编若干问题的解释》第 22 条。
②　杨立新著：《民法总则》，法律出版社 2020 年版，第 263 页。
③　王利明等著：《民法学》，法律出版社 2020 年版，第 220 页。

另一方得到的给付。基于显失公平的民事法律行为所获得的利益是正常情况下所不可能获得的重大利益，明显违背公平原则，超出法律允许的范围，其结果显失公平。

第二，必须是民事法律行为成立时显失公平。只有民事法律行为成立时显失公平的，才能构成显失公平。民事法律行为成立后，在履行阶段显失公平，不能依据显失公平而主张撤销该民事法律行为。

第三，一方利用对方处于危困状态、缺乏判断能力等情形订立显失公平的民事法律行为。危困状态一般是指因陷入某种暂时性的急迫困境，从而急需金钱或有其他急需的状态。缺乏判断能力，主要是指缺乏一般的生活经验或者交易经验。

（三）撤销权的行使

对于构成重大误解、欺诈、胁迫、显失公平的民事法律行为，撤销权人享有撤销权，可以向法院或仲裁机构申请撤销。

1. 撤销权的主体

意思表示不真实或不自由的一方享有撤销权，实施欺诈或胁迫等行为的人不享有撤销权。

2. 撤销权的行使方式

我国《民法典》规定，撤销权的行使应当请求法院或仲裁机构予以撤销。

3. 撤销权的行使期限

撤销权是形成权，其适用除斥期间。根据《民法典》第 152 条的规定，撤销权的行使期限有以下几种情况。

第一，一般的除斥期间为一年，自当事人知道或应当知道撤销事由之日起计算。

第二，重大误解的除斥期间为 90 日，自当事人知道或者应当知道撤销事由之日起计算。

第三，当事人受胁迫，除斥期间为一年，自胁迫行为终止之日起计算。

第四，最长除斥期间为五年，自民事法律行为发生之日起计算。

除斥期间未行使撤销权的，撤销权消灭。

当事人知道撤销事由后明确表示或以自己的行为表示放弃撤销权的，也构成撤销权消灭的情形。

（四）民事法律行为无效或被撤销的法律后果

《民法典》第 157 条规定："民事法律行为无效、被撤销或者确定不发生效力后，行为人因该行为取得的财产，应当予以返还；不能返还或者没有必要返还的，应当折价补偿。有过错的一方应当赔偿对方由此所受到的损失；各方都有过错的，应当各自承担相应的责任。法律另有规定的，依照其规定。"

七、效力待定的民事法律行为

（一）效力待定的民事法律行为的概念与特征

效力待定的民事法律行为，是指法律行为成立之后，是否能发生效力尚不确定，有待于其他行为或事实使之确定的法律行为。[①] 效力待定的民事法律行为的特征有以下几个。

第一，效力待定的民事法律行为已经成立，但因行为人缺乏相应的民事行为能力或者欠缺代理权而使效力并不齐备。

第二，效力待定的民事法律行为既非无效，也非有效，其处于一种效力不确定的中间状态。与无效的民事法律行为相比，效力待定的民事法律行为有可能转化为有效的民事法律行为，与可撤销的民事法律行为相比，可撤销民事法律行为在撤销前是完全有效的。

---

① 王利明等著：《民法学》，法律出版社 2020 年版，第 209 页。

第三，效力待定的民事法律行为是否发生效力尚不确定，有待其他行为或事件使之确定。

（二）效力待定的民事法律行为的类型

1. 限制民事行为能力人从事的依法不能独立实施的法律行为

《民法典》第 145 条第 1 款规定："限制民事行为能力人实施的纯获利益的民事法律行为或者与其年龄、智力、精神健康状况相适应的民事法律行为有效；实施的其他民事法律行为经法定代理人同意或者追认后有效。"这里的其他的民事法律行为即为效力待定的民事法律行为。

2. 无代理权人因无权代理而从事的法律行为

《民法典》第 171 条第 1 款规定："行为人没有代理权、超越代理权或者代理权终止后，仍然实施代理行为，未经被代理人追认的，对被代理人不发生效力。"无权代理行为也是效力待定的民事法律行为。只有经过被代理人的追认，该民事法律行为才生效。

（三）效力待定的民事法律行为的效力确定

1. 法定代理人、被代理人的追认权

根据《民法典》第 145 条第 1 款和第 171 条第 1 款的规定，效力待定的民事法律行为必须经过追认才能生效。追认是一种单方意思表示，无须相对人的同意即可发生效力。

2. 相对人的催告权

根据《民法典》第 145 条第 2 款和第 171 条第 2 款的规定，相对人可以催告法定代理人或被代理人在收到通知之日起 30 日内予以追认，法定代理人或被代理人未作表示的，视为拒绝追认。

3. 善意相对人的撤销权

根据《民法典》第 145 条第 2 款和第 171 条第 2 款的规定，民事法律行为被追认之前，善意相对人享有撤销权。撤销应当以通知的方式作出。善意，是指在实施民事法律行为时对对方无相应的民事行为能力或无代理权不知情。如果相对人是出于善意，则在该民事法律行为被追认前，其可以用通知的方式行使撤销权，使该法律行为归于无效。

八、民事法律行为的附条件和附期限

民事法律行为成立之后的效力问题，当事人可以通过附条件或附期限的方式自行约定，这也体现了意思自治原则。

（一）附条件的民事法律行为

1. 附条件的民事法律行为的概念

附条件的民事法律行为，是指当事人在民事法律行为中特别规定一定的条件，以条件的成就与否来决定民事法律行为效力的发生或消灭的法律行为。[①]

并非所有民事法律行为均可附条件。根据《民法典》第 158 条的规定："民事法律行为可以附条件，但是根据其性质不得附条件的除外……"这里的根据性质不得附条件的，主要包括两种情形。

第一，婚姻、收养、认领等身份行为不得附条件。

第二，应当即时、确定地发生效力，不允许效力处于不确定状态的民事法律行为不得附条件。例如，撤销权、解除权等形成权的行使，本身就是为了使不确定的法律关系尽快确定，如果允许其附条件，会使本不确定的法律关系更加不确定，因此不得附条件。[②]

2. 所附条件的特征

第一，条件是将来可能发生的事实。过去的、现在的或将来确定不会发

---

① 王利明等著：《民法学》，法律出版社 2020 年版，第 225 页。
② 黄薇主编：《中华人民共和国民法典释义（上）：总则编·物权编》，法律出版社 2020 年版，第313—314 页。

生的事实不能作为条件。将来必然会发生的事实不属于条件，属于附期限。

第二，条件为双方约定的事实，而非法律规定的条件。当事人不得以法定条件作为所附条件。

第三，所附条件中的事实应为合法事实。

第四，所附条件是当事人用以限制民事法律行为效力的附属意思表示。所附条件应当与民事法律行为中的供货条件、付款条件等相区分，后者是民事法律行为自身内容的一部分而非决定效力的附属意思表示。①

案例 18 【合同所附条件的性质判定】

杜某兴与张某千民间借贷纠纷案②

事实：2003 年 6 月 3 日，甲方杜某兴、乙方范某民、丙方张某千签订了借款协议书一份，约定：一、甲方、乙方分别向丙方借款，用于合伙经营的资金投入。该借款始终为甲方、乙方的个人债务。二、甲方、乙方向丙方所借人民币本金自 2005 年度结算后开始按各自所分得利润的 30% 偿还丙方，如当年偿还不清，下年度依次类推，直至还清；如提前还清，丙方应予同意。张某千、杜某兴与范某民三人合伙开办的某石材场于 2004 年 8 月 31 日停产。因还款产生争议，原告张某千对杜某兴提起诉讼。被告杜某兴辩称，根据借款协议，还款以分得利润为条件，但企业于 2004 年 8 月停产，企业没有利润可分，故还款条件不成就，无须归还借款。

法院认为：从借款协议约定的内容看，其约定系对还款方式所作的约定，而非一项附条件的民事法律行为，双方对借款性质约定始终为个人债务，且允许借款人提前还款，因此借款人有无从企业分得利润与其是否需要还款并无关系。上诉人杜某兴主张还款需以企业分得利润为条件，现企

① 黄薇主编：《中华人民共和国民法典释义（上）：总则编·物权编》，法律出版社 2020 年版，第 312 页。
② （2011）浙台商再终字第 1 号民事判决书。

业停产，无利润可分，故无须还款，本院不予支持。杜某兴应当对张某千承担还本付息的义务。

3. 条件的种类

《民法典》第 158 条规定："……附生效条件的民事法律行为，自条件成就时生效。附解除条件的民事法律行为，自条件成就时失效。"

（1）生效条件

生效条件，也称延缓条件，是限制民事法律行为效力发生的条件。在附生效条件的民事法律行为中，民事法律行为虽然已经成立，但暂停发生效力。生效条件成就后，民事法律行为才发生效力。

（2）解除条件

解除条件，也称消灭条件，是限制民事法律行为效力消灭的条件。在附解除条件的民事法律行为中，民事法律行为已经生效。解除条件成就时，民事法律行为效力终止。

4. 附条件的民事法律行为的效力

对于附条件的民事法律行为，条件未成就时，仍然对当事人具有法律约束力，当事人不得随意变更或撤销。对于附生效条件的民事法律行为而言，条件成就前的效力应为当事人不得随意变更、撤销民事法律行为以及对于民事法律行为生效的期待权；对于附解除条件的民事法律行为而言，条件成就前的效力应为当事人有对民事法律行为效力消灭的期待权。

人为地干预所附条件的成就，违背公平原则和诚信原则。因此，《民法典》第 159 条规定："附条件的民事法律行为，当事人为自己的利益不正当地阻止条件成就的，视为条件已经成就；不正当地促成条件成就的，视为条件不成就。"

（二）附期限的民事法律行为

1. 附期限的民事法律行为的概念和特征

附期限的民事法律行为是指当事人在法律行为中设定一定的期限，将期限的到来作为法律行为生效或失效的根据的民事法律行为。《民法典》第160条规定："民事法律行为可以附期限，但是根据其性质不得附期限的除外。附生效期限的民事法律行为，自期限届至时生效。附终止期限的民事法律行为，自期限届满时失效。"

2. 所附期限的种类

（1）生效期限

生效期限，又称延缓期限或始期，是指决定民事法律行为发生效力的期限。期限到来之前，法律行为已经成立，但效力处于停止状态。期限到来时，效力才发生。例如，合同中约定："本合同自某年某月某日起生效"，该期限即为始期。

（2）终止期限

终止期限，又称解除期限或终期，是指决定民事法律行为效力消灭的期限。期限到来以前，民事法律行为有效，期限到来时，效力消灭。

3. 附期限民事法律行为的效力

附生效期限的民事法律行为在期限到来之前，效力处于停止状态，期限到来时，民事法律行为发生效力；附终止期限的民事法律行为，期限到来之前，效力处于继续状态，期限到来时，民事法律行为丧失效力。

在期限到来之前，当事人虽然没有实际取得权利，但存在取得权利的可能性，因此当事人享有期待权，如果期待权受到侵害，受害人有权请求损害赔偿。

第三章　代　　理

思维导图

代理制度
- 代理的概念
- 代理的特征
- 代理的适用范围
- 代理的分类
  - 委托代理与法定代理
  - 一般代理与特别代理
  - 单独代理与共同代理
  - 本代理与再代理
- 代理权
  - 代理权的授予
  - 代理权的滥用
    - 自己代理
    - 双方代理
    - 恶意串通
- 无权代理
  - 狭义的无权代理
  - 表见代理
- 代理的终止

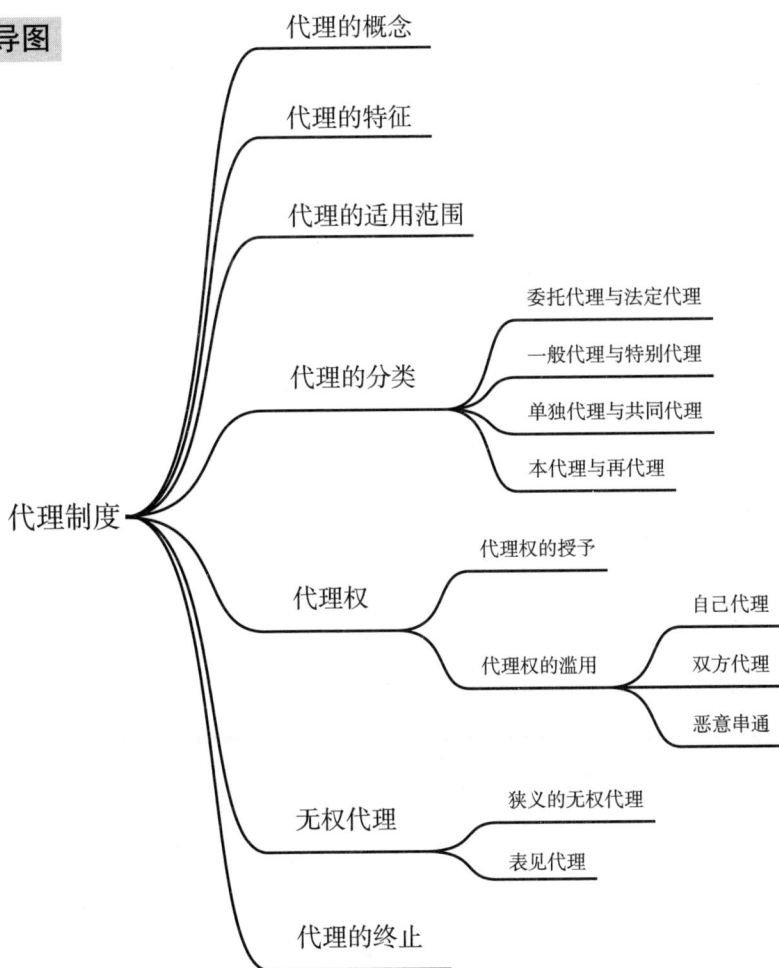

图 2-4　代理制度知识点框架

一、代理的概念、特征及适用范围

代理制度是意思自治的补充，对意思自治的实现有着重要意义。

（一）代理的概念与特征

1. 代理的概念

代理，是指代理人以被代理人名义实施的，其法律效果直接归属于被代理人的行为。[①]

代理有狭义、广义之分。狭义代理仅指代理人以本人的名义进行的代理，即直接代理，也称显名代理。广义的代理，还包括间接代理，即代理人以自己的名义实施民事法律行为，而后将该行为效果间接归属于本人的代理，也称隐名代理。

代理通常至少涉及三方当事人。有权以他人名义实施法律行为的，称为代理人。承受代理行为法律后果的，称为被代理人或本人，代理行为的相对人称为第三人。

2. 代理的特征

第一，代理人必须以被代理人的名义进行民事活动。我国《民法典》第162条规定的是直接代理，代理人必须以被代理人的名义从事代理行为。

第二，代理实施的行为必须是有法律效果的行为。代理人的代理活动，能够在被代理人和第三人之间设立、变更或终止某种民事法律关系。请他人从事代写书信等事实行为，不产生代理关系。

第三，代理人在代理权限范围内需要独立作出意思表示。与传达人或提供居间服务的居间人不同，代理人在代理权限内要独立作出意思表示，为本人设定权利义务。

---

① 王利明等著：《民法学》，法律出版社2020年版，第231页。

第四，代理的法律效果由被代理人承担。代理人与第三人进行的民事法律行为所产生的权利义务直接归属于被代理人。

（二）代理的适用范围

《民法典》第 161 条规定："民事主体可以通过代理人实施民事法律行为。依照法律规定、当事人约定或者民事法律行为的性质，应当由本人亲自实施的民事法律行为，不得代理。"

下列三类民事法律行为不得代理。

第一，法律规定应当由本人亲自实施的民事法律行为。例如，《民法典》婚姻家庭编第 1049 条规定："要求结婚的男女双方应当亲自到婚姻登记机关申请结婚登记……"

第二，当事人约定应当由本人亲自实施的民事法律行为。例如，当事人在合同中约定由具体的当事人亲自提供服务，此时债务人不得委托代理人实施该行为。

第三，依据民事法律行为的性质应当由本人亲自实施的民事法律行为。主要是指具有人身性质的身份行为，如收养、遗嘱等。

二、代理的分类

（一）委托代理与法定代理

根据代理权产生依据的不同，代理可以分为委托代理和法定代理。《民法典》第 163 条规定："代理包括委托代理和法定代理。委托代理人按照被代理人的委托行使代理权。法定代理人依照法律的规定行使代理权。"

委托代理，也称意定代理，是基于被代理人的委托授权所发生的代理。委托合同和授权委托行为是产生委托代理的根据。在委托代理关系中，代理权的产生基于两个行为，一个是委托合同行为；另一个是委托授权行为。

委托授权行为是被代理人将代理权授予代理人的单方法律行为。代理人取得代理权，以委托合同和委托授权两个行为同时有效为前提。[①]

法定代理是指基于法律规定而直接发生的代理。法定代理主要适用于被代理人为无民事行为能力人或限制民事行为能力人，其监护人为法定代理人。

（二）一般代理与特别代理

根据代理权限的范围，代理可以分为一般代理和特别代理。

一般代理，也称概括代理，是指对代理权的范围无特定限制的代理，代理的内容有概括性。特别代理，也称限定代理，是指代理权的范围受到特别限定的代理，代理的范围有特定性。

一般代理的代理权限并不一定比特别代理的代理权限广。某些事项需要有特别授权的，只有在特别授权的情形下，代理人才有代理权，一般代理的代理人不具有该项事项的代理权。

（三）单独代理与共同代理

根据代理人的人数，代理可分为单独代理和共同代理。

单独代理的代理人仅为一人。共同代理的代理人为二人以上。

对于共同代理的代理权的行使，《民法典》第 166 条规定："数人为同一代理事项的代理人的，应当共同行使代理权，但是当事人另有约定的除外。"除当事人对代理权的行使有约定外，共同代理人应当共同行使代理权。

数个委托代理人共同行使代理权，其中一人或者数人未与其他委托代理人协商，擅自行使代理权的，视情况按照无权代理或者表见代理的规定处理。[②]

[①] 杨立新著：《民法总则》，法律出版社 2020 年版，第 278 页。
[②] 参见《最高人民法院关于适用〈中华人民共和国民法典〉总则编若干问题的解释》第 25 条。

（四）本代理与再代理

根据代理权来源的不同，可以将代理分为本代理和再代理。

本代理是指代理人的代理权直接来源于被代理人的授予，或者来源于法律的规定而产生的代理。再代理，又称复代理，是指代理人为被代理人再选任代理人而产生的代理。

《民法典》第 169 条规定："代理人需要转委托第三人代理的，应当取得被代理人的同意或者追认。转委托代理经被代理人同意或者追认的，被代理人可以就代理事务直接指示转委托的第三人，代理人仅就第三人的选任以及对第三人的指示承担责任。转委托代理未经被代理人同意或者追认的，代理人应当对转委托的第三人的行为承担责任；但是，在紧急情况下代理人为了维护被代理人的利益需要转委托第三人代理的除外。"此处的紧急情况，是指由于急病、通信联络中断、疫情防控等特殊原因，委托人自己不能办理代理事项，又不能与被代理人及时取得联系，如不及时转委托第三人代理，会给被代理人的利益造成损失或者扩大损失的情况。[1]

三、代理权

代理权是行为人以他人名义实施的法律行为，并令行为效果直接归属于该他人的法律权力。[2]

（一）代理权的授予

法定代理的代理权是因法律的直接规定而发生的，因而代理权是法律直接授予的。在法定代理中，代理权的内容与范围以法律规定为标准。

委托代理的代理权由被代理人授予，代理权的内容与范围以授权行为

---

[1] 参见《最高人民法院关于适用〈中华人民共和国民法典〉总则编若干问题的解释》第 26 条。
[2] 朱庆育著：《民法总论》，北京大学出版社 2016 年版，第 337 页。

的意思表示确定。授权行为是一种单方行为，不要式行为，授予形式是多样的，可以是书面形式，也可以是口头形式。如果采取书面形式，《民法典》第 165 条规定："委托代理授权采用书面形式的，授权委托书应当载明代理人的姓名或者名称、代理事项、权限和期限，并由被代理人签名或者盖章。"

（二）代理权的滥用

代理制度的价值在于为被代理人利益，代理人行使代理权应当以为被代理人利益计算作为衡量，如果不是为了被代理人利益，而是为了自己或他人的利益，则为代理权滥用。滥用代理权与无权代理、越权代理的区别在于滥用代理权是有权代理，代理人的代理行为在代理权范围内。

1. 自己代理

《民法典》第 168 条第 1 款规定："代理人不得以被代理人的名义与自己实施民事法律行为，但是被代理人同意或者追认的除外。"

在自己代理的情形下，代理人自己的利益可能会与被代理人的利益发生冲突，代理人可能会为了自己的利益而损害被代理人的利益，所以法律对自己代理加以规制。由于对自己代理的规制是为了保护被代理人的利益，不涉及公共利益，如果被代理人通过事先同意或事后追认的方式认可这种代理行为，法律亦尊重当事人的意思自治而承认其效力。

2. 双方代理

《民法典》第 168 条第 2 款规定："代理人不得以被代理人的名义与自己同时代理的其他人实施民事法律行为，但是被代理的双方同意或者追认的除外。"

在双方代理的情况下，双方当事人的利益难免冲突，很容易损害一方当事人的利益。因此，法律对双方代理加以规制。同样，由于不涉及公共利益，法律规定在双方当事人同意或追认的情况下，双方代理行为有效。

3. 代理人与相对人恶意串通，损害被代理人的合法权益

代理人与相对人恶意串通，损害被代理人合法权益的行为，属于《民法典》第 154 条所规定的无效的民事法律行为的情形。"恶意"是指明知或应知某种行为将对被代理人造成损害而故意为之。"串通"是指双方在主观上有共同的意思联络。对于这种滥用代理权行为的责任承担，《民法典》第 164 条第 2 款规定："代理人和相对人恶意串通，损害被代理人合法权益的，代理人和相对人应当承担连带责任。"

四、无权代理

（一）无权代理的概念

无权代理，是指行为人没有代理权仍以被代理人名义实施的民事法律行为。根据有无代理权表象，无权代理可分为表见代理和狭义的无权代理。表见代理制度的目的是保护相对人的利益，维护交易安全。而狭义的无权代理制度的目的是保护被代理人的利益。①

（二）狭义的无权代理

狭义的无权代理规定在《民法典》第 171 条。《民法典》第 171 条第 1 款规定："行为人没有代理权、超越代理权或者代理权终止后，仍然实施代理行为，未经被代理人追认的，对被代理人不发生效力。"

1. 无权代理的类型

（1）没有代理权的无权代理

代理人未得到任何授权，或者根本不是法定代理人而从事代理活动。例如，伪造他人的公章、合同书等，假冒他人的名义实施民事法律行为，属于典型的无权代理行为。

---

① 王利明等著：《民法学》，法律出版社 2020 年版，第 256 页。

（2）超越代理权的无权代理

代理人有代理权，但其实施的行为超越了代理的范围或对代理权的限制。

（3）代理权终止后的无权代理

行为人与被代理人原本有代理关系，出现代理权终止情形后，行为人仍然从事代理行为。

2. 无权代理行为的效力

无权代理为效力待定的民事法律行为，在被代理人追认之前处于效力待定状态。《民法典》赋予被代理人追认权和拒绝权，相对人享有催告权和撤销权。

（1）被代理人的追认权和拒绝权

追认是被代理人接受无权代理行为效果的单方意思表示。根据《民法典》第171条的规定，无权代理未经被代理人追认的，对被代理人不发生效力。被代理人应当在收到相对人催告通知30日内予以追认，否则视为拒绝追认。

（2）相对人的催告权和撤销权

根据《民法典》第171条的规定，相对人可以催告被代理人自收到通知之日起30日内对代理行为进行追认，在代理行为被追认前，善意相对人享有撤销权。

3. 无权代理行为人的责任

行为人实施的行为未被被代理人追认，其实施的民事法律行为不对被代理人发生效力，此时行为人应当对相对人承担责任。《民法典》第171条第3款规定："行为人实施的行为未被追认的，善意相对人有权请求行为人履行债务或者就其受到的损害请求行为人赔偿。但是，赔偿的范围不得超过被代理人追认时相对人所能获得的利益。"如果相对人并非善意，即相对人知道或者应当知道行为人无权代理，根据《民法典》第171条第4款的规定，相对人和行为人按照各自的过错承担责任。

（三）表见代理

1. 表见代理的概念

表见代理，是指虽然无代理权，但表面上足以令人相信其有代理权而须由被代理人承担代理的法律后果的代理。《民法典》第 172 条规定："行为人没有代理权、超越代理权或者代理权终止后，仍然实施代理行为，相对人有理由相信行为人有代理权的，代理行为有效。"

2. 构成要件

（1）行为人没有代理权但以被代理人的名义实施民事法律行为

没有代理权包括自始没有代理权、超越代理权或者代理权终止。

（2）行为人有使相对人相信其有代理权的表征

例如，行为人在被代理人的场所实施，从而使他人相信行为人获得了被代理人的授权，或者行为人与被代理人存在夫妻关系、雇用关系等，可能在具体交易情况下认定相对人有理由相信行为人有代理权。行为人持有单位的印章、介绍信、空白合同书等文件时，也可能使第三人有理由相信其具有代理权。

（3）相对人为善意且无过失

善意，是指相对人不知道也不应知道行为人没有代理权。无过失，是指相对人不知道行为人无代理权并非因自己的主观过失而造成的。

（4）无权代理行为的发生与被代理人有关

只有被代理人的行为与权利外观的形成有一定的牵连时，被代理人才承受表见代理的后果。①

3. 表见代理的效力

在符合表见代理的情形下，代理行为有效，代理行为的法律后果直接由被代理人承担。

---

① 王利明等著：《民法学》，法律出版社 2020 年版，第 262 页。

在被代理人向相对人承担责任以后，代理人应依其过错向被代理人承担损害赔偿责任。

五、代理的终止

因法定代理和委托代理发生的原因不同，代理终止的原因也有所不同。《民法典》分别对其作出规定。

（一）委托代理的终止

根据《民法典》第 173 条的规定，有下列情形之一的，委托代理终止。

一是代理期限届满或者代理事务完成。

二是被代理人取消委托或者代理人辞去委托。

三是代理人丧失民事行为能力。

四是代理人或者被代理人死亡。在特殊情况下，被代理人死亡并不导致代理的终止，根据《民法典》第 174 条的规定："……有下列情形之一的，委托代理人实施的代理行为有效：（一）代理人不知道且不应当知道被代理人死亡；（二）被代理人的继承人予以承认；（三）授权中明确代理权在代理事务完成时终止；（四）被代理人死亡前已经实施，为了被代理人的继承人的利益继续代理。"

五是作为代理人或者被代理人的法人、非法人组织终止。

（二）法定代理的终止

根据《民法典》第 175 条的规定，有下列情形之一的，法定代理终止。

一是被代理人取得或者恢复完全民事行为能力。

二是代理人丧失民事行为能力。

三是代理人或者被代理人死亡。

四是法律规定的其他情形。此处包括收养关系解除、监护关系消灭等。

第四章 诉讼时效与期间

一、诉讼时效

诉讼时效制度是关于权利行使期限的规定，属于实体法内容，因而规定在《民法典》中。

（一）诉讼时效的概念和特征

1. 时效与诉讼时效

时效，是指一定的事实状态在法定期间持续存在，从而产生与该事实状态相适用的法律效力的制度。[①]

时效依其适用的权利和法律效果，可以分为取得时效和消灭时效。取得时效适用于物权，我国现行法律没有规定。诉讼时效，也称消灭时效，是指权利人在法定期限内不行使权利即导致义务人有权提出拒绝履行的抗辩权的法律制度。[②]

2. 诉讼时效的特征

诉讼时效是关于权利行使期限的规定，它直接表现为一定的期间。诉讼时效期间具有强制性。《民法典》第 197 条规定："诉讼时效的期间、计算方法以及中止、中断的事由由法律规定，当事人约定无效。当事人对诉讼时效利益的预先放弃无效。"当事人不得约定缩短或延长诉讼时效期间，也不得预先放弃诉讼时效利益。

[①] 梁慧星著：《民法总论》，法律出版社 2021 年版，第 254 页。

[②] 王利明等著：《民法学》，法律出版社 2020 年版，第 288 页。

3. 诉讼时效与除斥期间

除斥期间，为法定的权利存续期间，因该期间经过而发生权利消灭的法律效果。[①]《民法典》对撤销权、变更权、追认权行使期间的规定，都属于除斥期间。

诉讼时效与除斥期间的区别在于以下几点。

（1）构成要件不同

诉讼时效需要法定期间经过和怠于行使权利两个要件；除斥期间只需要法定期间经过这一个要件。

（2）适用对象不同

除斥期间的客体是形成权；诉讼时效的客体是请求权。

（3）效果不同

除斥期间届满，实体权利消灭；诉讼时效期间届满，相对人享有拒绝履行义务的抗辩权，实体权利并不消灭。

（4）期间可变性不同

除斥期间是不变期间，期间不能中断、中止、延长；诉讼时效是可变期间，期间可因中止、中断或延长而得以延展。

（二）诉讼时效的适用范围

诉讼时效主要适用于请求权。《民法典》第 196 条规定了不适用诉讼时效的请求权：一是停止侵害、排除妨碍、消除危险之请求权；二是不动产物权和登记的动产物权的权利人之返还财产请求权；三是支付抚养费、赡养费或者扶养费之请求权；四是依法不适用诉讼时效的其他请求权。

根据相关司法解释，支付存款本金及利息请求权、兑付国债、金融债券和向不特定对象发行的企业债券本息请求权，以及基于投资关系产生的

---

① 梁慧星著：《民法总论》，法律出版社 2021 年版，第 256 页。

缴付出资请求权等也不适用诉讼时效的规定。①

（三）诉讼时效的法律要件和法律效果

1. 诉讼时效的法律要件

（1）须有请求权的存在

诉讼时效是督促请求权人行使权利的，时效发生的首要条件须是有请求权的存在。

（2）有怠于行使权利的事实

（3）怠于行使权利状态持续存在达到法定期间

2. 诉讼时效的法律效果

（1）发生时效抗辩权

《民法典》第 192 条第 1 款规定："诉讼时效期间届满的，义务人可以提出不履行义务的抗辩。"诉讼时效期间届满，请求权被阻却，但实体权利并未消灭。

当事人未提出诉讼时效抗辩的，《民法典》第 193 条规定："人民法院不得主动适用诉讼时效的规定。"即法院不应主动释明或提示适用诉讼时效，甚至主动适用诉讼时效的规定进行裁判。

（2）实体权利不消灭

《民法典》第 192 条第 2 款规定："诉讼时效期间届满后，义务人同意履行的，不得以诉讼时效期间届满为由抗辩；义务人已经自愿履行的，不得请求返还。"

---

① 参见《最高人民法院关于审理民事案件适用诉讼时效制度若干问题的规定》第 1 条。

（四）诉讼时效期间

1. 普通诉讼时效期间

普通诉讼时效适用于一般民事法律关系，也称一般诉讼时效期间。《民法典》第 188 条第 1 款规定，普通诉讼时效期间为 3 年。

2. 特殊诉讼时效期间

特殊诉讼时效期间，是指由法律对特定的民事法律关系规定的不适用 3 年普通期间的诉讼时效。例如，《民法典》第 594 条规定，国际货物买卖合同和技术进出口合同时效期间为 4 年。《海商法》第 257 条规定，海上货物运输向承运人要求赔偿的请求权，时效期间为 1 年。

3. 最长诉讼时效期间

《民法典》第 188 条第 2 款规定，从权利被侵害之日起超过 20 年的，人民法院不予保护；有特殊情况的，人民法院可以根据权利人的申请决定延长诉讼时效期间。

其与普通诉讼时效期间有以下差别：一是期间不同，最长诉讼时效期间为 20 年，普通诉讼时效期间为 3 年。二是最长诉讼时效期间从权利受到损害之日起计算；而普通诉讼时效期间，从知道或者应当知道权利受到损害以及义务人之日起计算。三是最长诉讼时效期间可以适用延长，但不适用时效的中止、中断；而普通诉讼时效期间能适用时效中止、中断，但不适用时效延长。

4. 诉讼时效期间的起算

诉讼时效期间的一般起算规则为，自权利人知道或者应当知道权利受到损害以及义务人之日起计算。法律另有规定的，依照其规定。

《民法典》第 189 条规定："当事人约定同一债务分期履行的，诉讼时效期间自最后一期履行期限届满之日起计算。"

对于无民事行为能力人和限制民事行为能力人，《民法典》规定了特殊的起算规则。

《民法典》第 190 条规定："无民事行为能力人或者限制民事行为能力人对其法定代理人的请求权的诉讼时效期间，自该法定代理终止之日起计算。"

《民法典》第 191 条规定："未成年人遭受性侵害的损害赔偿请求权的诉讼时效期间，自受害人年满十八周岁之日起计算。"

最长诉讼时效期间从权利被侵害之日起计算。

5. 仲裁时效的特别规定

《民法典》第 198 条规定："法律对仲裁时效有规定的，依照其规定；没有规定的，适用诉讼时效的规定。"

（五）诉讼时效的中止、中断和延长

1. 诉讼时效的中止

诉讼时效的中止，是指在诉讼时效期间的最后 6 个月内，因法定事由而使权利人不能行使请求权的，诉讼时效期间的计算暂时停止。《民法典》第 194 条规定，诉讼时效期间最后 6 个月内发生致使不能行使请求权的障碍，其诉讼时效中止；之后中止时效的原因消除的，从消除之日起满 6 个月，诉讼时效期间届满。

中止事由包括以下几点。

一是不可抗力。不可抗力，是指不能预见、不能避免且不能克服的客观情况，如瘟疫、暴乱等。

二是无民事行为能力人或者限制民事行为能力人没有法定代理人，或者法定代理人死亡、丧失民事行为能力和丧失代理权。

三是继承开始后未确定继承人或者遗产管理人。

四是权利人被义务人或者其他人控制。

五是其他导致权利人不能行使请求权的障碍。

中止时效的法定事由必须在诉讼时效期间的最后 6 个月内发生，或法

定事由虽然发生于 6 个月前但持续至最后 6 个月内，才能发生中止时效的法律效果。

2. 诉讼时效的中断

诉讼时效中断，是指因有与权利人怠于行使权利相反的事实，使已经过的时效期间失去效力，而须重新起算时效期间的制度。

根据《民法典》第 195 条的规定，出现下列情形之一的，诉讼时效中断。

一是权利人向义务人提出履行请求。权利人请求的意思表示到达义务人之日起诉讼时效中断。

二是义务人同意履行义务。义务人作出分期履行、部分履行、提供担保、请求延期履行、制定清偿债务计划等承诺或者行为的，属于本条规定的"义务人同意履行义务"。

三是权利人提起诉讼或者申请仲裁。当事人一方向人民法院提交起诉状或者口头起诉的，诉讼时效从提交起诉状或者口头起诉之日起中断。

四是与提起诉讼或者申请仲裁具有同等效力的其他情形。包括申请支付令、申请强制执行、在诉讼中主张抵销等情形。①

诉讼时效中断事由发生后，已经过的时效期间统归无效，从中断、有关程序终结时起，诉讼时效期间重新计算。

3. 诉讼时效的延长

诉讼时效延长，是指因特殊情况，法院对已经完成的最长诉讼时效期间给予的延展。《民法典》第 188 条第 2 款规定："……自权利受到损害之日起超过二十年的，人民法院不予保护，有特殊情况的，人民法院可以根据权利人的申请决定延长。"

---

① 参见《最高人民法院关于审理民事案件适用诉讼时效制度若干问题的规定》第 11 条。

二、期间

（一）期间的含义

期间是民事权利义务关系发生、变更、消灭的时间，可以分为期日与期间。期日，是指不可分或视为不可分的特定时间，如某日、某月或某年。期间，是指从起始时间到终止时间所经过的区间。

（二）期间的计算

1. 期间的计算单位

《民法典》第 200 条规定："民法所称的期间按照公历年、月、日、小时计算。"

2. 始期与终期

关于始期的计算，《民法典》第 201 条规定："按照年、月、日计算期间的，开始的当日不计入，自下一日开始计算。按照小时计算期间的，自法律规定或者当事人约定的时间开始计算。"

关于终期的计算，《民法典》第 202 条规定："按照年、月计算期间的，到期月的对应日为期间的最后一日；没有对应日的，月末日为期间的最后一日。"第 203 条规定："期间的最后一日是法定休假日的，以法定休假日结束的次日为期间的最后一日。期间的最后一日的截止时间为二十四时；有业务时间的，停止业务活动的时间为截止时间。"

（1）按日计算的情况

例如，甲乙双方于 2017 年 1 月 13 日签订合同，如约定第 30 日交货，则期间应该从 2017 年 1 月 14 日起算，2017 年 2 月 12 日为第 30 日，即交货日期。

（2）按月计算的情况

例如，甲乙双方于 2017 年 1 月 13 日签订合同，如约定 9 个月后交货，则期间应该从 2017 年 1 月 14 日起算，2017 年 10 月 13 日为交货期。如果甲乙双方于 2017 年 1 月 31 日签订合同，约定一个月后交货，由于 2 月没有 31 日，则交货日期为 2 月的最后一日，即 2017 年 2 月 28 日。

（3）按年计算的情况

例如，甲乙双方于 2017 年 1 月 13 日签订合同，如约定 3 年后交货，则期间应该从 2017 年 1 月 14 日起算，2020 年 1 月 13 日为交货日期。

·第三编·
物权篇

物权法是大陆法系的概念，指的是调整平等主体之间因物的归属和利用而产生的财产关系的法律规范的总和。

物权法有广义和狭义之分：狭义的物权法，仅指《民法典》中关于物权的规定；广义的物权法，不仅包含《民法典》物权编的内容，还包含其他调整物权民事法律关系的法律规范，如单行立法、司法解释，以及其他法律法规中有关物权的规定。①

---

① 王利明等著：《民法学》，法律出版社 2020 年版，第 332 页。

思维导图

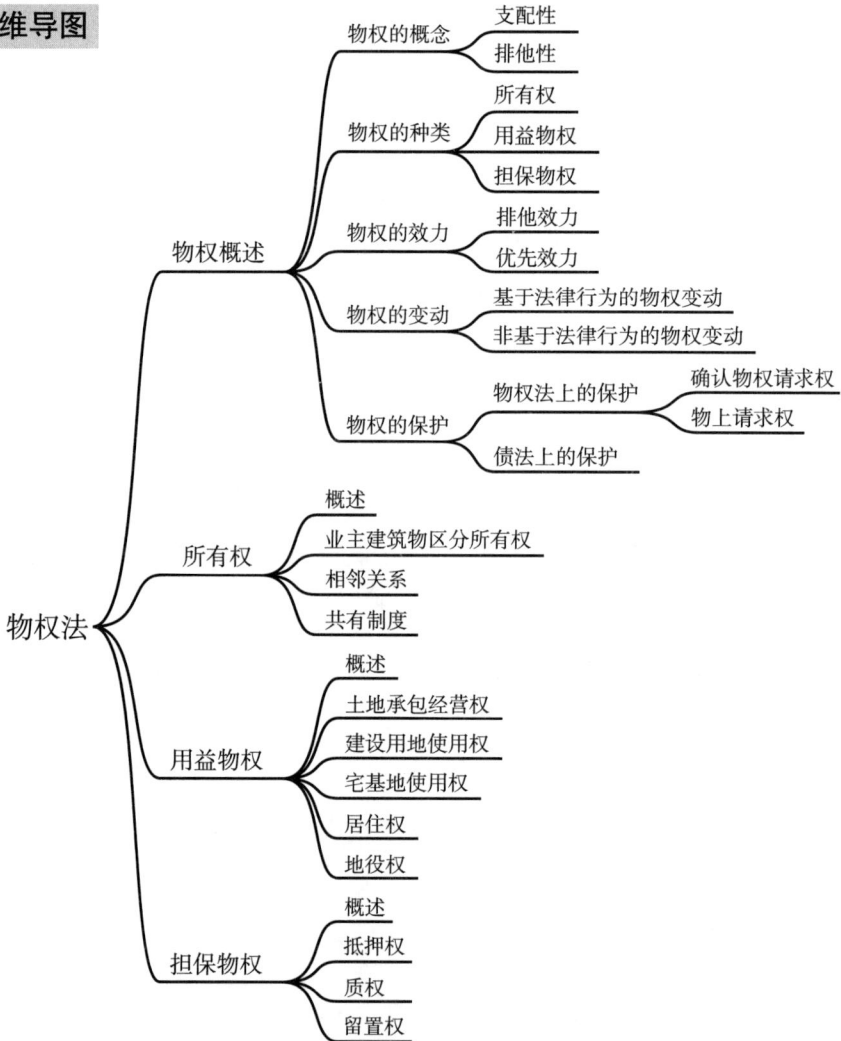

图 3-1　物权法章节概览

第一章　物权的基本原理

本节主要从物权的概念、种类、效力、变动及物权的保护五个角度，对物权的基本原理进行介绍。

一、物权的概念

思维导图

物权的概念
- 支配性：对特定物享有的直接支配的权利
- 排他性：对特定物享有的排他的权利

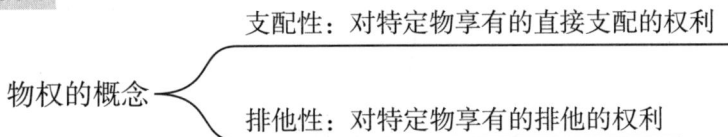

图 3-2　物权的概念框架

我国《民法典》对物权的概念作了定义，物权是"权利人依法对特定的物享有直接支配和排他的权利"。[①] 具体而言，一方面，权利人对特定的物能够按照自己的意志直接、自由地支配，不受到他人的干扰。[②] 另一方面，未经权利人的同意，任何人都不得侵害或干预权利人对特定的物所享有的物权，否则权利人有权向侵权人主张相应的法律责任。[③]

[①]　参见《民法典》第 114 条第 2 款。
[②]　杨立新著：《物权法》，中国人民大学出版社 2004 年版，第 24 页。
[③]　杨立新著：《物权法》，中国人民大学出版社 2004 年版，第 25 页。

二、物权的种类

思维导图

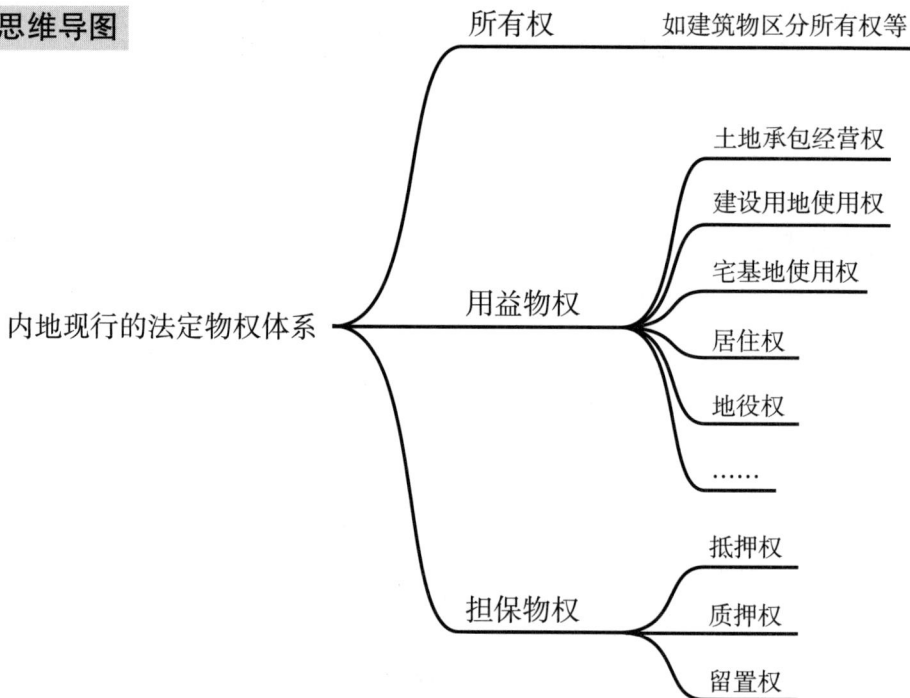

图 3-3　内地现行的法定物权体系框架

以物权的权能范围为划分标准，可将物权分为三大类型：所有权、用益物权和担保物权。[1]

1. 所有权

《民法典》第 240 条规定："所有权人对自己的不动产或者动产，依法享有占有、使用、收益和处分的权利。"该规定体现了所有权的四大权能，包括占有权、使用权、收益权与处分权。

2. 用益物权

《民法典》第 323 条规定："用益物权人对他人所有的不动产或者动产，

---

[1]　参见《民法典》第 114 条第 2 款。

依法享有占有、使用和收益的权利。"与所有权不同的是，由于用益物权人只享有对标的物使用价值的支配利益，因此用益物权只包含占有、使用与收益三项权能。

3. 担保物权

《民法典》第386条规定："担保物权人在债务人不履行到期债务或者发生当事人约定的实现担保物权的情形，依法享有就担保财产优先受偿的权利，但是法律另有规定的除外。"担保物权的设立目的是债权的最终实现，而以标的物的交换价值为担保，防止债务人不履行到期债务。

三、物权的效力

物权的效力，是指"物权所特有的功能和作用"，[①] 可分为物权的排他效力与优先效力。[②]

思维导图

物权的效力（二效力说）——排他效力 / 优先效力

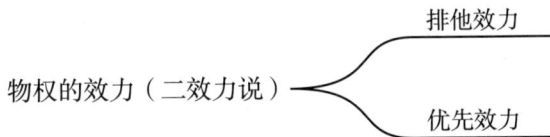

图 3-4 物权的效力框架

（一）物权的排他效力

物权的排他效力，是指同一物上不可成立两个所有权或两个内容相互冲突的物权。[③] 由于物具有特定性，在同一物上存在两种不可兼容的物权时，会损害交易秩序与稳定，容易滋生权属矛盾，因此赋予物权以排他性效力具有必要性。

物权的排他效力，具体体现在三个方面：第一，对所有权而言，同一

---

① 杨立新著：《物权法》，中国人民大学出版社2004年版，第33页。
② 本书采用"二效力说"，支持的学者有：王利明、杨立新等。
③ 杨立新著：《物权法》，中国人民大学出版社2021年版，第28页。

物上不可同时存在两个完整的所有权。第二，对用益物权而言，同一物上不可同时存在两个以占有为内容的用益物权。一般而言，权利人行使用益物权的必要前提是对物实际占有，但同一物上在同一时间只能由特定主体占有，故数个以占有为内容的用益物权不得兼存于一物。① 第三，对担保物权而言，以对物实际占有为条件的担保物权，不可兼存于一物，如两个质押权；不以实际占有为条件的担保物权，则可以兼存于一物，如两个抵押权。②

（二）物权的优先效力

物权的优先效力，是指同一物上并存数个相互冲突的权利时，效力位阶在先的权利可以优先于效力位阶在后的权利而实现。

物权的优先效力具体表现为两种类型：物权优先于债权的效力（对外效力）与物权相互之间的优先效力（对内效力）。

1. 物权相对于债权的优先效力

物权相对于债权的优先效力，是指在同一个标的物上，既存在物权、该标的物又同时是债权的标的物时，物权人得优先于债权人享受该标的物之利益。③

此效力多体现在一物数卖中。对于动产的一物数卖而言，《最高人民法院关于审理买卖合同纠纷案件适用法律问题的解释》（以下简称《买卖合同司法解释》）第 6 条第 1 项、第 7 条第 1 项中明确规定了"先行受领交付的买受人"可优先于"未受领交付的买受人"取得动产所有权。④ 对于不

---

① 王利明等著：《民法学》，法律出版社 2020 年版，第 327 页。

② 王利明等著：《民法学》，法律出版社 2020 年版，第 327 页。

③ 梁慧星著：《物权法》，法律出版社 2003 年版，第 48 页。

④ 《最高人民法院关于审理买卖合同纠纷案件适用法律问题的解释》第 6 条规定："出卖人就同一普通动产订立多重买卖合同，在买卖合同均有效的情况下，买受人均要求实际履行合同的，应当按照以下情形分别处理：（一）先行受领交付的买受人请求确认所有权已经转移的，人民法院应予支持……"第 7 条规定："出卖人就同一船舶、航空器、机动车等特殊动产订立多重买卖合同，在买卖合同均有效的情况下，买受人均要求实际履行合同的，应当按照以下情形分别处理：（一）先行受领交付的买受人请求出卖人履行办理所有权转移登记手续等合同义务的，人民法院应予支持……"

动产的一房数卖而言，《最高人民法院第八次全国法院民事商事审判工作会议（民事部分）纪要》第15条规定，"……一般应按照已经办理房屋所有权变更登记、合法占有房屋以及合同履行情况、买卖合同成立先后等顺序确定权利保护顺位……"

案例19 【一房数卖中，先登记者取得房屋所有权】

韩某、张某排除妨害纠纷案①

事实：张某、韩某就案涉房屋均分别签订过房屋买卖合同，后出卖人将案涉房屋转移登记于韩某名下。张某自其签订房屋买卖合同后不久即入住案涉房屋，故韩某请求法院判令张某从案涉房屋搬离、停止侵害。

争议焦点：本案诉争房屋的所有权人为韩某还是张某？

法院认为：本案中，韩某对案涉房屋享有所有权。一方面，张某签订的购房合同早于韩某所签订的房屋买卖合同，张某并未办理案涉房屋产权登记手续。另一方面，从案涉房屋的不动产登记情况来看，房屋登记于韩某名下，且并无证据可证明韩某取得案涉房屋产权登记系恶意办理登记而来。因此，案涉房屋自始至终未登记于张某名下，张某亦未付清购房款项，其对案涉房屋并未享有所有权，虽然其可依据房屋买卖合同对相关合同当事人享有债权，但该权利不足以对抗韩某所享有的物权。因此，法院判令张某搬离案涉房屋。

2. 物权相互之间的优先效力

除物权相对于债权的优先效力外，在物权体系内也存在效力上的优先顺位。

对于同一标的物上并存的几种物权而言，在物权优先顺位的认定上应当注意三项规则：第一，用益物权和担保物权优先于所有权。第二，担保

---

① （2019）粤19民终8351号民事判决书。

物权内部效力顺序规则：法定担保物权优先于意定担保物权，即留置权优先于抵押权、质押权；①公示（登记）的抵押权优于未公示（登记）的抵押权。② 第三，除上述情形外，其他物权之间效力的顺序可采用公示在先原则进行判断，即在先设立的物权的效力优先于在后设立的物权。③

四、物权的变动

思维导图

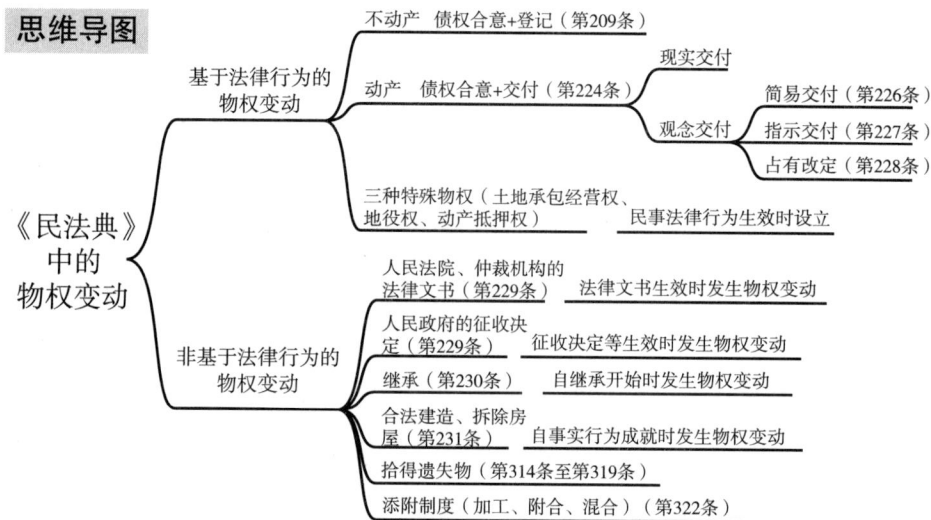

图 3-5　物权变动规则框架

物权变动，是指物权的设立、变更、转让和消灭。④ 按照物权变动的发生原因，我国的物权变动模式可分为两种：基于法律行为的物权变动与非基于法律行为的物权变动。

---

① 《民法典》第 456 条规定："同一动产上已经设立抵押权或者质权，该动产又被留置的，留置权人优先受偿。"

② 《民法典》第 414 条规定："同一财产向两个以上债权人抵押的，拍卖、变卖抵押财产所得的价款依照下列规定清偿：（一）抵押权已经登记的，按照登记的时间先后确定清偿顺序；（二）抵押权已经登记的先于未登记的受偿；（三）抵押权未登记的，按照债权比例清偿。其他可以登记的担保物权，清偿顺序参照适用前款规定。"

③ 《民法典》第 415 条规定："同一财产既设立抵押权又设立质权的，拍卖、变卖该财产所得的价款按照登记、交付的时间先后确定清偿顺序。"

④ 《民法典》物权编第二章标题。

（一）基于法律行为的物权变动

基于法律行为的物权变动，主要是指根据当事人的意思表示（民事法律行为）而发生的物权变动，[①] 可分为三种情形：第一，不动产的物权变动依登记。第二，动产的物权变动依交付。第三，三种特殊物权（土地承包经营权、地役权、动产抵押权）的变动依合同。

1. 不动产物权的变动

《民法典》第 209 条第 1 款规定："不动产物权的设立、变更、转让和消灭，经依法登记，发生效力；未经登记，不发生效力，但是法律另有规定的除外。"第 214 条规定："不动产物权的设立、变更、转让和消灭，依照法律规定应当登记的，自记载于不动产登记簿时发生效力。"我国不动产的物权变动原则上采用"债权意思主义与登记"相结合的立法方式，简单来说，不动产的物权变动以达成一致的意思表示合意与完成不动产登记的办理为前提条件。

需要注意的是，不动产物权未办理登记，原则上不影响合同的成立与生效。《民法典》第 215 条规定明确指出："当事人之间订立有关设立、变更、转让和消灭不动产物权的合同，除法律另有规定或者当事人另有约定外，自合同成立时生效；未办理物权登记的，不影响合同效力。"为进行不动产交易而达成的买卖合同，只要是满足了《民法典》中所规定的有效民事法律行为的构成要件就发生效力，即便该不动产并未过户（变更登记），也不影响该买卖合同的效力。

---

① 孙宪忠著：《中国物权法原理》，法律出版社 2003 年版，第 203 页。

案例 20 【未办理物权登记不影响不动产物权合同的效力】

陈某雁、高某华等民间借贷纠纷案[①]

事实：2019 年，陈某雁向高某华出借 30 万元，高某华之子高某以某房产作为该 30 万元借款的抵押担保，但双方未为该房产办理抵押登记。之后，由于高某华未按期归还全部借款，故陈某雁向法院起诉高某华、高某，请求二人对未归还欠款本息承担连带责任。

争议焦点：高某是否应对高某华所借欠款本息承担担保责任？

法院认为：《民法典》第 215 条规定："当事人之间订立有关设立、变更、转让和消灭不动产物权的合同，除法律另有规定或者当事人另有约定外，自合同成立时生效；未办理物权登记的，不影响合同效力。"高某与陈某雁签订抵押合同，约定将高某名下房屋作为上述借款的担保，双方未办理抵押登记。虽然欠条所约定的担保物之上未设立不动产抵押物权，但不影响担保合同成立并发生效力，高某对于案涉借款本金及利息负有合同上的担保义务，故高某以担保合同约定的抵押物价值范围内对案涉款本金及利息承担担保责任，高某承担担保责任后有权向高某华追偿。

2. 动产物权的变动

《民法典》第 224 条规定："动产物权的设立和转让，自交付时发生效力，但是法律另有规定的除外。"我国的动产物权变动采用"债权意思主义与交付"相结合的立法方式。交付的含义是"移转占有"，[②]"交付"可分为两大类型：现实交付和观念交付。

现实交付，是指动产的权利人将标的物让与受让人，令受让人直接取得对该动产的现实实际的占有。[③]

---

① （2021）吉 01 民终 5885 号民事判决书。

② 崔建远著：《物权法》，中国人民大学出版社 2011 年版，第 86 页。

③ 杨立新著：《物权法》，中国人民大学出版社 2004 年版，第 50 页。

观念交付，则是一种随着社会经济发展出于简化简易程序、节省交易成本考虑而产生的交付方式，分为三种形态：简易交付、指示交付与占有改定。

（1）简易交付

简易交付，指的是动产物权在出让之前已经为受让人所占有，出让人无须将动产现实交付给受让人。[①] 简易交付被规定于《民法典》第 226 条中："动产物权设立和转让前，权利人已经占有该动产的，物权自民事法律行为生效时发生效力。"在简易交付模式下，动产物权发生变动的时点是有关物权变动意思合意的生效。

案例21 【简易交付】

苏某峰与徐某买卖合同纠纷上诉案[②]

事实： 2005 年 7 月 1 日，徐某以苏某峰的名义订购了价值 136000 元的涉案车辆。同年 7 月 5 日，徐某、苏某峰至汽贸公司领取了涉案车辆。徐某支付了首付款 41000 元。车辆登记在苏某峰名下。同年 7 月 12 日，苏某峰以其名义与某银行签订了个人汽车贷款合同，贷款 95000 元，用该贷款支付了汽贸公司剩余的购车款。该笔贷款贷款期为三年，每期的实际还款人为徐某。此外，徐某也是案涉车辆的实际使用人。后因案涉车辆的权属争议，2008 年 12 月，苏某峰起诉，请求判令徐某向其支付全额购车款、并将车辆过户给徐某。

争议焦点： 谁是涉案车辆的所有权人？

---

① 孙宪忠著：《中国物权法原理》，法律出版社 2003 年版，第 263 页。
② （2009）浙嘉商终字第 473 号民事判决书。

某银行

贷款合同　　　　　　　　　　　　按期还贷款

苏某峰（名义购车人）　　95000元　　徐某（隐名购车人）

汽车买卖合同　　　　　　　首付款41000元

汽贸公司

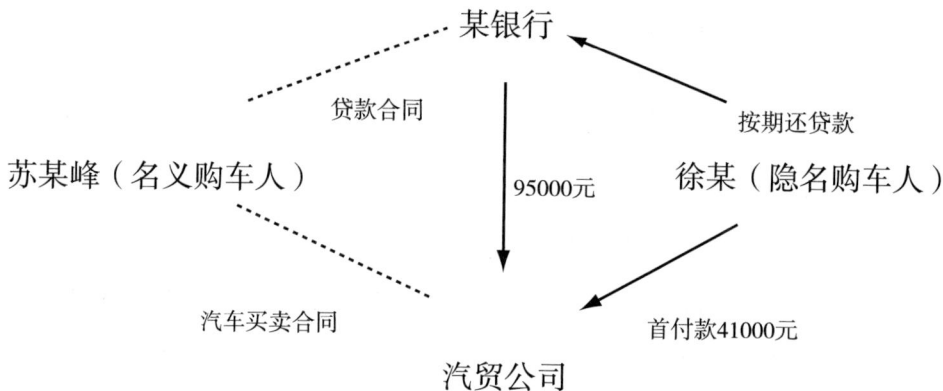

图 3-6　本案各方主体法律关系示意

法院认为：第一，关于案涉汽车在购买时的所有权人问题。涉案车辆虽由徐某使用，但因车辆登记于苏某峰名下，且苏某峰以其名义贷款95000元支付了汽贸公司大部分购车款，对外承担了所有风险，故应享有车辆的处分权。因此，原审法院认定苏某峰是车辆的原所有权人并无不当。此后车辆归徐某使用，贷款实际由徐某逐期归还。综合上述事实，徐某和苏某峰之间实际构成借名买车关系。苏某峰系名义购车人，徐某系隐名购车人。

第二，关于所有人是否由苏某峰变动为徐某、以及何时发生变动的问题。根据《合同法》（现已失效）第133条及《物权法》（现已失效）第25条的规定，"标的物的所有权自标的物交付时转移，但法律另有规定或者当事人另有约定的除外。""动产物权转让前，权利人已经依法占有该动产的，物权自法律行为生效时发生效力。"本案中，案涉车辆自购买后就一直由徐某占有使用，且逐期归还贷款，苏某峰也未表示异议。徐某的还贷行为，应视为徐某和苏某峰之间达成了徐某向苏某峰分期支付车辆对价的买卖合同。因此，买卖合同生效之时、即徐某和苏某峰就贷款清偿方式达成合意时，案涉车辆由苏某峰转移为徐某所有。

（2）指示交付

指示交付规定在《民法典》第 227 条："动产物权设立和转让前，第三人占有该动产的，负有交付义务的人可以通过转让请求第三人返还原物的权利代替交付。"指示交付的本质是"返还请求权的让与"，即在第三人占有动产时，该动产的物权人可将对该第三人的物权返还请求权让与受让人，以实现动产物权变动。

案例 22【指示交付】

上海某银行股份有限公司大连分行等与
大连金某建设集团有限公司物权保护纠纷上诉案①

事实： 案涉钢材由祺某公司出质给上海某银行股份有限公司大连分行（以下简称某银行）。之后，祺某公司与大连金某建设集团有限公司（以下简称金某公司）签订《协议书》约定，由金某公司代为偿还祺某公司对某银行的欠款，祺某公司在某银行处质押的钢材所有权及提货权归金某公司所有。协议签订后，金某公司履行了代偿债务的合同义务。目前，案涉钢材仍然由质权人某银行占有。

争议焦点： 金某公司是否享有案涉钢材的所有权？

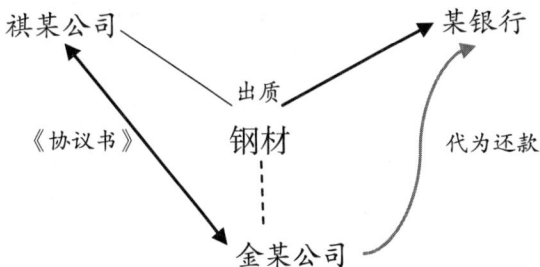

图 3-7 本案各方主体法律关系示意

法院认为：《物权法》（现已失效）第 26 条规定："动产物权设立和转

---

① （2017）最高法民申 3657 号民事裁定书。

让前，第三人依法占有该动产的，负有交付义务的人可以通过转让请求第三人返还原物的权利代替交付。"该条是关于指示交付的规定。所谓指示交付，是指让与人设立或转让动产物权时，因该项动产正由第三人占有，让与人不能进行现实交付，而将其对第三人的返还请求权让与受让人以代替交付，故指示交付又被称为返还请求权的让与或返还请求权的代位。案涉钢材目前由质权人某银行占有，祺某公司的债务又已经清偿，因此祺某公司对某银行享有质物返还请求权。祺某公司向金某公司转让了案涉钢材提货权，并将提货权利凭证交由金某公司，也就是将质物的返还请求权让与金某公司，故应认定祺某公司以指示交付方式向金某公司交付了案涉钢材，金某公司取得了案涉钢材的所有权。

（3）占有改定

《民法典》第228条规定了占有改定的交付方式："动产物权转让时，当事人又约定由出让人继续占有该动产的，物权自该约定生效时发生效力。"在占有改定这种交付形态下，动产物权变动的时点是双方当事人达成由出让人继续占有该动产的意思合意之时。

案例 23 【占有改定】

李某华诉王某生财产损害赔偿纠纷再审案①

事实：2005 年，王某生父亲王某富将自家种植的"八月桂"桂花树以400 元价格卖给了李某华。2008 年，李某华曾带人去王某富家中，计划将该桂花树挖走，因王某富说冬季太冷，不适合树木的移植，承诺在来年春季将该桂花树挖好送至李某华处，故李某华未将此树挖走。直至2014 年，李某华才将该桂花树从王某富房前挖走。现王某生对其父亲将该桂花树卖给李某华予以否认，故而成讼。

———————————
① （2017）鄂 02 民再 16 号民事判决书。

争议焦点： 王某生对诉争桂花树是否享有所有权？

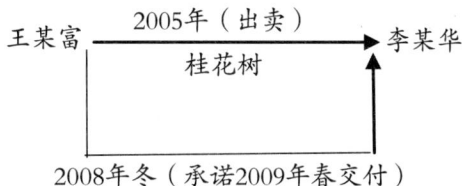

图 3-8　本案当事人法律关系示意

法院认为： 出卖人交付标的物通常是采取现实交付的方式，即动产物权的出让人将动产的占有实际地移转给买受人，由买受人直接占有该动产。但是，如果法律有特别规定或者合同有特别约定，也可以采取拟制交付的方式，即简易交付、指示交付、占有改定。从本案事实可以确认，王某富与李某华在订立桂花树的买卖合同后，又实际口头达成了 2009 年春季适合桂花树移植前桂花树继续由王某富保管的协议。根据《物权法》（现已失效）第 27 条的规定："动产物权转让时，双方又约定由出让人继续占有该动产的，物权自该约定生效时发生效力。"上述协议的达成使王某富继续占有标的物桂花树，同时李某华取得间接占有，并取得标的物桂花树的所有权，故双方买卖合同的交付方式符合"占有改定"的观念交付形式。因此，法院认定李某华在与王某富于 2008 年冬达成的桂花树保管协议时发生物权变动，桂花树归属于李某华所有。

3. 三种特殊物权的变动

土地承包经营权、地役权、动产抵押权这三类物权的变动较为特殊，法律规定该三种物权自债权合同生效时设立，无须以交付或登记为必要条件。但是若未经登记，不得对抗善意第三人。①

---

① 《民法典》第 333 条第 1 款规定："土地承包经营权自土地承包经营权合同生效时设立。"

第 335 条规定："土地承包经营权互换、转让的，当事人可以向登记机构申请登记；未经登记，不得对抗善意第三人。"

第 374 条规定："地役权自地役权合同生效时设立。当事人要求登记的，可以向登记机构申请地役权登记；未经登记，不得对抗善意第三人。"

第 403 条规定："以动产抵押的，抵押权自抵押合同生效时设立；未经登记，不得对抗善意第三人。"

（二）非基于法律行为的物权变动

非基于法律行为的物权变动，主要是指除了根据当事人意思表示发生的物权变动以外的物权变动形式，包括：第一，基于人民法院、仲裁机构的法律文书而发生的物权变动。第二，基于人民政府的征收决定而发生的物权变动。第三，基于继承而发生的物权变动。第四，基于合法建造、拆除房屋等事实行为而发生的物权变动。第五，拾得遗失物发生的物权变动。第六，添附制度中的物权变动。

1. 人民法院、仲裁机构的法律文书

《民法典》第229条规定了因人民法院、仲裁机构的法律文书导致的物权变动，法律文书生效之时为物权变动的时点。若法院的判决书判决结果、仲裁机构的裁决书结果中确认了争议物权的归属，则直接发生物权变动的效果，此时不再遵循上文中债权合意与登记或交付相结合的物权变动模式。

2. 人民政府的征收决定

征收是国家为了公共利益需要，取得私人的财产所有权并且予以补偿的行政行为。征收并不属于民事法律行为，因此因征收导致的物权变动同样无须遵循我国债权形式主义的物权变动规则。《民法典》第229条规定了在人民政府征收决定生效时，物权即发生变动。

3. 继承

《民法典》继承编对自然人死亡后的遗产继承规则作了详细的规定，因继承而发生的物权变动同样应适用"继承编"的规定。《民法典》第230条规定："因继承取得物权的，自继承开始时发生效力。"第1121条第1款规定："继承从被继承人死亡时开始。"继承规则包括法定继承、遗嘱继承、遗赠继承等。作为被继承人遗产的动产或者不动产，在被继承人死亡时，即按照不同的继承规则发生物权变动的效力。

4. 合法建造、拆除房屋等事实行为

建造和拆除不动产，属于法律效果与行为人意志无关的事实行为，无须遵循基于法律行为的物权变动规则。《民法典》第231条规定在该种情形下，物权变动发生于事实行为成就时，即建造完成后，行为人不经设立登记就可取得房屋所有权；房屋拆除后房屋所有权自行消灭，行为人无须通过注销登记使所有权消灭。

5. 拾得遗失物

《民法典》第318条规定："遗失物自发布招领公告之日起一年内无人认领的，归国家所有。"遗失物在招领公告发布之日起满一年无人认领的，该遗失物的所有权移转于国家。

6. 添附

添附，是指多个物结合为一体，且各个物存在数个所有权人。添附包括加工、附合与混合。三种情形均非民事法律行为，因此添附导致的物权变动应依照法律的相关规定。不同所有权人所有的物合为一体，必然存在物的归属上的处理难题，对此，《民法典》第322条规定的权属确认顺序是，第一，有约定从约定。第二，无约定从法律规定。第三，无法律规定则按充分发挥物的效用以及保护无过错当事人的原则确定。

五、物权的保护

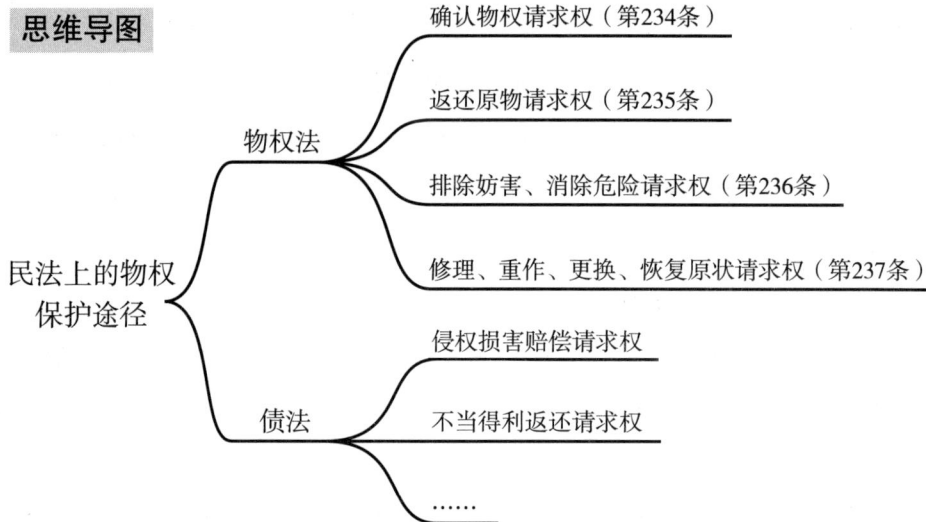

思维导图

图 3-9 民法上物权保护途径框架

在物权受到他人侵害时，法律赋予物权人采取一定措施保障其物权不受侵害，或在已被侵害后能恢复回圆满状态的权利。我国许多法律部门都对物权作了不同程度的保护性规定，包括公法保护（刑法、行政法等）与私法保护（民法）。本书仅对物权的民法保护途径进行介绍。

从民法视角看，物权的保护可以划分为两个方面内容：物权法上的保护和债法上的保护。物权法上的保护，指的是基于物权本身的保护途径；债法上的保护，指的是基于侵权或不当得利等事实而产生的保护途径。①

（一）物权法上的保护

《民法典》物权编第三章"物权的保护"规定了几种请求权，可以分为两类：一类是在物权的归属、内容存在争议时的确认物权请求权（第 234

---

① 王泽鉴著：《民法物权》，北京大学出版社 2010 年版，第 51 页。

条）；另一类是基于物权本身受到侵害而产生的物上请求权，包括了返还原物请求权（第235条），排除妨害、消除危险请求权（第236条），修理、重作、更换、恢复原状请求权（第237条）。

1. 确认物权请求权

在当事人对物权的归属与内容存在争议时，利害关系人可以向法院请求确认其对标的物享有物权。下文将举一实务中常见的"借名买房"纠纷案例予以说明。

借名买房纠纷的处理一直是内地司法实践中争议较大的问题，该问题的核心争议焦点一般在于所购房屋的权利归属，而造成法院对此问题的不同观点的根本原因是对不动产登记性质及法律效果的认识不同。①

案例 24 【确认物权请求权】

王某英诉刘某轩所有权确认纠纷案②

事实：2009年4月16日，原告王某英与被告刘某轩达成"借名买房协议"，约定王某英出资购买案涉房屋，刘某轩登记为该房屋所有权人。4月30日，刘某轩获得案涉房屋所有权证书。2011年，由于房屋权属争议，王某英将刘某轩诉至法院，请求法院确认案涉房屋归原告所有。

---

① 司法实务中存在两种观点：第一种观点认为，若能够证明权属争议双方之间的借名买房合同关系，那么尽管不动产登记簿上登记的是被借名人的名字，但该种登记并非当事人双方的真实意思表示，其推定力应当予以否认，借名人能够直接请求法院确认其为房屋所有权人。第二种观点认为，即使承认房屋实际出资人与登记所有人之间借名买房合同的成立与有效，但是根据合同相对性原理，该合同仅能约束双方当事人，只产生债权关系，不发生物权效力，因此房屋实际出资人（借名人）不可以直接请求法院确认其为所有权人，但是可以请求法院判令被告按照合同约定协助办理房屋变更登记手续。

② （2013）二中民终字第14036号二审民事判决书。

王某英（原告）　　　　　　刘某轩（被告）

实际出资　　　　　　以自己名义购买

案涉房屋

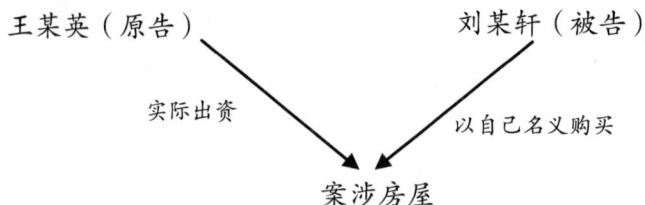

图 3-10　本案当事人法律关系示意

裁判要旨：借名买房中的借名人无权要求法院直接确认其享有房屋所有权。

裁判理由：《物权法》（现已失效）第 16 条第 1 款规定："不动产登记簿是物权归属和内容的根据。"刘某轩以其自己的名义购买涉案房屋，涉案房屋登记至刘某轩名下，在没有相反证据予以否定的情况下，刘某轩的所有权人身份应当受到尊重。王某英以其与刘某轩就涉案房屋借名购房事宜签订的协议书主张涉案房屋归其所有，但其与刘某轩之间的约定不足以对抗物权登记的效力，故其主张不能成立。

2. 返还原物请求权

返还原物请求权的权利发生前提是物权人的财物被他人无权占有。何谓"无权占有"？没有法律上的原因享有占有的权利就属于"无权占有"，此时权利人有权直接请求或通过诉讼途径请求无权占有人返还原物。

3. 排除妨害、消除危险请求权

该请求权发生于物权人的财物受到他人的妨害，或使该财物处于一种危险状态时，权利人有权直接请求或通过诉讼途径请求侵害人排除妨害、消除危险。

4. 修理、重作、更换、恢复原状请求权

在物权人的财物受到侵害时，若存在修理、重作、更换、恢复的可能性，则权利人有权请求侵害人恢复财物未被侵害之前的状态。

（二）债法上的保护

除物权法上的保护途径外，在债法上也存在一些保障物权人合法权益的救济途径。例如，赋予物权人侵权损害赔偿请求权、不当得利请求权等各种权利。

1. 侵权损害赔偿请求权

侵权损害赔偿请求权发生于权利人的财物受到他人侵害之时，权利人无法通过返还原物、恢复原状等方式维护自身权益，则可以基于侵权法上的规则请求侵害人承担损害赔偿责任。

2. 不当得利返还请求权

不当得利，是指没有法律上的原因，一方获得利益，而另一方利益受损，两者之间具有因果关系，此时利益受损人有权向得利人主张返还所取得的利益。在物权被侵害时，侵害人可能会由此获取不当利益，造成权利人利益受损，权利人有权向侵害人主张不当得利的返还。

（三）物上请求权与债权请求权之间的关系

物上请求权与债权请求权的发生原因不同，前者是基于物权本身而产生，后者是基于债法上的法律事实而产生，因而这两者之间可能存在竞合。在同一个物权被侵害事实上，当事人可能可以同时行使物上请求权和债权请求权。

第二章　所有权

从本章开始，将依次对所有权、用益物权、担保物权这三类物权进行介绍。

思维导图

所有权
- 所有权的概念和内容
  - 概念
  - 内容
    - 占有权能
    - 使用权能
    - 收益权能
    - 处分权能
- 国家所有权、集体所有权与私人所有权
- 业主的建筑物区分所有权
  - 概念
  - 内容
    - 专有权
    - 共有权
    - 共同管理权
- 相邻关系
  - 相邻关系的概念
  - 相邻关系的处理原则
  - 相邻关系的类型
- 共有
  - 共有的概念
  - 按份共有
  - 共同共有
- 所有权的特别取得方式
  - 善意取得

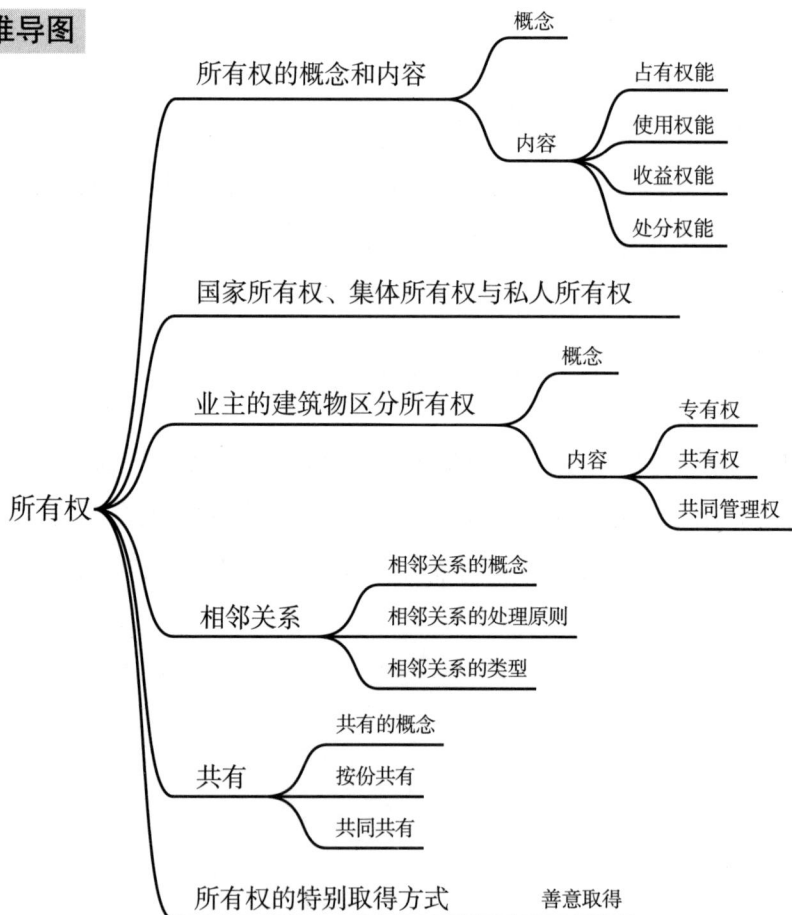

图 3-11　所有权知识点框架

一、所有权的概念与内容

（一）所有权的概念

所有权是权利人依法按照自己的意志，通过对其不动产或动产的占有、使用、收益与处分，进而达到独占性支配并排除他人干涉效果的物权。[①]

我国《民法典》第 240 条规定："所有权人对自己的不动产或者动产，依法享有占有、使用、收益和处分的权利。"

（二）所有权的内容

所有权的内容，也称所有权的权能，分为积极权能与消极权能。所有权的积极权能，主要是指占有、使用、收益、处分这四项权能；所有权的消极权能是指所有权人对其所有物可通过行使物权请求权（包括返还原物、排除妨害、消除危险、恢复原状等）的方式排除他人干涉，他人负有不侵犯所有权的消极义务。以下对所有权的积极权能作简要介绍。

1. 占有权能

所有权的占有权能，是指所有权人对其所有的不动产或动产享有的事实上管领与支配力的状态。占有是行使使用权、收益权、处分权的必要前提。[②]

2. 使用权能

所有权的使用权能，是指所有权人为满足生产生活所需，按照不动产或动产通常的使用用途进行利用的能力，如看电视、用冰箱冰冻食物、用手机听音乐等。

---

① 杨立新著：《物权法》，中国人民大学出版社 2021 年版，第 59 页。
② 王泽鉴著：《民法物权》，北京大学出版社 2021 年版，第 112 页。

3. 收益权能

所有权的收益权能，是指所有权人可利用其不动产或动产所产生的经济价值获取收益。比如，收取自种果树上的果实拿去售卖，把自有房屋出租给他人收取租金等，都是所有权人行使收益权能的体现。

4. 处分权能

所有权的处分权能，是指所有权人将其所有的不动产或动产进行事实上或法律上的处置。[1] 事实上的处分，是指对物实施物理上的变更或毁损，如摔碎玻璃杯、吃掉蛋糕等；法律上的处分，是指对物的所有权进行转移、变更、限制或消灭，如在物上设定抵押权，将物出借给他人等。

二、国家所有权、集体所有权与私人所有权

根据所有权归属主体的不同，《民法典》将所有权划分为三种形式：国家所有权、集体所有权与私人所有权。《民法典》第 207 条明确规定："国家、集体、私人的物权和其他权利人的物权受法律平等保护，任何组织或者个人不得侵犯。"无论是国家所有、集体所有，还是私人所有，在法律保护层面均具有平等地位。

（一）国家所有权

国家所有权，是指国家对其所有的动产与不动产享有的支配与排除他人干涉的权利。《民法典》第 246 条第 1 款规定："法律规定属于国家所有的财产，属于国家所有即全民所有。"全民所有制是我国社会主义市场经济的一大基础，《宪法》第 7 条规定："国有经济，即社会主义全民所有制经济，是国民经济中的主导力量。国家保障国有经济的巩固和发展。"

《宪法》第 9 条第 1 款、第 10 条第 1 款以及《民法典》第 247 条至第

---

[1] 杨立新著：《物权法》，中国人民大学出版社 2021 年版，第 64 页。

254 条对国家所有权的客体范围作了明确规定。

矿藏、水流、海域、森林、山岭、草原、荒地、滩涂等自然资源，都属于国家所有；由法律规定属于集体所有的森林和山岭、草原、荒地、滩涂除外。

城市的土地属于国家所有。法律规定属于国家所有的农村和城市郊区的土地，属于国家所有。

无居民海岛属于国家所有。

法律规定属于国家所有的野生动植物资源，属于国家所有。

无线电频谱资源属于国家所有。

法律规定属于国家所有的文物，属于国家所有。

国防资产属于国家所有。

铁路、公路、电力设施、电信设施和油气管道等基础设施，依照法律规定为国家所有的，属于国家所有。

（二）集体所有权

集体所有权，是指由劳动群众集体对其所有的动产与不动产享有的直接支配并排除他人干涉的权利。劳动群众集体所有制是我国《宪法》所规定的社会主义市场经济的另一大基础，集体所有权是劳动群众集体所有制在法律上的体现。[①]

根据《宪法》第 10 条第 2 款与《民法典》第 260 条的规定，集体所有权的客体有以下几类。

农村和城市郊区的土地，除由法律规定属于国家所有的以外，属于集体所有；宅基地和自留地、自留山，也属于集体所有。

法律规定属于集体所有的土地和森林、山岭、草原、荒地、滩涂。

集体所有的建筑物、生产设施、农田水利设施。

---

① 王利明等著：《民法学》，法律出版社 2020 年版，第 390 页。

集体所有的教育、科学、文化、卫生、体育等设施。

集体所有的其他不动产和动产。

（三）私人所有权

私人所有权，根据《民法典》第 266 条的规定，具体是指"私人对其合法的收入、房屋、生活用品、生产工具、原材料等不动产和动产享有所有权"。私人所有权法律制度的根源在于《宪法》第 13 条第 1 款和第 2 款的规定："公民的合法的私有财产不受侵犯。国家依照法律规定保护公民的私有财产权和继承权。"据此，《民法典》第 267 条至第 270 条区分不同民事主体对私人所有权的保护作了详细规定。

三、业主的建筑物区分所有权

（一）业主的建筑物区分所有权的概念

业主的建筑物区分所有权，根据《民法典》第 271 条的规定，是指"业主对建筑物内的住宅、经营性用房等专有部分享有所有权，对专有部分以外的共有部分享有共有和共同管理的权利"。

业主，一方面是指依法登记取得或者依据《民法典》第 229 条至第 231 条规定取得建筑物专有部分所有权的人。另一方面是指基于与建设单位之间的商品房买卖民事法律行为，已经合法占有建筑物专有部分，但尚未依法办理所有权登记的人。[1]

（二）业主的建筑物区分所有权的内容

根据业主的建筑物区分所有权的概念能够看出，业主的建筑物区分所

---

[1] 参见《最高人民法院关于审理建筑物区分所有权纠纷案件适用法律若干问题的解释》（法释〔2020〕17 号）第 1 条。

有权可以划分为：业主的专有权、共有权和共同管理权。

1. 业主的专有权

根据《民法典》第271条的规定，业主的专有权，是指"业主对建筑物内的住宅、经营性用房等专有部分享有所有权"。具体而言，业主对其建筑物专有部分享有占有、使用、收益和处分的权利。业主行使权利不得危及建筑物的安全，不得损害其他业主的合法权益。

专有部分，是指建筑区划内符合下列条件的房屋，以及车位、摊位等特定空间。

一是，具有构造上的独立性，能够明确区分。

二是，具有利用上的独立性，可以排他使用。

三是，能够登记成为特定业主所有权的客体。

规划上专属于特定房屋，且建设单位销售时已经根据规划列入该特定房屋买卖合同中的露台等，应当认定为专有部分的组成部分。①

2. 业主的共有权

根据《民法典》第273条的规定，业主的共有权，是指业主对建筑物专有部分以外的共有部分享有共有的权利。具体而言，业主对建筑物专有部分以外的共有部分，享有权利，承担义务，不得以放弃权利为由不履行义务。

共有部分，通常是指建筑区划内的以下部分。

第一，建筑物的基础、承重结构、外墙、屋顶等基本结构部分，通道、楼梯、大堂等公共通行部分，消防、公共照明等附属设施、设备，避难层、设备层或者设备间等结构部分。

第二，其他不属于业主专有部分，也不属于市政公用部分或者其他权

---

① 参见《最高人民法院关于审理建筑物区分所有权纠纷案件适用法律若干问题的解释》（法释〔2020〕17号）第2条。

利人所有的场所及设施等。①

《民法典》第 274 条、第 275 条第 2 款、第 281 条第 1 款、第 282 条明确规定了业主共有权的几类对象，汇总如下表所示。

表 3-1　业主共有权的权利客体

	原则：业主共有	例外：非业主共有
1	建筑区划内的道路	属于城镇公共道路的除外
2	建筑区划内的绿地	属于城镇公共绿地或者明示属于个人的除外
3	建筑区划内的其他公共场所、公用设施和物业服务用房	
4	占用业主共有的道路	
5	用于停放汽车的车位、车库	
6	建筑物及其附属设施的维修资金	
7	利用业主的共有部分产生的收入，扣除合理成本	

3. 业主的共同管理权

业主的共同管理权，是基于业主对共有部分的共有权而产生的对共有部分进行共同管理的权利，性质上属于社员权。② 具体而言，业主的共同管理权包含了以下几个方面的权利。

（1）选举权

根据《民法典》第 277 条的规定，业主可以设立业主大会，选举业主委员会。业主大会、业主委员会成立的具体条件和程序，依照法律、法规的规定。

（2）表决权

表决权，又称重大事项共同决定权，《民法典》第 278 条、第 279 条对

---

① 参见《最高人民法院关于审理建筑物区分所有权纠纷案件适用法律若干问题的解释》（法释〔2020〕17 号）第 3 条。

② 王利明等著：《民法学》，法律出版社 2020 年版，第 397 页。

重大事项及相应的业主表决权比例作了详细规定，如下表所示。

表 3-2　业主共同决定事项范围及表决通过比例

	重大事项	参与表决比例	通过表决比例
1	制定和修改业主大会议事规则	由专有部分面积占比三分之二以上的业主且人数占比三分之二以上的业主参与表决	经参与表决专有部分面积过半数的业主且参与表决人数过半数的业主同意
2	制定和修改管理规约		
3	选举业主委员会或者更换业主委员会成员		
4	选聘和解聘物业服务企业或者其他管理人		
5	使用建筑物及其附属设施的维修资金		
6	筹集建筑物及其附属设施的维修资金		经参与表决专有部分面积四分之三以上的业主且参与表决人数四分之三以上的业主同意
7	改建、重建建筑物及其附属设施		
8	改变共有部分的用途或者利用共有部分从事经营活动		
9	将住宅改变为经营性用房	经有利害关系的业主一致同意	

（3）撤销权

根据《民法典》第 280 条第 2 款规定，业主大会或者业主委员会作出的决定侵害业主合法权益的，受侵害的业主可以请求人民法院予以撤销。

（4）收益分配权

根据《民法典》第 283 条的规定，建筑物及其附属设施的费用分摊、收益分配等事项，有约定的，按照约定；没有约定或者约定不明确的，按照业主专有部分面积所占比例确定。

（5）自行管理或委托管理权

根据《民法典》第 284 条的规定，业主可以自行管理建筑物及其附属设施，也可以委托物业服务企业或者其他管理人管理。对建设单位聘请的物业服务企业或者其他管理人，业主有权依法更换。

案例 25 【业主的建筑物区分所有权】

高某清、戴某晴与张某清、袁某萍房屋买卖合同纠纷案[①]

事实： 2006 年，被告张某清、袁某萍与南京某房地产开发有限公司签订《商品房买卖契约》购得案涉房屋。2007 年，案涉房屋所在单元的全体业主共同委托小区物业对单元地下室进行了分隔，抽签确定 7 号小地下室由案涉房屋业主使用。2016 年，被告将案涉房屋出售给原告高某清、戴某晴，但 7 号小地下室一直由被告占有使用。2020 年，因该地下室使用产生争议，原告诉至法院，请求确认 7 号小地下室归原告使用，判令被告腾空并交付 7 号小地下室及支付占有使用费。

争议焦点： 1. 涉案地下室是否属于业主共有部分？2. 被告是否应当将案涉地下室交付原告？

法院认为： 第一，关于涉案地下室是否属于业主共有部分的问题，法律规定，建筑区划内的其他公共场所、公用设施和物业服务用房，属于业主共有。本案中，案涉单元地下室并不属于建筑物区分所有权中业主专有部分，而是建筑区划内的公用设施，属于业主共有部分。并且案涉房屋所在单元在构造上、功能上具有相对独立性，该单元的地下室能够单独使用，与该单元的业主具有使用上的利害关系，因此该单元的地下室属于该单元全体业主共有。

第二，关于被告是否应当将案涉地下室交付原告的问题，法律规定，业主对共有部分享有共有和共同管理的权利。业主转让建筑物内的住宅、经营性用房，其对共有部分享有的共有和共同管理的权利一并转让。法院认为，从维护小区公共秩序和业主利益的角度来说，业主转让专有部分时，不仅其对共有部分享有的共有和共同管理的权利一并转让，而且其基于业

[①] （2020）苏 0115 民初 12943 号民事判决书，载《最高人民法院公报》2021 年第 8 期（总第 298 期）第 46—48 页。

主共同管理约定所享有的共有部分专有使用权也应当一并转让，既有的共同管理约定对继受取得业主权利的房屋受让人继续有效，房屋转让人应当协助将其独占使用的共有部分交付于受让人。本案中，被告基于共同管理合意独占使用 7 号小地下室，被告向原告转让案涉房屋，7 号小地下室的独占使用权应当一并转让，被告应当协助将 7 号小地下室交付于原告。因此，法院判决支持了原告的诉讼请求。

四、相邻关系

（一）相邻关系的概念

相邻关系，是指相邻的不动产上的权利人行使所有权或其他物权时，相互给予对方便利或对权利进行限制而形成的权利义务关系。[1] 相邻关系并不属于独立的物权范畴，从权利的角度可称之为相邻权。[2]

（二）相邻关系的处理原则

根据《民法典》第 288 条、第 289 条的规定，不动产的相邻权利人应当按照有利生产、方便生活、团结互助、公平合理的原则，正确处理相邻关系。相邻关系的处理依据应当遵循以下方式。

第一，法律、法规对处理相邻关系有规定的，依照其规定。

第二，法律、法规没有规定的，可以按照当地习惯。

（三）相邻关系的类型

《民法典》第 290 条至第 295 条对相邻关系的几种常见类型作了明确规定，包括以下六类相邻关系。

---

[1] 王利明等著：《民法学》，法律出版社 2020 年版，第 399 页。
[2] 杨立新著：《物权法》，中国人民大学出版社 2021 年版，第 106 页。

1. 用水排水关系

不动产权利人应当为相邻权利人用水、排水提供必要的便利。对自然流水的利用，应当在不动产的相邻权利人之间合理分配。对自然流水的排放，应当尊重自然流向。

2. 通行关系

不动产权利人对相邻权利人因通行等必须利用其土地的，应当提供必要的便利。

3. 相邻土地的通行与利用关系

不动产权利人对相邻权利人因通行等必须利用其土地的，应当提供必要的便利。不动产权利人因建造、修缮建筑物以及铺设电线、电缆、水管、暖气和燃气管线等必须利用相邻土地、建筑物的，该土地、建筑物的权利人应当提供必要的便利。

4. 通风、采光与日照关系

建造建筑物，不得违反国家有关工程建设标准，不得妨碍相邻建筑物的通风、采光和日照。

5. 相邻环保关系

不动产权利人不得违反国家规定弃置固体废物，排放大气污染物、水污染物、土壤污染物、噪声、光辐射、电磁辐射等有害物质。

6. 相邻避险关系

不动产权利人挖掘土地、建造建筑物、铺设管线以及安装设备等，不得危及相邻不动产的安全。

案例 26 【相邻关系】

左某晖、林某红与张某、林某聪相邻关系纠纷案①

事实：原告左某晖、林某红与被告张某、林某聪之间是同一小区同一

① （2019）粤 01 民终 21326 号民事判决书。

栋楼的邻居关系。原告房屋 1903 房门位于被告 1902 房屋进门的左侧走廊墙体上，两房门相距约 60 厘米。2018 年，被告将原房门从左往右打开安装为绕进门的左轴、从右往左打开。当房门完全打开时，会碰到原告房屋的房门。后原告诉至法院，请求判令被告更改房门打开方向。

争议焦点：被告是否应当将案涉房屋房门改为从左侧往右侧开启？

法院认为：《物权法》（现已失效）第 84 条规定："不动产的相邻权利人应当按照有利生产、方便生活、团结互助、公平合理的原则，正确处理相邻关系。"由于房屋原来规划设计的原因，1902 房和 1903 房两房屋的房门距离较近，两房门如果同时开启或多或少会相互影响，在现有房屋设计无法更改的情况下，双方均应从方便生活的原则出发，选择更加适合的开门方向，以尽量减少对相邻方的影响。

虽然处理邻里关系有时需要相互容忍，但是容忍并不是无条件的，在客观条件允许的情况下，应当尽可能地采取有效措施，改善相邻的环境，选择更加舒适、方便的通行方式，最大限度地减少彼此之间的相互影响。在穷尽所有改善措施后，仍然存在不便情况的，此时才涉及相互容忍的问题。从现有客观条件而言，1902 房房门进门从左往右开以及 1903 房房门进门从右往左开的开门方式相对而言对彼此的影响较小，因此 1902 房房门的开门方式尚有改善的余地，故法院对原告要求被告房门改为进门从左侧往右侧开启的诉请予以支持。

五、共有

（一）共有的概念

共有，是指两个以上民事主体对同一项财产共同享有所有权的状态。[①]《民法典》第 297 条规定："不动产或者动产可以由两个以上组织、个人共

---

① 王利明等著：《民法学》，法律出版社 2020 年版，第 402 页。

有……"按照民事主体是否对共有物划分份额以享有所有权，可以将共有分为按份共有和共同共有。

（二）按份共有

1. 按份共有的概念

按份共有，是指多个民事主体之间按照各自的份额，对同一财产享有权利、负担义务。《民法典》第 298 条规定："按份共有人对共有的不动产或者动产按照其份额享有所有权。"

2. 按份共有的内部关系

按份共有的内部关系，解决的是对不动产或动产存在按份共有关系的按份共有人之间如何分配权利义务的问题。按份共有的内部关系处理主要包括以下几个方面。

（1）对共有物管理权利及义务的分配

根据《民法典》第 300 条的规定，共有人之间就共有物管理问题上的权利义务分配，首先要看共有人之间是否达成了针对管理共有物的约定；如果没有约定或约定不明，各共有人都有管理的权利和义务。

（2）对共有物的处分

根据《民法典》第 301 条的规定，处分共有的不动产或者动产以及对共有的不动产或者动产作重大修缮、变更性质或者用途的，应当经占份额三分之二以上的按份共有人同意，但是共有人之间另有约定的除外。

（3）管理费用的负担

根据《民法典》第 302 条的规定，共有人对共有物的管理费用以及其他负担，有约定的，按照其约定；没有约定或者约定不明确的，按份共有人按照其份额负担。

（4）共有物的分割

根据《民法典》第 303 条的规定，共有人约定不得分割共有的不动产或者动产，以维持共有关系的，应当按照约定，但是共有人有重大理由需要分割的，可以请求分割；没有约定或者约定不明确的，按份共有人可以随时请求分割。

（5）共有物份额的转让

根据《民法典》第305条、第306条的规定，"按份共有人可以转让其享有的共有的不动产或者动产份额。其他共有人在同等条件下享有优先购买的权利"。"按份共有人转让其享有的共有的不动产或者动产份额的，应当将转让条件及时通知其他共有人。其他共有人应当在合理期限内行使优先购买权。两个以上其他共有人主张行使优先购买权的，协商确定各自的购买比例；协商不成的，按照转让时各自的共有份额比例行使优先购买权。"

3. 按份共有的外部关系

按份共有的外部关系，是指按份共有人与外部第三人之间对于共有物发生法律关系时应如何分配权利与义务的问题。

在对外关系上，《民法典》第307条首先规定："因共有的不动产或者动产产生的债权债务，在对外关系上，共有人享有连带债权、承担连带债务，但是法律另有规定或者第三人知道共有人不具有连带债权债务关系的除外……"也就是说，按份共有人对第三人是以一个利益共同体的形态共同对外享有权利、承担义务的。

在内部关系上，《民法典》第307条接着规定："……在共有人内部关系上，除共有人另有约定外，按份共有人按照份额享有债权、承担债务……偿还债务超过自己应当承担份额的按份共有人，有权向其他共有人追偿。"由此可见，按份共有人互相之间仍然按照各自的份额享有权利、承担义务。

4. 无约定或约定不明时的按份共有推定效力

根据《民法典》第308条的规定："共有人对共有的不动产或者动产没

有约定为按份共有或者共同共有，或者约定不明确的，除共有人具有家庭关系等外，视为按份共有。"

案例 27 【未约定共有类型的，应当视为按份共有】

陈某芳、胡某龙等共有权确认纠纷案①

事实：2004 年，陈某芳和胡某中登记结婚。胡某龙是胡某中的儿子，陈某芳是胡某龙的继母。2008 年，陈某芳出资购买案涉房屋。2009 年 4 月，该房屋登记于陈某芳与胡某龙名下，产权证书载明由二人共同共有。2009 年 9 月，陈某芳与胡某中离婚。后由于就案涉房屋产权归属产生争议，陈某芳将胡某龙诉至法院，请求分割涉案房屋。

争议焦点：陈某芳是否有权请求分割涉案房屋？

法院认为：根据查明的事实，涉案房屋登记在陈某芳、胡某龙两人的名下，双方就涉案房屋形成共有关系。涉案房屋的产权登记只是登记为共同共有，并无明确共同共有人的占有份额。共同共有主要是夫妻共有、家庭共有和遗产分割前的共有。本案中，自陈某芳与胡某中离婚后，陈某芳与胡某龙之间已不存在家庭关系。因此，根据《民法典》第 308 条的规定："共有人对共有的不动产或者动产没有约定为按份共有或者共同共有，或者约定不明确的，除共有人具有家庭关系等外，视为按份共有……"以及第 303 条的规定："共有人约定不得分割共有的不动产或者动产，以维持共有关系的，应当按照约定，但是共有人有重大理由需要分割的，可以请求分割；没有约定或者约定不明确的，按份共有人可以随时请求分割，共同共有人在共有的基础丧失或者有重大理由需要分割时可以请求分割……"的规定，陈某芳与胡某龙就涉案房屋形成的共有关系应为按份共有，现陈某

---

① （2021）粤 0118 民初 1259 号民事判决书。

芳请求对涉案房屋进行分割，理据充分，予以支持。

（三）共同共有

1. 共同共有的概念

共同共有，是指多个民事主体之间基于共同关系、对同一项财产并非按照各自份额而是共同平等地享有权利、负担义务。《民法典》第299条规定："共同共有人对共有的不动产或者动产共同享有所有权。"

2. 共同共有的类型

常见的共同共有关系包括四种情形：第一，基于夫妻关系而产生的共同共有。第二，基于家庭共同生活关系而产生的共同共有。第三，基于合伙关系而产生的共同共有。第四，基于继承关系而产生的共同共有。

3. 共同共有的内外部关系

共同共有的内部关系与外部关系处理主要包括以下几个方面。

（1）对共有物的处分

根据《民法典》第301条的规定，处分共有的不动产或者动产以及对共有的不动产或者动产作重大修缮、变更性质或者用途的，应当经全体共同共有人同意，但是共有人之间另有约定的除外。

（2）管理费用的负担

根据《民法典》第302条的规定，共有人对共有物的管理费用以及其他负担，有约定的，按照其约定；没有约定或者约定不明确的，共同共有人共同负担。

（3）共有物的分割

根据《民法典》第303条的规定，共有人约定不得分割共有的不动产或者动产，以维持共有关系的，应当按照约定，但是共有人有重大理由需要分割的，可以请求分割；没有约定或者约定不明确的，共同共有人在共有的基础丧失或者有重大理由需要分割时可以请求分割。

（4）外部第三人的债权债务关系

根据《民法典》第 307 条的规定，因共有的不动产或者动产产生的债权债务，在对外关系上，共有人享有连带债权、承担连带债务，但是法律另有规定或者第三人知道共有人不具有连带债权债务关系的除外；在共有人内部关系上，除共有人另有约定外，共同共有人共同享有债权、承担债务。

案例 28 【共同共有物的处分应经全体共同共有人的一致同意】

郝某波与郑某魁、陈某珍、医药高新区
某房产信息咨询服务部房屋买卖合同纠纷案①

事实：2018 年，原告郝某波与被告郑某魁签订房屋买卖合同，约定郑某魁自愿将一套自有房屋转让给原告。后由于被告始终不配合办理过户手续，原告将其诉至法院，请求判令被告于合理期限内办理房屋过户手续并交付房屋。

争议焦点：原告的诉讼请求是否成立？

法院认为：郑某魁、陈某珍系夫妻关系，因案涉房产系郑某魁、陈某珍夫妻关系存续期间取得，案涉房屋系郑某魁、陈某珍的夫妻共同财产。根据《物权法》（现已失效）第 97 条"处分共有的不动产或者动产以及对共有的不动产或者动产作重大修缮的，应当经占份额三分之二以上的按份共有人或者全体共同共有人同意，但共有人之间另有约定的除外"的规定，郑某魁签订《房地产转让合同》对涉案房屋进行处分时，应当征得陈某珍的同意，方有权处分共有财产。陈某珍并未参与合同的签订，作为房屋共有人，陈某珍并未认可该房屋的转让行为，明确表示不同意协助办理房屋过户手续及交付房屋，故郝某波要求陈某珍、郑某魁于合理期限内办理房

---

① （2020）苏 12 民终 1326 号民事判决书。

屋过户手续并交付房屋的诉讼请求缺乏法律依据，不予支持。

六、所有权的特别取得方式之善意取得

《民法典》第二编第二分编第九章规定了六种所有权取得的特别方式，主要包括善意取得、拾得遗失物、拾得漂流物、发现埋藏物或隐藏物、孳息的取得与添附。本部分主要对善意取得制度作详细介绍。

《民法典》第 311 条第 1 款规定："无处分权人将不动产或者动产转让给受让人的，所有权人有权追回；除法律另有规定外，符合下列情形的，受让人取得该不动产或者动产的所有权：（一）受让人受让该不动产或者动产时是善意；（二）以合理的价格转让；（三）转让的不动产或者动产依照法律规定应当登记的已经登记，不需要登记的已经交付给受让人。"

善意取得制度的构建，虽然削弱了对原物权人的物权保护，但是却维护了整个社会的交易秩序安全与交易公正；是一个立法者经过利弊权衡后的"理性选择"。

案例 29 【善意取得制度】

陈某江与袁某海、李某彬、朱某新用益物权纠纷案①

事实：2003 年，陈某军将案涉护堤地转包给了陈某江，约定承包期自 2007 年 12 月 21 日起至 2027 年 12 月 21 日止。2021 年 3 月 5 日，陈某军将案涉护堤地又转租给朱某新，租期为一年。2021 年 3 月 26 日，朱某新将案涉护堤地转租给袁某海、李某彬，租期为一年。

争议焦点：本案土地承包经营权归属于谁？

法院认为：陈某军将案涉护堤地转租给朱某新时，该护堤地的经营权为陈某江所有，陈某军为无权处分人，转租行为属于无权处分。朱某新不

---

① （2021）辽 10 民终 1843 号民事判决书。

知陈某军为无权处分并以合理价格受让该护堤地，之后将该护堤地转租给被上诉人袁某海、李某彬。现涉案护堤地已由袁某海、李某彬实际耕种，且已支付合理对价，袁某海、李某彬、朱某新对取得涉案护堤地的用益物权是善意的，符合《民法典》第311条善意取得制度的规定，属于善意取得。因此，驳回陈某江要求三被上诉人返还护堤地并赔偿损失的诉请。

第三章 用益物权

思维导图

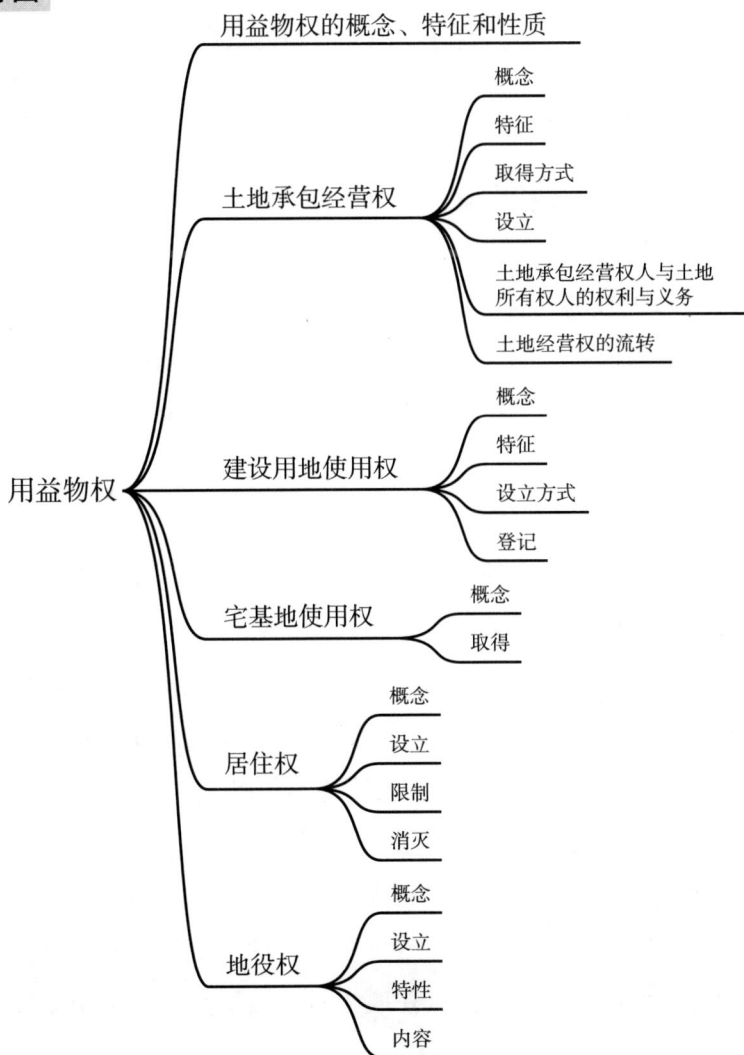

图 3-12 用益物权知识点框架

一、用益物权的概念、特征与类型

（一）用益物权的概念

用益物权是权利人享有的对他人所有的财产在一定范围内加以占有、使用、收益的权利。《民法典》第 323 条规定："用益物权人对他人所有的不动产或者动产，依法享有占有、使用和收益的权利。"

（二）用益物权的特征

用益物权的特征，是指用益物权本身具有的、区别于其他物权的特性。用益物权有以下特征。

1. 用益物权的权利人为所有权人以外的其他人

用益物权人的权利客体为他人所有的财产，用益物权的权利人不能是该财产的所有权人。因此，用益物权是所有权人以外的其他人所享有的一种物权。

2. 用益物权的客体仅限于不动产

尽管《民法典》第 323 条中提到"不动产或者动产"，但是实际上，用益物权的客体基本局限于土地、建筑物及附属物等不动产中，动产于权利上几乎都无法设立用益物权。[①] 比如，《民法典》规定的五类用益物权的客体均为不动产。具体而言，土地承包经营权、建设用地使用权、宅基地使用权、地役权的客体为土地，居住权的客体为房屋。

3. 用益物权的内容为占有、使用、收益

与所有权不同，用益物权的权利内容为占有、使用与收益，而不包含处分权，是因为用益物权人设立用益物权的目的是对他人所有物进行使用和收益，通过利用物的使用价值以获取收益。如果法律赋予用益物权人对

---

① 王利明等著：《民法学》，法律出版社 2020 年版，第 424 页。

标的物的处分权能，会导致所有权和用益物权之间的界限被抹除。①

（三）用益物权的类型

思维导图

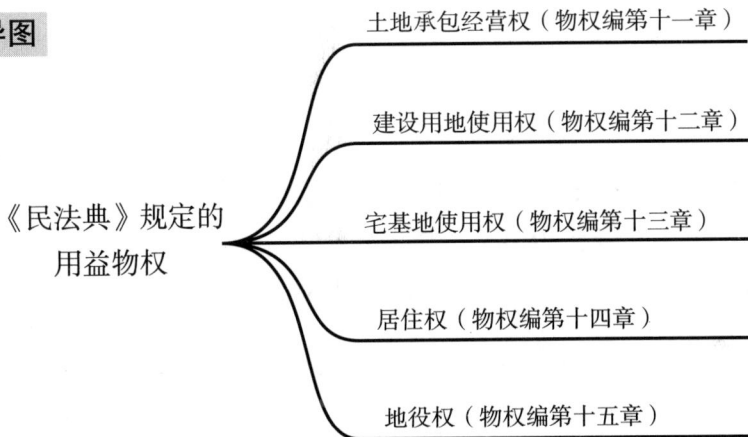

图 3-13 《民法典》中的用益物权类型

我国《民法典》物权编第十一章至第十五章规定了五类一般法意义上的用益物权，分别为土地承包经营权、建设用地使用权、宅基地使用权、居住权与地役权。

除此之外，我国诸多单行法律也规定了特别法意义上的用益物权，如《海域使用管理法》中规定的海域使用权，《矿产资源法》中规定的探矿权、采矿权，《水法》中规定的取水权，《渔业法》中规定的养殖权、捕捞权等。

下文将对《民法典》中规定的五类用益物权进行逐一介绍。

二、土地承包经营权

（一）土地承包经营权的概念

根据《民法典》第 330 条、第 331 条之规定，土地承包经营权，是指

---

① 杨利新著：《物权法》，中国人民大学出版社 2021 年版，第 143 页。

农村集体经济组织成员对于农民集体所有和国家所有由农民集体使用的耕地、林地、草地以及其他用于农业的土地，所享有占有、使用和收益的权利，即从事种植业、林业、畜牧业等农业生产的权利。

（二）土地承包经营权的特征

1. 土地承包经营权的权利客体是农村土地

《农村土地承包法》第2条规定："本法所称农村土地，是指农民集体所有和国家所有依法由农民集体使用的耕地、林地、草地，以及其他依法用于农业的土地。"《民法典》第330条第2款规定："农民集体所有和国家所有由农民集体使用的耕地、林地、草地以及其他用于农业的土地，依法实行土地承包经营制度。"由此可见，土地承包经营权的客体仅限于"农村土地"，不包括城市的土地。

2. 土地承包经营权的权利主体是农村集体经济组织的成员

《农村土地承包法》第5条第1款规定："农村集体经济组织成员有权依法承包由本集体经济组织发包的农村土地。"因此，土地承包经营权的权利主体是特定的，即农村集体经济组织的成员。据此，城市集体经济组织的成员不得享有土地承包经营权。

3. 土地承包经营权具有期限的限制

《民法典》第332条规定，耕地的承包期为30年，草地的承包期为30年至50年，林地的承包期为30年至70年。前款规定的承包期限届满，由土地承包经营权人依照农村土地承包的法律规定继续承包。《农村土地承包法》第21条第2款规定，耕地承包期届满后可再延长30年，草地、林地承包期届满后，比照耕地承包期届满后再延长30年的规定，作相应延长。比如，草地承包期为45年，则在第一轮承包期届满后，还可以再延长45年。

案例 30 【判定当事人是否享有土地承包经营权的关键，在于认定其是否属于农户成员】

王某荣与何某云、王某胜等农村土地承包经营权纠纷案①

事实： 王某学与王某荣系兄妹关系，同属于三某村村民。1982 年，三某村发包土地时，王某荣与王某学一家系同一家庭成员，承包土地 5.4 亩，每人平均承包土地 1.08 亩，承包户主为王某学。1992 年，王某荣的户口迁入其丈夫户籍所在地某市，转为非农业户口。1997 年，案涉土地进行第二轮承包，王某学代表家庭与三某村签订承包土地 4.82 亩的承包合同。2007 年，王某荣提起仲裁，请求确认在王某学家的承包地中有 1.08 亩土地承包经营权。本案历经多次审理，最终被最高人民法院提审。

争议焦点： 王某荣是否对王某学家中 1.08 亩的土地享有承包经营权？

法院认为： 王某荣作为城市居民，在二轮土地延包中不享有土地承包经营权。理由如下：王某荣于 1992 年 1 月将户口从王某学家迁至某市某派出所辖区内落户。《农村土地承包法》（2009 修正）第 26 条第 3 款规定："承包期内，承包方全家迁入设区的市，转为非农业户口的，应当将承包的耕地和草地交回发包方。承包方不交回的，发包方可以收回承包的耕地和草地。" 由此可见，迁入设区的市、转为非农业户口，是丧失农村土地承包经营权的条件。由于目前我国法律没有对农村居民个人丧失土地承包经营权的条件作出明确具体的规定，因此只能比照法律中最相类似的条款进行认定，上述规定应当成为认定在第二轮土地承包中，王某荣是否对王某学家承包的土地享有承包经营权的法律依据。此时王某荣的户口已经迁入设区的市，成为城市居民，因此不应再享有农村土地承包经营权。当地第二轮土地承包仍依照《农村土地承包法》（2009 修正）第 15 条之规定，以本

---

① 最高院（2013）民提字第 210 号民事判决书，载《最高人民法院公报》2015 年第 3 期（总第 221 期）。

集体经济组织的农户为单位。延包的含义是只丈量土地，不进行调整。符合增人不增地、减人不减地的政策。王某荣此时已不是王某学的家庭成员，在二轮土地延包中不享有土地承包经营权。

（三）土地承包经营权的取得方式

《农村土地承包法》第 3 条第 2 款规定："农村土地承包采取农村集体经济组织内部的家庭承包方式，不宜采取家庭承包方式的荒山、荒沟、荒丘、荒滩等农村土地，可以采取招标、拍卖、公开协商等方式承包。"据此，可以将土地承包经营权的取得划分为以下两种类型。

1. 对于耕地、林地、草地，采取家庭承包的方式

家庭承包，是指农村集体经济组织每一个农户家庭的全体成员为一个生产经营单位，作为承包人承包农村土地。[①] 对于集体经济组织发包的农村土地，本集体经济组织的农户要进行承包，应当与发包方签订书面的承包合同。[②] 承包合同自成立之日起生效，土地承包经营权自土地承包经营权合同生效时设立，承包方自承包合同生效时取得土地承包经营权。[③]

2. 对于"四荒地"，采取招标、拍卖、公开协商等承包方式

四荒地，是指荒山、荒沟、荒丘、荒滩等农村土地。对于该几种类型的土地，由于不宜采用家庭承包的方式，因此法律允许采用市场化途径，如招标、拍卖、公开协商的方式以获得土地经营权。

《农村土地承包法》第 48 条、第 49 条规定，以招标、拍卖、公开协商等方式承包农村土地的，应当签订承包合同，承包方取得土地经营权。需要注意的是，这里承包方取得的是"土地经营权"而非"土地承包经营权"。[④]

---

① 王利明等著：《民法学》，法律出版社 2020 年版，第 429 页。
② 参见《农村土地承包法》第 22 条第 1 款。
③ 参见《农村土地承包法》第 23 条、《民法典》第 333 条。
④ 土地经营权是我国的"三权分置改革"的产物。三权分置是指土地所有权、承包权、经营权分置并行。由于土地承包经营权的主体只能是本集体经济组织的成员，为了提高土地利用率，国家新设了一种不限制权利主体的权利——"土地经营权"，从而更有利于农业生产经营。

（四）土地承包经营权的设立

《民法典》第 333 条第 1 款规定："土地承包经营权自土地承包经营权合同生效时设立。"一般来说，不动产的物权变动以登记为标志，但是土地承包经营权是个例外，即并不需要到不动产登记机构进行设立登记，只要承包方与发包方之间签订的土地承包经营权合同发生效力，土地承包经营权立即设立。

（五）土地承包经营权人与土地所有权人的权利与义务

土地承包经营权人与土地所有权人签订了土地承包合同后，自承包合同生效时，承包方取得土地承包经营权。此时，发包方和承包方之间将会发生法定的权利义务关系。

1. 土地所有权人的权利与义务

土地所有权人作为发包方，享有如下权利。[①]

（1）发包本集体所有的或者国家所有依法由本集体使用的农村土地。

（2）监督承包方依照承包合同约定的用途合理利用和保护土地。

（3）制止承包方损害承包地和农业资源的行为。

（4）法律、行政法规规定的其他权利。

同时，土地所有权人也应当承担如下义务。[②]

（1）维护承包方的土地承包经营权，不得非法变更、解除承包合同。

（2）尊重承包方的生产经营自主权，不得干涉承包方依法进行正常的生产经营活动。

（3）依照承包合同约定为承包方提供生产、技术、信息等服务。

（4）执行县、乡（镇）土地利用总体规划，组织本集体经济组织内的

---

① 参见《农村土地承包法》第 14 条。
② 参见《农村土地承包法》第 15 条。

农业基础设施建设。

（5）法律、行政法规规定的其他义务。

2. 土地承包经营权人的权利与义务

土地承包经营权人作为承包方，享有下列权利。[①]

（1）依法享有承包地使用、收益的权利，有权自主组织生产经营和处置产品。

（2）依法互换、转让土地承包经营权。

（3）依法流转土地经营权。

（4）承包地被依法征收、征用、占用的，有权依法获得相应的补偿。

（5）法律、行政法规规定的其他权利。

同时，土地承包经营权人应当承担下列义务。[②]

（1）维持土地的农业用途，未经依法批准不得用于非农建设。

（2）依法保护和合理利用土地，不得给土地造成永久性损害。

（3）法律、行政法规规定的其他义务。

（六）土地经营权的流转

1. 土地经营权的概念

《农村土地承包法》第9条规定："承包方承包土地后，享有土地承包经营权，可以自己经营，也可以保留土地承包权，流转其承包地的土地经营权，由他人经营。"第53条规定："通过招标、拍卖、公开协商等方式承包农村土地，经依法登记取得权属证书的，可以依法采取出租、入股、抵押或者其他方式流转土地经营权。"由此可见，根据设立方式的不同，土地经营权可分为两种类型：一是民事主体通过直接与农村集体经济组织成员签订流转合同的方式而取得的土地经营权。二是民事主体通过招标、拍卖、

---

① 参见《农村土地承包法》第17条。
② 参见《农村土地承包法》第18条。

公开协商等承包方式而取得的土地经营权。

2. 土地经营权的流转方式

土地经营权的流转，又称土地经营权的取得。根据《民法典》第339条的规定："土地承包经营权人可以自主决定依法采取出租、入股或者其他方式向他人流转土地经营权。"第342条规定："通过招标、拍卖、公开协商等方式承包农村土地，经依法登记取得权属证书的，可以依法采取出租、入股、抵押或者其他方式流转土地经营权。"因此，上述两种情形下，通过向他人出租、入股、抵押等方式均可以实现土地经营权的流转。

3. 土地经营权的设立

根据《民法典》第341条的规定："流转期限为五年以上的土地经营权，自流转合同生效时设立。当事人可以向登记机构申请土地经营权登记；未经登记，不得对抗善意第三人。"据此，土地经营权的设立以土地经营权流转合同的生效为标志，办理登记手续并非是设立土地经营权的必要条件。

三、建设用地使用权

（一）建设用地使用权的概念

建设用地使用权，根据《民法典》第344条的规定，是指自然人、法人或其他组织依法对国家所有的土地享有占有、使用和收益的权利，有权利用该土地建造建筑物、构筑物及其附属设施。

（二）建设用地使用权的特征

1. 建设用地使用权的权利客体是国有土地

根据《宪法》第10条第1款、《民法典》第249条的规定，建设用地使用权所指向的对象是国家所有的土地，不包括农村集体所有的土地。国有土地，即国家享有所有权的土地，包括城市的土地以及法律规定属于国家所有的农村和城市郊区的土地。

2. 建设用地使用权的设立范围包括土地的地表、地上或者地下

《民法典》第 345 条规定："建设用地使用权可以在土地的地表、地上或者地下分别设立。"由此可见，建设用地使用权是一个空间概念而非平面概念，在同一块土地上，可以设立多个建设用地使用权。[①]

3. 建设用地使用权遵循房地一体原则

在国有土地上建造房屋，该房屋的所有权属于该块土地的建设用地使用权人。《民法典》第 352 条规定："建设用地使用权人建造的建筑物、构筑物及其附属设施的所有权属于建设用地使用权人，但是有相反证据证明的除外。"

另外，无论是对房屋所有权的处分，还是对房屋所占有范围内的建设用地使用权的处分，均会产生相互一并处分的效果。《民法典》第 356 条规定："建设用地使用权转让、互换、出资或者赠与的，附着于该土地上的建筑物、构筑物及其附属设施一并处分。"第 357 条规定："建筑物、构筑物及其附属设施转让、互换、出资或者赠与的，该建筑物、构筑物及其附属设施占用范围内的建设用地使用权一并处分。"这就是俗称的"房随地走、地随房走"原则。[②]

（三）建设用地使用权的设立方式

我国实行土地公有制，因此私人主体不得享有土地的所有权。民事主体要利用土地从事建设项目，就必须首先取得国有土地的使用权。[③]

《民法典》第 347 条第 1 款规定："设立建设用地使用权，可以采取出让或者划拨等方式。"据此，我国的建设用地使用权的设立方式有两种：一是出让。二是划拨。

---

① 王利明等著：《民法学》，法律出版社 2020 年版，第 434 页。
② 王利明等著：《民法学》，法律出版社 2020 年版，第 434 页。
③ 王利明等著：《民法学》，法律出版社 2020 年版，第 433 页。

1. 出让设立

出让，是指建设单位以有偿使用方式取得国有土地使用权的行为。① 具体而言，国家以国有土地所有人的身份，将土地使用权在一定期限内转让给建设单位，建设单位向国家缴纳土地使用权出让金等土地有偿使用费和其他费用后，方可使用土地。② 出让的形式包括招标、拍卖、协议等。

建设用地使用权的出让应当采取法定合同形式。《民法典》第 348 条第 1 款规定："通过招标、拍卖、协议等出让方式设立建设用地使用权的，当事人应当采用书面形式订立建设用地使用权出让合同。"第 2 款对出让合同的一般条款也作了明确规定："建设用地使用权出让合同一般包括下列条款：（一）当事人的名称和住所；（二）土地界址、面积等；（三）建筑物、构筑物及其附属设施占用的空间；（四）土地用途、规划条件；（五）建设用地使用权期限；（六）出让金等费用及其支付方式；（七）解决争议的方法。"

2. 划拨设立

划拨，是指建设单位以无偿使用方式取得国有土地使用权的行为。具体而言，经县级以上人民政府依法批准，建设单位可以无偿或在缴纳补偿、安置等费用后无限期地使用国有土地。③

根据《民法典》第 347 条第 3 款的规定，以划拨方式设立建设用地使用权是被严格限制的。根据《土地管理法》第 54 条的规定，一般来说，国有建设用地使用权都应当采用出让方式设立，但在以下几种情形下，可例外地采用划拨方式设立：第一，国家机关用地和军事用地。第二，城市基础设施用地和公益事业用地。第三，国家重点扶持的能源、交通、水利等基础设施用地。第四，法律、行政法规规定的其他用地。

---

① 参见《土地管理法》第 54 条。
② 参见《土地管理法》第 55 条、《城市房地产管理法》第 8 条。
③ 参见《城市房地产管理法》第 23 条。

（四）建设用地使用权的登记

《民法典》第 349 条规定："设立建设用地使用权的，应当向登记机构申请建设用地使用权登记。建设用地使用权自登记时设立。登记机构应当向建设用地使用权人发放权属证书。"由此可见，建设用地使用权的设立以完成物权登记为生效要件；未经登记的，建设单位无法取得对国有土地的建设用地使用权。

案例 31 【划拨土地使用权未转移不影响地上房屋买卖合同效力】

郭某快、李某华房屋买卖合同纠纷案①

事实： 2007 年 6 月 5 日，某公司与原告郭某快签订协议约定将案涉酒店以 56 万元的价格转让给郭某快，并约定郭某快不得将转让的楼房再次转让。同日，原告郭某快与被告李某华签订《楼房转让协议》，约定将案涉酒店其中的东三间上下三层以 30 万元转让给李某华。至 6 月 15 日，李某华付清 30 万元购房款。7 月，案涉房屋交付给李某华。

经查明，案涉房屋的土地性质为划拨用地，但由于行政区划调整导致未经政府批准。2016 年，因邻里纠纷，郭某快向法院提起诉讼，以未经政府审批而主张《楼房转让协议》无效，并要求李某华腾空案涉房屋。

争议焦点：《楼房转让协议》的效力应如何认定？

法院认为： 本案《楼房转让协议》是有效的。理由如下：《物权法》（现已失效）第 9 条第 1 款规定："不动产物权的设立、变更、转让和消灭，经依法登记，发生效力；未经登记，不发生效力，但法律另有规定的除外。"第 15 条规定："当事人之间订立有关设立、变更、转让和消灭不动产物权的合同，除法律另有规定或者合同另有约定外，自合同成立时生效；

---

① （2021）苏民再 204 号民事判决书。

未办理物权登记的，不影响合同效力。"据此，是否登记或者交付只影响物权变动的效力，并不影响合同的效力。

虽然《城市房地产管理法》第40条第1款规定："以划拨方式取得土地使用权的，转让房地产时，应当按照国务院规定，报有批准权的人民政府审批。有批准权的人民政府准予转让的，应当由受让方办理土地使用权出让手续，并依照国家有关规定缴纳土地使用权出让金。"《城镇国有土地使用权出让和转让暂行条例》第44条规定："划拨土地使用权，除本条例第四十五条规定的情况外，不得转让、出租、抵押。"第45条规定："符合下列条件的，经市、县人民政府土地管理部门和房产管理部门批准，其划拨土地使用权和地上建筑物、其他附着物所有权可以转让、出租、抵押：（一）土地使用者为公司、企业、其他经济组织和个人；（二）领有国有土地使用证；（三）具有地上建筑物、其他附着物合法的产权证明；（四）依照本条例第二章的规定签订土地使用权出让合同，向当地市、县人民政府补交土地使用权出让金或者以转让、出租、抵押所获收益抵交土地使用权出让金。转让、出租、抵押前款划拨土地使用权的，分别依照本条例第三章、第四章和第五章的规定办理。"但是该批准、审批行为仅是物权变动的必要条件，并不影响房屋买卖合同的效力。

2005年8月1日起施行的《最高人民法院关于审理涉及国有土地使用权合同纠纷案件适用法律问题的解释》第11条规定："土地使用权人未经有批准权的人民政府批准，与受让方订立合同转让划拨土地使用权的，应当认定合同无效。但起诉前经有批准权的人民政府批准办理土地使用权出让手续的，应当认定合同有效。"该条规范的是直接以国有土地使用权为合同标的的买卖行为，并非房屋买卖行为。

就本案而言，郭某快与某公司于2007年6月5日签订协议，以56万元的价格购买了案涉酒店三层七间、建筑面积816平方米的楼房。郭某快在一审中提交了2008年2月18日由××镇人民政府盖章的载明所有权人为郭某快的房产证，且郭某快亦实际占有使用房屋至今。据此可知，上述协议系房屋买卖合同，不涉及土地使用权的转让。案涉土地性质为划拨用地且未经有批准权的人民政府审批，仅是物权变动的必要条件，并不影响郭某快与某公司签订的协议效力。同理，郭某快与李某华于 2007 年 6 月 5 日签订《楼房转让协议》，将上述房屋中的东三间上下三层以 30 万元价格转让，该协议效力亦不受审批行为的影响。因此，《楼房转让协议》系双方的真实意思表示，且不违反法律、行政法规的强制性规定，合法有效。

四、宅基地使用权

（一）宅基地使用权的概念

宅基地，是指农村集体经济组织成员经依法批准用以建造个人住宅的农民集体所有的土地。[①] 根据《土地管理法》第 62 条第 1 款的规定："农村村民一户只能拥有一处宅基地，其宅基地的面积不得超过省、自治区、直辖市规定的标准。"

宅基地使用权，根据《民法典》第 362 条的规定，是指农村集体经济组织成员对于宅基地所享有的占有、使用及依法利用该土地建造住宅及其附属设施的权利。

（二）宅基地使用权的取得

根据《土地管理法》第 62 条第 4 款的规定，农村村民取得宅基地使用权的方式为，向政府申请，并须经乡（镇）人民政府审核批准；其中涉及占用农用地的，还应当依照《土地管理法》第 44 条的规定办理审批手续。

根据《土地管理法》第 62 条第 6 款的规定，国家允许进城落户的农村

---

① 王利明等著：《民法学》，法律出版社 2020 年版，第 444 页。

村民依法自愿有偿退出宅基地，鼓励农村集体经济组织及其成员盘活利用闲置宅基地和闲置住宅。

案例 32 【**在农村宅基地上建造的房屋，自其建造完成之日起即完成物权设立**】

某小额贷公司与张某、
原审第三人孙某胜执行异议之诉再审案①

事实： 1990 年 3 月 30 日，案涉房屋开工建设，使用土地性质为集体土地，原始户主为孙某胜的父亲孙某森。1991 年 3 月 5 日，张某华与孙某胜登记结婚。之后，案涉房屋经分家析产确定房屋归孙某胜所有。11 月 15 日，孙某胜申请案涉房屋所有权登记，该房屋及土地均被登记在孙某胜名下。

2015 年，某法院判决某食品公司偿还债权人某小额贷公司借款 1850 万元及利息，并判令孙某胜对该债务承担连带保证责任。该判决生效后本案依法进入执行程序，该法院依法查封了孙某胜名下的某房产。后张某华提出书面异议，称该房产属于夫妻共同财产，张某华依法享有一半份额，且系张某华唯一住房，请求撤销对该房产的查封，终止对该房产的拍卖程序。

争议焦点： 案涉房屋是否为张某华、孙某胜的共有财产？

法院认为： 案涉房屋是夫妻共同所有的财产，理由如下：依照《物权法》（现已失效）第 9 条的规定，不动产物权登记是不动产物权设立的生效要件，但法律另有规定的除外。因案涉房屋所使用土地为集体土地中的宅基地，依照《物权法》（现已失效）第 153 条、第 155 条之规定，宅基地使用权不以登记为生效要件，对于宅基地上因合法建造、拆除房屋等事实行为设立和消灭物权的，应自该事实行为成就时发生效力。故原审判决根据案涉房屋于 1991 年 11 月 15 日初始登记的情况即认定该房产初始所有人为孙某胜欠妥，案涉房屋作为农村宅基地上建造的房屋，自建造完成之日起即完成物

---

① （2019）最高法民申 5205 号民事裁定书。

权设立。

后该房屋因分家析产于 1991 年 11 月 15 日登记于孙某胜个人名下，但因在析产时孙某胜已与张某华成婚，根据宅基地使用权的福利性质和"一户一宅"的农村宅基地政策，宅基地上的房屋应认定为家庭成员孙某胜、张某华共同共有。

债权人某小额贷公司主张案涉房屋为孙某森对孙某胜个人的赠与，并援引《最高人民法院关于适用〈中华人民共和国婚姻法〉若干问题的解释（二）》（现已失效）第 22 条关于"当事人结婚前，父母为双方购置房屋出资的，该出资应当认定为对自己子女的个人赠与"的规定，与本案作为农村房屋的实际情况不符，该规定不适用于本案。

五、居住权

（一）居住权的概念

居住权，是指自然人为满足生活居住的需要，按照合同约定或遗嘱，对他人的住宅享有占有、使用的用益物权。

（二）居住权的设立

根据《民法典》的相关规定，居住权的设立应当满足以下条件。

1. 书面形式设立

《民法典》第 367 条规定，设立居住权，当事人应当采用书面形式订立居住权合同。居住权合同一般包括下列条款：第一，当事人的姓名或者名称和住所。第二，住宅的位置。第三，居住的条件和要求。第四，居住权期限。第五，解决争议的方法。

2. 原则上无偿设立

《民法典》第 368 条前段规定："居住权无偿设立，但是当事人另有约定的除外。"居住权以无偿取得为原则，立法者进行这种设置的原因是考虑到居住权的设立主要是在家庭成员之间，使得居住权具有一定的身份属性。[①] 一般而言，民事主体设立居住权的主要目的是保障住房的需求而非获取利益，因此规定了原则上的无偿设立。

3. 登记设立

《民法典》第 368 条后段规定："设立居住权的，应当向登记机构申请居住权登记。居住权自登记时设立。"由此可见，居住权的设立应当履行办理物权登记的手续，经登记后，才会发生居住权设立的法律效力。

案例 33 【未办理居住权登记，居住权无法设立】

刘某连、任某桃居住权纠纷案[②]

事实：刘某连与任某桃于 2015 年相识。2016 年，双方签订《家规》，约定刘某连对于案涉房屋享有一生在世的居住权。经查询，案涉房屋登记权利人为任某桃，共有权人为王某。后因双方发生纠纷，刘某连向法院起诉请求判令法院确认其对案涉房屋在生前具有居住权。

争议焦点：未办理居住权登记，居住权能否设立？

法院认为：本案系居住权纠纷，根据《民法典》第 368 条的规定"居住权无偿设立，但是当事人另有约定的除外。设立居住权的，应当向登记机构申请居住权登记。居住权自登记时设立"，双方就涉案房屋并未办理居住权登记，依照上述规定，居住权尚未设立，故对刘某连要求享有涉案房屋居住权的诉讼请求，该院不予支持。

（三）居住权的限制

为保障居住权的制度价值，避免居住权与租赁权混淆，法律对居住权

---

① 王利明等著：《民法学》，法律出版社 2020 年版，第 446 页。
② （2021）湘 01 民终 7837 号民事判决书。

的行使进行了一系列限制。《民法典》第 369 条规定:"居住权不得转让、继承。设立居住权的住宅不得出租,但是当事人另有约定的除外。"由此可见,第一,转让与继承居住权的行为是被法律绝对禁止的。第二,原则上不得出租设有居住权的房屋,但是当事人在居住权合同中也可对此作出例外的约定。

(四)居住权的消灭

《民法典》第 370 条规定:"居住权期限届满或者居住权人死亡的,居住权消灭。居住权消灭的,应当及时办理注销登记。"由此可见,居住权消灭的标志,一是居住权期限届满。二是居住权人死亡。

六、地役权

(一)地役权的概念

地役权,是指不动产的所有权人或使用权人,为了提高自己的不动产的效益达到便利利用的目的,而对他人不动产加以利用的权利。《民法典》第 372 条第 1 款规定:"地役权人有权按照合同约定,利用他人的不动产,以提高自己的不动产的效益。"其中,自己的不动产,被称为需役地;他人的不动产,被称为供役地。

(二)地役权的设立

根据《民法典》的相关规定,地役权的设立应当满足以下条件。

1. 以书面合同形式设立

《民法典》第 374 条规定:"地役权自地役权合同生效时设立。当事人要求登记的,可以向登记机构申请地役权登记;未经登记,不得对抗善意第三人。"由此可见,地役权的设立并不以办理物权登记为条件,只要是当事人之间达成了约定设立地役权的一致意思表示，地役权就即行设立。

设立地役权所签订的地役权合同，应当采用书面形式。《民法典》第373条具体规定了地役权合同中的一般条款，包括：第一，当事人的姓名或者名称和住所。第二，供役地和需役地的位置。第三，利用目的和方法。第四，地役权期限。第五，费用及其支付方式。第六，解决争议的方法。

2. 经过已有用益物权人的同意

《民法典》第379条规定："土地上已经设立土地承包经营权、建设用地使用权、宅基地使用权等用益物权的，未经用益物权人同意，土地所有权人不得设立地役权。"基于物权的排他效力，同一物上不可同时存在两个内容相冲突的用益物权，因为用益物权人行权的前提是对物实际占有，方能对该物实现使用与收益。因此，在同一块土地上已经存在土地承包经营权、建设用地使用权、宅基地使用权等用益物权的情形下，土地所有权人未经该用益物权人允许而设立地役权，将造成对用益物权人权利的损害。①

（三）地役权的特性

地役权包括从属性与不可分割性两个特性。

1. 从属性

地役权的从属性，是指地役权从属于需役地的所有权或使用权。由于地役权制度的设置目的是提高对权利人的不动产的使用便利，脱离了需役地，地役权的设立就没有了意义。因此，地役权不得与权利人自己的不动产分离而单独存在。

地役权的从属性体现在《民法典》第380条与第381条规定中："地役权不得单独转让。土地承包经营权、建设用地使用权等转让的，地役权一

① 王利明等著：《民法学》，法律出版社2020年版，第451页。

并转让，但是合同另有约定的除外。""地役权不得单独抵押。土地经营权、建设用地使用权等抵押的，在实现抵押权时，地役权一并转让。"

2. 不可分割性

地役权的不可分割性，是指地役权不会因为需役地或供役地上权利的分割而发生改变。[①]《民法典》第 382 条与第 383 条规定是地役权的不可分割性的具体体现："需役地以及需役地上的土地承包经营权、建设用地使用权等部分转让时，转让部分涉及地役权的，受让人同时享有地役权。""供役地以及供役地上的土地承包经营权、建设用地使用权等部分转让时，转让部分涉及地役权的，地役权对受让人具有法律约束力。"

（四）地役权的内容

地役权的内容，主要表现为地役权人与供役地权利人之间的权利义务关系。

根据《民法典》第 375 条的规定，供役地权利人的义务，是应当按照合同约定，允许地役权人利用其不动产，不得妨害地役权人行使权利。

根据《民法典》第 376 条的规定，地役权人的义务，是应当按照合同约定的利用目的和方法利用供役地，尽量减少对供役地权利人物权的限制。

案例 34【地役权人有权依照地役权合同的约定对供役地加以利用】

王某华与王某兵、王某国地役权纠纷案[②]

事实：原告王某华与被告王某兵、王某国系同胞兄弟，三家住房相邻，坐落位置如下图示。2015 年，被告王某国准备盖新房，因东边有高压线受限，王某国将新房整体向西侧移动并占用了王某华的出路。原告得知后阻

[①] 王利明等著：《民法学》，法律出版社 2020 年版，第 449 页。
[②] （2018）鄂 0607 民再 4 号民事判决书。

止被告王某国继续施工，双方引发纠纷。后经调解，原、被告达成协议，约定王某国与王某兵之间留路必须保持 4 米宽距离。此协议王某兵知情。2015 年，由于王某兵发现其与王某国家之间没了围墙，便找王某国称要在两家之间修建围墙。经王某国同意，王某兵一家在王某国已拆除的老房子东山墙基脚上修建了一排宽 0.24 米的院墙，该院墙建好后，王某国为王某华留出的通道宽度为 3.25 米。王某华对此不满，向法院提起诉讼，请求判令被告王某兵拆除占用其出路修砌的院墙。

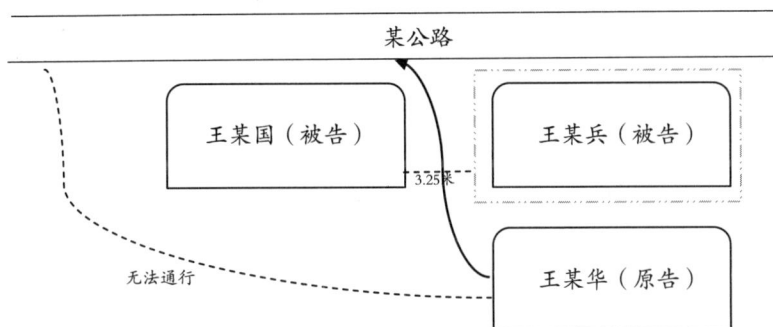

图 3-14　三家住房坐落位置示意

争议焦点：王某兵是否应当拆除占用王某华出路修砌的院墙？

法院认为：被告王某国因新建房屋整体往西侧移动需占用原审原告王某华家的西边出口通道，双方就王某国宅基地上原有旧房拆除一间留作出路签订了一份协议书，是双方达成的有关设定地役权的合同，双方形成地役权合同关系。王某国与王某华签订地役权合同并按合同履行了各自义务，王某华已取得了使用王某国拆除的东边一间房屋的土地作为通道通行的地役权。王某兵一家在王某国已拆除的老房子东山墙基脚上修建院墙，该院墙位于王某国合法拥有的宅基地上，属王某华与王某国双方协议设定的地役权所涉土地范围内，原告王某华正是基于其与原审被告王某国签订的有关设定地役权协议提起的诉讼，故本案非不动产相邻各方基于通行而产生的相邻关系纠纷，当事人之间的诉争应属于地役权纠纷。

　　王某兵一家在明知他人已达成地役权合同的情形下，仍在供役地上设立障碍物，即使经过了土地使用权人王某国的同意，也侵犯了地役权人王某华的合法权利，应排除妨碍，恢复原状。原告王某华诉请被告王某兵拆除占用其出路修砌的院墙的主张成立，本院予以支持。

第四章 担保物权

思维导图

```
                                                        概念
                                                        性质
                  担保物权的基本原理
                                                        类型
                                                        担保范围

                                      概念和特征
                                      抵押财产
                                      抵押权的设立
                                      抵押权人的权利
                  抵押权            抵押人的权利
                                      抵押权的顺位
                                      抵押权与质权竞合时的顺位
                                      抵押权的行权期间

担保物权                               概念、特征与类型
                                                        设立条件与设立时点
                                      动产质权            质权人的权利
                  质权                                  质权人的义务
                                                        出质人的权利

                                      权利质权            客体
                                                        设立

                                      概念与特征
                                      成立要件
                  留置权            顺位
                                      消灭
```

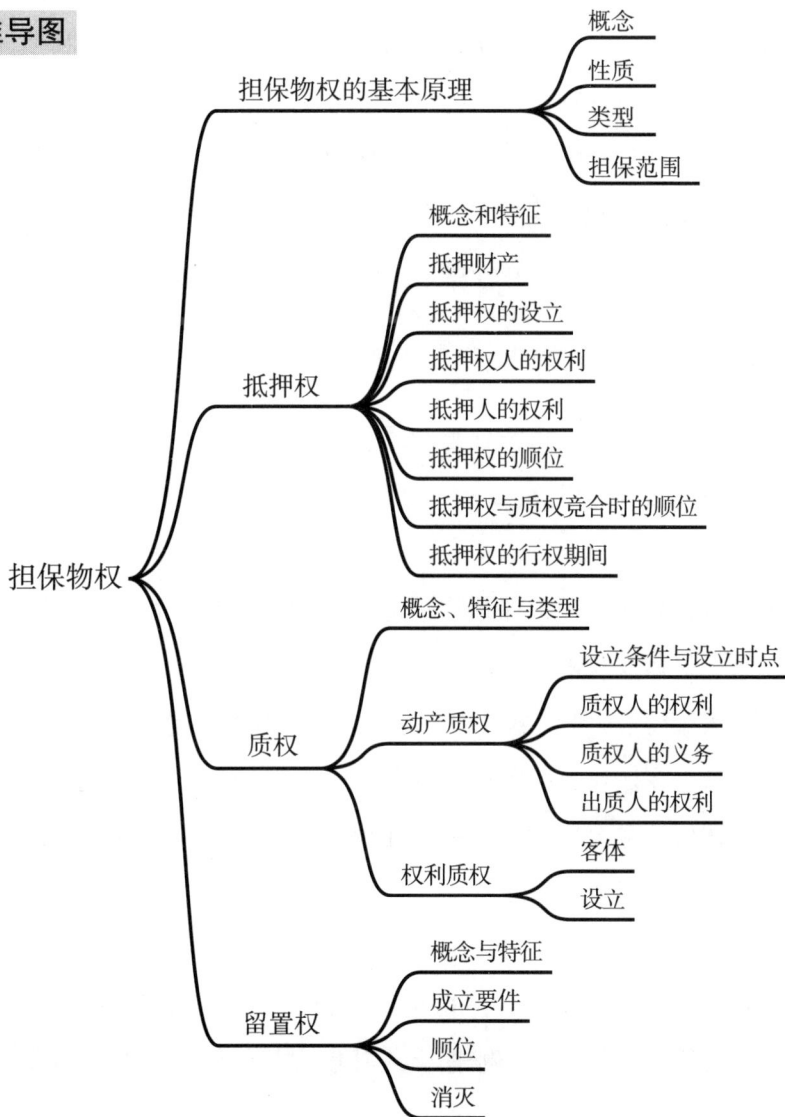

图 3-15 担保物权知识点框架

一、担保物权的概念、性质、类型及担保范围

(一) 担保物权的概念

担保物权是债权人为了保障债权的实现,而在债务人或第三人所有的物或者权利上所设定的,在债务人的债务无法按约履行或出现其他约定情形时,债权人有权就该物或权利优先受偿的权利。

《民法典》第 386 条规定:"担保物权人在债务人不履行到期债务或者发生当事人约定的实现担保物权的情形,依法享有就担保财产优先受偿的权利,但是法律另有规定的除外。"

(二) 担保物权的性质

担保物权的性质,是指担保物权本身所具有的、区别于其他物权的特性。担保物权有以下性质。

1. 从属性

担保物权是附属于被担保债权债务关系的从权利,若被担保的债权发生移转,则担保物权也随之移转;被担保的债权债务关系消灭,则担保物权也随之消灭。《民法典》第 388 条对担保合同与主合同之间的从属性关系作了规定,其内在体现了担保物权与主债权债务之间的主从关系:"……担保合同是主债权债务合同的从合同。主债权债务合同无效的,担保合同无效,但是法律另有规定的除外。"

2. 物上代位性

担保物权的物上代位性,是指担保物权的效力及于担保财产因损毁、灭失或被征收等所得保险金、赔偿金或补偿金等代位物,这是担保物权的重要特征。

法律赋予担保物权以物上代位性,本质上是为了保障担保物权人所拥

有的对担保物交换价值不因载体改变而被减损的利益。

《民法典》第390条对担保物权的物上代位性进行了明确规定："担保期间，担保财产毁损、灭失或者被征收等，担保物权人可以就获得的保险金、赔偿金或者补偿金等优先受偿。被担保债权的履行期限未届满的，也可以提存该保险金、赔偿金或者补偿金等。"

3. 不可分性

担保物权的不可分性，是指被担保债权未能受到债务人的全部清偿的，权利人可以就担保财产的全部行使权利。[①]《最高人民法院关于适用〈中华人民共和国民法典〉有关担保制度的解释》（以下简称《担保制度司法解释》）第38条对担保物权的不可分性作了规定："主债权未受全部清偿，担保物权人主张就担保财产的全部行使担保物权的，人民法院应予支持，但是留置权人行使留置权的，应当依照民法典第四百五十条的规定处理。担保财产被分割或者部分转让，担保物权人主张就分割或者转让后的担保财产行使担保物权的，人民法院应予支持，但是法律或者司法解释另有规定的除外。"

（三）担保物权的类型

思维导图

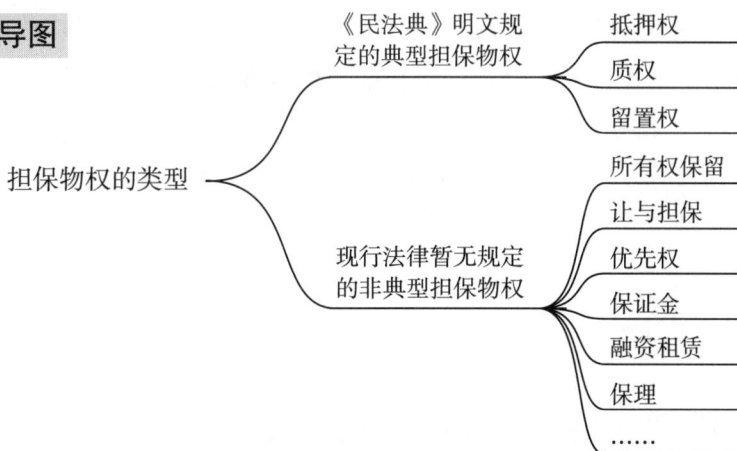

图3-16　担保物权的类型框架

---

① 王利明等著：《民法学》，法律出版社2020年版，第456页。

我国《民法典》物权编第十七章至第十九章规定了三类典型的担保物权，分别为抵押权、质权与留置权。

同时，我国目前也承认了一些现行法律并无规定的非典型担保的担保属性。《民法典》第 388 条第 1 款规定："设立担保物权，应当依照本法和其他法律的规定订立担保合同。担保合同包括抵押合同、质押合同和其他具有担保功能的合同……"这里"其他具有担保功能的合同"体现出了对担保物权范围的扩大。[①]《担保制度司法解释》第 1 条："因抵押、质押、留置、保证等担保发生的纠纷，适用本解释。所有权保留买卖、融资租赁、保理等涉及担保功能发生的纠纷，适用本解释的有关规定。"由此可见，因所有权保留买卖、融资租赁、保理产生的权利，以及其他具有担保功能的权利，如让与担保、优先权、保证金质押等，均可适用《民法典》与《担保制度司法解释》中对担保物权的一般规定。

下文将对《民法典》中规定的三类典型担保物权进行逐一介绍。

（四）担保物权的担保范围

担保范围，是指在债务人不履行到期债务或发生当事人所约定的实现担保物权的情形时，债权人对担保物拍卖、变卖所得价款得以优先受偿的范围。《民法典》第 389 条对担保物权的担保范围作了明确的限制："担保物权的担保范围包括主债权及其利息、违约金、损害赔偿金、保管担保财产和实现担保物权的费用。当事人另有约定的，按照其约定。"

---

① 杨立新著：《物权法》，中国人民大学出版社 2021 年版，第 220 页。

二、抵押权

（一）抵押权的概念和特征

1. 抵押权的概念

抵押权，是指债权人对债务人或第三人不转移占有而提供担保的财产，在债务人的债务无法按约履行或发生当事人约定的实现抵押权的情形时，有权就该财产变价并优先受偿的权利。[①]

《民法典》第 394 条第 1 款规定："为担保债务的履行，债务人或者第三人不转移财产的占有，将该财产抵押给债权人的，债务人不履行到期债务或者发生当事人约定的实现抵押权的情形，债权人有权就该财产优先受偿。"

在抵押权法律关系中，债务人或第三人被称为抵押人，债权人被称为抵押权人，提供担保的财产被称为抵押财产。

2. 抵押权的特征

（1）抵押权的客体可以为债务人或第三人的不动产、动产以及权利

第一，抵押权的权利客体并不仅限于不动产，在动产甚至在某些权利上也可以设置抵押权。第二，该抵押财产的提供者并不仅限于债务人，第三人提供的不动产、动产或权利，也可以作为抵押权的客体。

（2）抵押权的设立不以移转抵押财产的占有为前提

抵押权区别于质权与留置权的最大特征在于，抵押权无须移转抵押财产的占有也可设立。抵押权设立后，债务人或第三人仍可以占有抵押物并对其进行使用、收益甚至处分，但该种使用、收益与处分不得影响到抵押权人的利益。不以移转抵押财产的占有为前提就能设定担保物权，这有利于充分发挥物的效用，实现物尽其用。

---

① 王利明等著：《民法学》，法律出版社 2020 年版，第 463 页。

（二）抵押财产

抵押财产，是指债务人或第三人提供给债权人作为抵押担保物的财产。《民法典》第 395 条、第 397 条、第 398 条、第 399 条界定了抵押财产的范围，对允许作为抵押物的财产、禁止作为抵押物的财产作了不完全列举，并对"房地一并抵押"原则作了明确规定。

1. 可以作为抵押物的财产

债务人或者第三人有权处分的以下财产可以作为抵押财产。

（1）建筑物和其他土地附着物。

（2）建设用地使用权。

（3）海域使用权。

（4）生产设备、原材料、半成品、产品。

（5）正在建造的建筑物、船舶、航空器。

（6）交通运输工具。

（7）法律、行政法规未禁止抵押的其他财产。

2. 禁止作为抵押物的财产

以下财产不得用于抵押担保。

（1）土地所有权。

（2）宅基地、自留地、自留山等集体所有土地的使用权，但是法律规定可以抵押的除外。

（3）学校、幼儿园、医疗机构等为公益目的成立的非营利法人的教育设施、医疗卫生设施和其他公益设施。

（4）所有权、使用权不明或者有争议的财产。

（5）依法被查封、扣押、监管的财产。

（6）法律、行政法规规定不得抵押的其他财产。

3. 房地一并抵押原则

基于建设用地使用权的移转需遵循"房地一体"原则，无论是对房屋的处分，还是对房屋所占有范围内的建设用地使用权的处分，均会产生相互一并处分的效果。因此，《民法典》第 397 条、第 398 条对"房地一并抵押原则"作了明确规定："以建筑物抵押的，该建筑物占用范围内的建设用地使用权一并抵押。以建设用地使用权抵押的，该土地上的建筑物一并抵押。抵押人未依据前款规定一并抵押的，未抵押的财产视为一并抵押。""乡镇、村企业的建设用地使用权不得单独抵押。以乡镇、村企业的厂房等建筑物抵押的，其占用范围内的建设用地使用权一并抵押。"由此可见，对房屋的抵押，效力会及于房屋占地范围内的建设用地使用权；对建设用地使用权的抵押，效力会及于该土地上的对应房屋。

4. 新增建筑物的特殊处理

需要注意的是，以建设用地使用权作抵押时，并非其上面所有的建筑物都一并作为抵押财产予以抵押。根据《民法典》第 417 条的规定，在以建设用地使用权为客体的抵押权设立之后，在该土地范围内新增的建筑物不属于抵押财产，抵押人不享有对该新增建筑物的优先受偿权。在该建设用地使用权实现抵押权时，该土地上新增的建筑物与建设用地使用权应当一并处分。但是，对新增建筑物拍卖、变卖所得的价款，抵押权人无权优先受偿。

（三）抵押权的设立

1. 抵押权的设立条件

设立抵押权，债权人与债务人或第三人之间应当采用书面形式订立抵押合同。根据《民法典》第 400 条的规定，抵押合同一般包括下列条款：第一，被担保债权的种类和数额。第二，债务人履行债务的期限。第三，抵押财产的名称、数量等情况。第四，担保的范围。

2. 抵押权的设立时点

根据《民法典》第402条的规定，不动产抵押权的设立，应当到不动产登记机构办理抵押登记手续。抵押权自办理抵押登记时设立；未经登记的，不动产抵押权无法设立。

根据《民法典》第403条规定，动产抵押权的设立，并不以办理抵押登记为必要。当事人之间的抵押合同生效时，动产抵押权自此设立；但是未办理动产抵押登记的，不得对抗善意第三人。

（四）抵押权人的权利

1. 就抵押财产的优先受偿权

在债务人的债务无法按约履行或发生当事人约定的实现抵押权的情形下，抵押权人有权就抵押财产进行变价并优先受偿，这是抵押权人的核心权利。《民法典》第410条规定："债务人不履行到期债务或者发生当事人约定的实现抵押权的情形，抵押权人可以与抵押人协议以抵押财产折价或者以拍卖、变卖该抵押财产所得的价款优先受偿。协议损害其他债权人利益的，其他债权人可以请求人民法院撤销该协议。抵押权人与抵押人未就抵押权实现方式达成协议的，抵押权人可以请求人民法院拍卖、变卖抵押财产。抵押财产折价或者变卖的，应当参照市场价格。"

2. 保全抵押权的权利

根据《民法典》第408条的规定，在抵押期间，抵押财产通常在抵押人的占有范围内，因此在抵押人作出可能的损害抵押财产致其价值减少的行为时，法律赋予了抵押权人以保全抵押财产的权利，具体包括：第一，抵押人的行为足以使抵押财产价值减少的，抵押权人有权请求抵押人停止其行为。第二，抵押财产价值减少的，抵押权人有权请求恢复抵押财产的价值，或者提供与减少的价值相应的担保。第三，抵押人不恢复抵押财产的价值，也不提供担保的，抵押权人有权请求债务人提前清偿债务。

3. 抵押权或抵押权顺位的放弃权

抵押权人有权放弃抵押权，以及抵押权的顺位。抵押权人与抵押人可以协议变更抵押权顺位以及被担保的债权数额等内容。但是，抵押权的变更未经其他抵押权人书面同意的，不得对其他抵押权人产生不利影响。

根据《民法典》第 409 条第 2 款的规定："债务人以自己的财产设定抵押，抵押权人放弃该抵押权、抵押权顺位或者变更抵押权的，其他担保人在抵押权人丧失优先受偿权益的范围内免除担保责任，但是其他担保人承诺仍然提供担保的除外。"

4. 收取孳息权

根据《民法典》第 412 条规定，在债务人不履行到期债务或者发生当事人约定的实现抵押权的情形时，若抵押财产被人民法院依法扣押的，自扣押之日起，抵押权人享有收取该抵押财产的天然孳息或法定孳息的权利，但是抵押权人未通知应当清偿法定孳息义务人的除外。

需要注意的是，抵押权人对孳息享有的仅为收取权，而非所有权。抵押权人收取的孳息，应当优先充抵收取孳息的费用。

（五）抵押人的权利

1. 转让抵押财产的权利

根据《民法典》第 406 条的规定，在抵押期间，债务人或第三人有权将抵押财产转让给他人，当事人另有约定的除外。抵押财产转让的，抵押权人所享有的抵押权不受影响。

抵押人转让抵押财产时，负有对抵押权人的及时通知义务。若抵押权人能够证明抵押财产转让可能损害抵押权的，有权请求抵押人将转让所得的价款向抵押权人提前清偿债务或者提存。转让的价款超过债权数额的部分归抵押人所有，不足部分由债务人清偿。

2. 出租抵押财产的权利

《民法典》第 405 条规定："抵押权设立前，抵押财产已经出租并转移占有的，原租赁关系不受该抵押权的影响。"若在抵押关系形成之前，抵押人与他人已经成立了租赁合同关系，且抵押物被租赁人所占有，那么在抵押关系存续期间，只要租赁合同是在有效的租赁期间内，则该租赁关系不受到任何影响。

3. 一物数抵的权利

由于抵押权不以转移抵押财产的占有为必要，因此抵押人有权就同一抵押财产向数个债权人进行抵押。《民法典》第 414 条对同一财产向多个债权人抵押的变价款受偿顺序作了规定，由此可知，我国法律并不禁止抵押人一物数抵的行为。

案例 35 【抵押权的设立及抵押权人的权利义务】

李某与某信用社金融借款合同纠纷案①

事实：2007 年 1 月 23 日，原审被告章某持案涉房屋所有权证及离婚证（房屋所有权权利证书上登记的人为章某，且所有权证上没有记载有共有人）向被上诉人（原审原告）某信用社借款 15 万元，并以案涉房屋作为贷款的抵押物。2007 年 1 月 24 日，双方办理了房屋抵押登记，某信用社向章某支付 15 万元借款。此后，章某未如期归还借款本息，某信用社将章某诉至法院，请求判令章某偿还借款 15 万元及利息，并对作为借款合同抵押物的案涉房屋享有优先受偿权。

案涉房屋原为章某与上诉人李某的共同财产，两人于 2004 年离婚。离婚时，双方约定案涉房屋归李某一人所有。但由于章某不积极协助办理房

---

① （2009）浙温商终字第 309 号民事判决书。

产过户手续，李某于 2007 年 9 月 28 日才取得案涉房屋的所有权证。章某认为某信用社对案涉房屋不享有抵押权，从而不得对其拍卖、变卖折价款享有优先受偿权。

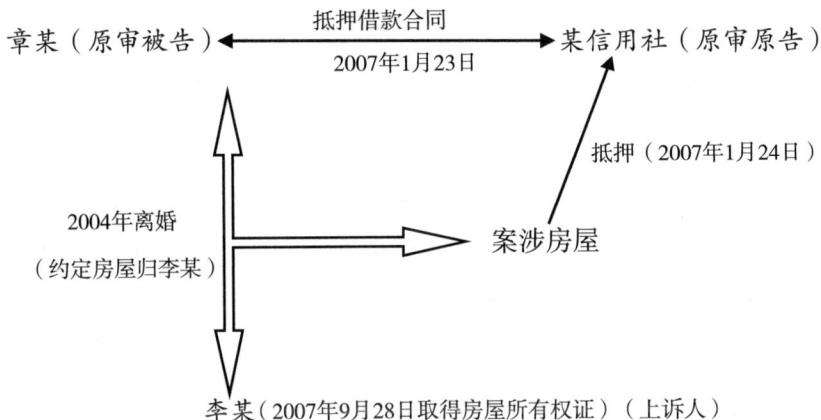

图 3-17 本案案情示意

争议焦点：某信用社能否基于抵押权而就案涉房屋享有优先受偿权？

法院认为：首先，关于合同效力，某信用社与章某于 2007 年 1 月 23 日签订的抵押借款合同，主体合格，当事人的意思表示真实，没有违反法律、法规的禁止性规定，且办理了抵押登记，依法应认定有效。其次，关于原告是否享有抵押权，根据《物权法》（现已失效）第 9 条第 1 款规定"不动产物权的设立、变更、转让和消灭，经依法登记，发生效力；未经登记，不发生效力，但法律另有规定的除外"。李某虽然先于抵押借贷行为发生之前因协议离婚取得抵押房屋的所有权，但上诉人没有及时将析产所得的房屋变更登记于自己的名下，因此李某就与章某之间达成的离婚协议所取得的财产权益没有发生物权的效力，李某认为章某将该房产用于抵押借款损害其权益可以向章某行使债权请求权。章某以登记在本人名下的房产作抵押并依法进行了抵押登记，具有公示公信的效力。抵押权是担保物权，抵押权既不以转移抵押物的占有为成立要件，也不因抵押物的流转而丧失，具有物权追及效力。因此，李某以自己事后已依法取得抵押房屋的所有权而主张抵押合同无效的理由也不成立。

（六）抵押权的顺位

抵押权的顺位，是指抵押人就同一财产向两个或两个以上债权人进行抵押时，各个抵押权之间对抵押财产优先受偿的先后顺序。《民法典》第414条对抵押权的顺位作了规定：同一财产向两个以上债权人抵押的，拍卖、变卖抵押财产所得的价款依照下列规定清偿。

第一，抵押权已经登记的，按照登记的时间先后确定清偿顺序，即先登记的抵押权，优于后登记的抵押权。

第二，抵押权已经登记的先于未登记的受偿。

第三，抵押权未登记的，按照债权比例清偿。

其他可以登记的担保物权，清偿顺序参照适用上述规定。

（七）抵押权与质权竞合时的顺位

基于抵押权的设立不以抵押财产的转移占有为前提，因此在抵押期间，抵押人有权在抵押财产上设定质权。对于就同一财产设立抵押权与质权两项权利的优先受偿顺位问题，《民法典》第415条作了规定："同一财产既设立抵押权又设立质权的，拍卖、变卖该财产所得的价款按照登记、交付的时间先后确定清偿顺序。"该条款确立了公示在先的优先顺位规则。

（八）抵押权的行权期间

抵押权的实现，不能超过法定的行权期间。《民法典》第419条规定："抵押权人应当在主债权诉讼时效期间行使抵押权；未行使的，人民法院不予保护。"由此可知，若超过了主债权的诉讼时效期间，抵押权人无权就抵押财产优先受偿。

案例 36 【抵押权的行权期间】

王某与李某抵押合同纠纷上诉案①

事实： 2009 年 8 月 11 日，王某与李某之间签订协议，约定王某从李某处借款 50 万元，借款期限为 2009 年 8 月 11 日至 9 月 10 日，履行期届满后一次性偿还所有款项，并约定王某将案涉房屋抵押给李某。8 月 12 日，双方办理了房屋抵押登记。直至 2015 年，李某要求王某归还 50 万元借款，王某表示该笔借款与其无关，该笔款项是案外人所借，且借款后李某一直未找王某要过钱。由此双方产生争议，王某诉至法院，请求法院判令李某协助其办理对案涉房屋的注销抵押登记手续。

争议焦点： 本案李某对案涉房屋的抵押权是否消灭？

法院认为：《物权法》（现已失效）第 202 条规定："抵押权人应当在主债权诉讼时效期间行使抵押权；未行使的，人民法院不予保护。"该条款中"不予保护"的含义明确依赖于对诉讼时效和抵押权性质的分析。

首先，就诉讼时效而言，其以请求权人怠于行使权利持续至法定期间的状态为规制对象，目的在于让罹于时效的请求权人承受不利益，以起到促其及时行使权利之作用，依民法理论通说，其适用范围限于债权请求权。而就抵押权而言，其属于支配权，并非请求权的范围，更非债权请求权的范围，如将抵押权纳入诉讼时效的规制范围，无疑有违民法原理。

其次，就抵押权而言，其目的在于担保债务的履行，以确保抵押权人对抵押物的价值享有优先受偿的权利。为实现上述目的，抵押权对物之本身必将产生权能上的限制，对物的使用和转让均会产生影响。故若对抵押权人行使抵押权的期限不进行限制，将使抵押财产的归属长期处于不稳定状态，不仅不利于保护当事人的合法权益，亦不利于物之使用和流通效能的发挥。此外，如果允许抵押权人在任何时候均可行使抵押权，则意味着

---

① （2016）京 03 民终 8680 号民事判决书，载《最高人民法院公报》2017 年第 7 期。

在主债权经过诉讼时效且债务人因此取得抗辩权之后，债权人依然可从抵押人处获得利益，进而将抵押人和债务人之间的追偿和抗辩置于困境。换言之，也就意味着抵押人将长期处于一种不利益的状态，其义务也具有不确定性，若如此，对于抵押人来说未免过于苛刻，亦有失公允。

最后，就权利分类角度而言，在数项权利并存时，依据权利的相互依赖关系，有主权利与从权利之分，凡可以独立存在、不依赖于其他权利者为主权利；必须依附于其他权利、不能独立存在的则为从权利。举例而言，在债权与为担保债的履行的抵押权并存时，债权是主权利，抵押权为从权利。在主权利已经丧失国家强制力保护的状态下，抵押物上所负担的抵押权也应消灭方能更好地发挥物的效用，亦符合《物权法》之担保物权体系的内在逻辑。故《物权法》第202条规定抵押权行使期间的重要目的之一在于促使抵押权人积极地行使抵押权，迅速了结债权债务关系，维系社会经济秩序的稳定。

综合上述分析，应当认定在法律已设定行使期限后，抵押权人仍长期怠于行使权利时，法律对之也无特别加以保护的必要，应使抵押权消灭。具体到本案中，因上诉人李某在主债权诉讼时效期间并未向被上诉人王某主张行使抵押权，故对李某的抵押权，法院不予保护，该抵押权消灭，支持王某主张李某协助其注销案涉房屋抵押登记的诉讼请求。

三、质权

（一）质权的概念、特征与类型

1. 质权的概念

质权，是指债权人为了担保债权的实现，对于债务人或第三人交给债权人占有的特定财产或特定权利所享有的，在债务人无法履行债务或发生当事人约定的实现质权的情形时有权优先受偿的权利。

　　在质权法律关系中，债务人或第三人被称为出质人，债权人被称为质权人，交付给债权人占有的财产被称为质押财产。

　　2. 质权的特征

　　（1）质权的客体应当为债务人或第三人的动产或权利

　　第一，质权的权利客体仅限于动产或权利，而不包括不动产。第二，该不动产或权利的提供者，可以为债务人，也可以为第三人，但不得是债权人。

　　（2）质权的设立以标的物的转移占有或登记为前提

　　不同于抵押权，质权是以转移标的物占有或进行登记为设立条件的担保物权，若未实现标的物的转移占有或登记，则质权无法设立。

　　（3）质权兼具留置与优先受偿的效力

　　在债务人按约履行债务之前，由于质权的标的物被质权人所占有，只要质权所担保的主债权未能获得出质人的清偿，那么质权人就有权留置质押财产并拒绝向出质人予以返还。不同于抵押权只具有优先受偿的效力，质权兼具优先受偿与留置的效力。[①]

　　3. 质权的类型

　　以权利客体为划分标准，可以将质权分为两种类型：动产质权与权利质权。下文将对这两类质权逐一进行介绍。

　　（二）动产质权

　　1. 动产质权的设立条件及设立时点

　　《民法典》第 427 条规定，动产质权的设立，债权人与债务人或第三人之间应当采用书面形式订立质押合同。质押合同一般包括下列条款：第一，被担保债权的种类和数额。第二，债务人履行债务的期限。第三，质押财产的名称、数量等情况。第四，担保的范围。第五，质押财产交付的时间、方式。

---

　　① 王利明等著：《民法学》，法律出版社 2020 年版，第 502 页。

动产质权的设立采公示生效主义，根据《民法典》第 429 条的规定，质权自出质人向债权人交付质押财产时设立。

2. 质权人的权利

（1）对质押财产的优先受偿权

《民法典》第 436 条第 2 款规定："债务人不履行到期债务或者发生当事人约定的实现质权的情形，质权人可以与出质人协议以质押财产折价，也可以就拍卖、变卖质押财产所得的价款优先受偿。"在债务人的债务无法按约履行或发生当事人约定的实现质权的情形下，抵押权人有权就质押财产进行变价并优先受偿，这是质权人的核心权利。

（2）对质押财产的留置权

在质权人的债权没有获得全部清偿之前，质权人就有权留置质押财产并拒绝向出质人予以返还，无论是出质人还是质押财产的第三取得人请求质权人交付质押财产，质权人都可以加以拒绝。①

（3）收取孳息权

《民法典》第 430 条规定，质权人有权收取质押财产的孳息，但是合同另有约定的除外。需要注意的是，质权人对孳息享有的仅仅为收取权，而非所有权。质权人收取的孳息，应当优先充抵收取孳息的费用。

（4）保全质押财产的权利

根据《民法典》第 433 条规定，因不可归责于质权人的事由可能使质押财产毁损或者价值明显减少，足以危害质权人权利的，质权人享有请求出质人提供相应的担保的权利。出质人不提供的，质权人可以拍卖、变卖质押财产，并与出质人协议将拍卖、变卖所得的价款提前清偿债务或者提存。

（5）放弃质权的权利

根据《民法典》第 435 条规定，质权人享有对质权的放弃权。债务人以自己的财产出质，质权人放弃该质权的，其他担保人在质权人丧失优先受偿

---

① 王利明等著：《民法学》，法律出版社 2020 年版，第 506 页。

权益的范围内免除担保责任，但是其他担保人承诺仍然提供担保的除外。

3. 质权人的义务

（1）对质押财产的妥善保管义务

根据《民法典》第432条规定，在质押期间，质押财产为质权人所占有，在质权人的实际管领范围内，因此质权人负有妥善保管质押财产的义务；因保管不善致使质押财产毁损、灭失的，应当承担赔偿责任。

（2）不得擅自使用、处分质押财产的义务

尽管在质押期间，由质权人实际控制质押财产，但是出质人并未因设立动产质权而丧失了对该质押财产的所有权。质权人在行使质权时，不得损害出质人作为质押财产所有权人的利益。《民法典》第431条规定："质权人在质权存续期间，未经出质人同意，擅自使用、处分质押财产，造成出质人损害的，应当承担赔偿责任。"

（3）返还质物的义务

《民法典》第436条第1款规定："债务人履行债务或者出质人提前清偿所担保的债权的，质权人应当返还质押财产。"在质权人的债权得以清偿时，质权人和债务人之间的债权债务关系归于消灭，质权法律关系也随之消灭。此时，由于质押财产的所有权人为出质人，质押人应当负有向出质人返还原物的义务。

4. 出质人的权利

（1）损害赔偿请求权

根据《民法典》第431条、第432条、第434条的规定，出质人有权向质权人主张损害赔偿请求权的主要情形有三：一是质权人擅自使用、处分质押财产，造成出质人损害。二是质权人保管不善致使质押财产毁损、灭失。三是质权人擅自转质，造成质押财产毁损、灭失。

（2）保全质物的权利

根据《民法典》第432条的规定，质权人的行为可能使质押财产毁损、灭失时，出质人有权请求质权人将质押财产提存，或者请求提前清偿债务并返还质押财产。

（3）催促质权人及时行使的权利

根据《民法典》第437条的规定，在债务履行期限届满后，出质人有权请求质权人及时行使质权；质权人不行使的，出质人享有请求人民法院拍卖、变卖质押财产的权利。出质人请求质权人及时行使质权，因质权人怠于行使权利造成出质人损害的，由质权人承担赔偿责任。

案例 37 【质权的设立时点】

黑龙江××北某荒担保公司等与
黑龙江××三某缘公司等担保合同纠纷案①

事实： 2013年，黑龙江××三某缘公司（以下简称三某缘公司）与某银行签订贷款合同，黑龙江××北某荒担保公司（以下简称北某荒担保公司）对该笔借款提供担保。同年，北某荒担保公司与三某缘公司签订《反担保合同》，约定三某缘公司将4560吨水稻质押给北某荒担保公司。但是由于生产经营的需要，该水稻无法进行第三方监管或封存质押，监管地点在出质人企业院内。

争议焦点： 案涉4560吨水稻的质权是否有效设立？

法院认为： 一审法院认为，虽然北某荒担保公司与三某缘公司建立了4560吨水稻的质押合同关系，但质物的监管地点在三某缘公司仓库内，四保证人提供证据证明水稻质押为流动质押，水稻存在进、出库的情况，但不足以证实该水稻是否实际交付或所交付的数量是否足额，且出质人为生产经营所需仍实际控制质物，故案涉4560吨水稻缺乏法定的交付要件，该质权不能成立。

二审法院认为，本案中，北某荒担保公司虽与三某缘公司建立了4560

---

① （2017）最高法民中925号民事裁定书，载《最高人民法院公报》2018年第1期。

吨水稻的质押合同关系，但出质人三某缘公司并未将该水稻交付给质权人北某荒担保公司实际控制抑或由第三方监管，而是仍存放在三某缘公司仓库内由三某缘公司生产经营使用，最终导致三某缘公司将该水稻全部出卖。鉴于三某缘公司及四保证人未举示《交接清单》抑或《质押监管协议》等足以证明质物已经交付北某荒担保公司的其他证据。一审判决认定案涉4560吨水稻的质权未设立并无不当。

再审法院认为，本案中，北某荒担保公司于同日分别与债务人、第三人签订的质押合同、抵押合同及保证合同均系当事人的真实意思表示，不违反法律、行政法规的强制性规定，应依法认定为有效合同。其中，北某荒担保公司与债务人三某缘公司签订的水稻质押合同虽依法成立生效，但因三某缘公司未交付质物并将出质的水稻出卖给案外人，依据《物权法》（现已失效）第212条"质权自出质人交付质押财产时设立"的规定，应认定北某荒担保公司的水稻质权未设立。

（三）权利质权

1. 权利质权的客体

权利质权，是指以所有权以外的、具有可转让性的财产权为客体的质权。[①]《民法典》第440条对权利质权的客体作了明确规定，债务人或第三人有权处分的以下权利可以出质。

（1）汇票、本票、支票。

（2）债券、存款单。

（3）仓单、提单。

（4）可以转让的基金份额、股权。

（5）可以转让的注册商标专用权、专利权、著作权等知识产权中的财产权。

---

① 王利明等著：《民法学》，法律出版社2020年版，第509页。

（6）现有的以及将有的应收账款。

（7）法律、行政法规规定可以出质的其他财产权利。

2. 权利质权的设立

权利质权的设立，依不同的权利客体而有所不同。根据《民法典》第441 条至第 445 条的规定，具体而言：

第一，以汇票、本票、支票、债券、存款单、仓单、提单出质的，质权自权利凭证交付质权人时设立；没有权利凭证的，质权自办理出质登记时设立。法律另有规定的除外。

汇票、本票、支票、债券、存款单、仓单、提单的兑现日期或者提货日期先于主债权到期的，质权人可以兑现或者提货，并与出质人协议将兑现的价款或者提取的货物提前清偿债务或者提存。

第二，以基金份额、股权出质的，质权自办理出质登记时设立。

基金份额、股权出质后，不得转让，但是出质人与质权人协商同意的除外。出质人转让基金份额、股权所得的价款，应当向质权人提前清偿债务或者提存。

第三，以注册商标专用权、专利权、著作权等知识产权中的财产权出质的，质权自办理出质登记时设立。

知识产权中的财产权出质后，出质人不得转让或者许可他人使用，但是出质人与质权人协商同意的除外。出质人转让或者许可他人使用出质的知识产权中的财产权所得的价款，应当向质权人提前清偿债务或者提存。

第四，以应收账款出质的，质权自办理出质登记时设立。

应收账款出质后，不得转让，但是出质人与质权人协商同意的除外。出质人转让应收账款所得的价款，应当向质权人提前清偿债务或者提存。

四、留置权

(一) 留置权的概念

留置权，是指债权人合法占有债务人的动产时，债务人无法履行到期债务的，债权人有权留置该动产，并拍卖、变卖该动产进行优先受偿的权利。

《民法典》第 447 条第 1 款规定："债务人不履行到期债务，债权人可以留置已经合法占有的债务人的动产，并有权就该动产优先受偿。"

在留置权法律关系中，债权人被称为留置权人，占有的动产被称为留置财产。

(二) 留置权的特征

1. 留置权的客体仅限于动产

不同于抵押权和质权，我国《民法典》只承认以动产为客体的留置权。不动产或权利，不能成为留置权的客体。

2. 留置权属于法定担保物权

不同于抵押权和质权的设立需要双方当事人达成一致的意思表示并订立书面合同，留置权的设立是依法产生而非基于当事人之间的约定，留置权属于法定担保物权。

(三) 留置权的成立要件

留置权的成立，应当满足以下几个法定要件。

1. 债权人合法占有债务人的动产

债权人对债务人的动产享有留置权的一个重要条件是，债权人对于该动产的占有属于合法占有。合法占有，是指债权人对于债务人动产的占有，不违反法律法规的相关规定。比如，债权人基于租赁合同、委托合同、保管合同等而取得对债务人财产的占有，即属于合法占有。

2. 债权人留置的动产与债权属于同一法律关系，但企业之间的留置除外

在日常生活中，由于两方民事主体之间可能会产生不止一个法律关系，为了防止交易关系的混乱，[①]《民法典》第448条明确规定："债权人留置的动产，应当与债权属于同一法律关系，但是企业之间留置的除外。"需要注意的是，企业与企业之间的留置是一种除外情形。为了便利商事交易，法律规定即使企业之间留置行为与双方的债权债务关系不属于同一个法律关系，也并不影响留置权的成立。

3. 债务履行期届满且债务人未履行债务

只有债务人在债务履行期届满后仍未履行债务的，债权人对于其所占有的债务人动产才享有留置权。

4. 留置的动产不属于法律规定或者当事人约定不得留置的情形

《民法典》第449条规定："法律规定或者当事人约定不得留置的动产，不得留置。"由此可见，并非所有的动产都能成为留置的对象，法律有规定或当事人之间有约定某种动产不得留置的，则在该动产上不得成立留置权。

（四）留置权的顺位

《民法典》第456条规定："同一动产上已经设立抵押权或者质权，该动产又被留置的，留置权人优先受偿。"在同一动产上同时设有抵押权、质权和留置权时，留置权作为法定担保物权，具有最优先的效力，留置权人有权优先于抵押权人、质权人对留置财产受偿。

（五）留置权的消灭

根据《民法典》第457条的规定，留置权的消灭有两种情形：第一，留置权人对留置财产丧失占有。第二，留置权人接受债务人另行提供了担保。

---

① 王利明等著：《民法学》，法律出版社2020年版，第518页。

案例 38 【留置权成立的法定要件】

某商品交易所有限公司与卢某返还原物纠纷案①

事实： 本案被告卢某系原告某商品交易所有限公司（以下简称某公司）的副总经理。2013 年，某公司购买案涉轿车，所有权登记在该公司名下，购买后一直由被告卢某使用。2014 年，因卢某连续旷工违反公司规章，某公司决定辞退卢某。卢某认为某公司应向其支付拖欠的工资、社保金及经济补偿金，故拒绝向其返还案涉轿车。

争议焦点： 卢某是否可以就其劳动债权对某公司所有的轿车行使留置权？

法院认为： 留置权是平等民事主体之间实现债权的担保方式；除了企业之间留置的以外，债权人留置的动产应当与债权属于同一法律关系。劳动关系主体双方在履行劳动合同过程中处于管理与被管理的关系。劳动者以用人单位拖欠劳动报酬为由，主张对用人单位供其使用的工具、物品等动产行使留置权，因该类动产不是基于劳动合同关系直接产生的标的物，与工资报酬等劳动债权不属于同一法律关系，故该主张与法律规定相悖。具体理由如下。

第一，基于劳动关系产生的债权不能行使留置权。根据我国《民法通则》《担保法》《物权法》（均已失效）的规定，留置权的适用范围应为平等民事主体所生之债，本意在于维持作为平等主体的债权人、债务人之间的公平关系，其公平性体现在债权人可通过留置债务人的动产对抗债务人，以督促债务人履行债务。不同于一般的民事法律关系，用人单位和劳动者之间的劳动关系属于管理与被管理的关系。为平衡用人单位和劳动者双方之间的权利义务关系，我国《劳动法》和《劳动合同法》已经对劳动者合法权益的保护设置了倾斜性条款，劳动者完全可以通过法定的正当途径保护自己的劳动债权，若允许劳动者再通过对用人单位提供的交通工具等劳

---

① （2014）锡民终字第 1724 号民事判决书，载《最高人民法院公报》2017 年第 1 期。

动用品适用留置对抗用人单位拖欠工资报酬等行为，不仅影响劳动生产和管理秩序，还将导致劳动关系保护的失衡。

第二，卢某所扣留的案涉轿车与劳动债权不属于同一法律关系，依法不得行使留置权。根据我国《物权法》（现已失效）第 231 条的规定，除企业间留置外，留置的动产应与债权属于同一法律关系。据此，法律对于留置的动产范围作出了严格限定。所谓同一法律关系，是指债权人占有动产是基于与其债权发生的同一法律关系发生，动产与债权发生具有紧密联系性。本案中，卢某被某公司安排在管理岗位，分管行政事务、财务以及人事工作，为方便其工作，某公司将案涉轿车配给其使用。基于其为某公司提供的劳动，卢某有权要求某公司按照劳动合同的约定支付工资、社保金等，该劳动报酬请求权等劳动债权系基于某公司与卢某双方间的劳动合同产生。而卢某占有的交通工具等劳动用品系某公司为方便卢某工作而提供给其使用的，并非直接基于双方的劳动合同而产生，两者之间不具有对价关系或因果关系，不属于同一法律关系，故卢某主张留置某公司提供给其使用的轿车无法律依据，不予支持。

·第四编·
合同篇

本编将以《民法典》中有关合同的规定为主，结合部分民法学术界的理论观点，介绍我国的合同法基本制度。第一章首先对合同与债之间的关系作出厘清。第二章重点介绍合同法通则，即内地合同法中具有普适性的基本原理。第三章则对《民法典》所规定的 19 种典型合同进行介绍。

思维导图

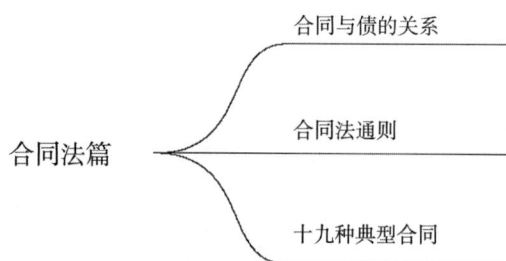

图 4-1　合同法章节概览

第一章 合同与债的关系

合同之债属于债的一种。《民法典》第118条对债权的含义作了界定："民事主体依法享有债权。债权是因合同、侵权行为、无因管理、不当得利以及法律的其他规定，权利人请求特定义务人为或者不为一定行为的权利。"据此可知，合同和侵权行为、无因管理、不当得利相并列，均属于债的发生原因之一，基于合同原因而产生的民事权利义务关系，本质上就是债权债务关系。

基于合同原因而产生的民事权利义务关系，即合同法律关系，由合同的主体、客体和内容构成。

合同的主体，是指缔约合同的当事人，可能为双方或多方民事主体。其中债权人，是指有权请求对方为或不为一定行为的一方；债务人，是指应当根据债权人的请求而为或不为一定行为的一方。

合同的客体，是指合同权利义务所指向的对象，即债务人在合同项下的应当为或不为的行为。

合同的内容，是指当事人之间的权利和义务，也可被称为合同债权和合同债务。本编中所出现的"债权"和"债务"字样，未作特别标注的，均可理解为"合同债权"和"合同债务"。

第二章 通 则

　　本章重点介绍适用于所有合同的一般性、普遍性规定，包括合同的基本概念、合同的分类、合同的订立、合同的效力、合同的履行、合同的保全、合同的变更、合同的转让、合同权利义务的终止以及违约责任等内容。

思维导图

```
合同法
通则
├─ 合同的概念和分类
│
├─ 合同的订立
│   ├─ 合同的形式和内容
│   ├─ 合同订立方式
│   │   ├─ 要约　含义、生效、撤回、撤销、失效
│   │   └─ 承诺　含义、构成要件、方式、生效、撤回
│   ├─ 电子合同的订立
│   ├─ 格式条款　含义、提供方义务、无效情形、解释规则
│   └─ 缔约过失责任构成要件、损害赔偿范围
│
├─ 合同的效力
│   ├─ 依法应经批准生效的合同效力
│   ├─ 无权代理人订立的合同效力
│   ├─ 法定代表人越权代表订立的合同效力
│   ├─ 超越经营范围订立的合同
│   └─ 争议解决条款的效力
│
├─ 合同的履行
│   ├─ 合同履行原则　全面履行、诚信履行、绿色履行
│   ├─ 合同无约定或约定不明时的履行规则（民法典第510条、第511条）
│   ├─ 涉他合同的履行
│   │   ├─ 向第三人履行的合同
│   │   └─ 由第三人履行的合同
│   ├─ 双务合同中的履行抗辩权
│   │   ├─ 同时履行抗辩权
│   │   ├─ 先履行抗辩权
│   │   └─ 不安抗辩权
│   └─ 合同履行障碍之情势变更　构成要件、法律后果
│
├─ 合同的保全
│   ├─ 债权人代位权　含义、成立要件、行使方式、行使范围、行使效果
│   └─ 债权人撤销权　含义、成立要件、行使方式、行使效果、行使期间
│
├─ 合同的变更和转让
│   ├─ 合同的变更
│   └─ 合同的转让
│       ├─ 债权让与　含义、生效要件、对内效力、对外效力
│       ├─ 债务承担　含义、生效要件、类型（免责的债务承担、并存的债务承担）、法律效力
│       └─ 合同权利义务的概括移转
│
├─ 合同权利义务的终止
│   ├─ 清偿　数项债务的清偿顺序、单个债务的清偿顺序
│   ├─ 解除　解除权类型、行权期限、行权方式、法律效果
│   ├─ 抵销　法定抵销、约定抵销
│   ├─ 提存　法定情形、成立方式、通知义务、法律效力
│   ├─ 免除
│   └─ 混同
│
└─ 违约责任
    ├─ 违约行为的类型实际违约与预期违约
    ├─ 归责原则
    │   ├─ 原则：无过错责任
    │   └─ 例外：过错责任
    ├─ 免责事由　不可抗力免责
    ├─ 特殊情形：双方违约、过失相抵、第三人造成违约
    └─ 五类违约责任形式
        ├─ 继续履行金钱债务、非金钱债务、第三人替代履行
        ├─ 采取补救措施
        ├─ 赔偿损失构成要件、赔偿数额、赔偿范围限制（可预见性规则与减损规则）
        ├─ 违约金含义、调整规则
        └─ 定金　含义、特征、定金合同的成立、责任竞合规则
```

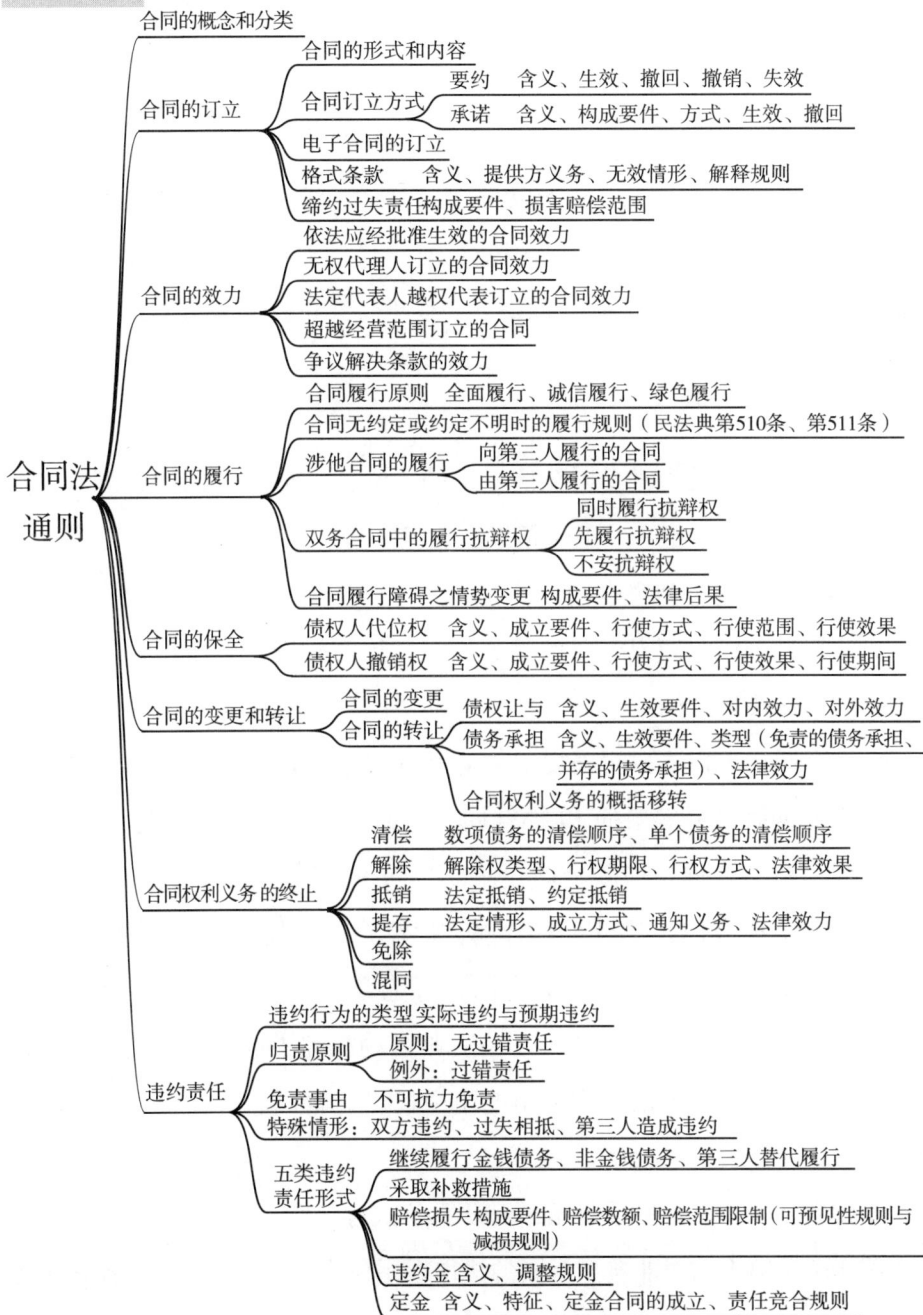

图 4-2　合同法通则知识点框架

一、合同的概念与分类

（一）合同的概念

合同，是两方或多方当事人以设立、变更、终止民事权利义务关系为目的，意思表示达成一致的民事法律行为。《民法典》第 464 条第 1 款将合同定义为："合同是民事主体之间设立、变更、终止民事法律关系的协议。"

（二）合同的分类

合同的分类，是指将合同按照一定的标准而划分成不同的类型。大陆法系理论上的合同分类，一般包括以下几组。

1. 典型合同与非典型合同

以法律是否有明确规定并设置了特定名称为标准，可以将合同划分为典型合同与非典型合同。

典型合同，是指法律明确规定并对其设置了特定名称的合同，如《民法典》合同编第二分编中的 19 类合同，包括买卖合同，供用电、水、气、热力合同，赠与合同，借款合同，保证合同，租赁合同，融资租赁合同，保理合同，承揽合同，建设工程合同，运输合同，技术合同，保管合同，仓储合同，委托合同，物业服务合同，行纪合同，中介合同，合伙合同，均属于"典型合同"。除此之外，《民法典》物权编中的抵押合同、质押合同、土地承包经营权合同、建设用地使用权出让合同、居住权合同、地役权合同等，同样属于"典型合同"。

非典型合同，是指法律并无专门设置条款对其作出规定的合同。《民法典》第 467 条第 1 款对非典型合同的法律适用作了规定："本法或者其他法律没有明文规定的合同，适用本编通则的规定，并可以参照适用本编或者其他法律最相类似合同的规定。"据此可知，非典型合同的法律适用，仍应当遵循《民法典》合同编通则的一般规定，此外也可类推适用合同编分编或其他法律最相类似合同的相关规定。

2. 双务合同与单务合同

以合同当事人之间是否负有对待给付义务为标准，可以将合同划分为双务合同和单务合同。对待给付义务，是指基于双方利益交换而形成的给付互相依赖的义务关系，也可理解为英美法系合同制度中的"对价"。

双务合同，是指双方当事人之间的权利义务互相有关联、存在给付和对待给付义务关系的合同。《民法典》中的典型双务合同有买卖合同、租赁合同、承揽合同等。双务合同在履行过程中存在同时履行抗辩、先履行抗辩、不安抗辩等制度，后文在合同的履行一节将详细介绍。

单务合同，是指当事人之间仅一方负有给付义务的合同，比如赠与合同、保证合同等。

3. 有偿合同与无偿合同

以当事人能否在合同中取得对价为标准，可以将合同划分为有偿合同和无偿合同。有偿合同，是指当事人在合同中能取得对价的合同，如买卖合同、租赁合同、承揽合同等。无偿合同，是指当事人在合同中不能取得对价的合同，如赠与合同、无偿借款合同、无偿保管合同等。

4. 要式合同与不要式合同

以合同的成立是否以一定形式为必要的标准，可以将合同划分为要式合同和不要式合同。

要式合同，是指根据法律规定或当事人约定应当采取一定形式，如书面形式才能成立的合同。例如，《民法典》中规定的几类用益物权合同、担保物权合同、融资租赁合同、保理合同、建设工程合同、技术开发合同、技术转让合同、物业服务合同等，应当采用书面形式订立。

不要式合同，是指合同的成立不以采用特定形式为必要的合同，如买卖合同、赠与合同、借款合同等。

5. 主合同与从合同

以数个合同之间的主从关系为标准，可以将合同划分为主合同和从合同。

主合同，是指不需要依附于其他合同而可独立存在的合同。

从合同，是指需要依附于其他合同而存在的合同，主合同变更、转让或消灭的，从合同也将随之变更、转让或消灭。典型的从合同主要为担保合同，包括抵押合同、质押合同、保证合同等。

6. 预约合同与本约合同

以合同是否以将来订立一定合同为目的的标准，可以将合同划分为预约合同和本约合同。

《民法典》第 495 条第 1 款对预约合同的定义为："当事人约定在将来一定期限内订立合同的认购书、订购书、预订书等，构成预约合同。"预约合同，是指当事人之间约定于未来的某个时点订立合同的合同，预约合同订立的目的是将来订立本约合同；本约合同则是基于该预约合同而订立的合同。

7. 束己合同与涉他合同

以合同是否实质上涉及第三人为标准，可以将合同划分为束己合同与涉他合同。①

束己合同，是指合同内容并无实质上涉及第三人利益的合同，严格遵循合同相对性原则，合同只约束签订合同的双方当事人。

涉他合同，是指合同内容实质涉及了第三人利益的合同，包括向第三人履行合同与由第三人履行合同。《民法典》第 522 条至第 524 条详细规定了涉他合同的履行规则，将于后文"合同的履行"一节中作介绍。

8. 诺成合同与实践合同

以合同的成立除达成意思表示一致外是否还需要其他条件为标准，可将合同划分为诺成合同和实践合同。

诺成合同，是指合同成立仅需要当事人达成一致的意思表示的合同，

---

① 韩世远著：《合同法总论》，法律出版社 2018 年版，第 97 页。

大部分合同都属于诺成合同，如买卖合同、赠与合同、租赁合同等。

实践合同，是指合同的成立除需要当事人达成一致意思表示外，还需要完成标的物的交付方可成立的合同。典型的实践合同有定金合同、保管合同、自然人之间的借贷合同等。

9. 一时性合同与继续性合同

以合同的内容是否为持续履行的债务为标准，可将合同划分为一时性合同和继续性合同。

一时性合同，是指合同的内容为一次性地履行债务的合同，如买卖合同、赠与合同、保管合同等。

继续性合同，是指合同的内容为持续时间内的履行债务的合同，如供用电、水、气、热力合同，租赁合同等。

二、合同的订立

（一）合同的形式和内容

1. 合同的形式

合同的形式，是指合同的订立所采取的外在表现形态。《民法典》第469条第1款规定："当事人订立合同，可以采用书面形式、口头形式或者其他形式。"

书面形式合同易于长期保存，因此我国民商事交易的合同通常采用书面形式。根据《民法典》第469条第2款至第3款的规定，书面形式是合同书、信件、电报、电传、传真等可以有形地表现所载内容的形式。以电子数据交换、电子邮件等方式能够有形地表现所载内容，并可以随时调取查用的数据电文也应当视为书面形式。

2. 合同的内容

根据《民法典》第470条的规定，合同的内容一般表现为合同条款，由当事人约定，一般包括当事人的姓名或者名称和住所、标的、数量、质量、价款或者报酬、履行期限、履行地点、履行方式、违约责任以及争议解决方法等。

此外，合同当事人还可参照各类合同的示范文本订立合同。例如，若承包商欲与开发商就承包某工程项目签订建设工程合同，则可参考 2021 年由住房和城乡建设部、国家市场监管总局联合制定发布的《建设项目工程总承包合同（示范文本）》进行订立。

（二）合同订立方式之要约

合同的订立一般采用要约和承诺的方式。本小节先对要约的含义、要约的生效、要约的撤回与撤销以及要约的失效作介绍。下一小节将对承诺的含义、构成要件、承诺方式、生效、撤回等问题作梳理。

1. 要约的含义

要约，指的是希望与他人订立合同的意思表示。根据《民法典》第 472 条的规定，该意思表示应当满足两个条件：第一，内容具体确定。第二，表明经受要约人承诺，要约人即受该意思表示约束。

需要注意要约与要约邀请的区别。要约邀请，是指希望他人向自己发出要约的意思表示，如拍卖公告、招标公告、招股说明书、债券募集办法、基金招募说明书、商业广告和宣传、寄送的价目表等，都属于要约邀请而非要约。但是对于商业广告和宣传而言，如果其内容符合上述两个构成要约的条件，该商业广告和宣传就属于要约。

2. 要约的生效、撤回与撤销

要约的本质是意思表示，因此其生效时间、撤回规则适用《民法典》总则编中意思表示的生效与撤回规则。①

要约的生效时间，以其作出方式的不同而有所区别。以对话方式作出

---

① 参见《民法典》第 137 条、第 141 条。

的要约，相对人知道其内容时生效；以非对话方式作出的要约，到达相对人时生效。

要约的撤回，是指行为人在要约生效之前作出的使要约不发生法律效力的意思表示。撤回要约的通知应当在要约到达相对人之前或者与要约同时到达相对人。

要约的撤销，是指行为人在要约生效之后作出的使要约不发生法律效力的意思表示。但并非所有的要约都可以撤销，存在两种例外：第一，要约人以确定承诺期限或者其他形式明示要约不可撤销。第二，受要约人有理由认为要约是不可撤销的，并已经为履行合同作了合理准备工作。此外，《民法典》第477条对撤销要约通知的时间限制作了规定："撤销要约的意思表示以对话方式作出的，该意思表示的内容应当在受要约人作出承诺之前为受要约人所知道；撤销要约的意思表示以非对话方式作出的，应当在受要约人作出承诺之前到达受要约人。"

3. 要约的失效

根据《民法典》第478条的规定，有下列情形之一的，要约失效。

（1）要约被拒绝。

（2）要约被依法撤销。

（3）承诺期限届满，受要约人未作出承诺。

（4）受要约人对要约的内容作出实质性变更。

（三）合同订立方式之承诺

1. 承诺的含义与构成要件

根据《民法典》第479条的规定，承诺指的是受要约人同意要约的意思表示。有效的承诺，应当满足以下几个构成要件：[1]

---

[1] 韩世远著：《合同法总论》，法律出版社2018年版，第140页。

（1）承诺的作出人为受要约人

承诺与要约之间为相互对应关系，作出承诺的主体应当与接受要约的主体保持一致。

（2）承诺应向要约人作出

承诺是对要约的同意，因此承诺的作出对象应当为要约人。

（3）承诺的内容与要约的内容保持一致

原则上，承诺和要约的内容应当遵从"镜像法则"，两个意思表示的内容保持一致才能成立合同。如果受要约人对要约的内容作出了实质性变更，那么该意思表示不再是承诺，而是构成新要约。根据《民法典》第488条规定，对要约内容的实质性变更包括：有关合同标的、数量、质量、价款或者报酬、履行期限、履行地点和方式、违约责任和解决争议方法等的变更。

根据《民法典》第489条的规定，若受要约人承诺对要约的内容作出的变更属于非实质性变更，除了要约人及时表示反对，或要约表明承诺不得对要约的内容作出任何变更之外，该承诺属于有效承诺，合同的内容以该承诺的内容为准。

（4）承诺应在承诺期限内到达要约人

受要约人发出的承诺应当在承诺期限内到达要约人。

第一，根据《民法典》第486条的规定，无论是超过承诺期限发出承诺，还是在承诺期限内发出承诺，只要按照通常情形不能及时到达要约人的，该意思表示就构成新要约。但是若要约人及时通知受要约人该承诺仍为有效的，该意思表示仍构成承诺。

第二，根据《民法典》第487条的规定，若受要约人在承诺期限内发出承诺，按照通常情形能够及时到达要约人，但是因其他原因致使承诺到达要约人时超过承诺期限的，除要约人及时通知受要约人因承诺超过期限不接受该承诺外，该承诺有效。

2. 承诺的方式

《民法典》第480条对承诺作出的方式作了规定。原则上，承诺应当以通知的方式作出；但是例外情况下，根据交易习惯，或要约中表明了允许通过行为作出承诺的，也可依交易习惯或行为作出承诺的意思表示。

3. 承诺的生效

承诺的生效规则依承诺作出方式的不同而有所不同。根据《民法典》第483条、第484条的规定，承诺的生效方式可区分为两种情形：第一，以通知方式作出的承诺，本质上是意思表示，因此其生效时间的规定与要约相同，一并适用《民法典》总则编中意思表示的生效规则。[①] 第二，例外情况下无须通知的承诺，根据交易习惯，或者要约要求作出承诺的行为时生效。

承诺生效的法律效果是合同成立，但是法律另有规定或者当事人另有约定的除外。

4. 承诺的撤回

承诺的撤回，指的是行为人在承诺生效之前作出的使承诺不发生法律效力的意思表示。根据《民法典》第485条的规定，撤回承诺的通知，应当在承诺到达相对人之前或者与承诺同时到达相对人。

（四）电子合同的订立

电子合同是近年来伴随着数字经济快速发展而应运而生的新型合同种类，电子合同的成立规则也作为新增内容被加入《民法典》中。《民法典》第491条第2款规定："当事人一方通过互联网等信息网络发布的商品或者服务信息符合要约条件的，对方选择该商品或者服务并提交订单成功时合同成立，但是当事人另有约定的除外。"由此可见，电子合同的成立时间一般为买方在互联网平台上提交订单成功之时。

---

① 参见《民法典》第137条。

案例 39 【电子合同的成立要件】

徐某、某银行股份有限公司某支行金融借款合同纠纷案①

事实：2019 年 11 月，徐某线上申请与某银行股份有限公司某支行（以下简称该支行）签订《个人自助小额借款合同》。后因徐某无法按合同约定归还借款，该支行诉至法院。徐某抗辩称，其并未在借款合同上签字，借款合同不成立。就涉案借款合同的形成过程，该支行陈述是徐某通过该行手机银行向该行申请办理网捷贷业务，并按照该行的申请流程完成人脸识别以及签约等一系列操作，该行的网捷贷业务无须借款人签字。徐某认可网捷贷业务及人脸识别是其办理的。

争议焦点：本案《个人自助小额借款合同》是否成立？

法院认为：《民法典》第 491 条第 2 款规定："当事人一方通过互联网等信息网络发布的商品或者服务信息符合要约条件的，对方选择该商品或者服务并提交订单成功时合同成立……"第 502 条第 1 款规定："依法成立的合同，自成立时生效，但是法律另有规定或者当事人另有约定的除外。"本案中，徐某自认通过某银行掌上银行办理了个人自助小额贷款业务，按照掌上银行的申请流程，办理上述业务需完成人脸识别及签约等操作，上述行为足以表明双方通过电子方式确认了《个人自助小额借款合同》，该合同已经成立并已生效。徐某上诉主张合同未经其本人签字、合同无效的主张不能成立，本院不予支持。

（五）格式条款相关问题

内地的民商事活动中，双方当事人之间订立合同，常常会使用到"格式条款"。《民法典》第 496 条至第 498 条对格式条款的含义、效力、解释方法作了明确规定。

---

① （2022）鲁 01 民终 2801 号民事判决书。

1. 格式条款的含义

格式条款，是指当事人为了重复使用而预先拟定，并在订立合同时未与对方协商的条款。《民法典》第 496 条第 1 款规定："格式条款是当事人为了重复使用而预先拟定，并在订立合同时未与对方协商的条款。"据此可知，合同条款构成格式条款，需要满足三个条件：第一，合同条款的订立目的是重复使用。第二，合同条款的订立在双方当事人达成合意之前已经预先拟定好。第三，合同条款提供方在订立合同时未就该条款的订立与对方进行协商。

2. 格式条款提供方的法定义务

格式条款提供方应当履行以下两项法定义务。

（1）遵循公平原则的义务

格式条款是由提供方单方预先拟定的合同条款，未与对方协商，因此格式条款的内容存在损害对方权益的可能性。《民法典》第 496 条第 2 款中规定，提供格式条款的一方应当遵循公平原则确定当事人之间的权利和义务，即为了避免格式条款的签署造成合同双方当事人之间的利益失衡。

（2）对重要条款的合理提示与说明义务

《民法典》第 496 条第 2 款中还对格式条款提供方的提示说明义务作了规定。提供格式条款的一方应当采取合理的方式，提示对方注意免除或者减轻其责任等与对方有重大利害关系的条款，并按照对方的要求，对该条款予以说明。

若格式条款提供方未履行提示或者说明义务，致使对方没有注意或者理解与其有重大利害关系的条款的，对方有权主张该条款不成为合同的内容。

3. 格式条款的无效情形

结合《民法典》总则编中民事法律行为的无效情形①、《民法典》合同

---

① 参见《民法典》第 144 条、第 146 条、第 153 条、第 154 条。

编中合同的无效情形①，总结无效格式条款的情形如下。

（1）无民事行为能力人实施，或通谋虚假表示实施，或违反法律、行政法规的强制性规定，或违背公序良俗，或恶意串通，损害他人合法权益。

（2）造成对方人身损害的免责条款。

（3）因故意或者重大过失造成对方财产损失的免责条款。

（4）格式条款提供方不合理地免除或者减轻其责任、加重对方责任、限制对方主要权利。

（5）格式条款提供方排除对方主要权利。

4. 格式条款的解释

在合同签订后，双方当事人之间可能出现对格式条款的理解发生争议的情况，此时就需要对格式条款作出合理的解释。

首先，格式条款作为合同条款的一种，格式条款的解释可遵循合同条款解释的一般规则，见于《民法典》第 466 条规定："当事人对合同条款的理解有争议的，应当依据本法第一百四十二条第一款的规定，确定争议条款的含义。合同文本采用两种以上文字订立并约定具有同等效力的，对各文本使用的词句推定具有相同含义。各文本使用的词句不一致的，应当根据合同的相关条款、性质、目的以及诚信原则等予以解释。"第 142 条第 1 款规定："有相对人的意思表示的解释，应当按照所使用的词句，结合相关条款、行为的性质和目的、习惯以及诚信原则，确定意思表示的含义。"

其次，《民法典》第 498 条也专门针对格式条款的解释路径作了规定："对格式条款的理解发生争议的，应当按照通常理解予以解释。对格式条款有两种以上解释的，应当作出不利于提供格式条款一方的解释。格式条款和非格式条款不一致的，应当采用非格式条款。"

---

① 参见《民法典》第 506 条。

案例 40 【单方预先拟定但不以重复使用为目的的合同条款，不构成格式条款】

延某公司与杨某质押合同纠纷再审案①

事实： 2012 年，A 公司与 B 银行签订《最高额贷款合同》，约定 A 公司向 B 银行贷款 4000 万元。同日，延某公司与 B 银行签订《最高额保证合同》，约定为保证 B 银行与 A 公司签订的上述合同产生的全部债权得到实现，延某公司向 B 银行承担连带保证责任担保。鉴于杨某持有 A 公司注册资本出资 5600 万元（占实收资本的 35%）的股份，杨某自愿向延某公司提供股权质押反担保，以保证延某公司代为清偿 A 公司债务后的追偿权得以实现。此后，杨某与延某公司签订《股权质押反担保合同》，其中在"鉴于"部分对前述事实均有记载。

后延某公司因追偿纠纷将杨某诉至法院，请求法院依法处置杨某质押给延某公司的股权。杨某辩称《股权质押反担保合同》符合格式合同的定义和法律特征，延某公司未尽到对争议条款的提示解释义务，争议条款加重杨某责任，排除杨某的主要权利，显失公平，应属于无效合同。

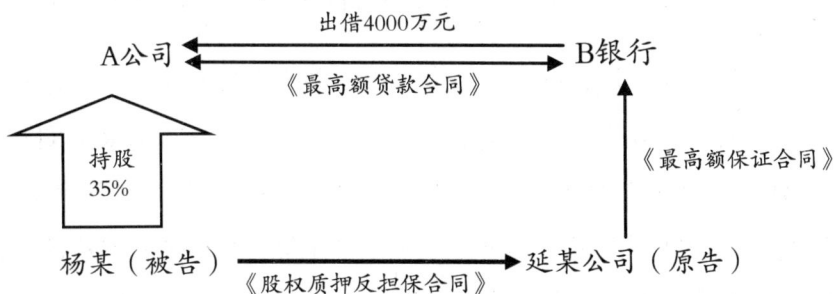

图 4-3 本案案情示意

争议焦点：《股权质押反担保合同》是否属于格式合同？

法院认为： 格式条款是当事人为了重复使用而预先拟定，并在订立合

---

① （2018）最高法民再 413 号民事判决书。

同时未与对方协商的条款。

本案中：第一，该《股权质押反担保合同》系延某公司在 A 公司申请借款需要延某公司提供担保、杨某同意为延某公司提供反担保的特定背景下专门订立，延某公司预先拟定该合同条款，其目的并非重复使用，且《股权质押反担保合同》在明显位置的"鉴于"部分载明"杨某自愿向延某公司提供股权质押反担保，以保证延某公司代为清偿 A 公司债务后的追偿权得以实现。故此，双方经协商达成合同"……故上述《股权质押反担保合同》不具备《合同法》第 39 条所规定的格式条款构成要件。

第二，多份合同文本相同并不表明该合同属于格式合同，根据《延某公司党政联席会会议纪要》《A 公司股东会决议》和《股权质押反担保合同》第 3 条第 3 款约定的内容，杨某在延某公司会议室现场签约且签约时受到延某公司工作人员催促，亦不能证明《股权质押反担保合同》属于格式合同。

案例 41 【格式条款的解释应采用一般理性人标准】

田某、周某与中某信托有限公司金融借款合同纠纷上诉案①

事实：2017 年，原告田某、周某和被告中某信托有限公司（以下简称中某信托）签订《贷款合同》，约定田某、周某向中某信托借款 6700 万元，贷款期限为 8 年，贷款利率具体以《还款计划表》为准，平均年利率 11.88%。合同附有《还款计划表》载明："如贷款合同中约定的还款方式与还款计划表有冲突，以本还款计划表为准。"计划表明细共分 96 期，每期还款均包含本息，每年 12 期还款金额（本息之和）一致，每 12 个月递减一次还款金额（本息之和仍然一致）。合同签订后，被告中某信托转账支付 600 万元于原告，原告依约还款。后原告申请提前还款，但发现被告计

---

① （2020）沪 74 民终 1034 号民事判决书。

算利息时始终以初始借款本金为基数，导致贷款实际年利率高达20%以上。原告与被告协商未果，诉至法院，请求法院判令被告退还多收取的资金。

原告主张，贷款利率应为借款合同首部载明的平均年利率11.88%。

被告辩称，《贷款合同》载明的11.88%，仅是用于计算贷款利息总额（初始贷款本金6000000元×11.88%/年×8年）。实际的利率应按照《还款计划表》计算，第一年利率为21.8%，此后逐年为19.6%、17.2%、14.43%、10.01%、6.67%、3.92%、1.32%，按贷款本金6000000元计算，利息合计5702400元，本息合计11762400元，总利率为95.04%，年利率平均值为11.88%。

争议焦点：贷款利率应如何确定？

法院认为：本案属于分次还本付息贷款产品因表面利率（合同标明利率）与实际利率存在差异而引发的纠纷。本院认为，贷款产品的提供者即贷款人应当向借款人明确披露实际利率。

本案中，中某信托应当向田某、周某明确披露系争《贷款合同》的实际利率。系争《贷款合同》为格式合同，其中与利率约定有关的共两处，其一是首部载明的平均年利率11.88%，其二是合同所附的《还款计划表》。因其表述以及表格制式均为格式条款，故中某信托还应当对实际利率作出明确提示并说明。基于上文分析，合同首部载明的平均年利率11.88%并非实际利率，不能据此认定中某信托尽到实际利率披露义务。合同约定借款利率具体以《还款计划表》为准，但对于该表是否披露了实际利率，双方理解不同……合同解释应当采用内在意思与外在表示兼顾的原则，对格式条款的解释应当采用通常理解的原则，无论是外在表示还是通常理解，均应当采用一般理性人的标准。《还款计划表》仅载明了每期还款本息额和剩余本金额，未载明实际利率或能够反映实际利率的利息计算方式，甚至未载明利息总额或其计算公式。一般人若不具备会计或金融专业知识，难以通过短时阅看而自行发现实际利率与合同首部载明利率存在差别，亦难以自行验算实际利率。因此，系争《还款计划表》不足以揭示借款合同的实际利率，中某信托未尽到明确披露实际利率的义务，其主张按照《还款计划表》收取利息缺乏法律依据。

综上，在中某信托未明确披露实际利率的情况下，应当根据合同解释原则，结合合同的相关条款、行为的性质和目的、习惯以及诚信原则来确定系争借款的利息计算方式。借款合同关于利率的明确表述即为合同首部载明的平均年利率 11.88%，同时载明还款方式为分次还款。本院认为，上述条款应当作为确定利息计算方式的主要依据，采用一般理性人的标准对该部分条款进行解释。以实际借款本金为基数计算利息是利息概念的应有之义，也是民众从储蓄存款等常见金融业务中逐渐形成的对利息的通常理解。因此，在分次还本付息的场合，以剩余本金为基数计算利息属于常理通识。

（六）缔约过失责任

缔约过失，又称缔约上的过失，是一个大陆法系的概念，由德国法学家耶林所发现。

一般而言，双方当事人在经过接触、磋商、谈判后是否订立合同，对任何一方来说都是自由的，即便最终未能成功缔结合约，双方也无须向对方承担责任。但是在当事人为缔结合同而接触磋商的过程中，不可避免会出现由于一方未尽必要的注意义务而造成对方损害的情况，这就是缔约过失责任所要解决的问题。[①]

缔约过失责任，是指一方当事人因缔约上的过失造成对方损失而承担的相应责任。《民法典》第 500 条、第 501 条规定了几种应当承担缔约过失责任的行为类型。

---

① 韩世远著：《合同法总论》，法律出版社 2018 年版，第 161 页。

1. 假借订立合同，恶意进行磋商。

2. 故意隐瞒与订立合同有关的重要事实或者提供虚假情况。

3. 有其他违背诚信原则的行为。

4. 当事人将其在订立合同过程中知悉的商业秘密或者其他应当保密的信息泄露或不正当地使用。

关于缔约过失责任的损害赔偿范围，在立法层面，现行法律并无明确规定。2019 年 11 月 8 日发布的《最高人民法院关于印发〈全国法院民商事审判工作会议纪要〉的通知》第 32 条第 2 款规定"在确定合同不成立、无效或者被撤销后财产返还或者折价补偿范围时，要根据诚实信用原则的要求，在当事人之间合理分配，不能使不诚信的当事人因合同不成立、无效或者被撤销而获益。合同不成立、无效或者被撤销情况下，当事人所承担的缔约过失责任不应超过合同履行利益"，确立了缔约过失责任受损害方有权主张的赔偿范围限于履行利益损失的规则。在司法实务层面，最高人民法院在（2016）最高法民终 802 号、（2019）最高法民申 5162 号、（2020）最高法民再 194 号等判决中认为，缔约过失责任赔偿范围限定为信赖利益损失，具体包括直接损失和间接损失。

案例 42 【缔约过失责任的构成认定及赔偿范围】

文某、××广电公司缔约过失责任纠纷再审案①

事实：案情较为复杂，在此略去。

法院认为：第一，针对××广电公司是否应承担缔约过失责任的问题，缔约过失责任是对交易当事人所遭受的信赖利益损失进行救济的责任形式，其产生的观念基础为诚实信用原则和信赖保护原则。由于当事人开始为缔结合同而进行磋商时，已处于超越普通人之间一般关系的信赖关系中，这

———————————

① （2020）最高法民再 194 号民事判决书。

种关系虽不以给付为内容，但依据诚实信用原则，当事人应负有必要的协助、通知、说明、保密、照顾、保护等义务。当事人若违反上述先合同义务，给对方造成损害，应承担法律上的缔约过失责任。因此，缔约过失责任是指在合同缔结过程中，缔约人故意或者过失地违反依据诚实信用原则所应负的先合同义务，致使另一方的信赖利益受损，而应承担的民事责任。其构成要件，一是缔约一方违反先合同义务（缔约过程中存在过错）。二是客观上造成另一方信赖利益损失。三是违反先合同义务的行为与对方所受到的损失之间存在因果关系……

第二，针对××广电公司的赔偿范围问题，应仅限于文某的信赖利益损失。信赖利益损失，又被称为消极利益，对信赖利益进行赔偿的结果是使当事人达到合同未曾发生时的状态，通常包括缔约费用、履约费用以及支出上述费用所失去的利息，但不能超出合同履行利益……

三、合同的效力

合同是民事法律行为的一种，因此合同的效力适用《民法典》总则编民事法律行为的效力规则，其效力体系仍包括有效、无效、可撤销与效力待定，在此不作详细展开。本节主要对几种特殊类型的合同效力作介绍。

（一）依法应经批准生效的合同效力

《民法典》第502条第2款对依法应当办理批准等手续的合同效力作了规定。第一，依照法律、行政法规的规定，合同应当办理批准等手续的，以法律、行政法规的规定为准。第二，未办理批准等手续，影响合同生效的，不影响合同中履行报批等义务条款以及相关条款的效力。

（二）无权代理人订立的合同效力

无权代理，是指行为人没有代理权、超越代理权或者代理权终止后实施的代理行为。无权代理行为的合同效力被规定在《民法典》总则编第 171 条第 1 款与合同编第 503 条中："行为人没有代理权、超越代理权或者代理权终止后，仍然实施代理行为，未经被代理人追认的，对被代理人不发生效力。""无权代理人以被代理人的名义订立合同，被代理人已经开始履行合同义务或者接受相对人履行的，视为对合同的追认。"由此可见，无权代理人订立的合同效力待定，只有在被代理人同意或追认的情形下，该合同有效。

（三）法定代表人越权代表订立的合同效力

根据《民法典》第 504 条的规定，法人的法定代表人，或非法人组织的负责人超越权限订立的合同，原则上该代表行为有效，订立的合同对法人或者非法人组织发生效力。但是若合同相对人并非善意相对人，其明知或应当知道法定代表人或负责人超越权限却仍然签订合同，该越权代表行为无效。

（四）超越经营范围订立的合同

经营范围，指的是从事经营活动的业务范围。根据 2022 年 3 月 1 日开始施行的《市场主体登记管理条例》第 2 条与第 8 条的规定，只要是在中国境内以营利为目的从事经营活动的自然人、法人及非法人组织，就应当在市场监督管理部门依法登记经营范围。此外，根据《民法典》第 505 条的规定，当事人若超越经营范围订立合同，该合同的效力应当根据《民法典》总则编中民事法律行为的效力规则进行判断，而不得仅以超越经营范围确认合同无效。

（五）争议解决条款的效力

合同中的争议解决条款具有独立性。根据《民法典》第 507 条的规定：

"合同不生效、无效、被撤销或者终止的，不影响合同中有关解决争议方法的条款的效力。"

四、合同的履行

合同生效后，当事人之间应当按照合同约定，全面履行合同义务。本节从合同履行的基本原则出发，分别对无约定或约定不明时的履行原则、涉他合同的履行、双务合同中的履行抗辩权，以及作为合同履行障碍的情势变更这几项重要的合同履行规则作了介绍。

（一）合同履行的原则

《民法典》第 509 条对合同履行的基本原则作了规定，具体包括以下几项。

1. 全面履行原则

全面履行原则，是指合同当事人应当严格按照约定全面履行自己的义务。

2. 诚信原则

诚信原则，是指当事人履行合同中应当根据合同的性质、目的和交易习惯履行通知、协助、保密等义务。

3. 绿色原则

绿色原则，是指当事人在履行合同过程中，应当避免浪费资源、污染环境和破坏生态。

（二）合同无约定或约定不明时的履行原则

合同生效后，对于合同中没有约定或者约定不明的事项应如何履行的问题，规定在了《民法典》第 510 条、第 511 条中。

第一，当事人就质量、价款或者报酬、履行地点等内容没有约定或者约定不明确的，可以通过补充协议方式再作约定。

第二，如果当事人之间无法达成补充协议，则可按照合同相关条款或者交易习惯确定。

第三，如果根据上述方式仍然无法确定如何履行的，适用下列规定。

1. 质量要求不明确的，按照强制性国家标准履行；没有强制性国家标准的，按照推荐性国家标准履行；没有推荐性国家标准的，按照行业标准履行；没有国家标准、行业标准的，按照通常标准或者符合合同目的的特定标准履行。

2. 价款或者报酬不明确的，按照订立合同时履行地的市场价格履行；依法应当执行政府定价或者政府指导价的，依照规定履行。

3. 履行地点不明确，给付货币的，在接受货币一方所在地履行；交付不动产的，在不动产所在地履行；其他标的，在履行义务一方所在地履行。

4. 履行期限不明确的，债务人可以随时履行，债权人也可以随时请求履行，但是应当给对方必要的准备时间。

5. 履行方式不明确的，按照有利于实现合同目的的方式履行。

6. 履行费用的负担不明确的，由履行义务一方负担；因债权人原因增加的履行费用，由债权人负担。

（三）涉他合同的履行

涉他合同，如前文所述，是指合同内容实质涉及第三人利益的合同。涉他合同包括两种类型：向第三人履行的合同、由第三人履行的合同。向第三人履行的合同中，应当由债务人向第三人履行合同义务；由第三人履行的合同中，应当由第三人向债权人履行合同义务。

1. 向第三人履行的合同

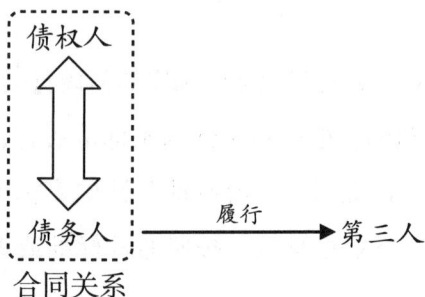

图 4-4　向第三人履行的合同示意

　　债务人履行合同义务的对象，是当事人意思自治的范畴，因此当事人可在合同中约定债务人向第三人履行合同义务。根据《民法典》第 522 条第 1 款的规定，对于向第三人履行合同违约责任的承担问题，原则上仍遵循合同相对性原则，当债务人未向第三人履行债务或者履行债务不符合约定的，应当向债权人承担违约责任。

　　但是，向第三人履行合同违约责任承担也存在例外。根据《民法典》第 522 条第 2 款的规定，在法律规定或当事人在合同中约定第三人有权直接请求债务人向其履行债务，也就是说，直接赋予了第三人合同履行请求权时，第三人未在合理期限内明确拒绝，债务人未向第三人履行债务或者履行债务不符合约定的，第三人有权请求债务人承担违约责任。同时，债务人对债权人的抗辩，可以向第三人主张。

2. 由第三人履行的合同

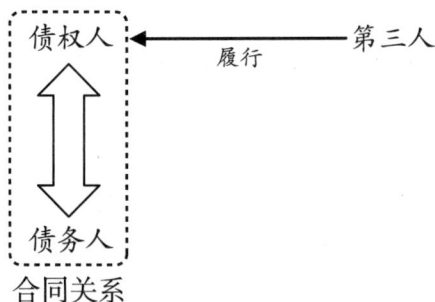

图 4-5　由第三人履行的合同示意

当事人可约定债务人以外的第三人作为合同义务的履行主体。根据《民法典》第 523 条的规定，关于由第三人履行合同违约责任的承担问题，原则上仍遵循合同相对性原则。当事人约定由第三人向债权人履行债务，第三人不履行债务或者履行债务不符合约定的，债务人应当向债权人承担违约责任。

需要注意的是，第三人履行合同的权利并非必然都来源于合同的约定，特殊情形下在没有合同约定时，第三人也有权主动代为履行合同，可被称为第三人代为履行。根据《民法典》第 524 条的规定，该种特殊情形，一般发生在第三人对履行该债务具有合法利益时，合法利益也可理解为第三人对合同的履行具有利害关系。但是根据债务性质、按照当事人约定或者依照法律规定合同只能由债务人履行的，第三人仍不得代为履行。第三人代为履行的典型情形是，转租合同法律关系中次承租人替代承租人向出租人支付租金等费用。

案例 43 【第三人对履行债务具有合法利益的，有权代为履行】

某物流公司诉吴某运输合同纠纷案①

事实：2020 年，某物流公司与吴某签订《货物运输合同》，约定该公司的郑州运输业务由吴某承接，并约定调运车辆、雇用运输司机的费用由吴某结算，与某物流公司无关。之后，某物流公司与吴某之间已结清大部分运费，但因吴某未及时向承运司机结清运费，2020 年 11 月，承运司机在承运货物时对货物进行扣留。基于运输货物的时效性，某物流公司向承运司机垫付了吴某欠付的 46 万元并通知吴某，吴某当时对此无异议。后吴某仅向某物流公司支付了 6 万元。某物流公司向吴某追偿余款未果，遂提起诉讼。

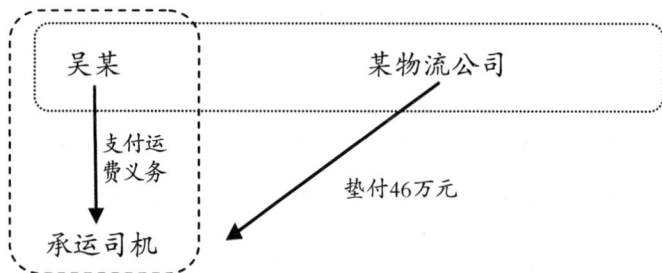

图 4-6　本案案情示意

争议焦点：某物流公司向吴某追偿运费的诉求是否成立？

法院认为：某物流公司与吴某存在运输合同关系，在吴某未及时向货物承运司机结清费用致使货物被扣留时，某物流公司对履行该债务具有合法利益，有权代吴某向承运司机履行。某物流公司代为履行后，承运司机对吴某的债权即转让给该公司，故依照《民法典》第 524 条的规定，判决支持某物流公司请求吴某支付剩余运费的诉讼请求。

---

① 最高人民法院发布 13 件人民法院贯彻实施《民法典》典型案例（第一批）。

（四）双务合同中的履行抗辩权

履行抗辩权，指的是合同履行中一方当事人对于对方提出的履行请求有权提出拒绝的权利。因双务合同的双方当事人之间互负债权债务关系，在合同的履行过程中就会出现履行先后顺序的问题。据此，《民法典》第525条至第527条规定了三种双务合同中的履行抗辩权：同时履行抗辩权、先履行抗辩权与不安抗辩权。

1. 同时履行抗辩权

双务合同的双方当事人之间未约定先后履行顺序的，双方均享有同时履行抗辩权，即任何一方在对方履行前都有权拒绝对方提出的履行债务的请求；如果对方履行债务不符合合同约定，则此时也有权拒绝对方提出的相应的履行请求。

2. 先履行抗辩权

当事人之间在合同中约定了先后履行顺序的，后履行的一方享有先履行抗辩权。先履行抗辩权，是指在约定先后履行顺序的双务合同中，应当先履行债务一方未履行或履行债务不符合约定的，后履行一方有权拒绝对方的履行请求。

3. 不安抗辩权

对于双方当事人在合同中约定了先后履行顺序，满足一定条件时，先履行的一方享有不安抗辩权，即在有确切证据证明对方有以下情形之一的，有权中止履行。

（1）经营状况严重恶化。

（2）转移财产、抽逃资金，以逃避债务。

（3）丧失商业信誉。

（4）有丧失或者可能丧失履行债务能力的其他情形。

对于先履行一方所享有的不安抗辩权，行使权利时需要注意以下几点。

（1）先履行一方必须有确切证据才可中止履行，否则应当承担违约责任。

（2）先履行一方中止履行的，负有对后履行一方的及时通知义务。

（3）若后履行一方提供适当担保，则先履行一方应当恢复履行。

（4）若后履行一方在合理期限内未恢复履行能力且未提供适当担保的，视为以自己的行为表明不履行主要债务，中止履行的一方可以解除合同并可以请求对方承担违约责任。

案例 44 【不安抗辩权的行使条件】

某医疗设备公司与某物流公司买卖合同纠纷案①

事实： 2020 年，原告某物流公司与被告某医疗设备公司签订《销售合同》约定，医疗设备公司向物流公司采购总价为 7350 万元的 300 台呼吸机，并约定 2020 年 5 月 8 日前医疗设备公司应当支付 80%货款（5880 万元），物流公司收到 80%货款后进行排产，再予以发货。医疗设备公司需于物流公司发货前 3 个工作日将所发货物的剩余 20%货款付清。物流公司应于 2020 年 6 月 10 日前交付 300 台。

合同履行过程中，医疗设备公司在 2020 年 5 月 8 日前付款的数额仅为 4606 万元，未达到合同约定货款的 80%，物流公司向医疗设备公司共交付呼吸机 150 台，也未达到合同约定的 300 台，双方发生纠纷。

物流公司主张：因医疗设备公司未按照合同约定全额支付合同项下货款的 80%，故未交付全部呼吸机。

医疗设备公司主张：其未全额支付 5880 万元系因物流公司无法按时交付呼吸机，故中止履行付款义务。

---

① 北京市通州区人民法院发布九个副中心民营企业商事纠纷典型案例之一。

交付300台呼吸机的义务

某医疗设备公司 ◄━━━━━━━━━━━━━► 某物流公司

支付总计7350万元价款的义务

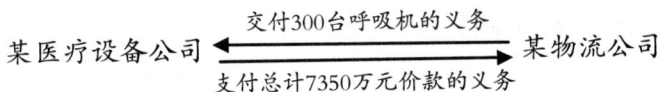

图4-7　本案案情示意

争议焦点：本案中双方当事人哪一方构成违约？

法院认为：关于医疗设备公司是否享有不安抗辩权的问题，依据约定，医疗设备公司应于2020年5月8日前先支付300台呼吸机货款的80%即5880万元才由厂家进行排产，故医疗设备公司应先履行债务。只有当医疗设备公司有确切证据证明物流公司有丧失或可能丧失履行债务能力的情形时，方可依法中止履行付款义务，且应在中止履行后及时通知对方。

本案中，一方面，医疗设备公司在未按约定支付300台呼吸机80%货款的情况下，物流公司并无义务向厂家进行排产，物流公司因此未交付全部货物并不能说明其丧失或可能丧失履行能力。依据医疗设备公司提交的相关证据不能证实在其履行付款义务期限届满时物流公司存在丧失或可能丧失履行债务能力的情形，不符合行使不安抗辩权的条件。另一方面，依据法律规定，医疗设备公司行使不安抗辩权应及时通知物流公司，以便物流公司及时恢复履行能力或提供担保，但在案证据显示，在医疗设备公司货款支付期限届满时，医疗设备公司并无行使不安抗辩权的任何意思表示。故对于医疗设备公司主张行使不安抗辩权而拒付货款的主张，法院不予支持。最终，法院认定医疗设备公司违约并承担违约责任。

（五）合同履行障碍的情势变更

情势变更原则，是指合同成立后，出现了当事人在订立合同时无法预见的、不属于商业风险的重大变化，导致合同基础条件发生改变，继续履行合同对于当事人一方明显不公平，在此情况下当事人可就合同重新协商，或请求法院变更或解除合同。《民法典》第533条对情势变更的构成要件和法律后果作了具体规定。

1. 情势变更的构成要件

根据《民法典》第533条的规定，情势变更需要同时满足以下几个构成要件。

第一，情势变更发生在合同成立后、履行完毕前。

第二，存在情势变更的事实，即合同赖以生存的基础条件发生变化，且这种变化应当是在订立合同时无法预见、不属于商业风险的重大变化。

第三，情势变更具有不可归责性，客观事实重大变化的出现不可归责于任何一方当事人。

第四，继续履行合同对一方显失公平。

2. 情势变更的法律后果

在满足上述四个构成要件的情形下，受不利影响的当事人有权与对方就合同重新协商。双方若在合理期限内协商不成，则该当事人有权请求人民法院或者仲裁机构变更或者解除合同。人民法院或者仲裁机构应当结合案件的实际情况，根据公平原则变更或者解除合同。

案例 45 【情势变更和商业风险的区分】

吴某、王某诉某公司房屋租赁合同纠纷案①

事实： 2006 年，原告吴某、王某和某公司签订《铺面租赁合同》。原告主张：随着时间推移，因市场价格上涨、当地政策变动等因素，案涉房屋所处地段同类铺面租金价格已从每月每平方米 30 多元涨到 300 多元，房屋价格攀升和租金上涨的事实是双方签订案涉《铺面租赁合同》时无法预见、非不可抗力造成的重大变化，于是请求法院依据情势变更原则依法调整案涉房屋租金价格。

争议焦点： 是否应当适用情势变更原则变更案涉《铺面租赁合同》中

① （2017）最高法民申 3380 号民事裁定书。

的租金条款？

法院认为：契约严守为《合同法》的基本原则。合同成立后，因不可归责于合同当事人的原因导致合同目的落空，强行维持合同原有效力将导致合同当事人之间的利益严重失衡时，才能适用情势变更原则。

本案中：首先，根据原判决查明的事实，当事人自 2006 年签订案涉《铺面租赁合同》至今，三亚地区包括案涉租赁房屋相同地段的房租价格确有上涨，此种上涨深受房地产市场整体价格波动的影响。在我国房地产市场近年来整体呈长势的大背景下，2006 年国务院出台将海南省建成国际旅游岛的政策，与海南房价和房租的普遍上涨存在一定程度的关联性。案涉房屋租金上涨与海南房屋租赁市场整体波动相一致，这说明案涉房屋租金涨跌的主要原因是市场因素，属于正常的商业风险。

其次，吴某、王某签订案涉《铺面租赁合同》时，亦约定了租金调整条款，这说明其对房屋租赁市场的变化是有一定预期的，嗣后的价格涨跌都应视为在其合理预见范围之内，不存在无法预见之情形。

再次，继续履行案涉《铺面租赁合同》，吴某、王某仍能依约收取案涉房屋租金，且由于合同约定被告公司缴纳租赁税金，继续履行合同不会额外增加吴某、王某订约时预计付出的履约成本，二人不会陷入履行困难。

最后，案涉《铺面租赁合同》的预期利益和履行利益已充分表现在价格条款之中，超出合同的市场价格并不属于合同预期利益的范畴。继续履行合同是否显失公平并不能简单以合同签订时的价格与合同履行时的价格进行纵向比较，只有在合同的履行利益低于维持利益，即出租方继续履行合同所得对价将难以维持房屋适租状态及支付必要成本时，方宜认为构成《最高人民法院关于适用〈中华人民共和国合同法〉若干问题的解释（二）》（现已失效）第 26 条规定的"继续履行合同对于一方当事人明显不公平"之情形。吴某、王某以市场价为基础主张继续履行合同会产生重大经济损失，缺乏事实和法律依据，因此法院驳回了其诉求。

五、合同的保全

为了保障合同一方当事人债权的实现，《民法典》合同编第五章专门规定了合同的保全制度，具体包括两种方法：债权人代位权与债权人撤销权。债权人代位权，针对的是债务人怠于行使权利的消极行为；债权人撤销权，针对的是债务人主动减少自身责任财产的积极行为。[①]

（一）债权人代位权

1. 债权人代位权的含义及成立要件

债权人代位权，是指为了保障债权实现，以自己的名义代位行使债务人对他人权利的权利。《民法典》第 535 条第 1 款规定："因债务人怠于行使其债权或者与该债权有关的从权利，影响债权人的到期债权实现的，债权人可以向人民法院请求以自己的名义代位行使债务人对相对人的权利，但是该权利专属于债务人自身的除外。"因此，债权人得以行使代位权的成立要件为以下几点。

（1）债权人对债务人、债务人对次债务人拥有合法、到期债权。

（2）债务人怠于行使其对次债务人的债权或相关从权利。

（3）债务人的怠于行权影响了债权人债权的实现。

（4）债权人的债权不得专属于债务人自身。

2. 债权人代位权的行使方式

债权人代位权的行使，应当由债权人以向人民法院提起诉讼的方式行使。

3. 债权人行使代位权的范围

根据《民法典》第 535 条第 2 款的规定，代位权的行使范围以债权人的到期债权为限，债权人行使代位权的必要费用，由债务人负担。

---

① 韩世远著：《合同法总论》，法律出版社 2018 年版，第 432 页。

4. 债权人代位权的行使效果

《民法典》第 537 条规定："人民法院认定代位权成立的，由债务人的相对人向债权人履行义务，债权人接受履行后，债权人与债务人、债务人与相对人之间相应的权利义务终止……"因此，若债权人行使代位权能够得到法院的支持，那么债权人有权向次债务人主张履行债务。次债务人向债权人清偿债务后，债权人与债务人、债务人与次债务人之间的债权债务关系一并消灭。

案例 46 【债权人的债权无法在代位权诉讼执行阶段全额获得清偿的，有权就未清偿的债权另行向债务人主张权利】

北京某燃料公司诉山东某物流公司买卖合同纠纷案①

事实： 2012 年至 2013 年，山东某物流公司与北京某燃料公司签订了 41 份采购合同，约定前者向后者采购燃料货物。后经结算，山东某物流公司对北京某燃料公司有部分货款到期未支付。于是，北京某燃料公司以山东某物流公司的债务人宁波某进出口公司为被告、山东某物流公司为第三人提起代位权之诉，法院判决宁波某进出口公司向北京某燃料公司支付货款 3600 万余元。进入执行阶段，后因宁波某进出口公司无可供执行的财产，执行程序终结。因此，北京某燃料公司以山东某物流公司为被告，诉至法院请求判令其支付欠付货款。

争议焦点： 北京某燃料公司是否有权向债务人主张欠款？

法院认为： 第一，《最高人民法院关于适用〈中华人民共和国合同法〉若干问题的解释（一）》（现已失效）第 20 条规定，债权人向次债务人提起的代位权诉讼经人民法院审理后认定代位权成立的，由次债务人向债权人履行清偿义务，债权人与债务人、债务人与次债务人之间相应的债权债

① （2019）最高法民终 6 号民事判决书。

务关系即予消灭。根据该规定，认定债权人与债务人之间相应债权债务关系消灭的前提，是次债务人已经向债权人实际履行相应清偿义务。本案所涉执行案件中，因并未执行到宁波某进出口公司的财产，法院已经作出终结本次执行的裁定，故在次债务人并未实际履行清偿义务的情况下，北京某燃料公司诉山东某物流公司之间的债权债务关系并未消灭，北京某燃料公司有权向山东某物流公司另行主张。

第二，代位权诉讼属于债的保全制度，该制度是为防止债务人财产不当减少或者应当增加而未增加，给债权人实现债权造成障碍，而非要求债权人在债务人与次债务人之间择一选择作为履行义务的主体。如果要求债权人择一选择，无异于要求债权人在提起代位权诉讼前，对次债务人的偿债能力作充分调查，否则应当由其自行承担债务不得清偿的风险，这不仅加大了债权人提起代位权诉讼的经济成本，还会严重挫伤债权人提起代位权诉讼的积极性，与代位权诉讼制度的设立目的相悖。

（二）债权人撤销权

1. 债权人撤销权的含义及成立条件

债权人撤销权，是指债权人对债务人所作的危害债权的行为可予以撤销的权利。《民法典》第 538 条针对债务人的无偿行为作了规定："债务人以放弃其债权、放弃债权担保、无偿转让财产等方式无偿处分财产权益，或者恶意延长其到期债权的履行期限，影响债权人的债权实现的，债权人可以请求人民法院撤销债务人的行为。"第 539 条针对债务人的有偿行为作了规定："债务人以明显不合理的低价转让财产、以明显不合理的高价受让他人财产或者为他人的债务提供担保，影响债权人的债权实现，债务人的相对人知道或者应当知道该情形的，债权人可以请求人民法院撤销债务人的行为。"因此，债权人撤销权的成立条件为以下几点。

（1）债务人实施了危害债权人债权的行为，包括无偿行为和有偿行为。

表 4-1 债权人撤销权成立要件中的危害债权行为

无偿行为	有偿行为
放弃债权	以明显不合理的低价转让财产
放弃债权的担保	以明显不合理的高价受让他人财产
无偿转让财产	为他人的债务提供担保
恶意延长其到期债权的履行期限	

（2）债务人实施危害债权的行为，影响了债权人债权的实现。

（3）对于有偿行为而言，债务人应当具有主观恶意。

2. 债权人撤销权的行使方式

与债权人代位权相同，债权人撤销权的行使应当由债权人以向人民法院提起诉讼的方式行使。

3. 债权人撤销权的行使效果

《民法典》第542条对债权人撤销权的行使效果作了规定："债务人影响债权人的债权实现的行为被撤销的，自始没有法律约束力。"因此，若债权人行使撤销权能够得到法院的支持，债务人实施的危害债权行为将自始无效。

4. 债权人撤销权的行使期间

为了保障交易安全，《民法典》第541条对债权人撤销权的行使期间作了限制性规定："撤销权自债权人知道或者应当知道撤销事由之日起一年内行使。自债务人的行为发生之日起五年内没有行使撤销权的，该撤销权消灭。"

案例 47 【债权人撤销权跨境纠纷中香港法院判决认定事实的采纳】

林某璇诉启某公司等债权人撤销权纠纷案[①]

事实： 2017年1月，香港法院作出生效判决，判令香港企业启某公司

---

① 广东法院第二批粤港澳大湾区跨境民事纠纷典型案例。

向香港居民林某璇支付港币 5000 万元及利息。2017 年 2 月，林某璇向香港法院申请对启某公司进行清盘。启某公司将其持有的广东启某酒店有限公司注册资本为 12900 万美元的股权，以人民币 100 万元的价格转让给香港企业鹏某公司。2017 年 4 月，香港法院对启某公司作出清盘命令。林某璇以启某公司以明显不合理价格转让股权、损害林某璇的债权为由提起诉讼，请求撤销启某公司向鹏某公司转让股权的行为。

法院认为：广州市黄埔区人民法院一审认为，香港法院生效判决已认定林某璇对启某公司享有债权，虽然当事人尚未向人民法院申请认可和执行该判决，但在启某公司未能提供相反证据推翻该判决或证明判决确定的债权债务已经清偿完毕的情况下，应对该判决认定的债权予以确认。启某公司与鹏某公司以明显不合理的价格转让涉案股权有违正常的商业交易规则，双方存在恶意串通转移启某公司财产、损害林某璇权益的行为，故判决撤销该股权转让行为。广州市中级人民法院二审判决，驳回上诉，维持原判。

六、合同的变更和转让

在合同履行的过程中，双方当事人可能对合同内容或合同主体作出改变。其中合同内容的变更，一般被称为合同变更；合同主体的变更，一般被称为合同转让。合同转让包括三种形式：债权让与、债务承担与合同权利义务的概括移转。本节将对上述内容依次展开介绍。

（一）合同的变更

合同的变更，指的是不改变合同主体而仅改变合同内容的情形。[①]《民法典》第 543 条规定："当事人协商一致，可以变更合同。"合同的变更取决于当事人的意思自治，只要当事人达成改变某项合同内容的合意，即可变更合同。

---

① 韩世远著：《合同法总论》，法律出版社 2018 年版，第 586 页。

但是根据《民法典》第 544 条的规定，如果当事人之间对合同变更的内容约定不明确，则会被推定为未对合同作出变更。

（二）合同的转让

合同的转让，指的是不改变合同内容而改变合同主体的情形，主要包括债权让与、债务承担与债权债务的概括移转。债权让与，是债权人将债权转让给受让人的行为；债务承担，是债务人将债务部分或全部转让给受让人的行为；债权债务的概括移转，则主要是指将合同权利义务一并转让给受让人的行为。后文将依次对这三种合同转让的形式进行详细的介绍。

（三）债权让与

1. 债权让与的含义与生效要件

债权让与，是指债权人将其对债务人的债权转让给第三人的行为。其中，一般将债权人称为让与人，将第三人称为受让人。债权让与的生效应当具备以下几个要件：

第一，债权让与的前提是债权本身的合法有效性。

第二，转让的债权应当具有可让与性，《民法典》第 545 条规定了几种不可转让的债权，分别为根据债权性质不得转让，按照当事人约定不得转让，以及依照法律规定不得转让的债权。

第三，债权让与的出让人与受让人之间应当达成有效合意。

2. 债权让与的对内效力

债权让与的对内效力，是指债权让与在债权人与受让人之间所发生的法律效果。具体而言，第一，债权让与合同一旦成立，债权就由债权人转移到由受让人享有，债权人则完全脱离原债权人地位，由受让人取代其成为新债权人。[①] 第二，债权的从权利将随着债权让与而转移，除债权外，受

---

① 韩世远著：《合同法总论》，法律出版社 2018 年版，第 607 页。

让人还将取得与债权有关的从权利，可见于《民法典》第 547 条的规定："债权人转让债权的，受让人取得与债权有关的从权利，但是该从权利专属于债权人自身的除外。受让人取得从权利不因该从权利未办理转移登记手续或者未转移占有而受到影响。"

3. 债权让与的对外效力

债权让与的对外效力，是指债权人与受让人之间达成的内部债权让与合意对于债务人的法律效果。

（1）对外效力的前提：债权让与的通知

债权让与要对债务人产生法律效力必须满足的条件是，债权人将债权让与的相关事宜通知债务人。需要注意的是，"通知"不同于"同意"，只要债权让与通知作出后，债务人一旦收到通知，无论债务人是否同意，该债权让与行为对债务人均具有法律效力，此后债务人应当向新债权人履行债务。《民法典》第 546 条规定："债权人转让债权，未通知债务人的，该转让对债务人不发生效力。债权转让的通知不得撤销，但是经受让人同意的除外。"一般而言，债权让与通知一旦发出，不允许债权人撤销，除非受让人同意撤销该通知。

（2）债务人抗辩权的移转

因债权让与法律关系中，在债务人收到通知后，债权人退出脱离原债权人地位，债权人地位由受让人取代，因此债务人曾经对原债权人的抗辩权对新债权人仍可予以主张，此规则可被称为债务人抗辩权的移转。《民法典》第 548 条规定了债权让与的抗辩权移转规则："债务人接到债权转让通知后，债务人对让与人的抗辩，可以向受让人主张。"

（3）债务人的抵销权

抵销权是指在双方互负债务时，一方可向另一方主张使得双方各自的债务等额地全部或部分消灭的权利。根据《民法典》第 549 条的规定，在债务人收到债权让与的通知时，债务人有权向受让人主张抵销的情形有以下两种。

第一，债务人接到债权转让通知时，债务人对让与人享有债权，且债务人的债权先于转让的债权到期或者同时到期。

第二，债务人的债权与转让的债权是基于同一合同产生。

案例 48 【债权转让通知债务人，对债务人发生法律效力】

香港镜某公司诉梁某福船舶抵押债权转让合同纠纷案①

事实： 1988 年和 1989 年，梁某福以兴某 1 号渔船、兴某 2 号渔船，以及船上设备作抵押向案外人澳洲信某公司分别借款 110 万港元、170 万港元。1990 年，梁某福与澳洲信某公司签订捕鱼设备租购协议，捕鱼设备价值 407988 港元。后来，梁某福未能按协议清偿贷款，澳洲信某公司诉至香港法院，于 1993 年最终获得了梁某福与其担保人共同偿还澳洲信某公司约 193 万港元的胜诉判决。

1995 年，澳洲信某公司与香港镜某公司签订债权转让协议，其中约定澳洲信某公司将梁某福欠付贷款约 129 万港元与租购捕鱼设备欠款 11 万港元的债权转让给香港镜某公司。1996 年，香港镜某公司将债权转让款支付完毕。财务公司也已经将上述债权转让文件向梁某福在香港的住所送达，并通知了香港海事处。

之后，香港镜某公司将梁某福诉至海口海事法院，请求判令被告向其支付欠款。一审判决支持香港镜某公司约 140 万港元欠款及 20 万港元利息的诉讼请求。

梁某福不服一审判决，以"债权转让事实不清，证据不足，原债权人没有通知上诉人，更没有征得上诉人同意，该转让行为无效"为由，提起上诉。

---

① 《最高人民法院公报》1999 年第 1 期。

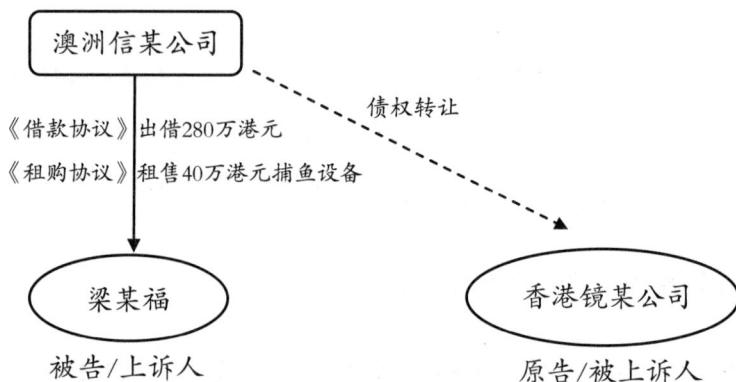

图 4-8　本案案情示意

争议焦点：债权转让未经债务人同意，能否对债务人发生效力？

二审法院认为：《民法通则》（现已失效）第 91 条规定："合同一方将合同的权利、义务全部或者部分转让给第三人的，应当取得合同另一方的同意……"这里所说的转让，既指合同权利，也包括合同义务。实践中，合同义务的转让如果不经权利人同意，往往会损害权利人的利益。鉴于此，法律才作出这样的规定。如果单独就转让债权而言，则债务人无论向哪一个债权人履行，都没有本质的区别，不会影响到债权人或者债务人任何一方的利益。债务人如果因此履行而支出了额外的费用，则应由原债权人或新债权人承担。因此，这种转让只要求原债权人通知债务人，不必征求债务人同意，就不违背法律的原意。信某公司与香港镜某公司之间就包括梁某福欠款在内的债权转让既不违背社会公共利益，也不损害梁某福的利益，是合法有效的。梁某福的上诉理由不能成立，依法应予驳回。

（四）债务承担

1. 债务承担的含义与生效要件

债务承担，是指债务人将债务部分或全部转让给第三人的行为。债务承担包括以下几个生效要件。

第一，债务承担的前提是债务本身的合法有效性。

第二，债务应当具有可移转性，不可移转的债务，不能成为债务承担的客体。

第三，债务承担应当经债权人同意。《民法典》第 551 条对此作了规定："债务人将债务的全部或者部分转移给第三人的，应当经债权人同意。债务人或者第三人可以催告债权人在合理期限内予以同意，债权人未作表示的，视为不同意。"由此可见，债务承担需要征求债权人的同意方能生效，目的主要是防止债务人将债务转移给不具有充足偿债能力的第三人以损害债权人利益。

2. 债务承担的类型

以债务人将债务是否全部转移给第三人为标准，可将债务承担分为两种类型：免责的债务承担与并存的债务承担。

免责的债务承担，是指债务人将债务全部或部分转移给第三人，债务人免除其转移给第三人的全部或部分债务范围内的责任，该范围内的债务由第三人替代债务人向债权人履行。

并存的债务承担，又称债务加入，是指债务人和第三人约定第三人加入债权债务关系中，债务人自身并不退出债权债务法律关系，而是与第三人共同承担部分或全部债务，共同向债权人履行债务。《民法典》第 552 条对债务加入作了明确规定："第三人与债务人约定加入债务并通知债权人，或者第三人向债权人表示愿意加入债务，债权人未在合理期限内明确拒绝的，债权人可以请求第三人在其愿意承担的债务范围内和债务人承担连带债务。"

3. 债务承担的法律效力

债务承担对债权人、债务受让人与原债务人的法律效果，主要体现在以下三个方面。

（1）抗辩权的移转

《民法典》第 553 条第 1 句规定："债务人转移债务的，新债务人可以主张原债务人对债权人的抗辩。"债务承担经债权人同意后，债务人将债务全部或部分转移给第三人，此时在原债权债务关系下债务人所享有的抗辩权也将随之转移给新债务人。

（2）抵销权的限制

《民法典》第553条第2句规定："原债务人对债权人享有债权的，新债务人不得向债权人主张抵销。"债务承担中，原债务人向受让人移转的仅仅为原债务人对债权人的债务，不包括原债务人对债权人所享有的债权，因此受让人作为新债务人，无权以原债务人的债权主张抵销债务。

（3）从债务的承担

《民法典》第554条规定："债务人转移债务的，新债务人应当承担与主债务有关的从债务，但是该从债务专属于原债务人自身的除外。"基于从债务相对于主债务的从属性、附属性特点，可知主债务移转的，从债务随之移转。因此，在债务承担的法律关系中，债务人将主债务转移给第三人的，从债务也应随之一并转移给第三人，除非该债务具有人身属性、专属于原债务人自身。

案例 49 【债务加入的认定及与保证的区分】

张某良与张某双借款合同纠纷再审案①

事实： 2015年，张某良等数人作为出借人，与某公司等签订《借款协议》，约定某公司因公司周转，借出借人2200万元。2016年6月22日，张某良等人（甲方）与张某双（乙方）签订《还款计划保证协议书》，其中约定乙方借甲方4300万元。后因某公司等无法按期还款，张某良提起诉讼，请求法院判令某公司偿还借款本金2200万元及利息，张某双向其承担连带担保责任。庭审中，张某良认可《借款协议》《还款计划保证协议书》以及案涉另两个协议中载明的款项均为同一笔，4300万元系由某公司2200

---

① （2019）最高法民再316号民事判决书。

万元借款加巨额回报所构成。

争议焦点：张某双是否应承担共同还款责任？

法院认为：第一，以原债务人是否继续承担债务为标准，债务承担可以大体划分为免责式债务承担和并存式债务承担。债务承担人与债权人约定债务承担时，未明确约定原债务人是否脱离债权债务关系的，构成并存式债务承担。债务承担人以自己的名义另行向债权人出具债务凭据并承诺由其按期履行债务等行为表明由其独立承担原债务人的债务，债权人表示同意的，构成免责式债务承担。根据本案相关事实，本案应认定为并存式债务承担。张某双作为借款合同外的第三人向张某良承诺承担某公司的债务，其行为并非创设新的债权债务关系，而是加入某公司与张某良之间原有的债权债务关系中。

第二，关于《还款计划保证协议书》的性质问题。张某双加入债务的行为是为了保证张某良债权的实现，但《还款计划保证协议书》约定的内容并非担保法意义上的保证，张某双与某公司之间亦不是保证人与债务人的关系，而是并存式债务承担中共同债务人的关系。债务加入与保证的本质区别在于债务承担人并非从债务人，而是共同债务人，与原债务人无主次之分，债权人为实现其债权，可以直接选择由债务承担人偿还债务，无须待债务人迟延履行，债务承担人即具有完全清偿债务的义务，其履行的法律效果及于债务人，而保证人则是在主债务迟延履行时方承担责任。综上，案涉《还款计划保证协议书》虽名含"保证"字样，但名不符文，根据《合同法》（现已失效）第125条第1款关于"当事人对合同条款的理解有争议的，应当按照合同所使用的词句、合同的有关条款、合同的目的、交易习惯以及诚实信用原则，确定该条款的真实意思"的规定，案涉《还款计划保证协议书》的性质不是保证合同，而是债务加入协议，张某双的法律身份不是保证人，而是债务承担人，张某双应向张某良偿还《还款计划保证协议书》约定的债务，该还款承诺非经债权人张某良许可，不得撤回。

（五）合同权利义务的概括移转

《民法典》第 555 条明确规定了合同权利义务概括移转的情形："当事人一方经对方同意，可以将自己在合同中的权利和义务一并转让给第三人。"合同权利义务的概括移转本质上是债权让与和债务承担的结合，因此根据《民法典》第 556 条规定的"合同的权利和义务一并转让的，适用债权转让、债务转移的有关规定"，概括移转中涉及合同权利让与的，则可适用债权让与的相关规定；概括移转中涉及合同义务承担的，则可适用债务承担的相关规定。

七、合同权利义务的终止

（一）概述

债权债务终止，是指在特定情形的出现下，当事人之间的债权债务归于消灭。这些特定情形具体包括：第一，债务已经履行。第二，债务相互抵销。第三，债务人依法将标的物提存。第四，债权人免除债务。第五，债权债务同归于一人。第六，法律规定或者当事人约定终止的其他情形。对于合同的权利义务终止而言，还有合同解除这一情形。后文将对这几种情形依次作详细介绍。

需要注意的是，合同中的结算清理条款具有独立性，根据《民法典》第 567 条规定："合同的权利义务关系终止，不影响合同中结算和清理条款的效力。"

（二）清偿

清偿，也可称债务的履行，是指债务人按照双方的约定实现了对债务的履行。《民法典》有关清偿的规则包括以下几个方面。

1. 数项债务的清偿顺序

在债务人对同一个债权人负担数项种类相同的债务时，若债务人仅能清偿部分债务，则根据《民法典》第 560 条的规定，数项债务清偿顺序的确定路径如下。

第一，债务人与债权人对数项债务的清偿顺序有约定的，从其约定。

第二，双方未作出约定的，债务人在清偿时有权对其履行的债务是哪项债务作出指定。

第三，债务人未作指定的，优先履行已经到期的债务。

第四，数项债务均到期的，优先履行对债权人缺乏担保或担保最少的债务。

第五，均无担保或者担保相等的，优先履行债务人负担较重的债务。

第六，负担相同的，按照债务到期的先后顺序履行。

第七，到期时间相同的，按照债务比例履行。

2. 单个债务的清偿顺序

债务人在履行主债务外，若还存在额外的利息，或债权人为了实现债务还支出了额外费用的，《民法典》第 561 条对此情形下的债务清偿顺序作了规定："债务人在履行主债务外还应当支付利息和实现债权的有关费用，其给付不足以清偿全部债务的，除当事人另有约定外，应当按照下列顺序履行：（一）实现债权的有关费用；（二）利息；（三）主债务。"由此可知，当事人无约定时，债务人应当优先清偿实现债权的有关费用，其次清偿利息，最后清偿主债务。

（三）解除

本小节的解除，是指合同的解除。合同的解除，是指在合同有效成立后，因一方或双方的意思表示而将合同关系终止，未履行的部分不再履行，已履行的部分视具体情况进行清算的制度。[①]

1. 合同解除的类型

从解除权的行使主体上看，合同解除可分为双方解除与单方解除。

双方解除，规定在《民法典》第 562 条第 1 款中："当事人协商一致，可以解除合同。"双方当事人在合同生效后，对终止合同权利义务达成一致合意的，有权解除合同。

单方解除，是指法律规定或当事人约定的一方解除合同的事由发生时，当事人一方有权解除合同。根据解除事由来源于当事人约定还是法律规定，单方解除又可分为约定解除和法定解除。

（1）约定解除

《民法典》第 562 条第 2 款中对单方约定解除权作了明确规定："当事人可以约定一方解除合同的事由。解除合同的事由发生时，解除权人可以解除合同。"在此需要注意约定解除和双方解除的区别。在约定解除的情形下，双方当事人在拟定合同时已经事先约定好了合同解除事由；而在双方解除的情形下，当事人事先对合同解除事由并未事先作出约定，解除合同是基于双方在合同生效后所达成的一致意思表示。

（2）法定解除

法定解除，是指在由法律规定的某些具体情形发生时，当事人有权解除合同的制度。《民法典》第 563 条第 1 款规定了合同的五种法定解除事由。

第一，因不可抗力致使不能实现合同目的。

第二，在履行期限届满前，当事人一方明确表示或者以自己的行为表明不履行主要债务。

第三，当事人一方迟延履行主要债务，经催告后在合理期限内仍未履行。

第四，当事人一方迟延履行债务或者有其他违约行为致使不能实现合同目的。

---

① 韩世远著：《合同法总论》，法律出版社 2018 年版，第 644 页。

第五，法律规定的其他情形。

除上述五种法定解除事由外，针对某些特殊类型的合同，《民法典》第563条第2款还规定了任意解除权："以持续履行的债务为内容的不定期合同，当事人可以随时解除合同，但是应当在合理期限之前通知对方。"以持续履行的债务为内容的合同，也可被称为继续性合同。不定期的继续性合同，如不定期租赁合同、不定期物业服务合同、不定期合伙合同等，因合同履行期限具有不确定性，为了向当事人提供合理的合同退出机制，防止无限期地受到合同制约，所以法律赋予了双方当事人均可无条件地任意解除合同的权利，但是在行使解除权之前要履行通知义务。

2. 解除权的行使期限

为了督促权利人及时行权，法律规定了合同解除权的行权期限制度。根据合同解除权的行权期限是否由法律规定或当事人约定，《民法典》第564条将合同解除权的行权期限划分为以下两种。

第一，法律规定或者当事人约定解除权行使期限，期限届满当事人不行使的，该权利消灭。

第二，法律没有规定或者当事人没有约定解除权行使期限，自解除权人知道或者应当知道解除事由之日起一年内不行使，或者经对方催告后在合理期限内不行使的，该权利消灭。

3. 解除权的行使方式

《民法典》第565条对合同解除权的行使方式作了明确规定："当事人一方依法主张解除合同的，应当通知对方。合同自通知到达对方时解除；通知载明债务人在一定期限内不履行债务则合同自动解除，债务人在该期限内未履行债务的，合同自通知载明的期限届满时解除。对方对解除合同有异议的，任何一方当事人均可以请求人民法院或者仲裁机构确认解除行为的效力。当事人一方未通知对方，直接以提起诉讼或者申请仲裁的方式依法主张解除合同，人民法院或者仲裁机构确认该主张的，合同自起诉状副本或者仲裁申请书副本送达对方时解除。"

由此可知，当事人行使合同解除权，可直接以通知的方式作出。对于合同解除的时点认定问题，根据当事人解除权行使方式的不同而有所不同。具体而言，第一，以通知的方式解除合同的，合同解除的时点为通知到达对方之时。第二，若通知的内容系给予债务人一定的宽限期，载明债务人在一定期限内不履行债务则合同自动解除的，若债务人在该期限内确实未履行债务，则此情形下合同解除时点为自通知载明的期限届满之时。第三，若当事人未通知对方而直接提起诉讼或仲裁主张解除合同，该主张被确认的，合同解除时点为自起诉状副本或者仲裁申请书副本送达对方之时。

4. 合同解除后的法律效果

合同依照法律规定或当事人约定解除后，将产生何种法律效果，如何处理、如何清算，都是当事人特别关注的问题。《民法典》主要对合同解除后未履行部分和已履行部分的处理、违约解除的违约责任、担保合同项下的担保责任问题等方面作了明确规定。

（1）未履行部分和已履行部分的处理

《民法典》第566条第1款规定："合同解除后，尚未履行的，终止履行；已经履行的，根据履行情况和合同性质，当事人可以请求恢复原状或者采取其他补救措施，并有权请求赔偿损失。"因此，合同解除后的未履行部分，当事人应当终止履行；已履行部分，根据履行情况和合同性质的不同，将采取恢复原状、其他补救措施、损失赔偿等处理方式进行当事人之间的清算。

（2）违约解除的违约责任

合同的解除，不影响当事人向违约方主张违约责任。《民法典》第566条第2款规定："合同因违约解除的，解除权人可以请求违约方承担违约责任，但是当事人另有约定的除外。"

（3）担保合同项下的担保责任

主合同解除，除非当事人约定了担保人可因此而免责，否则不影响债权人向债务的担保人主张担保责任。《民法典》第566条第3款规定："主合同解除后，担保人对债务人应当承担的民事责任仍应当承担担保责任，但是担保合同另有约定的除外。"因担保合同的订立目的主要是保证债务人全面履行债务，在合同因债务人未能全面履行债务而被解除时，因此而产生债务人的其他民事责任仍属于担保人的担保范围，因此一般而言担保人仍然应当承担担保责任。

案例50 【一方显著轻微违约无法构成另一方合同法定解除权的行使条件】

江苏太仓某贸易公司与上海某建筑装饰公司、太仓某金属公司房屋租赁合同纠纷案①

事实：2017年1月，江苏太仓某贸易公司（以下简称某贸易公司）和上海某建筑装饰公司（以下简称某建筑装饰公司）签订《房屋租赁合同》，约定前者将案涉房屋出租给后者使用，租期为2017年1月5日至2022年3月20日。年租金为280万元，每年度的2月20日之前支付该年度上半年租金，每年度的8月20日之前支付该年度下半年租金。乙方逾期20天未付租金给甲方造成损失的，甲方除向乙方收取违约金外，还有权单方面解除合同。

2017年3月，某建筑装饰公司将《房屋租赁合同》权利义务由太仓某金属公司概括承受。后因太仓某金属公司未如期支付2019年下半年租金，某贸易公司诉至法院请求解除合同并支付违约金等费用。

争议焦点：原告某贸易公司行使法定解除权的主张能否得到支持？

法院认为：根据房屋租赁合同约定，太仓某金属公司应于2020年8月

---

① （2019）苏0585民初6492号民事判决书。

20 日之前向某贸易公司支付 2020 年下半年租金 140 万元，但其仅在 2019 年 9 月 10 日和 2019 年 9 月 12 日各支付 20 万元，且在某贸易公司提起本案诉讼之后才将剩余 100 万元房租付清，其逾期支付房租已超 20 天。根据合同约定，针对太仓某金属公司的上述违约行为，某贸易公司有权解除双方合同。但从违约形态看，太仓某金属公司逾期支付租金虽已超 20 日，但在某贸易公司起诉后不久即付清了拖欠房租，而此后在新冠肺炎疫情暴发影响企业生产经营的情况下，太仓某金属公司仍如数支付房租，故太仓某金属公司的违约行为显著轻微，未造成某贸易公司重大损失。另外，由于太仓某金属公司对使用涉案厂房有过较大投入，如果解除合同会造成剩余数年租期提前终止，双方利益严重失衡。因此，某贸易公司主张解除房屋租赁合同不宜支持，其可依法要求太仓某金属公司支付相应的违约金及欠付的水费、税费。

（四）抵销

抵销是使债权债务终止的另一种情形。抵销可分为两种类型：法定抵销和约定抵销。

1. 法定抵销

《民法典》第 568 条第 1 款对法定抵销的情形作了规定："当事人互负债务，该债务的标的物种类、品质相同的，任何一方可以将自己的债务与对方的到期债务抵销；但是，根据债务性质、按照当事人约定或者依照法律规定不得抵销的除外。"因此，法定抵销权的构成要件有以下几点。

第一，双方当事人之间互负债务。

第二，债务的标的物种类和品质相同。

第三，对方的债务已经到期。

第四，债务不属于根据债务性质、当事人约定或法律规定不得抵销的情形。

满足上述构成要件，当事人即可行使抵销权。需要注意的是，根据《民法典》第 568 条第 2 款的规定，抵销权应当以通知对方的方式行使，通知自到达对方时生效。抵销不得附条件或者附期限。

2. 约定抵销

除了满足上述法律规定的要件下的法定抵销以外，若当事人对债务抵销达成一致的意思表示也可行使抵销权，该种情形可称约定抵销。《民法典》第 569 条规定就赋予了当事人约定抵销权："当事人互负债务，标的物种类、品质不相同的，经协商一致，也可以抵销。"

（五）提存

提存，是指在特定情形下债务人无法向债权人履行债务的，债务人有权将用于履行债务的标的物交付提存部门从而退出债权债务关系的制度。提存部门，是指国家为债务人因特殊情形无法向债权人履行债务而设立的接收与保管提存物的专门机构。

1. 提存的法定情形

《民法典》第 570 条第 1 款规定了几种提存的法定情形："有下列情形之一，难以履行债务的，债务人可以将标的物提存：（一）债权人无正当理由拒绝受领；（二）债权人下落不明；（三）债权人死亡未确定继承人、遗产管理人，或者丧失民事行为能力未确定监护人；（四）法律规定的其他情形。"由此可见，在上述几种情形发生时，债务人有权将标的物交付提存部门予以提存。

需要注意的是，根据《民法典》第 570 条第 2 款规定，对于不适于提存或者提存费用过高的标的物而言，债务人依法有权将标的物拍卖或变卖并将所得价款予以提存。

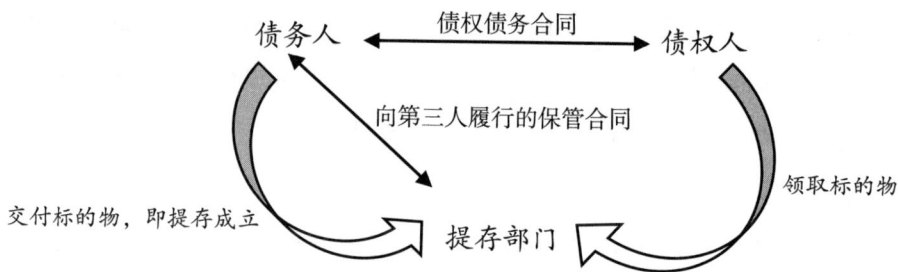

图4-9　本案案情示意

2. 提存的成立

提存的本质，是债务人和提存部门之间成立的向第三人履行的保管合同。[1] 提存具有向第三人履行的保管合同的法律性质，体现为债务人为履行债务而将标的物交付提存部门，提存物由提存部门保管，并约定债权人有权直接向提存部门请求领取标的物。

因此，提存的成立规则可依照保管合同的规定。根据《民法典》第890条对保管合同成立的规定，"保管合同自保管物交付时成立，但是当事人另有约定的除外"，可推知提存的成立时点原则上应当是提存物交付之时。《民法典》第571条对提存的成立作了明确规定："债务人将标的物或者将标的物依法拍卖、变卖所得价款交付提存部门时，提存成立。提存成立的，视为债务人在其提存范围内已经交付标的物。"

3. 债务人的提存通知义务

《民法典》第572条规定："标的物提存后，债务人应当及时通知债权人或者债权人的继承人、遗产管理人、监护人、财产代管人。"因此，债务人将提存物交付提存部门后，负有及时通知债权人及其他相关人的义务。

4. 提存对债权人的效力

提存成立后，债务人视为已经在提存范围内将标的物或其变价款交付给债权人。在此基础上，《民法典》对提存对债权人的法律效力作了规

---

[1]　韩世远著：《合同法总论》，法律出版社2018年版，第715页。

定，主要体现在标的物的风险负担和孳息归属，以及债权人领取提存物的规则上。

（1）风险负担和孳息归属

《民法典》第 573 条规定："标的物提存后，毁损、灭失的风险由债权人承担。提存期间，标的物的孳息归债权人所有。提存费用由债权人负担。"因此，只要提存成立，标的物的风险负担和提存费用由债权人承担，标的物的孳息归属于债权人。

（2）债权人领取提存物的规则

提存成立后，债务人为履行债务而交付的标的物保管于提存部门，债权人对提存部门享有提存物领取请求权，应当向提存部门及时领取提存物。

第一，债权人原则上享有任意领取权。《民法典》第 574 条第 1 款规定："债权人可以随时领取提存物。但是，债权人对债务人负有到期债务的，在债权人未履行债务或者提供担保之前，提存部门根据债务人的要求应当拒绝其领取提存物。"

第二，提存物领取请求权的行使期限。《民法典》第 574 条第 2 款第 1 句规定："债权人领取提存物的权利，自提存之日起五年内不行使而消灭，提存物扣除提存费用后归国家所有。"由此可知，债权人的提存物领取请求权最长存续期间为 5 年。

第三，提存物领取请求权的放弃与债务人的取回权。《民法典》第 574 条第 2 款第 2 句规定："……债权人未履行对债务人的到期债务，或者债权人向提存部门书面表示放弃领取提存物权利的，债务人负担提存费用后有权取回提存物。"

（六）免除

免除，是指债权人同意债务人免予履行债务从而使债权债务终止的制度。《民法典》第 575 条对免除制度作了规定："债权人免除债务人部分或者全部债务的，债权债务部分或者全部终止，但是债务人在合理期限内拒绝的除外。"

（七）混同

混同，是指债权人享有的债权与债务人负担的债务同归属于一人而使债权债务终止的制度。《民法典》第 576 条对混同制度作了规定："债权和债务同归于一人的，债权债务终止，但是损害第三人利益的除外。"

八、违约责任

本节的框架结构是，首先介绍违约责任的基本原理，具体包括违约责任归责原则、免责事由、双方违约的处理规则、第三人原因违约的处理规则；其次再对五种典型的违约责任形式依次展开分析，包括继续履行、采取补救措施、赔偿损失、违约金与定金。

（一）违约责任概述

违约责任，是指合同当事人一方不履行合同义务或履行合同义务不符合约定时依法应当承担的法律责任。

根据违约行为发生时合同履行期限届满与否，可将违约行为分为两种类型：实际违约与预期违约。实际违约，是指当事人一方在合同履行期限届满之后发生的违约行为。预期违约，是指当事人一方在合同履行期限届满之前发生的违约行为。无论是实际违约还是预期违约，当事人都有权向违约方主张违约责任。

《民法典》第 577 条是违约责任的一般性规定："当事人一方不履行合同义务或者履行合同义务不符合约定的，应当承担继续履行、采取补救措施或者赔偿损失等违约责任。"

《民法典》第 578 条为当事人追究对方预期违约行为的民事责任提供了

法律依据："当事人一方明确表示或者以自己的行为表明不履行合同义务的，对方可以在履行期限届满前请求其承担违约责任。"由此可见，预期违约的形态包括两种：一是明示违约，即当事人明确作出不履行合同义务的意思表示。二是默示违约，即当事人以自己的行为表明不履行合同义务。

案例 51 【少部分合同义务的未履行，不构成预期违约】

沛某投资有限公司与天津市金某工具公司
中外合资经营企业合同纠纷案①

事实：上诉人沛某投资有限公司（以下简称沛某公司）因与被上诉人天津市金某工具公司（以下简称金某公司）中外合资合同纠纷一案，不服天津市高级人民法院（2000）高经初字第 42 号民事判决，向最高人民法院提起上诉，最高人民法院依法组成合议庭公开开庭进行了审理。二审中，当事人就沛某公司在依约投入前三期资金后，不再投入合资合同规定的第四期、第五期资金，是否构成违约等问题产生争议。

法院认为：沛某公司不按约投入第四期、第五期资金的原因是"公司的经营情况很不理想并出现亏损"及"希望政府在政策上予以协助与支持"。根据《合同法》（现已失效）第 68 条、第 69 条有关不安抗辩的规定，应当先履行债务的当事人行使不安抗辩权，首先要有确切证据证明对方丧失或者可能丧失履行债务能力，其次要尽及时通知对方的义务。而本案中沛某公司与金某公司并不存在谁先履行债务的问题，沛某公司也没有通知金某公司要中止履行合资合同，因此不符合《合同法》有关不安抗辩的规定。同时，金某公司已将作为出资的设备和房产交合资公司实际使用，只有少部分房产未办理过户手续，其履行了主要债务而不是不履行主要债务，因此也不符合《合同法》第 94 条对预期违约的规定。故沛某公司上诉提出

---

① （2002）民四终字第 3 号民事判决书，载《最高人民法院公报》2003 年第 4 期。

其不按约投入第四期、第五期资金是一种预期违约，属行使不安抗辩，因而可以免责的理由不能成立，本院不予支持。

(二) 违约责任的归责原则

违约责任的归责原则，是指因违约而产生的损害归于某人承担的原则。民法学界对违约责任采过错责任原则还是无过错责任原则（严格责任原则）有所争论。本书采纳并介绍梁慧星教授以严格责任原则为核心的违约责任归责原则观点。

梁慧星教授认为，原《合同法》第107条（《民法典》第577条）所规定的"当事人一方不履行合同义务或者履行合同义务不符合约定的，应当承担继续履行、采取补救措施或者赔偿损失等违约责任"条文逻辑是，只要出现违约就应当承担违约责任，违约方对于债务不履行是否具有过错，不影响其违约责任的承担。[1]

因此，违约责任原则上采无过错责任。但是也存在一些特殊的例外情况采过错责任原则。比如，在《合同法》分则中无偿赠与合同、无偿保管合同、无偿委托合同中，该几类合同均具有依附一定人身信任关系而成立的共同特点，但由于其具有无偿性，法律对赠与人、保管人、受托人的注意义务要求程度较低，因此对于该三类主体违约责任的追究，一般需要满足三者对于违约的发生具有主观过错的条件，且主观过错应当达到故意或重大过失的程度。

(三) 违约责任的免责事由

违约责任的免责事由，主要是不可抗力免责。不可抗力，指的是不能预见、不能避免且不能克服的客观情况。《民法典》第590条规定："当事

---

[1] 梁慧星著：《从过错责任到严格责任》，载梁慧星主编：《民商法论丛》（第8卷），法律出版社1997年版，第5页。

人一方因不可抗力不能履行合同的，根据不可抗力的影响，部分或者全部免除责任，但是法律另有规定的除外。因不可抗力不能履行合同的，应当及时通知对方，以减轻可能给对方造成的损失，并应当在合理期限内提供证明。当事人迟延履行后发生不可抗力的，不免除其违约责任。"需要注意的是，当事人超出合同约定的履行期限的履行行为已经构成违约，因此不得以在迟延履行之后发生的不可抗力事件主张免责。

（四）双方违约、过失相抵与第三人原因造成的违约

违约并非必然归责于一方当事人。在合同成立并生效后，双方当事人均可能出现不履行合同义务或履行合同义务不符合约定的情形。《民法典》第 592 条第 1 款规定了双方违约的处理规则："当事人都违反合同的，应当各自承担相应的责任。"

关于双方对违约造成损害均有过错的情形，《民法典》第 592 条第 2 款规定了过失相抵规则："当事人一方违约造成对方损失，对方对损失的发生有过错的，可以减少相应的损失赔偿额。"由此可见，受损害方对损害发生具有过错的，可使违约方的损失赔偿额相应减少。

若当事人的违约并非自身过错所致，而是因第三人的原因产生，根据合同相对性原理，当事人仍应当对非违约方承担违约责任。《民法典》第 593 条规定："当事人一方因第三人的原因造成违约的，应当依法向对方承担违约责任。当事人一方和第三人之间的纠纷，依照法律规定或者按照约定处理。"

（五）违约责任的形式

违约责任的形式，主要包括以下五种：继续履行、采取补救措施、赔偿损失、违约金与定金。后文将逐一介绍每种违约责任形式的具体规则。

1. 继续履行

继续履行，是指在合同当事人一方不履行合同义务或履行合同义务不

符合约定时，非违约方有权请求违约方继续按照合同约定履行债务的违约责任形式。根据债务种类的不同，继续履行的规则有所差异。

（1）金钱债务的继续履行

金钱债务，又称货币之债，是指以支付一定数额的金钱为内容的债务。因货币属于种类物，具有可替代性，不存在履行不能的情形。因此，根据《民法典》第579条的规定，当事人一方未支付价款、报酬、租金、利息，或者不履行其他金钱债务的，对方有权请求其支付。

（2）非金钱债务的继续履行

非金钱债务，是指以交付金钱以外的财物、劳务等为内容的债务。非金钱债务一般具有不可替代性和特定性，因此对于非金钱债务的不履行或不完全履行而言，存在当事人无法请求继续履行的例外情况。

①非金钱债务的继续履行及例外

《民法典》第580条第1款对非金钱债务的继续履行规则作了规定："当事人一方不履行非金钱债务或者履行非金钱债务不符合约定的，对方可以请求履行，但是有下列情形之一的除外：（一）法律上或者事实上不能履行；（二）债务的标的不适于强制履行或者履行费用过高；（三）债权人在合理期限内未请求履行。"由此可知，原则上对于非金钱债务的不履行或不完全履行，债权人有权请求继续履行，但是在上述三种除外情形发生时，债权人无权请求债务人继续履行非金钱债务。

②非金钱债务履行不能的违约方解除权

在出现上述三种除外情形时，若债权人不愿意行使合同法定解除权，债务人也不愿意履行非金钱债务，此时双方将陷入合同僵局，即合同陷入不能履行又不能解除的僵局状态。

对于合同僵局现象的司法处理，最早是在2019年最高人民法院发布的《全国法院民商事审判工作会议纪要》得以体现，其中第48条提到：违约方不享有单方解除合同的权利。但是在一些长期性合同，如房屋租赁合同履行过程中，双方形成合同僵局，一概不允许违约方通过起诉的方式解除合同，有时对双方都不利。在此前提下，符合下列条件，违约方起诉请求解除合同的，人民法院依法予以支持。

一是违约方不存在恶意违约的情形。

二是违约方继续履行合同，对其显失公平。

三是守约方拒绝解除合同，违反诚实信用原则。

人民法院判决解除合同的，违约方本应当承担的违约责任不能因解除合同而减少或者免除。

此后，《民法典》第 580 条第 2 款纳入了违约方解除权条款，对合同僵局现象提供了破解之道："有前款规定的除外情形之一，致使不能实现合同目的的，人民法院或者仲裁机构可以根据当事人的请求终止合同权利义务关系，但是不影响违约责任的承担。"但是，需要特别注意的是，本条的适用需要尤为谨慎，必须满足特定条件，一是双方陷入僵局导致合同目的无法实现，二是当事人须向人民法院或仲裁机构提出终止合同的诉求，而不得自行通知对方终止合同。另外，合同权利义务终止后，违约方仍应向对方承担对不履行合同义务或履行合同义务不符合约定的违约责任。

（3）第三人替代履行

对于自身性质导致无法强制履行的债务，债权人也可委托第三人替代债务人履行债务。《民法典》第 581 条规定："当事人一方不履行债务或者履行债务不符合约定，根据债务的性质不得强制履行的，对方可以请求其负担由第三人替代履行的费用。"需要注意的是，债权人委托第三人替代履行的费用应当系其合理支出，债权人不得向债务人主张其寻求第三人过程中所产生的额外费用。[1]

---

[1] 中国审判理论研究会民事审判理论专业委员会编著：《民法典合同编条文理解与司法适用》，法律出版社 2020 年版，第 213 页。

案例 52 【预约合同的违约责任】

仲某清诉上海金某房地产公司合同纠纷案①

事实： 2002 年 7 月，原告仲某清与被告上海金某房地产公司（以下简称金某公司）签订《商品认购意向书》，约定仲某清向金某公司支付 2000 元意向金后即取得被告所开发的小区商铺的优先认购权，被告负责在正式对外认购时通知原告前来认购。此后，原告按照约定支付了意向金，但被告对外发售商铺时未通知原告前来认购。原告得知被告已经对外发售商铺立即同被告交涉，被告以楼价上涨为由拒绝与原告签订正式买卖合同。因此，原告提起诉讼，请求法院判令被告向原告出售涉案商铺。

争议焦点：《商品认购意向书》的性质、金某公司是否构成违约及违约责任承担。

法院认为： 关于涉案意向书是合法有效的预约合同，双方当事人均应依法履行意向书的约定。《合同法》（现已失效）第 6 条规定："当事人行使权利、履行义务应当遵循诚实信用原则。"合同当事人不仅应依照诚实信用的原则行使合同权利，而且在履行合同义务中也应以善意的方式，依照诚实信用的原则履行，不得规避合同约定的义务。金某公司未按约履行其通知义务，并将商铺销售一空，导致涉案意向书中双方约定将来正式签订商铺买卖合同的根本目的无法实现，甚至在争议发生时主张双方签订的意向书无效，其行为违背了民事活动中应遵循的诚实信用原则，应认定为违约。《合同法》第 107 条规定："当事人一方不履行合同义务或者履行合同义务不符合约定的，应当承担继续履行、采取补救措施或者赔偿损失等违约责任。"第 113 条第 1 款规定："当事人一方不履行合同义务或者履行合同义务不符合约定，给对方造成损失的，损失赔偿额应当相当于因违约所

① （2007）沪二中民二（民）终字第 1125 号民事判决书，载《最高人民法院公报》2008 年第 4 期。

造成的损失，包括合同履行后可以获得的利益，但不得超过违反合同一方订立合同时预见到或者应当预见到的因违反合同可能造成的损失。"金某公司的违约行为导致守约方仲某清丧失了优先认购涉案商铺的机会，使合同的根本目的不能实现，金某公司也承认双方现已无法按照涉案意向书的约定继续履行。因此，金某公司应当承担相应的违约责任。

2. 采取补救措施

采取补救措施，是特别针对当事人已经实际履行合同义务但存在瑕疵情形下的违约责任形式。《民法典》第582条规定："履行不符合约定的，应当按照当事人的约定承担违约责任。对违约责任没有约定或者约定不明确，依据本法第五百一十条的规定仍不能确定的，受损害方根据标的的性质以及损失的大小，可以合理选择请求对方承担修理、重作、更换、退货、减少价款或者报酬等违约责任。"

由此可知，在瑕疵履行的场景下，当事人主张违约责任应按三步走。

第一，在当事人履行合同不符合约定时，若双方对这种履行瑕疵事先作了违约责任的约定，则当事人可优先按照双方合同的约定主张违约责任。

第二，若双方事先对瑕疵履行的违约责任并无特别约定，则根据《民法典》第510条的规定，双方可协议补充，如无法达成补充协议则可按照合同相关条款或者交易习惯确定。

第三，若仍然无法确定瑕疵履行的违约责任，则当事人可请求采取修理、重作、更换、退货、减少价款或者报酬等补救措施，以最大限度地减小因瑕疵履行而对非违约方造成的损害。

3. 赔偿损失

赔偿损失，又称损害赔偿，是当事人不履行合同义务或履行合同义务不符合约定情形下，当事人有权请求违约方赔偿因违约而造成损失的违约责任形式。《民法典》第583条规定："当事人一方不履行合同义务或者履行合同义务不符合约定的，在履行义务或者采取补救措施后，对方还有其他损失的，应当赔偿损失。"本条确定了违约损害赔偿责任可与继续履行、采取补救措施的违约责任形式并用，互不排斥。

（1）违约损害赔偿责任的构成

当事人请求对方赔偿因违约而造成的损失，需要满足以下四个构成要件。

第一，对方存在违约行为（包括实际违约或预期违约）。

第二，非违约方遭受损害。

第三，对方实施的违约行为与非违约方遭受的损害之间具有因果关系。

第四，不存在免责事由（如不可抗力等）。

（2）违约损害赔偿额

对于上文中的第二个构成要件，即损害要件，《民法典》第 584 条第 1 句确立了具体数额的计算方法："当事人一方不履行合同义务或者履行合同义务不符合约定，造成对方损失的，损失赔偿额应当相当于因违约所造成的损失，包括合同履行后可以获得的利益。"由此可见，我国采取的违约损害赔偿额的确定原则是完全赔偿原则，与违约行为具有因果关系的一切损害都应予以赔偿。[①] 同时，损害赔偿额还包含了合同履行后的可得利益损失。

思维导图

违约损害赔偿 ┤ 法定损害赔偿
　　　　　　　└ 约定损害赔偿

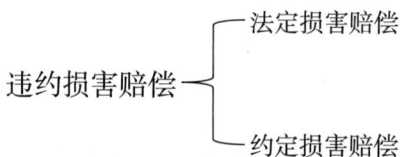

图 4-10　违约损害赔偿的类型

违约损害赔偿可分为两种类型：法定损害赔偿与约定损害赔偿。《民法典》第 584 条所规定的损害赔偿属于法定损害赔偿；约定损害赔偿，根据《民法典》第 585 条的规定，是指当事人可事先约定因一方违约而造成另一方损失的计算方法。

---

① 韩世远著：《合同法总论》，法律出版社 2018 年版，第 795 页。

（3）违约损害赔偿的范围限制

民事损害赔偿的基本原则是填平原则，即违约方赔偿数额应与受损害方的所受损害数额相等同。因此，违约损害赔偿额的确定遵循上文提及的完全赔偿原则的同时，也需要满足一定的赔偿范围限制要求，主要包括可预见性规则和减损规则。

①可预见性规则

可预见性规则规定在《民法典》第584条第2句中："……不得超过违约一方订立合同时预见到或者应当预见到的因违约可能造成的损失。"由此可知，违约损害赔偿额应当以违约方订立合同时可预见的因违约可能造成的损失范围为限。

②减损规则

减损规则规定在《民法典》第591条："当事人一方违约后，对方应当采取适当措施防止损失的扩大；没有采取适当措施致使损失扩大的，不得就扩大的损失请求赔偿。当事人因防止损失扩大而支出的合理费用，由违约方负担。"

减损规则，又称减轻损失规则，是指在违约方已经实施违约行为后，非违约方负有采取适当措施减轻损失、防止损害扩大的义务。若非违约方未能履行采取措施减轻损失的义务，则应当自行承担扩大损失的部分。

案例53 【违约损害赔偿赔偿范围不应包括订立合同时不可预见的损失】

亚某公司与康某公司买卖合同纠纷案①

事实： 2004年1月，亚某公司和康某公司签订《棉花购销合同》，约定康某公司向亚某公司出售229级（二级）皮棉1370吨（16900元/吨）。但合同实际履行时，康某公司供货数量和质量与合同约定不符，存在棉花重

---

① （2006）民二终字第111号民事判决书，载《最高人民法院公报》2006年第11期。

量亏吨和质量减等的问题，给亚某公司造成了实际损失。于是，亚某公司诉至法院请求判令解除合同并退还货款等费用共计约 2400 万元。一审判决康某公司赔偿亚某公司棉花本金损失 665 万元的 70% 即 466 万元。亚某公司和康某公司均不服一审判决，向最高人民法院提起上诉。

争议焦点：亚某公司的实际损失应当如何计算？

法院认为：原审判决认定亚某公司存在资金损失是正确的，但确认赔偿范围的标准不当。本案合同签订时的 2004 年 1 月，恰逢国内棉花市场价格飞涨，但到了 2004 年 5、6 月以后，棉花市场价格回落，此期间每吨相差 5000 元至 6000 元。亚某公司在 2004 年 6 月以后转售的棉花，即使质量等级不变，也必然会出现因市场行情所致的收益损失。原审判决认定的亚某公司本金损失 665 万元不仅包括棉花减等的差价损失，亦包括在此期间因市场行情下跌所造成的收益损失。该部分收益损失显属市场风险造成的，非为双方当事人所能预见，亦非康某公司过错所致。因康某公司与该部分损失之间不存在因果关系，故康某公司不应承担市场行情变化导致的亚某公司的收益损失。原审判决将亚某公司在市场行情低迷时基于转售关系所形成的销售价格与本案行情高涨时形成的购买价格之差作为亚某公司的损失由双方分担显属不当，不仅合同关系各不相同，亦有违公平原则及过错责任原则，本院予以纠正。

据此，本院对亚某公司在购买棉花时所发生的实际损失，即棉花重量亏吨损失及质量减等的差价损失予以确认，对于其他损失部分，即市场风险所致的收益损失、转售期间发生的运输费用、与案外人发生的借贷利息损失均因缺乏合同依据及法律依据而不予支持。

裁判结果：改判康某公司赔偿亚某公司棉花本金损失共计约 150 万元以及利息。

4. 违约金

（1）违约金的含义

违约金，是指当事人约定或法律规定的在一方不履行合同义务或履行合同义务不符合合同约定时应当支付给对方一定数额的金钱的违约责任形式。《民法典》第585条第1款规定："当事人可以约定一方违约时应当根据违约情况向对方支付一定数额的违约金，也可以约定因违约产生的损失赔偿额的计算方法。"

（2）违约金的调整规则

违约金具有惩罚性和补偿性双重属性，以补偿损失为主要功能，以惩罚违约为辅助功能。[①] 基于尊重当事人订立合同的意思自治，法律原则上不应干涉当事人约定违约金数额的自由；但是若完全不加以限制，则一方当事人可能利用违约金制度通过设置不公平的条款以获取不当利益，诱发道德风险。

因此，《民法典》第585条第2款对显失公平的违约金调整规则作了规定："约定的违约金低于造成的损失的，人民法院或者仲裁机构可以根据当事人的请求予以增加；约定的违约金过分高于造成的损失的，人民法院或者仲裁机构可以根据当事人的请求予以适当减少。"据此，当事人有权请求法院或仲裁机构对不合理的违约金约定数额进行调整，法院或仲裁机构通常以违约所造成的实际损失为标准，通过酌增或酌减规则使违约方承担的违约金数额与守约方所遭受的损失额大体一致，以实现在意思自由、形式正义的基础上协调实质正义与公平。

实务中，违约金调整常常面临如何酌减的难题，2019年最高人民法院发布的《全国法院民商事审判工作会议纪要》第50条对违约金过高标准与举证责任的分配问题已作了指引："认定约定违约金是否过高，

---

① 中国审判理论研究会民事审判理论专业委员会编著：《民法典合同编条文理解与司法适用》，法律出版社2020年版，第220页。

一般应当以《合同法》第 113 条（《民法典》第 585 条）规定的损失为基础进行判断，这里的损失包括合同履行后可以获得的利益。除借款合同外的双务合同，作为对价的价款或者报酬给付之债，并非借款合同项下的还款义务，不能以受法律保护的民间借贷利率上限作为判断违约金是否过高的标准，而应当兼顾合同履行情况、当事人过错程度以及预期利益等因素综合确定。主张违约金过高的违约方应当对违约金是否过高承担举证责任。"

案例 54 【违约金调整之基于约定违约金标准不对等而调整】

广东某酒店管理公司、程某珊商品房预售合同纠纷二审案①

事实： 2016 年，程某珊与广东某酒店管理公司签订《商品房买卖合同》，约定广东某酒店管理公司向程某珊预售案涉房屋，并约定出卖人逾期交房的违约责任未按日万分之 0.5 支付违约金。合同签订后，程某珊向广东某酒店管理公司支付了全部购房款。后因广东某酒店管理公司未按合同约定按期交房，程某珊诉至法院主张逾期交房违约金。

争议焦点： 逾期交房违约金的计算标准应如何认定？

法院认为： 首先，双方当事人在涉案商品房买卖合同中约定，如广东某酒店管理公司无法按约定的期限交房，则按日向程某珊支付已付房价款万分之 0.5 的违约金；而程某珊如未按期付款的，则每日按已付房价款的万分之二的标准支付违约金。该合同关于双方违反各自主要合同义务应承担的违约责任的违约金标准明显不对等，显然不符合法律关于公平原则的基本要求。

其次，如果按合同约定的逾期交房违约金的计算标准计算逾期交房违约金，该计算标准远低于程某珊逾期付款可能产生的违约金数额，且不能

---

① （2021）粤 20 民终 5445 号民事判决书。

更好地促使广东某酒店管理公司履行义务。

最后，广东某酒店管理公司逾期交房的违约行为，影响了程某珊对涉案房屋所享有的占有、使用、收益等合法权益，故按已付房价款每日万分之0.5的标准计算违约金显然过低，不足以弥补程某珊较长时期未能收楼的经济损失。

因此，在广东某酒店管理公司单方违约的情况下，根据公平原则，并结合合同的其他条款，法院将违约金的计算标准调整为已付房价款的万分之一按日计算。

5. 定金

（1）定金的含义

定金，是指为了保障债权的实现，当事人约定合同履行前一方预先向对方交付一定数额的金钱，在任何一方不履行合同义务或履行合同义务不符合约定时对方有权处置该笔金钱的一种违约责任形式。

（2）定金的特征

定金具有以下几个特征。

①限额性

《民法典》第586条第2款第1句规定："定金的数额由当事人约定；但是，不得超过主合同标的额的百分之二十，超过部分不产生定金的效力。"由此可见，法律明确规定了定金数额的约定上限为主合同标的额的20%，超出主合同标的额20%的部分属于无效约定。

②担保性

定金具有担保作用，属于一种金钱担保。通过债务人在双方合同履行之前预先向债权人交付一定数额的金钱的方式，以保障双方在后续的合同履行中严格遵守合同的约定。

③惩罚性

定金的惩罚性主要体现为定金罚则，定金罚则又是实现定金担保功能的体现。《民法典》第587条对违约定金的惩罚规则作了规定："债务人履行债务的，定金应当抵作价款或者收回。给付定金的一方不履行债务或者履行债务不符合约定，致使不能实现合同目的的，无权请求返还定金；收受定金的一方不履行债务或者履行债务不符合约定，致使不能实现合同目的的，应当双倍返还定金。"由此可见，定金的担保性和惩罚性均是双向的，任何一方出现根本违约，均需要承担定金数额一倍的金钱惩罚。因此，无论是定金收受方还是定金给付方，均会受到定金担保与定金罚则的约束。

思维导图

定金的性质 — 限额性 / 担保性 / 惩罚性

图4-11　定金的性质

定金的限额性、担保性与惩罚性构成了定金区别于其他类型金钱给付的核心特性。当事人若想使用定金作为债权担保与违约责任承担的形式，必须在合同中明确约定定金的性质。参考《担保法解释》第118条的规定："当事人交付留置金、担保金、保证金、订约金、押金或者订金等，但没有约定定金性质的，当事人主张定金权利的，人民法院不予支持。"《担保法解释》目前虽已失效，但第118条已经在司法实践中形成共识，且符合《民法典》的精神，仍可作为参考。

（3）定金与订金的区别

在民商事经济活动中，"订金"和"定金"是两项较容易被混淆的概念，因此本节将重点列出两者的区别。

第一，从法律性质上看，定金的法律属性系由《民法典》明文规定，但订金则不是一个法律明文规定的法律概念，而是因交易习惯所产生。

第二，从功能上看，定金具有担保作用；但订金不具有担保性，订金交付后转变为合同价款中的一部分。

第三，从法律后果上看，定金具有惩罚性，若任何一方当事人存在根本违约情形，则需要承担向对方支付一倍定金金额的惩罚；订金则不具有惩罚性，即便任何一方出现违约行为，对方也不得对定金主张适用定金罚则。

（4）定金合同的成立

《民法典》第586条对定金合同的成立作了规定："当事人可以约定一方向对方给付定金作为债权的担保。定金合同自实际交付定金时成立……实际交付的定金数额多于或者少于约定数额的，视为变更约定的定金数额。"

相比于抵押合同、质押合同、保证合同等其他担保合同，这几类担保合同属于"诺成合同"，而定金合同属于"实践合同"。诺成合同的成立仅需当事人之间达成一致意思合意，而实践合同的成立则以合同标的物的实际交付为标志。因此，对于定金合同而言，当事人之间在合同中达成定金的一致意思表示不能产生定金合同成立的法律效果，只有在债务人将定金实际交付于债权人之时，当事人之间的定金合同才可成立。

（5）定金和其他违约责任形式的竞合

对于定金与其他违约责任形式的竞合问题，即定金和其他违约责任形式能否并用的问题，民法学术界有诸多争鸣，《民法典》主要对定金与违约金、定金与赔偿损失存在交叉时如何处理作了明确规定。

①定金和违约金

《民法典》第588条第1款规定："当事人既约定违约金，又约定定金的，一方违约时，对方可以选择适用违约金或者定金条款。"由此可见，立法者的态度是持排斥违约金与定金并用的观点，即违约金和定金不得同时适用，主要出发点在于违约金和定金都针对违约行为而适用，适用其中一种就能达到补偿受害人实际损失的效果，两者并用可能加重对违约者的惩罚。①

②定金和赔偿损失

《民法典》第 588 条第 2 款规定："定金不足以弥补一方违约造成的损失的，对方可以请求赔偿超过定金数额的损失。"基于民法填补性损害原理，定金作为一种违约责任承担的形式，其目的本身是对一方当事人违约所造成对方实际损失的填补，因此只有在采用定金罚则后仍不能弥补非违约方遭受的损失时，非违约方才有权主张超出定金数额部分的损失赔偿。

案例 55 【混合过错情形下不适用定金罚则】

杨某、徐某文房屋租赁合同纠纷二审案②

事实：2012 年 3 月，杨某与案外人郑某明签订《商铺承租合同》，约定郑某明将其商铺出租给杨某，租期为 2012 年 6 月 1 日至 2018 年 6 月 1 日。

2015 年 10 月，杨某和徐某文签订《房屋租赁合同》，约定："杨某将案涉商铺转租给徐某文，承租方在签订本合同之前向出租方支付 24000 元作为押金；租期为 2015 年 11 月 11 日起至 2021 年 11 月 10 日止；若承租方未经出租方书面同意将房产部分或全部转租给他人，出租方有权立即单方解除合同，没收押金自动转化的定金；出租方如单方提前终止合同，则押金自动转化为定金，出租方须向承租方双倍返还定金……"当日徐某文向杨某缴纳了押金 24000 元。但在《房屋租赁合同》签订后，存在徐某文分别将涉案商铺部分转租给案外人的事实。

之后，由于杨某与徐某文之间就《房屋租赁合同》的履行发生争议，徐某文以《房屋租赁合同》于 2018 年 6 月 2 日后无法履行为由，请求法院

---

① 张广兴等著：《合同法总则（下）》，法律出版社 1999 年版，第 188 页；转引自王利明著：《合同法研究》（第 2 卷），中国人民大学出版社 2015 年版。

② （2019）粤 03 民终 15469 号民事判决书。

判令杨某双倍返还押金共计 48000 元。

争议焦点： 本案是否适用定金罚则，杨某是否应当双倍返还押金？

法院认为： 第一，关于徐某文缴纳押金 24000 元的性质问题。《房屋租赁合同》中约定，"出租方如单方提前终止合同，则押金自动转化为定金，出租方须向承租方双倍返还定金"。该合同中未对出租方的其他过错作出相应约定。本案《房屋租赁合同》2018 年 6 月 2 日至 2021 年 11 月 10 日的部分无效，系因杨某与案外人签订的《商铺承租合同》约定的租赁期限为 2012 年 6 月 1 日至 2018 年 6 月 1 日，杨某明知其承租的涉案商铺至 2018 年 6 月 1 日即已到期，却仍与徐某文就涉案商铺签订了期限至 2021 年 11 月 10 日的《房屋租赁合同》，杨某对此负有过失。因杨某在合同未到期前，丧失了出租的权利，导致了《房屋租赁合同》无法继续履行，也导致徐某文与案外人就案涉商铺重新签订合同，本案实际系杨某的原因导致杨某与徐某文之间的权利义务提前终止，符合《商铺承租合同》中约定的"出租方如单方提前终止合同"的本意。因此，本案适用该条约定，押金自动转化为定金。双方约定的押金为 24000 元，因合同期内的租金总和的 20% 远超过 24000 元，因此并不违反《担保法》（现已失效）第 91 条的规定，应为有效约定。

第二，关于本案能否适用定金罚则的问题。徐某文在本案中请求适用定金罚则，杨某双倍返还定金，杨某亦请求适用定金罚则，没收徐某文缴纳的定金。因双方合同中约定，"若承租方未经出租方书面同意将房产部分或全部转租给他人，出租方有权立即单方解除合同，没收押金自动转化的定金"，现徐某文未经杨某同意，将涉案商铺转租给他人，违反了合同约定，徐某文亦存在违约行为。

定金罚则系违约方承担的一种违约责任，《合同法》（现已失效）第 115 条规定，给付定金的一方不履行约定的债务的，无权要求返还定金；收受定金的一方不履行约定的债务的，应当双倍返还定金。从上述规定可知，定金罚则应适用在单方违约的情形。在双方均存在违反定金约定、要求适用定金罚则的情形下，不能适用定金罚则。同时，作为债权的担保的定金在双方均已违约且不能适用定金罚则的情形下，已经丧失了担保的意义，应由收受方予以退回。

裁判结果：判令杨某向徐某文返还定金 24000 元。

第三章　典型合同

　　上一章对适用于所有合同的一般性、普遍性原理与规则作了介绍，本章将逐一对《民法典》合同编中所规定的 19 类典型合同各自的特征、当事人权利义务等问题进行介绍。

思维导图

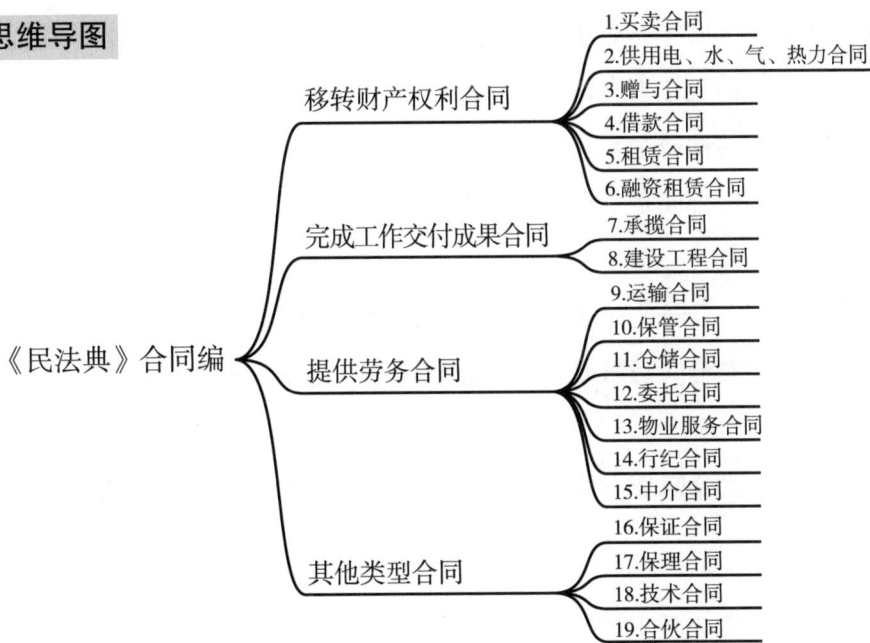

		1.买卖合同
	移转财产权利合同	2.供用电、水、气、热力合同
		3.赠与合同
		4.借款合同
		5.租赁合同
		6.融资租赁合同
	完成工作交付成果合同	7.承揽合同
《民法典》合同编		8.建设工程合同
		9.运输合同
		10.保管合同
		11.仓储合同
	提供劳务合同	12.委托合同
		13.物业服务合同
		14.行纪合同
		15.中介合同
		16.保证合同
	其他类型合同	17.保理合同
		18.技术合同
		19.合伙合同

图 4-12　《民法典》合同编中的 19 类典型合同

　　《民法典》合同编中所规定的 19 类典型合同大体可归入为四个类型：第一，转移财产权利的合同，其中转移财产所有权的合同有买卖合同，供用电、水、气、热力合同，赠与合同，借款合同，转移财产使用权的合同有租赁合同与融资租赁合同。第二，完成工作交付成果的合同，有承揽合同与建设工程合同。第三，提供劳务的合同，有运输合同、保管合同、仓储合同、委托合同、物业服务合同、行纪合同与中介合同。第四，其他类型的合同，有保证合同、保理合同、技术合同与合伙合同。

一、买卖合同

（一）买卖合同的概念和性质

根据《民法典》第595条的规定："买卖合同是出卖人转移标的物的所有权于买受人，买受人支付价款的合同。"第595条明确体现了买卖合同法律关系中出卖人的主给付义务是向买受人转移标的物的所有权，买受人的主给付义务是向受让人支付价款。

买卖合同的性质主要有以下几点。

第一，买卖合同是双务合同，双方当事人之间互负债务，构成对待给付关系。

第二，买卖合同是有偿合同，一方转让标的物所有权，另一方支付对价。

第三，买卖合同是诺成合同，合同自双方当事人就买卖内容达成合意时成立。

第四，买卖合同是不要式合同，买卖合同的成立并不以采用特定形式为必要。

（二）买卖合同的成立和效力

1. 买卖合同的成立

就买卖合同的成立而言，因买卖合同是诺成合同，只要双方当事人就标的物转让事宜达成一致意思表示，买卖合同即可成立。

实务中常常遇到的问题是，当事人并未签订书面合同，或书面合同保存不当致使在诉讼中无法出具直接有力的证据，法院如何认定当事人就买卖标的物达成过一致的意思表示。《买卖合同司法解释》第 1 条就没有书面合同证据时如何确定买卖合同的成立问题作了规定："当事人之间没有书面合同，一方以送货单、收货单、结算单、发票等主张存在买卖合同关系的，人民法院应当结合当事人之间的交易方式、交易习惯以及其他相关证据，对买卖合同是否成立作出认定。对账确认函、债权确认书等函件、凭证没有记载债权人名称，买卖合同当事人一方以此证明存在买卖合同关系的，人民法院应予支持，但有相反证据足以推翻的除外。"

2. 买卖合同的效力

就买卖合同的效力而言，需要特别关注的是出卖人无权处分的情形。

无权处分，是指出卖人对标的物不享有所有权却与买受人签订买卖合同将标的物出卖的行为。对于出卖人无权处分的买卖合同效力，司法实务界大多采合同有效说，即认为出卖人未取得处分权而将标的物出卖的，不影响买卖合同的效力。立法层面上，《民法典》第 597 条第 1 款的规定"因出卖人未取得处分权致使标的物所有权不能转移的，买受人可以解除合同并请求出卖人承担违约责任"，表明在无权处分场景下买受人有权请求解除合同，而请求解除合同必然以买卖合同已经成立并生效为前提，因此第 597 条也暗含了立法者对于无权处分合同有效说的支持。

（三）出卖人的主要义务

买卖合同法律关系中的出卖人负有以下几项主要义务。

1. 交付标的物及相关单证的义务

交付标的物于买受人，系出卖人的主给付义务。《民法典》第 598 条规定："出卖人应当履行向买受人交付标的物或者交付提取标的物的单证，并转移标的物所有权的义务。"

交付提取标的物单证以外的有关单证和资料，系出卖人的从给付义务。《民法典》第 599 条规定："出卖人应当按照约定或者交易习惯向买受人交付提取标的物单证以外的有关单证和资料。"

2. 瑕疵担保义务

（1）权利瑕疵担保义务

权利瑕疵担保义务根据《民法典》第612条规定，是指出卖人就交付的标的物，负有保证第三人对该标的物不享有任何权利的义务，但是法律另有规定的除外。

此外，根据《民法典》第614条规定，买受人有确切证据证明第三人对标的物享有权利的，有权中止支付相应的价款，但是出卖人提供适当担保的除外。

另外，根据《民法典》第613条规定，若买受人订立合同时非善意，即买受人订立合同时知道或者应当知道第三人对买卖的标的物享有权利，则出卖人可免除权利瑕疵担保义务。

（2）标的物质量瑕疵担保义务

出卖人除了应承担保证标的物上没有任何权利负担的权利瑕疵担保义务以外，还承担着保证标的物无任何质量缺陷的质量瑕疵担保义务。

《民法典》第615条规定："出卖人应当按照约定的质量要求交付标的物。出卖人提供有关标的物质量说明的，交付的标的物应当符合该说明的质量要求。"若出卖人交付的标的物不符合质量要求，买受人可追究出卖人相应的违约责任。

此外，根据《民法典》第618条规定，当事人在买卖合同中还可以约定减轻或免除出卖人对标的物瑕疵承担的责任。但是该约定不得使出卖人故意或重大过失不告知标的物瑕疵的行为减责或免责。若因出卖人故意或者重大过失不告知买受人标的物瑕疵，出卖人无权主张减轻或免除责任。

3. 标的物回收义务

出卖人负有依法回收标的物的义务。根据《民法典》第625条规定："依照法律、行政法规的规定或者按照当事人的约定，标的物在有效使用年限届满后应予回收的，出卖人负有自行或者委托第三人对标的物予以回收的义务。"

（四）买受人的主要义务

买卖合同法律关系中的买受人负有以下几项主要义务。

1. 支付价款义务

支付标的物价款于出卖人，系买受人在买卖合同项下的主给付义务。买受人应当按照约定的数额、支付方式、时间和地点向出卖人支付价款。

2. 检验义务

收到标的物后，买受人负有检验义务。对于买受人检验义务的问题上，需要关注两个因素：检验期限和检验标准。

（1）检验期限

对于检验期限问题，《民法典》第620条至第623条作了明确规定。

第一，当事人约定检验期限的，买受人应当在检验期限内将标的物的数量或者质量不符合约定的情形通知出卖人。买受人怠于通知的，视为标的物的数量或者质量符合约定。但是若出卖人知道或者应当知道提供的标的物不符合约定，买受人则不受通知时间的限制。

第二，当事人没有约定检验期限的，买受人应当在发现或者应当发现标的物的数量或者质量不符合约定的合理期限内通知出卖人。买受人在合理期限内未通知或者自收到标的物之日起二年内未通知出卖人的，视为标的物的数量或者质量符合约定；但是，对标的物有质量保证期的，适用质量保证期，不适用该二年的规定。若出卖人知道或者应当知道提供的标的物不符合约定，买受人则不受通知时间的限制。

第三，当事人约定的检验期限过短，根据标的物的性质和交易习惯，买受人在检验期限内难以完成全面检验的，该期限仅视为买受人对标的物的外观瑕疵提出异议的期限。约定的检验期限或者质量保证期短于法律、行政法规规定期限的，应当以法律、行政法规规定的期限为准。

第四，若当事人对检验期限未作约定，买受人签收的送货单、确认单等载明标的物数量、型号、规格的，可以推定买受人已经对数量和外观瑕疵进行检验，但是有相关证据足以推翻的除外。

（2）检验标准

对于检验标准问题，《民法典》第624条规定确定了出卖人在向第三人履行的场景下的检验标准认定规则："出卖人依照买受人的指示向第三人交付标的物，出卖人和买受人约定的检验标准与买受人和第三人约定的检验标准不一致的，以出卖人和买受人约定的检验标准为准。"尽管出卖人并未将标的物交付于买受人而是第三人，但是出卖人实际履行的是在其与买受人之间成立的买卖合同，因此出卖人仅能受到该买卖合同中检验标准约定的约束。

（五）标的物交付和风险负担

1. 标的物交付

如上文所述（见第三编第一章第四节），交付是动产物权变动的标志。而对于买卖合同法律关系而言，在标的物所有权转移前后，出卖人和买受人各自享有的权利和承担的义务大有不同。因此，标的物的"交付"是关涉各买卖合同项下方利益的关键环节。

《民法典》第603条对标的物交付地点确定规则作了规定："出卖人应当按照约定的地点交付标的物。当事人没有约定交付地点或者约定不明确，依据本法第五百一十条的规定仍不能确定的，适用下列规定：（一）标的物需要运输的，出卖人应当将标的物交付给第一承运人以运交给买受人；（二）标的物不需要运输，出卖人和买受人订立合同时知道标的物在某一地点的，出卖人应当在该地点交付标的物；不知道标的物在某一地点的，应当在出卖人订立合同时的营业地交付标的物。"需要注意的是，在上述标的物需要运输的场景下，出卖人将标的物交付给第一承运人即视为标的物交付。

除上述规定外，近年来最高人民法院发布的司法解释中也针对特定标的物买卖的交付规则作了指引。比如，《最高人民法院关于审理商品房买卖合同纠纷案件适用法律若干问题的解释》（以下简称《商品房买卖合同司法解释》）第8条第1款对房屋买卖的交付认定规则作了明确界定："对房屋的转移占有，视为房屋的交付使用，但当事人另有约定的除外。"对于无形电子信息产品的买卖如何认定交付而言，《买卖合同司法解释》第2条指出："标的物为无需以有形载体交付的电子信息产品，当事人对交付方式约定不明确，且依照民法典第五百一十条的规定仍不能确定的，买受人收到约定的电子信息产品或者权利凭证即为交付。"

2. 风险负担制度

风险负担制度，是指在当事人之间就不可归责于双方的事由而导致标的物毁损、灭失的损害后果予以合理分配的制度。风险由哪方主体负担，就意味着哪方主体将承担不利的后果。

从立法上看，我国采用的风险负担原则为交付风险转移原则。交付风险转移原则，又称交付主义，是指标的物毁损、灭失的风险以标的物的交付而移转。《民法典》第604条规定是交付主义的明确体现："标的物毁损、灭失的风险，在标的物交付之前由出卖人承担，交付之后由买受人承担，但是法律另有规定或者当事人另有约定的除外。"据此可知，无论标的物所有权是否转移，只要出卖人已经将标的物交付于买受人，标的物的毁损、灭失风险即转移由买受人承担。

《民法典》第604条至第611条列举了诸多情形下的风险负担规定，《商品房买卖合同司法解释》中也规定了房屋买卖情形下的风险转移规则。以当事人在履行买卖合同中是否存在违约为划分标准，可将这些规定分为如下两组。

（1）不存在违约情形时的风险负担规则

在买卖合同履行过程中，双方当事人不存在违约情形时，原则上遵循交付主义，即出卖人将标的物交付于买受人时发生风险转移。

针对在途货物买卖这种特殊情形而言，我国立法参考了《联合国国际货物销售合同公约》确立的规则，即以买卖合同成立时作为风险转移的时间标准。

表 4-2　无违约情形时的买卖合同风险负担规则

法条序号	条文内容	规则
《民法典》第 604 条	标的物毁损、灭失的风险，在标的物交付之前由出卖人承担，交付之后由买受人承担，但是法律另有规定或者当事人另有约定的除外。	交付主义
《民法典》第 606 条	出卖人出卖交由承运人运输的在途标的物，除当事人另有约定外，毁损、灭失的风险自合同成立时起由买受人承担。	在途货物特殊规则
《民法典》第 607 条	出卖人按照约定将标的物运送至买受人指定地点并交付给承运人后，标的物毁损、灭失的风险由买受人承担。 当事人没有约定交付地点或者约定不明确，依据本法第六百零三条第二款第一项的规定标的物需要运输的，出卖人将标的物交付给第一承运人后，标的物毁损、灭失的风险由买受人承担。	交付主义

（2）存在违约情形时的风险负担规则

若双方当事人在履行买卖合同中存在违约行为，此时若仍坚持以交付主义分配标的物毁损、灭失的风险，可能造成对一方的不公平，因此法律规定了几种存在违约情形时的风险负担规则。

此时风险分配的总原则是，谁违反了合同约定的义务，谁应当承担标的物毁损、灭失的风险。但是若当事人仅违反的是买卖合同项下的从给付义务，比如移交标的物的单证资料等类似义务，此时的风险负担规则不因当事人违约而受到影响。

表 4-3　存在违约情形时的买卖合同风险负担规则

法条序号	条文内容	情形
《民法典》第 605 条	因买受人的原因致使标的物未按照约定的期限交付的，买受人应当自违反约定时起承担标的物毁损、灭失的风险。	买受人违约

续表

法条序号	条文内容	情形
《民法典》第608条	出卖人按照约定或者依据本法第六百零三条第二款第二项的规定将标的物置于交付地点，买受人违反约定没有收取的，标的物毁损、灭失的风险自违反约定时起由买受人承担。	买受人违约
《民法典》第610条	因标的物不符合质量要求，致使不能实现合同目的的，买受人可以拒绝接受标的物或者解除合同。买受人拒绝接受标的物或者解除合同的，标的物毁损、灭失的风险由出卖人承担。	出卖人违约
《商品房买卖合同司法解释》第8条第2款	房屋毁损、灭失的风险，在交付使用前由出卖人承担，交付使用后由买受人承担；买受人接到出卖人的书面交房通知，无正当理由拒绝接收的，房屋毁损、灭失的风险自书面交房通知确定的交付使用之日起由买受人承担，但法律另有规定或者当事人另有约定的除外。	买受人违约
《民法典》第609条	出卖人按照约定未交付有关标的物的单证和资料的，不影响标的物毁损、灭失风险的转移。	从给付义务的违反不影响风险转移
《民法典》第611条	标的物毁损、灭失的风险由买受人承担的，不影响因出卖人履行义务不符合约定，买受人请求其承担违约责任的权利。	违约责任追究

（六）标的物孳息归属

买卖合同项下标的物孳息归属的确立规则，原则上以交付为标志。《民法典》第630条规定："标的物在交付之前产生的孳息，归出卖人所有；交付之后产生的孳息，归买受人所有。但是，当事人另有约定的除外。"因此，对于标的物孳息归属问题，双方有约定的，从其约定；无约定的，则以交付为时点划分孳息归属。

（七）特种买卖合同

买卖合同大类中，存在一些特殊类型的买卖合同，包括分期付款买卖合同、分批交付买卖合同、凭样品买卖合同、试用买卖合同、所有权保留买卖合同等。本节主要对分期付款买卖合同、试用买卖合同和所有权保留买卖合同三类特种买卖合同作详细介绍。

1. 分期付款买卖合同

分期付款买卖合同，是指出卖人将标的物所有权转移于买受人，买受人将应付的总价款在一定期限内至少分 3 次向出卖人支付的合同。

（1）出卖人的权利

《民法典》第 634 条规定："分期付款的买受人未支付到期价款的数额达到全部价款的五分之一，经催告后在合理期限内仍未支付到期价款的，出卖人可以请求买受人支付全部价款或者解除合同。出卖人解除合同的，可以向买受人请求支付该标的物的使用费。"因此，在分期付款买卖合同中，出卖人在一定条件下享有单方合同变更权、单方合同解除权，以及合同解除后的标的物使用费请求权。

（2）买受人的权利

《买卖合同司法解释》第 28 条第 1 款规定："分期付款买卖合同约定出卖人在解除合同时可以扣留已受领价金，出卖人扣留的金额超过标的物使用费以及标的物受损赔偿额，买受人请求返还超过部分的，人民法院应予支持。"在分期付款的买受人未支付到期价款的数额达到全部价款的 1/5、经出卖人催告后在合理期限内仍未支付到期价款的场景中，出卖人请求法院解除合同的，此时若出卖人扣留费用超出标的物使用费与标的物受损赔偿额，买受人则享有超额费用的返还请求权。

2. 试用买卖合同

试用买卖合同，是指双方当事人约定买受人在一定期限内试用标的物，试用后再确定是否购买标的物的合同。

（1）试用期限的约定

《民法典》第 637 条规定："试用买卖的当事人可以约定标的物的试用

期限。对试用期限没有约定或者约定不明确，依据本法第五百一十条的规定仍不能确定的，由出卖人确定。"由此，对于试用买卖合同的试用期限，当事人之间有约定的，从其约定；没有约定的，若根据法律相关规定仍无法确定的，出卖人有权对试用期限进行确定。

（2）买受人同意购买的推定

根据《民法典》第 638 条规定，试用买卖的买受人在试用期内可以购买标的物，也可以拒绝购买。试用期限届满，买受人对是否购买标的物未作表示的，视为购买。试用买卖的买受人在试用期内已经支付部分价款或者对标的物实施出卖、出租、设立担保物权等行为的，视为同意购买。

（3）使用费问题

根据《民法典》第 639 条规定："试用买卖的当事人对标的物使用费没有约定或者约定不明确的，出卖人无权请求买受人支付。"

（4）风险负担

根据《民法典》第 640 条规定："标的物在试用期内毁损、灭失的风险由出卖人承担。"

（5）不属于试用买卖的情形

《买卖合同司法解释》第 30 条规定："买卖合同存在下列约定内容之一的，不属于试用买卖。买受人主张属于试用买卖的，人民法院不予支持：（一）约定标的物经过试用或者检验符合一定要求时，买受人应当购买标的物；（二）约定第三人经试验对标的物认可时，买受人应当购买标的物；（三）约定买受人在一定期限内可以调换标的物；（四）约定买受人在一定期限内可以退还标的物。"

3. 所有权保留买卖合同

所有权保留买卖合同，是指当事人约定在买受人未履行付款义务或其他义务之前，出卖人仍保留享有对标的物的所有权的买卖合同。《民法典》

第 641 条第 1 款规定："当事人可以在买卖合同中约定买受人未履行支付价款或者其他义务的，标的物的所有权属于出卖人。"

（1）所有权保留的登记对抗效力

《民法典》第 641 条第 2 款规定："出卖人对标的物保留的所有权，未经登记，不得对抗善意第三人。"由此可知，当事人之间在合同中约定所有权保留的，该约定有效。但未办理所有权保留登记手续的，该约定对善意第三人不发生法律效力。

（2）出卖人的取回权

所有权保留买卖合同项下的出卖人依法享有取回权。根据《民法典》第 642 条规定，当事人约定出卖人保留合同标的物的所有权，在标的物所有权转移前，买受人有下列情形之一，造成出卖人损害的，除当事人另有约定外，出卖人有权取回标的物。

一是未按照约定支付价款，经催告后在合理期限内仍未支付。

二是未按照约定完成特定条件。

三是将标的物出卖、出质或者作出其他不当处分。

出卖人可以与买受人协商取回标的物；协商不成的，可以参照适用担保物权的实现程序。

（3）买受人的回赎权

所有权保留买卖合同项下的买受人依法享有回赎权。根据《民法典》第 643 条规定，出卖人取回标的物后，买受人在双方约定或者出卖人指定的合理回赎期限内，消除出卖人取回标的物的事由的，可以请求回赎标的物。

买受人在回赎期限内没有回赎标的物，出卖人可以以合理价格将标的物出卖给第三人，出卖所得价款扣除买受人未支付的价款以及必要费用后仍有剩余的，应当返还买受人；不足部分由买受人清偿。

案例 56 【所有权保留买卖关系中的买受人未按约支付价款，出卖人享有对标的物的取回权】

宁波海×塑料机械制造有限公司诉霸州市盛×塑料制品厂买卖合同纠纷案①

事实： 2006 年，原告宁波海×塑料机械制造有限公司（以下简称海×公司）与霸州市盛×塑料制品厂（以下简称盛×塑料厂）签订《工矿产品购销合同》，约定盛×塑料厂向海×公司购买一台型号为 HXF468 的注塑机，合同价款为 35 万元，并约定"结算方式为：合同签订，付首付款 245000 元，余款 105000 元在设备运到之日起三个月内无条件一次性付清，货款未付清前，设备的所有权属于原告"。合同签订后，原告依约交付了货物，但被告仅支付了首付款 245000 元，余款 105000 元虽经原告多次催讨，但仍一直拖欠不付。故原告诉至法院，请求判令被告返还原告保留所有权的型号为 HXF468 的注塑机一台。

争议焦点： 原告海×公司是否有权行使取回权？

法院认为： 原、被告双方当事人签订的《工矿产品购销合同》，因当事人主体适格、意思表示真实且不违反法律、法规的强制性、禁止性规定，故合法有效，对双方当事人均具有法律约束力，双方均应严格依约履行。双方所签订的是动产买卖合同，原告作为出卖人已履行交付标的物的义务，被告作为买受人应及时履行支付价款的基本义务。根据《合同法》（现已失效）第 134 条"当事人可以在买卖合同中约定买受人未履行支付价款或者其他义务的，标的物的所有权属于出卖人"的规定，本案中，原告海×公司与被告盛×塑料厂签订《工矿产品购销合同》中"在需方货款没有付清之前，设备的所有权属于供方，需方无权转让或出售"的约定符合上述法律规定，说明本案中双方依据《合同法》第 134 条的规定

---

① （2010）甬鄞邱商初字第 308 号民事判决书，载《人民法院案例选》2012 年第 4 辑。

约定买受人支付价款之前出卖人保留所有权，在买受人支付全部价款时，所有权才发生转移，现被告盛×塑料厂未按约定付清价款，注塑机的所有权人仍属于原告，而所有权包括占有、使用、收益、处分四项权能，出卖人可以取回标的物，故对于原告要求返还注塑机的诉讼请求，符合法律规定，本院应予支持。

原告作为出卖人行使取回权后，买受人即被告在出卖人指定的合理回赎期间内，履行价款清偿义务的，可以重新占有标的物；被告在指定的回赎期间内没有回赎标的物的，出卖人可以依法拍卖标的物或者解除合同；出卖人拍卖标的物的，拍卖所得的价款扣除未清偿价金、取回费用以及拍卖费用后仍有剩余的，应将剩余的部分返还给被告。

裁判结果：判决被告盛×塑料厂向原告返还型号为 HXF468 的注塑机一台。

二、供用电、水、气、热力合同

（一）供用电合同的概念与性质

《民法典》第 648 条第 1 款规定："供用电合同是供电人向用电人供电，用电人支付电费的合同。"由此，供用电合同是供电人以供电为主给付义务、用电人以支付电费为主给付义务的合同。

供用电合同的性质主要有以下几点。

第一，供用电合同是继续性合同，即以持续提供电能为供电人债务的合同。

第二，供用电合同是双务合同，双方当事人之间互负债务，构成对待给付关系。

第三，供用电合同是有偿合同，用电人按合同约定向供电人支付对价。

第四，供用电合同是诺成合同，自双方当事人就供用电内容达成合意时成立。

第五，供用电合同是不要式合同，合同的成立并不以采用特定形式为必要。

（二）供电人的义务

1. 安全供电义务

供电人负有按照国家规定的供电质量标准和约定安全供电的义务。根据《民法典》第651条规定："……供电人未按照国家规定的供电质量标准和约定安全供电，造成用电人损失的，应当承担赔偿责任。"

2. 中断供电前的通知义务

供电人依法应当履行中断供电前的通知义务。根据《民法典》第652条规定，供电人因供电设施计划检修、临时检修、依法限电或者用电人违法用电等原因，需要中断供电时，负有按照国家有关规定事先通知用电人的义务；未事先通知用电人中断供电，造成用电人损失的，应当承担赔偿责任。

另外，在用电人拖欠电费、经供电人催告在合理期限内仍未支付的，供电人享有中止供电的权利。但是，需要注意的是在中止供电之前，供电人仍需履行向用电人事先通知的义务。

3. 自然灾害断电后的抢修义务

供电人依法负担自然灾害断电后的抢修义务。根据《民法典》第653条规定："因自然灾害等原因断电，供电人应当按照国家有关规定及时抢修；未及时抢修，造成用电人损失的，应当承担赔偿责任。"

（三）用电人的义务

1. 支付电费义务

用电人负有按照国家有关规定和当事人的约定及时支付电费的义务。

根据《民法典》第654条第1款规定："……用电人逾期不支付电费的，应当按照约定支付违约金。经催告用电人在合理期限内仍不支付电费和违约金的，供电人可以按照国家规定的程序中止供电。"

2. 安全、节约和计划用电义务

用电人负有按照国家有关规定和当事人的约定安全、节约和计划用电的义务。根据《民法典》第655条的规定："……用电人未按照国家有关规定和当事人的约定用电，造成供电人损失的，应当承担赔偿责任。"

（四）供用水、气、热力合同

根据《民法典》第656条规定："供用水、供用气、供用热力合同，参照适用供用电合同的有关规定。"

三、赠与合同

（一）赠与合同的概念与性质

《民法典》第657条对赠与合同的概念作了界定："赠与合同是赠与人将自己的财产无偿给予受赠人，受赠人表示接受赠与的合同。"据此，赠与合同系赠与人将其财产所有权无偿移转给受赠人，受赠人作出接受的意思表示的合同。

赠与合同的性质主要有以下几点。

第一，赠与合同是单务合同，赠与合同法律关系中仅赠与人一方负担转让财产所有权的义务，受赠人无须作出对待给付。

第二，赠与合同是无偿合同，赠与人将其财产给予受赠人系无偿转让。

第三，赠与合同是诺成合同，合同自双方当事人就赠与事宜达成合意时成立。

第四，赠与合同是不要式合同，合同的成立并不以采用特定形式为必要。

（二）赠与合同当事人的权利与义务

1. 赠与人的任意撤销权

因赠与合同具有无偿性和单务性，赠与人向受赠人给予财物本质上属于好意施惠行为，在赠与法律关系中受赠人纯获利益，因此法律为了平衡赠与人与受赠人之间的权利义务关系，给予了赠与人在财产权利转移前一定条件下反悔的权利，由此设置了赠与人的任意撤销权制度。

根据《民法典》第 658 条规定，原则上只要在赠与财产的权利转移之前，赠与人均有权撤销赠与。但是存在两种赠与人不得撤销赠与的例外情形：一是赠与合同已经经过公证。二是赠与合同属于依法不得撤销的具有救灾、扶贫、助残等公益、道德义务性质的合同。

在上述两种例外情形下，赠与合同不得撤销，赠与人应当全面履行赠与合同。因此，根据《民法典》第 660 条规定，在赠与人不交付赠与财产时，受赠人享有财产移交请求权，有权请求赠与人交付赠与财产。

2. 赠与人的法定撤销权

赠与人的法定撤销权，是指在法律规定的受赠人存在"忘恩负义"行为时，赠与人有权撤销赠与的权利。同时，撤销权人撤销赠与的，有权向受赠人请求返还赠与的财产。

（1）法定撤销权行使的特定情形

根据《民法典》第 663 条第 1 款规定，受赠人有下列三种情形之一的，赠与人享有赠与撤销权：第一，严重侵害赠与人或者赠与人近亲属的合法权益。第二，对赠与人有扶养义务而不履行。第三，不履行赠与合同约定的义务。

（2）赠与人的继承人与法定代理人的撤销权

《民法典》第 664 条第 1 款规定："因受赠人的违法行为致使赠与人死亡或者丧失民事行为能力的，赠与人的继承人或者法定代理人可以撤销赠与。"据此可知，本条中赠与人的继承人或法定代理人有权行使撤销权的条件有三：第一，受赠人存在违法行为。第二，存在赠与人死亡或丧失民事行为能力的后果。第三，受赠人的违法行为与赠与人死亡或丧失民事行为之间具有因果关系。

（3）赠与人法定撤销权的行权期间

法定撤销权的行权主体为赠与人时，根据《民法典》第663条第2款规定，赠与人应当自知道或者应当知道撤销事由之日起1年内行使。

法定撤销权的行权主体为赠与人的继承人或法定代理人时，根据《民法典》第664条第2款规定，赠与人的继承人或法定代理人应当自知道或者应当知道撤销事由之日起6个月内行使。

3. 赠与人的穷困抗辩权

赠与人若要退出赠与合同法律关系，除了可以行使上文中的任意撤销权和法定撤销权以外，法律还规定了赠与人的穷困抗辩权制度。

根据《民法典》第666条规定，在赠与人的经济状况显著恶化，已经严重影响其生产经营或家庭生活时，赠与人享有不再履行赠与义务的抗辩权，也称穷困抗辩权。穷困抗辩权的行使，需要满足赠与人自身经济状况出现严重变化的特殊条件。

4. 赠与人一定条件下的瑕疵担保义务

财产上的瑕疵，包括物的瑕疵和权利瑕疵。原则上，因为赠与人将财产给予受赠人系无偿赠与，所以对于财产上存在的瑕疵，赠与人一般不承担责任。但是如果赠与人主观上存在恶意，故意不告知瑕疵或者保证无瑕疵，造成受赠人损失的，应当承担赔偿责任。

另外，还需注意附义务的赠与这一特殊的赠与类型项下的瑕疵担保义务。根据《民法典》第662条规定，附义务的赠与，是指赠与合同中同时约定了受赠人应当履行一定义务的赠与。对于附义务的赠与合同而言，如果赠与的财产有瑕疵，赠与人应当在附义务的限度内承担与出卖人相同的责任。

四、借款合同

（一）借款合同的概念和性质

《民法典》第 667 条对借款合同的概念作了界定："借款合同是借款人向贷款人借款，到期返还借款并支付利息的合同。"由此可见，借款合同是贷款人以向借款人出借款项为主要义务、借款人以支付利息并到期还款为主要义务的合同。

借款合同可分为商业借贷和自然人之间的借贷两种类型。商业借贷主要是指经金融监管部门批准设立的从事贷款业务的金融机构及其分支机构向自然人、法人以及非法人组织发放贷款的行为，如商业银行贷款。自然人之间的借贷则是指双方当事人均为自然人的资金融通行为。

借款合同的性质主要有以下几点。

第一，借款合同属于双务合同，贷款人负有向借款人提供贷款的义务，借款人负有在借款到期后向贷款人返还借款并支付利息的义务。

第二，借款合同一般为有偿合同，当事人通常会约定贷款利率以收取贷款利息。

第三，商业借贷合同系诺成合同，合同自双方当事人就借贷内容达成合意时成立。自然人之间的借贷合同系实践合同，根据《民法典》第 679 条规定："自然人之间的借款合同，自贷款人提供借款时成立。"

第四，商业借贷合同系要式合同，而自然人之间的借贷合同系不要式合同。根据《民法典》第 668 条第 1 款规定："借款合同应当采用书面形式，但是自然人之间借款另有约定的除外"，可知自然人之间的借贷合同的成立不以采取书面形式为必要。

（二）贷款人的义务

1. 提供借款的义务

提供借款系贷款合同法律关系中贷款人的主给付义务。根据《民法典》第 671 条第 1 款规定，贷款人未按照借款合同约定的日期、数额提供借款，造成借款人损失的，应当赔偿损失。

2. 禁止高利放贷的义务

根据《民法典》第 680 条第 1 款规定，贷款人不得发放高利贷。借款合同中约定的贷款利率数额不得超出国家有关规定。

（三）借款人的义务

1. 提供真实情况义务

根据《民法典》第 669 条规定，订立借款合同，借款人负有按照贷款人的要求提供与借款有关的业务活动和财务状况的真实情况的义务。

2. 按期收取借款的义务

根据《民法典》第 671 条第 2 款规定，借款人负有按照合同约定期限收取借款的义务。借款人未按照借款合同约定的日期、数额收取借款的，应当按照约定的日期、数额支付利息。

3. 定期提供财务会计报表的义务

根据《民法典》第 672 条规定，贷款人按照合同约定有权检查、监督借款的使用情况，借款人负有定期提供财务会计报表的义务，应当按照借款合同约定向贷款人定期提供有关财务会计报表或者其他资料。

4. 按约定用途使用借款的义务

根据《民法典》第 673 条规定，借款人负有按借款合同约定的用途使用借款的义务。借款人未按照约定的借款用途使用借款的，贷款人可以停止发放借款、提前收回借款或者解除合同。

5. 支付利息的义务

根据《民法典》第 674 条规定，根据借款合同的约定，借款人负有支付借款利息的义务，应当按照约定期限向贷款人支付利息。双方对支付利息的期限没有约定或者约定不明确，依据《民法典》第 510 条规定仍不能确定，借款期间不满一年的，应当在返还借款时一并支付；借款期间一年以上的，应当在每届满一年时支付，剩余期间不满一年的，应当在返还借款时一并支付。

对于提前还款的利息计算，《民法典》第 677 条作了规定："借款人提前返还借款的，除当事人另有约定外，应当按照实际借款的期间计算利息。"由此，借款人提前还款的利息计算期间应当为自出借日起算至实际还款日止。

6. 返还借款的义务

根据《民法典》第 675 条规定，借款人负有在借款合同期限届满时返还借款的义务，应当按照约定期限向贷款人返还借款。对借款期限没有约定或者约定不明确，依据《民法典》第 510 条规定仍不能确定的，借款人可以随时返还；贷款人可以催告借款人在合理期限内返还。

需要注意的是，借款人享有申请展期的权利。根据《民法典》第 678 条规定，在还款期限届满前，借款人有权向贷款人申请展期；经贷款人同意的，可以展期。

7. 未如期还款的逾期利息支付义务

根据《民法典》第 676 条规定："借款人未按照约定的期限返还借款的，应当按照约定或者国家有关规定支付逾期利息。"

（四）借款合同的利息制度

利息是借款合同法律关系中的特有概念，关系到贷款人出借资金的收益和借款人借用资金的成本。借贷双方当事人中，借款人常常处于弱势地位，为了避免借款合同中约定过高的借款利率造成不公平的合同关系、损害借款人的利益，我国法律制定一系列针对借款利率的限制性规定。

1. 未约定或约定不明的借款利息确定规则

《民法典》第 680 条第 2 款和第 3 款规定："借款合同对支付利息没有约定的，视为没有利息。借款合同对支付利息约定不明确，当事人不能达成补充协议的，按照当地或者当事人的交易方式、交易习惯、市场利率等因素确定利息；自然人之间借款的，视为没有利息。"

由此可知，本条款确立了如下利息确定规则：一是在当事人未约定借款利息时，视为没有利息。二是在当事人对借款利息约定不明确时，若无法达成补充协议的，按照当地或当事人的交易方式、交易习惯、市场利率等因素确定。三是自然人之间的借贷对利息约定不明确时，视为没有利息。

2. 民间借贷利率的法定上限

民间借贷，是指自然人、法人和非法人组织之间进行资金融通的行为，不包括经金融监管部门批准设立的从事贷款业务的金融机构及其分支机构发放贷款的行为。

对于民间借贷的利率数额，《最高人民法院关于审理民间借贷案件适用法律若干问题的规定》（法释〔2020〕17 号）第 25 条对利率的法定上限作了规定："出借人请求借款人按照合同约定利率支付利息的，人民法院应予支持，但是双方约定的利率超过合同成立时一年期贷款市场报价利率四倍的除外。前款所称'一年期贷款市场报价利率'，是指中国人民银行授权全国银行间同业拆借中心自 2019 年 8 月 20 日起每月发布的一年期贷款市场报价利率。"

由此可见，民间借贷的利率上限，为借款合同成立时中国人民银行授权全国银行间同业拆借中心自 2019 年 8 月 20 日起每月发布的一年期贷款市场报价利率（Loan Prime Rate，LPR）的 4 倍。若借款合同约定的利率超出 4 倍的一年期贷款市场报价利率（4×LPR），超出部分的利率约定无效，贷款人无权向借款人主张支付超出部分利率计算出的利息。

3. 民间借贷借款人未按期还款时的逾期利率法定上限

民间借贷场景下，若借款人未按借款合同约定的期限返还借款，根据前文借款人的义务可知，此时借款人负有向贷款人支付逾期利率的义务。

对于逾期利率的数额，《最高人民法院关于审理民间借贷案件适用法律若干问题的规定》第 28 条第 1 款规定："借贷双方对逾期利率有约定的，从其约定，但是以不超过合同成立时一年期贷款市场报价利率四倍为限。"因此，逾期利率的数额原则上以当事人的约定为准，但不得超过逾期利率法定上限，即 4 倍的一年期贷款市场报价利率（4×LPR）。

对于逾期利率和违约金同时约定时的适用问题，因逾期利率具有违约损失赔偿的性质，根据民法填补性损害原理，当事人不得获得过分高于其实际损失的赔偿。因此，根据《最高人民法院关于审理民间借贷案件适用法律若干问题的规定》第 29 条的规定，出借人与借款人既约定了逾期利率，又约定了违约金或者其他费用，出借人有权选择主张逾期利息、违约金或者其他费用，也有权一并主张，但是出借人所主张费用总额超过以合同成立时一年期贷款市场报价利率四倍（4×LPR）计算的利息数额，人民法院不予支持。

五、租赁合同

（一）租赁合同的概念与性质

《民法典》第 703 条对租赁合同的概念作了界定："租赁合同是出租人将租赁物交付承租人使用、收益，承租人支付租金的合同。"据此可知，租赁合同是出租人以转移租赁物的使用权为主要义务、承租人以支付租金为主要义务的合同。

租赁合同的性质有以下几种。

第一，租赁合同是双务合同，双方当事人之间互负债务，构成对待给付关系。

第二，租赁合同是有偿合同，一方转让标的物使用权，另一方支付对价。

第三，租赁合同是诺成合同，合同自双方当事人就租赁内容达成合意时成立。

第四，租赁合同一般为不要式合同，但根据《民法典》第 707 条规定，租赁期限六个月以上的租赁合同应当采用书面形式。当事人未采用书面形式，无法确定租赁期限的，则视为不定期租赁。

第五，租赁合同是继续性合同，是以承租人持续支付租金的债务为内容的合同。

（二）出租人的主要义务

1. 交付义务

《民法典》第 708 条规定了出租人向承租人交付租赁物的义务："出租人应当按照约定将租赁物交付承租人，并在租赁期限内保持租赁物符合约定的用途。"

2. 维修义务

《民法典》第 712 条规定："出租人应当履行租赁物的维修义务，但是当事人另有约定的除外。"据此，在当事人未作约定时，租赁物的维修义务由出租人承担。由此，根据《民法典》第 713 条规定，在租赁物需要维修时，承租人可以请求出租人在合理期限内维修。若出租人未履行维修义务，承租人可以自行维修，维修费用由出租人负担。若因维修租赁物而影响承租人使用租赁物，则应当相应减少租金或者延长租期。

不过，若租赁物需要维修系由于承租人的过错所致，出租人则免除其维修义务。

（三）承租人的主要义务

1. 支付租金义务

根据《民法典》第 721 条规定，承租人应当按照约定的期限支付租金。对支付租金的期限没有约定或者约定不明确，依据《民法典》第 510 条的规定仍不能确定，租赁期限不满一年的，应当在租赁期限届满时支付；租赁期限一年以上的，应当在每届满一年时支付，剩余期限不满一年的，应当在租赁期限届满时支付。

此外，根据《民法典》第 722 条规定："承租人无正当理由未支付或者迟延支付租金的，出租人可以请求承租人在合理期限内支付；承租人逾期不支付的，出租人可以解除合同。"

2. 按照约定方法使用义务

根据《民法典》第 709 条规定，承租人负有按照约定的方法使用租赁物的义务。若对租赁物的使用方法没有约定或者约定不明确，依据《民法典》第 510 条仍不能确定的，应当根据租赁物的性质使用。

根据《民法典》第 710 条和第 711 条规定，承租人按照约定的方法或者根据租赁物的性质使用租赁物，致使租赁物受到损耗的，不承担赔偿责任。承租人未按照约定的方法或者未根据租赁物的性质使用租赁物，致使租赁物受到损失的，出租人可以解除合同并请求赔偿损失。

3. 妥善保管义务

根据《民法典》第 714 条规定，承租人负有妥善保管租赁物的义务，因保管不善造成租赁物毁损、灭失的，应当承担赔偿责任。

4. 禁止对租赁物改善或增设他物的义务

承租人对租赁物改善或增设他物，应当经过出租人的同意，否则应对出租人承担民事责任。根据《民法典》第 715 条规定，承租人经出租人同意，有权对租赁物进行改善或者增设他物。但是若未经出租人同意，承租人对租赁物进行改善或者增设他物，出租人有权请求承租人恢复原状或者赔偿损失。

5. 禁止转租的义务

转租，是指承租人将在租赁期间的租赁物转租给第三人使用、收益的行为。原则上，承租人不得转租租赁物，除非征得出租人同意。《民法典》第716条规定："承租人经出租人同意，可以将租赁物转租给第三人。承租人转租的，承租人与出租人之间的租赁合同继续有效；第三人造成租赁物损失的，承租人应当赔偿损失。承租人未经出租人同意转租的，出租人可以解除合同。"

出租人 ⟶ 承租人 ⟶ 次承租人

图 4-13　转租法律关系示意

（1）合法转租的推定

根据《民法典》第718条规定，在出租人知道或应知承租人转租时，若出租人在6个月内未提出异议，则视为出租人同意转租。

（2）次承租人的代为履行权

次承租人的代为履行权的成立原因在于次承租人对承租人支付租金的债务具有合法利益。承租人是否按合同约定的期限和金额支付租金，牵连到次承租人对租赁物的使用利益。

根据《民法典》第719条规定，在合法的转租法律关系中，若承租人拖欠对出租人的租金，次承租人有权代替承租人支付其欠付的租金和违约金。次承租人代为支付的租金和违约金，可以充抵次承租人应当向承租人支付的租金；超出其应付的租金数额的，可以向承租人追偿。

但是若承租人的转租行为未经出租人同意，转租合同对出租人不具有法律约束力，那么次承租人无权主张替代履行承租人在租赁合同项下的合同义务。

（四）承租人的权利

1. 法定解除权

承租人在法定情形下享有合同解除权，具体而言有以下几点。

第一，根据《民法典》第 724 条规定："有下列情形之一，非因承租人原因致使租赁物无法使用的，承租人可以解除合同：（一）租赁物被司法机关或者行政机关依法查封、扣押；（二）租赁物权属有争议；（三）租赁物具有违反法律、行政法规关于使用条件的强制性规定情形。"

第二，因不可归责于承租人的事由，致使租赁物部分或全部毁损、灭失，进而致使不能实现合同目的时，在此情形下承租人也享有法定解除权，见于《民法典》第 729 条的规定："因不可归责于承租人的事由，致使租赁物部分或者全部毁损、灭失的，承租人可以请求减少租金或者不支付租金；因租赁物部分或者全部毁损、灭失，致使不能实现合同目的的，承租人可以解除合同。"

第三，承租人还享有租赁物质量瑕疵情形下的合同解除权。根据《民法典》第 731 条规定，在租赁物危及承租人的安全或者健康时，无论承租人订立合同时是否明知该租赁物质量不合格，承租人都有权随时解除合同。

2. 买卖不破租赁

在"先租后卖"的场景下，承租权和所有权之间的关系通常遵循"买卖不破租赁"的规则。《民法典》第 725 条的规定即对买卖不破租赁规则的体现："租赁物在承租人按照租赁合同占有期限内发生所有权变动的，不影响租赁合同的效力。"

"买卖不破租赁"规则确立的主要目的是维护租赁关系的稳定性，具体含义是指当事人以租赁物为客体订立的租赁合同生效并交付租赁物后，租赁物所有权人再将租赁物出卖给第三人的，第三人不得以其对租赁物的所有权对抗租赁物承租人的承租权。买卖不破租赁系物权优先效力的例外。

3. 租赁房屋的优先购买权和优先承租权

（1）优先购买权

租赁物为房屋时，若出租人出卖该房屋时，承租人依法享有优先购买权。《民法典》第 726 条规定："出租人出卖租赁房屋的，应当在出卖之前的合理期限内通知承租人，承租人享有以同等条件优先购买的权利；但是，房屋按份共有人行使优先购买权或者出租人将房屋出卖给近亲属的除外。出租人履行通知义务后，承租人在十五日内未明确表示购买的，视为承租人放弃优先购买权。"据此可知，承租人行使优先购买权的前提条件有五项。

第一，租赁物为房屋。

第二，以与出租人与买受人之间约定的购买条件（如房屋价款、付款期限、支付方式等）相同等的条件表示购买。

第三，收到出租人通知后 15 日内明确表示购买。

第四，不存在房屋按份共有人行使优先购买权的情形。

第五，出租人未将房屋出卖给近亲属。

出租人出卖租赁房屋时负有对承租人的通知义务。根据《民法典》第 728 条规定，若出租人未通知承租人或者有其他妨害承租人行使优先购买权情形，承租人有权请求出租人承担赔偿责任。但是出租人与第三人订立的房屋买卖合同的效力不受影响。

（2）优先承租权

除了优先购买权以外，在租赁期限届满后，租赁房屋的承租人享有优先承租权。《民法典》第 734 条第 2 款规定："租赁期限届满，房屋承租人享有以同等条件优先承租的权利。"

4. 租赁权的继受

《民法典》第 732 条规定："承租人在房屋租赁期限内死亡的，与其生前共同居住的人或者共同经营人可以按照原租赁合同租赁该房屋。"据此可知，租赁权的继受，在满足以下几个条件时可以发生。

第一，原租赁法律关系的客体仅限于房屋。

第二，继受租赁权的主体仅限于承租人的共同居住的人和共同经营人。

第三，原租赁合同的租赁期限尚未届满。

第四，承租人已经死亡。

六、融资租赁合同

（一）融资租赁合同的概念和性质

《民法典》第 735 条对融资租赁合同的概念作了界定："融资租赁合同是出租人根据承租人对出卖人、租赁物的选择，向出卖人购买租赁物，提供给承租人使用，承租人支付租金的合同。"需要注意的是，融资租赁合同的缔约双方当事人为租赁物出租人与承租人，但是融资租赁合同的履行实际上涉及三方民事主体，融资租赁合同的履行与出租人和出卖人之间买卖合同的履行之间属于密不可分的关系。

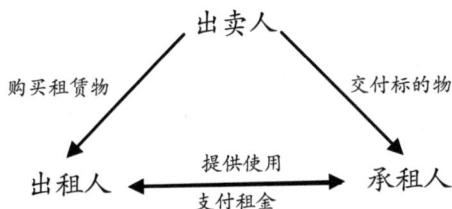

图 4-14　融资租赁法律关系三方当事人示意

融资租赁合同的性质有以下几项。

第一，融资租赁合同是双务合同，双方当事人之间互负债务，构成对待给付关系。

第二，融资租赁合同是有偿合同，一方转让标的物使用权，另一方支付对价。

第三，融资租赁合同是诺成合同，合同自当事人就融资租赁事宜达成一致意思表示时成立。

第四，融资租赁合同是要式合同，《民法典》第 736 条第 2 款明确规定："融资租赁合同应当采用书面形式。"

（二）出租人的权利和义务

1. 禁止变更合同内容的义务

根据《民法典》第 744 条："出租人根据承租人对出卖人、租赁物的选择订立的买卖合同，未经承租人同意，出租人不得变更与承租人有关的合同内容。"

2. 租赁物所有权

在融资租赁法律关系中，出租人系租赁物的所有权人。根据《民法典》第 745 条："出租人对租赁物享有的所有权，未经登记，不得对抗善意第三人。"

3. 无须担责的情形

根据《民法典》第 747 条和第 749 条，出租人无须担责的情形包括以下几点。

第一，租赁物不符合约定或者不符合使用目的，出租人原则上无须承担责任。但承租人依赖出租人的技能确定租赁物或者出租人干预选择租赁物的除外。

第二，承租人占有租赁物期间，租赁物造成第三人人身损害或者财产损失的，出租人也无须承担责任。

4. 租金请求权

根据《民法典》第 751 条规定，在承租人占有租赁物期间发生租赁物毁损、灭失的，出租人有权请求承租人继续支付租金，但是法律另有规定或当事人另有约定的除外。

（三）承租人的权利和义务

1. 标的物拒绝受领权

根据《民法典》第 740 条规定，若出卖人违反向承租人交付标的物的义务，有下列两种情形之一，承租人可以拒绝受领出卖人向其交付的标的物，并应当及时通知出租人：一是标的物严重不符合约定。二是未按照约定交付标的物，经承租人或者出租人催告后在合理期限内仍未交付。

2. 约定索赔权

根据《民法典》第 741 条规定，出租人、出卖人、承租人可以约定，在出卖人不履行买卖合同义务时，由承租人行使向出卖人索赔的权利。承租人行使索赔权利的，出租人应当协助。

需要注意的是，根据《民法典》第 742 条规定，承租人对出卖人行使索赔权利，不影响其履行支付租金的义务。但是，承租人依赖出租人的技能确定租赁物或者出租人干预选择租赁物的，承租人有权请求减免相应租金。

此外，根据《民法典》第 743 条规定："出租人有下列情形之一，致使承租人对出卖人行使索赔权利失败的，承租人有权请求出租人承担相应的责任：（一）明知租赁物有质量瑕疵而不告知承租人；（二）承租人行使索赔权利时，未及时提供必要协助。"

出租人怠于行使只能由其对出卖人行使的索赔权利，造成承租人损失的，承租人有权请求出租人承担赔偿责任。

3. 损害赔偿请求权

根据《民法典》第 748 条规定，出租人应当保证承租人对租赁物的占有和使用。出租人有下列情形之一的，承租人有权请求其赔偿损失：

一是无正当理由收回租赁物；

二是无正当理由妨碍、干扰承租人对租赁物的占有和使用；

三是因出租人的原因致使第三人对租赁物主张权利；

四是不当影响承租人对租赁物占有和使用的其他情形。

4. 妥善保管和维修义务

承租人在融资租赁期间是标的物的实际占有人，负有对标的物的妥善保管义务。《民法典》第 750 条规定："承租人应当妥善保管、使用租赁物。承租人应当履行占有租赁物期间的维修义务。"

（四）融资租赁合同的解除

根据《民法典》第 754 条规定，有下列情形之一的，出租人或者承租人有权解除融资租赁合同：一是出租人与出卖人订立的买卖合同解除、被确认无效或者被撤销，且未能重新订立买卖合同。二是租赁物因不可归责于当事人的原因毁损、灭失，且不能修复或者确定替代物。三是因出卖人的原因致使融资租赁合同的目的不能实现。

根据《民法典》第 755 条规定："融资租赁合同因买卖合同解除、被确认无效或者被撤销而解除，出卖人、租赁物系由承租人选择的，出租人有权请求承租人赔偿相应损失；但是，因出租人原因致使买卖合同解除、被确认无效或者被撤销的除外。出租人的损失已经在买卖合同解除、被确认无效或者被撤销时获得赔偿的，承租人不再承担相应的赔偿责任。"

若融资租赁合同的解除不可归责于任何一方，则根据《民法典》第 756 条规定，融资租赁合同因租赁物交付承租人后意外毁损、灭失等不可归责于当事人的原因解除的，出租人有权请求承租人按照租赁物折旧情况给予补偿。

（五）融资租赁合同的无效

融资租赁合同的无效，应当遵循《民法典》总则编及合同编中关于合同无效情形的相关规定。[①]《民法典》第737条规定仅强调了虚构标的物的通谋虚伪行为致使合同无效的情形："当事人以虚构租赁物方式订立的融资租赁合同无效。"

根据《民法典》第760条规定，融资租赁合同无效，若当事人就该情形下租赁物的归属有约定，从其约定；若没有约定或约定不明，租赁物应当返还出租人。但是，因承租人原因致使合同无效，出租人不请求返还或者返还后会显著降低租赁物效用的，租赁物的所有权应当归承租人，由承租人给予出租人合理补偿。

（六）租赁期限届满后的所有权归属

根据《民法典》第757条规定，出租人和承租人有权在合同中约定租赁期限届满租赁物的归属；对租赁物的归属没有约定或约定不明确，依据《民法典》第510条规定仍不能确定的，租赁物的所有权归出租人。

根据《民法典》第758条规定，在双方对租赁期限届满后的所有权归属有所约定的情形下。

第一，若当事人约定租赁期限届满租赁物归承租人所有，承租人已经支付大部分租金，但是无力支付剩余租金，出租人因此解除合同收回租赁物，收回的租赁物的价值超过承租人欠付的租金以及其他费用的，承租人可以请求相应返还。

第二，若当事人约定租赁期限届满租赁物归出租人所有，因租赁物毁损、灭失或者附合、混合于他物致使承租人不能返还的，出租人有权请求承租人给予合理补偿。

此外，还存在一项关于租赁物所有权归属的推定规则。根据《民法典》第759条规定，当事人约定租赁期限届满，承租人仅需向出租人支付象征性价款的，视为约定的租金义务履行完毕后租赁物的所有权归承租人。

---

① 参见《民法典》第144条、第146条、第153条、第154条、第505条、第506条。

七、承揽合同

（一）承揽合同的概念与性质

根据《民法典》第 770 条规定，承揽合同是指承揽人按照定作人的要求完成工作，交付工作成果，定作人支付报酬的合同。承揽包括加工、定作、修理、复制、测试、检验等工作。承揽合同的缔约双方当事人为承揽人与定作人。

承揽合同的性质主要有以下几点。

第一，承揽合同是双务合同，双方当事人之间互负债务，构成对待给付关系。

第二，承揽合同是有偿合同，一方提供劳务，另一方支付对价。

第三，承揽合同是诺成合同，合同自双方当事人就定作内容达成合意时成立。

第四，承揽合同是不要式合同，承揽合同的成立并不以采用特定形式为必要。

（二）定作材料的提供方

承揽合同双方当事人可约定材料的提供方。根据《民法典》第 774 条和第 775 条规定，第一，承揽人提供材料时，应当按照约定选用材料，并接受定作人检验。第二，定作人提供材料时，应当按照约定提供材料，承揽人对定作人提供的材料应当及时检验，发现不符合约定时，应当及时通知定作人更换、补齐或者采取其他补救措施。此外，承揽人不得擅自更换定作人提供的材料，不得更换不需要修理的零部件。

（三）承揽人的权利与义务

1. 留置权

《民法典》第 783 条规定："定作人未向承揽人支付报酬或者材料费等价款的，承揽人对完成的工作成果享有留置权或者有权拒绝交付，但是当事人另有约定的除外。"在定作人欠付报酬时，承揽人依法享有对工作成果的留置权。承揽人留置权的成立须满足以下条件：第一，承揽人和定作人之间具有合法的承揽法律关系，承揽人基于合法承揽合同而取得对定作人动产的占有，系合法占有。第二，承揽人留置的工作成果，与承揽人对定作人的债权产生于同一种法律关系。第三，债务履行期届满，且定作人未按期向承揽人支付报酬。

2. 按照定作人的要求完成工作的义务

《民法典》第 772 条第 1 款规定："承揽人应当以自己的设备、技术和劳力，完成主要工作，但是当事人另有约定的除外。"

承揽工作具有较强的人身依附性，因此根据《民法典》第 772 条第 2 款与第 773 条规定，未经定作人同意，承揽人不得将承揽合同项下的主要工作交由第三人完成，否则承揽人将构成违约，定作人有权解除合同。然而，对于承揽合同项下的辅助工作，承揽人可以交由第三人完成。对于交由第三人完成的工作，承揽人应当就第三人的工作成果向定作人负责。

3. 接受监督的义务

承揽人履行承揽合同项下的工作内容时，负有接受定作人监督的义务。根据《民法典》第 779 条规定："承揽人在工作期间，应当接受定作人必要的监督检验。定作人不得因监督检验妨碍承揽人的正常工作。"

4. 交付工作成果的义务

承揽人按承揽合同约定完成工作内容后，负有向定作人交付工作成果的义务。《民法典》第 780 条规定，承揽人完成工作的，应当向定作人交付工作成果，并提交必要的技术资料和有关质量证明。相应地，定作人负有验收该工作成果的义务。

此外，承揽人对其交付的工作成果负有质量瑕疵担保义务。《民法典》第781条规定："承揽人交付的工作成果不符合质量要求的，定作人可以合理选择请求承揽人承担修理、重作、减少报酬、赔偿损失等违约责任。"承揽人对于定作人负有的交付工作成果义务，交付质量符合合同要求的工作成果。

5. 妥善保管义务

承揽人对定作人负有妥善保管义务。根据《民法典》第784条："承揽人应当妥善保管定作人提供的材料以及完成的工作成果，因保管不善造成毁损、灭失的，应当承担赔偿责任。"

6. 保守秘密义务

承揽人对定作人负有保守秘密的义务。根据《民法典》第785条规定："承揽人应当按照定作人的要求保守秘密，未经定作人许可，不得留存复制品或者技术资料。"

（四）定作人的权利与义务

1. 法定任意解除权

《民法典》第787条规定："定作人在承揽人完成工作前可以随时解除合同，造成承揽人损失的，应当赔偿损失。"因此，在承揽人未完成工作成果之前，法律赋予了定作人无须任何前提条件的任意解除权。

2. 支付报酬义务

支付报酬是承揽合同下定作人的主给付义务。根据《民法典》第782条规定，定作人应当按照约定的期限向承揽人支付报酬。对支付报酬的期限没有约定或者约定不明确，依据《民法典》第510条的规定仍不能确定的，定作人应当在承揽人交付工作成果时支付；工作成果部分交付的，定作人应当支付相应的报酬。

3. 协助义务

根据《民法典》第 778 条规定，在承揽工作需要定作人协助的情形下，定作人负有协助义务。定作人不履行协助义务致使承揽工作不能完成的，承揽人可以催告定作人在合理期限内履行义务，并可以顺延履行期限；定作人逾期不履行的，承揽人可以解除合同。

八、建设工程合同

建设工程，是指为生产生活提供物质与技术基础的建筑物、构筑物与工程设施的总称。在我国，建设工程项目一般具有投资数额大、建设周期长、生产工艺技术复杂、质量保证责任重大等特点，尤其是大型建设工程项目，更会关涉社会不特定多数人的利益，因此国家对建设工程项目全生命周期中的投资、招标投标、设计、勘察、施工、竣工、竣工验收、投产等每一阶段都加以高度规制，主要举措在于实施了诸多单行法律法规，如《建筑法》《招标投标法》《建设工程安全生产管理条例》《建设工程质量管理条例》《保障农民工工资支付条例》《对外承包工程管理条例》《民用建筑节能条例》《必须招标的工程项目规定》等。

本书主要介绍《民法典》及相关法律法规在建设工程合同层面上的重要规定，主要包括建设工程合同的无效情形、建设工程价款优先受偿权制度等。

（一）建设工程合同的概念、性质和基本原则

根据《民法典》第 788 条第 1 款规定，建设工程合同是指承包人进行工程建设，发包人支付价款的合同。《民法典》第 791 条第 1 款第 1 句规定："发包人可以与总承包人订立建设工程合同，也可以分别与勘察人、设计人、施工人订立勘察、设计、施工承包合同。"建设工程合同大体可分为三类：建设工程施工合同、建设工程勘察合同与建设工程设计合同。

建设工程合同是要式合同，合同的订立应当采用书面形式。

建设工程主体结构的施工必须由承包人自行完成。但是，总承包人或者勘察、设计、施工承包人经发包人同意，可以将自己承包的部分工作交由第三人完成。第三人就其完成的工作成果与总承包人或者勘察、设计、施工承包人向发包人承担连带责任。

（二）无效建设工程合同的情形及处理

1. 无效建设工程合同的情形

根据《民法典》第791条、《最高人民法院关于审理建设工程施工合同纠纷案件适用法律问题的解释（一）》（法释〔2020〕25号）第1条、《建筑法》第26条等法律法规，建设工程合同无效的情形主要有以下几个方面。

（1）承包人将工程肢解发包。

（2）承包人将工程全部转包给第三人。

（3）承包人将工程全部肢解后以分包名义转包给第三人。

（4）分包单位将分包工程再分包。

（5）承包人未取得建筑业企业资质或者超越资质等级而实施工程。

（6）没有资质的实际施工人借用有资质的建筑施工企业名义实施工程。

（7）建设工程必须进行招标而未招标或者中标无效等。

2. 无效建设工程合同的处理

建设工程合同无效后，根据《民法典》第793条规定，若建设工程经验收合格，则仍可参照合同关于工程价款的约定折价补偿承包人。

建设工程施工合同无效，若建设工程经验收不合格的，按照以下情形处理。

（1）修复后的建设工程经验收合格，发包人有权请求承包人承担修复费用。

（2）修复后的建设工程经验收不合格，承包人无权请求参照合同关于工程价款的约定折价补偿。

发包人对因建设工程不合格造成的损失有过错的，应当承担相应的责任。

（三）建设工程价款优先受偿权

建设工程价款优先受偿权，是建设工程合同领域中为保护承包人利益而设置的一项特殊制度。《民法典》第807条规定："发包人未按照约定支付价款的，承包人可以催告发包人在合理期限内支付价款。发包人逾期不支付的，除根据建设工程的性质不宜折价、拍卖外，承包人可以与发包人协议将该工程折价，也可以请求人民法院将该工程依法拍卖。建设工程的价款就该工程折价或者拍卖的价款优先受偿。"

九、运输合同

（一）运输合同的概念、性质和基本原则

根据《民法典》第809条规定，运输合同是指承运人将旅客或者货物从起运地点运输到约定地点，旅客、托运人或者收货人支付票款或者运输费用的合同。运输合同分为两种类型：以运输旅客为内容的，是客运合同；以运输货物为内容的，是货运合同。客运合同的缔约当事人为承运人和旅客；货运合同的缔约当事人为承运人和托运人或收货人。

运输合同的性质主要有以下几点。

第一，运输合同是双务合同，双方当事人之间互负债务，构成对待给付关系。

第二，运输合同是有偿合同，一方提供劳务运输服务，另一方支付对价。

第三，运输合同是诺成合同，合同自双方当事人就客运或货运内容达成合意时成立。

第四，运输合同是不要式合同，运输合同的成立并不以采用特定形式

为必要。

另外，运输合同的一大特征在于强制缔约理论的适用。根据《民法典》第810条规定，对于从事公共运输的承运人而言，法律规定承运人不得拒绝旅客、托运人通常、合理的运输要求。

（二）客运合同的基本原理

1. 客运合同的成立

根据《民法典》第814条规定："客运合同自承运人向旅客出具客票时成立，但是当事人另有约定或者另有交易习惯的除外。"

2. 承运人责任

（1）迟延运输责任

根据《民法典》第820条规定："承运人应当按照有效客票记载的时间、班次和座位号运输旅客。承运人迟延运输或者有其他不能正常运输情形的，应当及时告知和提醒旅客，采取必要的安置措施，并根据旅客的要求安排改乘其他班次或者退票；由此造成旅客损失的，承运人应当承担赔偿责任，但是不可归责于承运人的除外。"

（2）安全运输义务、救助义务及人身伤亡责任

承运人负有对旅客的安全运输义务、救助义务，以及在发生人身伤亡时的赔偿责任。

第一，承运人负有对旅客的安全运输义务。根据《民法典》第819条规定："承运人应当严格履行安全运输义务，及时告知旅客安全运输应当注意的事项。旅客对承运人为安全运输所作的合理安排应当积极协助和配合。"

第二，承运人负有对旅客的救助义务。根据《民法典》第822条规定："承运人在运输过程中，应当尽力救助患有急病、分娩、遇险的旅客。"

第三，承运人对运输过程中发生的人身伤亡的归责原则采无过错责任

原则，无论承运人对于旅客的伤亡是否存在过错，均需要承担赔偿责任。根据《民法典》第823条规定，承运人应当对运输过程中旅客的伤亡承担赔偿责任；但是，承运人赔偿责任也存在两个免责事由：一是伤亡是旅客自身健康原因造成；二是承运人能证明伤亡是旅客故意、重大过失造成。

（3）物品毁损灭失责任

承运人对运输过程中出现的旅客物品毁损、灭失的责任承担问题，需要区分旅客物品的类型。

第一，对于旅客随身携带的物品，承运人对其毁损灭失的归责原则采过错责任原则，根据《民法典》第824条第1款规定："在运输过程中旅客随身携带物品毁损、灭失，承运人有过错的，应当承担赔偿责任。"

第二，对于托运行李，《民法典》第824条第2款规定："旅客托运的行李毁损、灭失的，适用货物运输的有关规定。"再根据第832条规定"承运人对运输过程中货物的毁损、灭失承担赔偿责任"可知，承运人对托运行李的毁损灭失采无过错责任原则。

3. 旅客的义务

（1）按期乘坐义务

根据《民法典》第815条规定，旅客应当按照有效客票记载的时间、班次和座位号乘坐。旅客无票乘坐、超程乘坐、越级乘坐或者持不符合减价条件的优惠客票乘坐的，应当补交票款，承运人可以按照规定加收票款；旅客不支付票款的，承运人可以拒绝运输。实名制客运合同的旅客丢失客票的，有权请求承运人挂失补办，承运人不得再次收取票款和其他不合理费用。

（2）携带行李的要求

旅客携带行李应当负有满足约定限量和品类的义务。根据《民法典》第817条规定："旅客随身携带行李应当符合约定的限量和品类要求；超过限量或者违反品类要求携带行李的，应当办理托运手续。"

此外，旅客还负有禁止携带危险违禁物品的义务。《民法典》第818条规定，旅客不得随身携带或者在行李中夹带易燃、易爆、有毒、有腐蚀性、有放射性以及可能危及运输工具上人身和财产安全的危险物品或者违禁物品。旅客违反上述义务，承运人可以将危险物品或者违禁物品卸下、销毁或者送交有关部门。旅客坚持携带或者夹带危险物品或者违禁物品的，承运人应当拒绝运输。

（三）货运合同的基本原理

1. 承运人的权利和义务

（1）通知收货人义务

根据《民法典》第830条规定："货物运输到达后，承运人知道收货人的，应当及时通知收货人，收货人应当及时提货。收货人逾期提货的，应当向承运人支付保管费等费用。"

（2）货物毁损灭失责任

货运合同法律关系中，承运人对于货物在运输途中毁损、灭失承担无过错责任。《民法典》第832条规定："承运人对运输过程中货物的毁损、灭失承担赔偿责任。但是，承运人证明货物的毁损、灭失是因不可抗力、货物本身的自然性质或者合理损耗以及托运人、收货人的过错造成的，不承担赔偿责任。"承运人赔偿责任的免责事由有四：一是货物的毁损、灭失是因不可抗力造成。二是因货物本身的自然性质造成。三是因合理损耗造成。四是因托运人、收货人的过错造成。

（3）留置权

承运人对托运人提供的货物系合法占有，在货运合同债务履行期届满后无法实现债权时，承运人有权将货物留置以保障其债权的实现。根据《民法典》第836条规定："托运人或者收货人不支付运费、保管费或者其他费用的，承运人对相应的运输货物享有留置权，但是当事人另有约定的除外。"

（4）提存权

承运人将货物运输到约定地点后，若收货人未按照合同约定期限领取货物，承运人享有提存权。根据《民法典》第837条规定："收货人不明或者收货人无正当理由拒绝受领货物的，承运人依法可以提存货物。"

2. 托运人的义务

（1）必要信息告知义务

根据《民法典》第825条规定："托运人办理货物运输，应当向承运人准确表明收货人的姓名、名称或者凭指示的收货人，货物的名称、性质、重量、数量，收货地点等有关货物运输的必要情况。因托运人申报不实或者遗漏重要情况，造成承运人损失的，托运人应当承担赔偿责任。"

（2）包装义务

根据《民法典》第827条、第828条规定，托运人应当按照约定的方式包装货物，否则承运人可以拒绝运输。托运人托运易燃、易爆、有毒、有腐蚀性、有放射性等危险物品的，应当按照国家有关危险物品运输的规定对危险物品妥善包装，做出危险物品标志和标签，并将有关危险物品的名称、性质和防范措施的书面材料提交承运人。若托运人拒不履行上述义务的，承运人有权拒绝运输，也可以采取相应措施以避免损失的发生，因此产生的费用由托运人负担。

3. 收货人的义务

货运合同项下收货人的主要义务为检验货物。《民法典》第831条规定，收货人提货时应当按照约定的期限检验货物。对检验货物的期限没有约定或者约定不明确的，依据《民法典》第510条规定仍不能确定的，应当在合理期限内检验货物。收货人在约定的期限或者合理期限内对货物的数量、毁损等未提出异议的，视为承运人已经按照运输单证的记载交付的初步证据。

十、保管合同

(一) 保管合同的概念与成立

根据《民法典》第888条规定，保管合同是指保管人保管寄存人交付的保管物，并返还该物的合同。寄存人到保管人处从事购物、就餐、住宿等活动，将物品存放在指定场所的，视为保管，但是当事人另有约定或者另有交易习惯的除外。

保管合同属于一种典型的实践性合同，合同的成立时间并不以当事人达成意思合意时为准，而是以当事人实际交付标的物时为准。《民法典》第890条规定体现了保管合同的实践合同特征："保管合同自保管物交付时成立，但是当事人另有约定的除外。"

(二) 保管人的权利与义务

1. 妥善保管义务

在保管期间，保管人负有对保管物一定的注意义务，应当妥善保管标的物。

保管合同是否有偿，影响到保管人妥善保管注意义务的程度。

对于有偿保管合同而言，法律对保管人注意义务的程度要求较高，只要在保管期内因保管人保管不善造成保管物毁损、灭失，无论保管人主观上是否存在过失，保管人都要承担赔偿责任。

对于无偿保管合同而言，法律对保管人注意义务的程度要求较低，在保管期内因保管人保管不善造成保管物毁损、灭失，保管人仅需对其因主观上的故意或重大过失而造成的毁损灭失后果承担赔偿责任，若保管人能够证明自己没有故意或者重大过失的，无须承担赔偿责任。

2. 亲自保管义务

保管合同具有一定的人身依附性，寄存人将保管物交付保管人通常是基于对保管人的信任。因此，保管人负有对保管物的亲自保管义务。根据《民法典》第894条、第895条规定，保管人不得将保管物转交第三人保管，但是当事人另有约定的除外。若保管人将保管物转交第三人保管，造成保管物损失的，应当承担赔偿责任。除此之外，未经当事人另行约定，保管人不得使用或者许可第三人使用保管物。

3. 出具凭证义务

在寄存人交付标的物于保管人时，保管人负有出具保管凭证义务。根据《民法典》第891条规定："寄存人向保管人交付保管物的，保管人应当出具保管凭证，但是另有交易习惯的除外。"

4. 留置权

《民法典》第903条规定："寄存人未按照约定支付保管费或者其他费用的，保管人对保管物享有留置权，但是当事人另有约定的除外。"在寄存人欠付保管费及其他基于保管合同而产生的费用时，承揽人依法享有对保管物的留置权。

保管人留置权的成立须满足以下条件：第一，保管人和寄存人之间具有合法的保管法律关系，保管人基于合法保管合同而取得对寄存人动产的占有，系合法占有。第二，保管人留置的保管物，与保管人对寄存人的债权产生于同一种法律关系。第三，保管费用及其他费用的履行期已经届满，且寄存人未按照合同约定期限向保管人支付该费用。

（三）寄存人的权利与义务

1. 支付保管费义务

支付保管费系寄存人在保管合同项下的主要义务。《民法典》第889条规定，寄存人应当按照约定向保管人支付保管费。当事人对保管费没有约定或者约定不明确，依据《民法典》第 510 条规定仍不能确定的，视为无偿保管。

2. 特殊保管物的告知义务

保管物有瑕疵或属于特殊物品需要采取特殊保管措施时，寄存人负有对保管人的告知义务。《民法典》第 893 条规定："寄存人交付的保管物有瑕疵或者根据保管物的性质需要采取特殊保管措施的，寄存人应当将有关情况告知保管人。寄存人未告知，致使保管物受损失的，保管人不承担赔偿责任；保管人因此受损失的，除保管人知道或者应当知道且未采取补救措施外，寄存人应当承担赔偿责任。"

3. 随时领取保管物的权利

《民法典》第 899 条规定："寄存人可以随时领取保管物。"寄存人有权随时领取保管物，无须任何前提条件。

对于保管人而言，若寄存人和保管人之间对保管期限没有约定或约定不明，保管人可以随时请求寄存人领取保管物；若明确约定了保管期限，则保管人无特别事由不得请求寄存人提前领取保管物。

十一、仓储合同

（一）仓储合同的概念和性质

根据《民法典》第 904 条规定，仓储合同是指保管人储存存货人交付的仓储物，存货人支付仓储费的合同。仓储合同本质上属于商事领域的"保管合同"，因此在没有法律规定时，仓储合同可适用保管合同的相关规定。

但是与保管合同属于实践合同不同的是，仓储合同属于要式合同，合同自当事人就仓储事项达成一致意思合意时成立，见于《民法典》第 905 条规定："仓储合同自保管人和存货人意思表示一致时成立。"

（二）保管人的权利和义务

1. 妥善保管义务

与保管合同类似，仓储合同中的保管人对仓储物同样负担妥善保管的注意义务。《民法典》第 917 条规定："储存期内，因保管不善造成仓储物毁损、灭失的，保管人应当承担赔偿责任。因仓储物本身的自然性质、包装不符合约定或者超过有效储存期造成仓储物变质、损坏的，保管人不承担赔偿责任。"

由于仓储合同属于商事领域的合同，基本上都属于有偿合同，不存在无偿的仓储法律关系，因此仓储合同中的保管人对保管不善造成的损害后果一般需承担无过错责任。

2. 仓储物验收义务

仓储合同保管人负有对入库货物的验收义务。根据《民法典》第 907 条规定："保管人应当按照约定对入库仓储物进行验收。保管人验收时发现入库仓储物与约定不符合的，应当及时通知存货人。保管人验收后，发生仓储物的品种、数量、质量不符合约定的，保管人应当承担赔偿责任。"

3. 出具仓单义务

根据《民法典》第 908 条的规定，存货人交付仓储物时，保管人负有出具仓单的义务，应当向存货人出具仓单、入库单等凭证。

4. 仓储物异状通知义务和紧急处置权

根据《民法典》第 912 条、第 913 条的规定，保管人发现入库仓储物有变质或者其他损坏时负有及时通知义务，应当及时通知存货人或仓单持有人。若仓储物变质或其他损坏具有危及其他仓储物的安全和正常保管的可能性，保管人应当催告存货人或仓单持有人作出必要的处置。

若存货人或仓单持有人未及时作出处置，情况紧急下保管人有权作出必要的处置，但是事后应当将该情况及时通知存货人或仓单持有人。

（三）存货人的权利与义务

1. 危险及易变质物品的告知义务

根据《民法典》第906条规定，对于易燃、易爆、有毒、有腐蚀性、有放射性等危险物品或者易变质物品的存储而言，存货人负有说明物品性质、提供资料的义务。若存货人未履行上述义务，保管人有权拒收仓储物，也可采取相应措施以避免损失的发生，因此产生的费用由存货人负担。

2. 按时提取仓储物的义务

根据《民法典》第915条、第916条规定，储存期限届满，存货人或仓单持有人应当凭仓单、入库单等提取仓储物。若存货人或仓单持有人逾期提取仓储物，应当加收仓储费；提前提取的，不减收仓储费。

若存货人或仓单持有人不提取仓储物，保管人有权催告其在合理期限内提取；若逾期仍不提取的，保管人有权提存仓储物。

3. 未约定或约定不明情形下任意提取仓储物的权利

根据《民法典》第914条规定，若当事人对储存期限没有约定或约定不明确的，存货人或仓单持有人有权随时提取仓储物，保管人也有权随时请求存货人或者仓单持有人提取仓储物，但是应当给予必要的准备时间。

十二、委托合同

（一）委托合同的概念和类型

根据《民法典》第919条规定，委托合同是指委托人和受托人约定，由受托人处理委托人事务的合同。

根据委托事项范围的不同，委托合同可分为特别委托和概括委托。《民法典》第920条规定："委托人可以特别委托受托人处理一项或者数项事务，也可以概括委托受托人处理一切事务。"

委托合同包含有偿委托合同和无偿委托合同。

（二）受托人的权利与义务

1. 按指示处理义务

根据《民法典》第922条规定，受托人负有按照委托人的指示处理委托事务的义务。若受托人需要变更委托人指示的，应当经委托人同意；若因情况紧急，难以和委托人取得联系的，受托人负有妥善处理委托事务的义务，但是事后应当将该情况及时报告委托人。

2. 亲自处理义务

委托合同系基于人身信赖关系而成立，委托人之所以选择受托人处理事务，通常是基于对受托人本身事务处理能力的信任与认可。因此，在委托法律关系中，受托人负有亲自处理事务的义务。

但是受托人亲自处理规则也存在一个例外情况，即转委托。转委托系代理制度下的一项重要内容，根据《民法典》第169条及第923条规定，在经委托人同意的前提下，受托人也可以将事务处理工作转委托给他人。转委托经同意或者追认的，委托人可以就委托事务直接指示转委托的第三人，受托人仅就第三人的选任及其对第三人的指示承担责任。转委托未经同意或者追认的，受托人应当对转委托的第三人的行为承担责任；但是，在紧急情况下受托人为了维护委托人的利益需要转委托第三人的除外。

3. 处理情况的报告义务

根据《民法典》第924条规定："受托人应当按照委托人的要求，报告委托事务的处理情况。委托合同终止时，受托人应当报告委托事务的结果。"

4. 损害赔偿请求权

根据《民法典》第930条、第931条规定，受托人处理委托事务时，因不可归责于自己的事由受到损失的，受托人有权向委托人请求赔偿损失。

此外，经受托人同意，委托人可以在受托人之外委托第三人处理委托事务。因此造成受托人损失的，受托人也有权向委托人请求赔偿损失。

5. 合同任意解除权

《民法典》第 933 条第 1 句规定："委托人或者受托人可以随时解除委托合同。"据此可知，无论是委托方还是受托方，均享有合同任意解除权。

对于因解除合同造成对方损失的赔偿问题，除不可归责于该当事人的事由外，无偿委托合同的解除方应当赔偿因解除时间不当造成的直接损失，有偿委托合同的解除方应当赔偿对方的直接损失和合同履行后可以获得的利益。

（三）委托人的权利和义务

1. 报酬支付义务

对于有偿委托合同而言，根据《民法典》第 928 条规定，受托人完成委托事务的，委托人应当按照约定向受托人支付报酬。因不可归责于受托人的事由，委托合同解除或者委托事务不能完成的，委托人仍应当向受托人支付相应的报酬，但当事人另有约定的除外。

2. 损害赔偿请求权

在因受托人过错造成委托人损害的场景下，委托人享有损害赔偿请求权，见于《民法典》第 929 条第 1 款的规定："有偿的委托合同，因受托人的过错造成委托人损失的，委托人可以请求赔偿损失。无偿的委托合同，因受托人的故意或者重大过失造成委托人损失的，委托人可以请求赔偿损失。"

3. 合同任意解除权

根据《民法典》第 933 条的规定，委托人享有合同任意解除权，可以随时解除委托合同。

十三、物业服务合同

（一）物业服务合同的概念和性质

根据《民法典》第937条规定，物业服务合同是指物业服务人在物业服务区域内，为业主提供建筑物及其附属设施的维修养护、环境卫生和相关秩序的管理维护等物业服务，业主支付物业费的合同。物业服务人包括物业服务企业和其他管理人。

物业服务合同是要式合同，合同的订立应当采用书面形式。

（二）物业服务合同的内容

根据《民法典》第938条第1款规定："物业服务合同的内容一般包括服务事项、服务质量、服务费用的标准和收取办法、维修资金的使用、服务用房的管理和使用、服务期限、服务交接等条款。"

此外，物业服务人公开作出的有利于业主的服务承诺，为物业服务合同的组成部分。

（三）非业主直接订立物业服务合同的效力

《民法典》第939条规定了两种非业主直接参与订立的物业服务合同对业主具有法律约束力的情形，分别为：第一，建设单位依法与物业服务人订立的前期物业服务合同。第二，业主委员会与业主大会依法选聘的物业服务人订立的物业服务合同。

对第一种情况而言，《物业管理条例》第25条规定："建设单位与物业买受人签订的买卖合同应当包含前期物业服务合同约定的内容。"据此，尽管业主并未参与建设单位和物业服务人之间关于前期物业服务合同的签订过程，但是由于业主和建设单位之间的买卖合同中包含了前期物业服务合同的意思表示，业主将概括继受建设单位和物业服务人之间签订的前期物业服务合同中的权利义务。[①] 此外，根据《民法典》第 940 条规定，若在建设单位依法与物业服务人订立的前期物业服务合同约定的服务期限届满前，业主委员会或业主与新物业服务人订立了物业服务合同且已经生效，则前期物业服务合同终止。

对第二种情况而言，因订立物业服务合同的当事人为业主委员会与业主大会，而根据《民法典》第 277 条规定"业主可以设立业主大会，选举业主委员会"、第 280 条"业主大会或者业主委员会的决定，对业主具有法律约束力"可知，业主大会和业主委员会系经业主设立和选举产生，代表业主的意志，因此其作出的法律行为对业主具有法律效力。

（四）物业服务人的权利和义务

1. 外包权和禁止转委托义务

《民法典》第 941 条规定："物业服务人将物业服务区域内的部分专项服务事项委托给专业性服务组织或者其他第三人的，应当就该部分专项服务事项向业主负责。物业服务人不得将其应当提供的全部物业服务转委托给第三人，或者将全部物业服务支解后分别转委托给第三人。"

物业服务合同本质上是以提供劳务为内容的合同，因各个物业服务人专业性的不同，其提供劳务服务的效果和质量必然有所差异。业主选聘物业服务人的过程会受到一定的人身信赖因素影响，因此法律禁止物业服务人将全部物业服务转委托给他人。但是对于专业性较强的专项服务事项，法律允许物业服务人委托他人提供服务，但要求物业服务人对第三人提供的服务承担责任。

---

① 参见最高人民法院民法典贯彻实施工作领导小组主编：《中华人民共和国民法典合同编理解与适用（四）》，人民法院出版社 2020 年版，第 2567 页。

2. 妥善服务义务

根据《民法典》第942条规定："物业服务人应当按照约定和物业的使用性质，妥善维修、养护、清洁、绿化和经营管理物业服务区域内的业主共有部分，维护物业服务区域内的基本秩序，采取合理措施保护业主的人身、财产安全。对物业服务区域内违反有关治安、环保、消防等法律法规的行为，物业服务人应当及时采取合理措施制止、向有关行政主管部门报告并协助处理。"

3. 定期报告义务

根据《民法典》第943条规定："物业服务人应当定期将服务的事项、负责人员、质量要求、收费项目、收费标准、履行情况，以及维修资金使用情况、业主共有部分的经营与收益情况等以合理方式向业主公开并向业主大会、业主委员会报告。"

4. 后合同义务

后合同义务，是指合同终止后当事人仍应当负担的义务。根据《民法典》第949条规定，物业服务合同终止的，原物业服务人应当在约定期限或者合理期限内退出物业服务区域，将物业服务用房、相关设施、物业服务所必需的相关资料等交还给业主委员会、决定自行管理的业主或者其指定的人，配合新物业服务人做好交接工作，并如实告知物业的使用和管理状况。若原物业服务人未履行上述后合同义务，则不得请求业主支付物业服务合同终止后的物业费；造成业主损失的，应当赔偿损失。

此外，根据《民法典》第950条规定，物业服务合同终止后，在业主或者业主大会选聘的新物业服务人或者决定自行管理的业主接管之前，原物业服务人负有继续处理物业服务事项的义务，同时有权请求业主支付该期间的物业费。

（五）业主的权利和义务

1. 支付物业费义务

支付物业费系业主在物业服务合同项下的主要义务。根据《民法典》第944条规定，业主应当按照约定向物业服务人支付物业费。物业服务人已经按照约定和有关规定提供服务的，业主不得以未接受或者无需接受相关物业服务为由拒绝支付物业费。业主违反约定逾期不支付物业费的，物业服务人可以催告其在合理期限内支付；合理期限届满仍不支付的，物业服务人可以提起诉讼或者申请仲裁。

需要注意的是，即便业主未按期缴纳物业费，物业服务人也无权采取停止供电、供水、供热、供燃气等方式催缴物业费。

2. 告知义务

根据《民法典》第945条规定："业主装饰装修房屋的，应当事先告知物业服务人，遵守物业服务人提示的合理注意事项，并配合其进行必要的现场检查。业主转让、出租物业专有部分、设立居住权或者依法改变共有部分用途的，应当及时将相关情况告知物业服务人。"

3. 合同解除权

根据《民法典》第946条规定，业主依照法定程序共同决定解聘物业服务人的，可以解除物业服务合同。决定解聘的，应当提前60日书面通知物业服务人，但是合同对通知期限另有约定的除外。业主提出解除合同造成物业服务人损失的，除不可归责于业主的事由外，业主应当赔偿物业服务人的损失。

十四、行纪合同

（一）行纪合同的概念及法律适用

委托人　←^{行纪合同}→　行纪人　←^{贸易关系}→　第三人

图 4-15　行纪合同法律关系中当事人示意

根据《民法典》第 951 条规定，行纪合同是指行纪人以自己的名义为委托人从事贸易活动，委托人支付报酬的合同。行纪合同是委托合同的衍生，但行纪合同不同于委托合同之处在于作为受托人的行纪人一般应当具备从事贸易活动的相应资质，因此行纪合同不能完全适用委托合同的法律规定，而是仅能"参照适用"。

（二）行纪人的权利和义务

1. 费用自担义务

根据《民法典》第 952 条规定，除了当事人另行约定外，行纪人处理委托事务的支出费用，由行纪人自行负担，但是当事人另有约定的除外。

2. 妥善保管义务

委托人将委托物交付行纪人实际占有的情形下，根据《民法典》第 953 条规定，行纪人负有对委托物一定的注意义务，应当妥善保管委托物。

3. 委托物的处分权

根据《民法典》第 954 条规定，委托人将委托物交付给行纪人时，若存在瑕疵或易腐烂、变质的情况，行纪人征求委托人同意后可以处分该委托物。若不能与委托人及时取得联系，行纪人可以合理处分。

4. 留置权

根据《民法典》第 959 条规定，委托人超出合同约定的期限不向行纪人支付报酬，行纪人对委托物享有留置权，但是当事人另有约定的除外。

5. 提存权

在委托事项系买入货物的场景下，根据《民法典》第 957 条第 1 款规定："行纪人按照约定买入委托物，委托人应当及时受领。经行纪人催告，委托人无正当理由拒绝受领的，行纪人依法可以提存委托物。"

在委托事项系卖出货物的场景下，根据《民法典》第 957 条第 2 款规定："委托物不能卖出或者委托人撤回出卖，经行纪人催告，委托人不取回或者不处分该物的，行纪人依法可以提存委托物。"

6. 行纪人与第三人的合同关系

《民法典》第 958 条第 1 款规定："行纪人与第三人订立合同的，行纪人对该合同直接享有权利、承担义务。"行纪人与第三人之间的合同关系，一般不会受到行纪人与委托人之间行纪合同关系的影响，分别属于两个独立的法律关系。

需要注意的是，第三人不履行义务致使委托人受到损害的，除非行纪人与委托人另有约定，行纪人应当向委托人承担赔偿责任。

7. 行纪人的介入权

为了简化交易流程、提高交易效率，法律设置了行纪人的介入权制度。行纪人的介入权，是指行纪人在一定条件下可以成为委托人买卖委托物的出卖人或买受人的权利。根据《民法典》第 956 条规定，行纪人卖出或者买入具有市场定价的商品，除委托人有相反的意思表示外，行纪人自己可作为买受人或出卖人，且仍然有权请求委托人支付报酬。

（三）委托人的义务

1. 报酬支付义务

支付报酬系委托人在行纪合同项下的主要义务。《民法典》第 959 条规定，行纪人完成或部分完成委托事务的，委托人应当向行纪人支付相应报酬。

2. 委托物买入和未卖出情形下的受领义务

根据《民法典》第 957 条规定，行纪人按照约定买入委托物，委托人负有及时领取义务，应当及时受领委托物。在委托物不能卖出或撤回卖出的场景下，委托人负有及时取回或处分委托物的义务。如不履行上述义务，行纪人则可依法行使提存权。

（四）货物买卖行纪事务的处理规则

货物买卖是委托人订立行纪合同委托行纪人所从事的最为常见的贸易活动。在委托人委托行纪人买入或卖出某种货物的场景下，委托人指示的价格与行纪人实际买入或卖出价格不同时如何处理的问题，《民法典》第955 条至第 957 条作了规定。

1. 实际价格不利于委托人的利益

根据《民法典》第 955 条第 1 款规定，行纪人低于委托人指定的价格卖出或高于委托人指定的价格买入的，应当经委托人同意。未经委托人同意，该买卖行为原则上对委托人不发生效力，除非行纪人向委托人补偿差额，此时该买卖行为方可对委托人发生效力。

2. 实际价格有利于委托人的利益

根据《民法典》第 955 条第 2 款规定，行纪人高于委托人指定的价格卖出或者低于委托人指定的价格买入的，可以按照约定增加报酬。若没有约定或约定不明，依据《民法典》第 510 条规定仍不能确定的，该利益属于委托人。

3. 委托人特别指示的遵循

根据《民法典》第 955 条第 3 款规定，委托人对价格有特别指示的，行纪人不得违背该指示卖出或者买入。

十五、中介合同

（一）中介合同的概念和性质

根据《民法典》第 961 条规定，中介合同是指中介人向委托人报告订立合同的机会或者提供订立合同的媒介服务，委托人支付报酬的合同。中介合同的当事人为中介人和委托人。中介合同衍生于委托合同，因此中介合同的法律适用规则在法律没有专门规定时，也可参照适用委托合同的相关规定。

（二）中介人的如实报告义务

中介人负有向委托人对于订立合同相关事项的如实报告义务。根据《民法典》第 962 条规定，中介人应当就有关订立合同的事项向委托人如实报告。若中介人故意隐瞒与订立合同有关的重要事实或提供虚假情况，损害委托人利益的，中介人则不得向委托人请求支付报酬，并且应当承担赔偿责任。

（三）委托人报酬支付义务

支付报酬系中介合同项下委托人的主要义务，根据《民法典》第 963 条至第 965 条的规定，委托人支付报酬的义务可分为四种情形：第一，中介人促成合同成立。第二，中介人提供媒介服务而促成合同成立。第三，中介人未促成合同成立。第四，委托人绕开中介直接订立合同。

第一，在中介人促成了委托人和第三人合同的成立时，委托人应当按照约定支付报酬。若中介合同中对中介人的报酬没有约定或约定不明，依据《民法典》第 510 条规定仍不能确定的，应当根据中介人的劳务合理确定。

第二，因中介人提供订立合同的媒介服务而促成了委托人和第三人合同的成立，由委托人和第三人平均负担中介人的报酬。

第三，若中介人未促成委托人和第三人合同的成立时，中介人不得向委托人请求支付报酬。但是，中介人有权按照约定请求委托人支付从事中介活动支出的必要费用。

第四，委托人在接受中介人的服务后，利用中介人提供的交易机会或者媒介服务，绕开中介人直接订立合同，此种"跳单"情形下，委托人仍然应当向中介人支付报酬。

十六、保证合同

（一）保证合同的概念和性质

保证系担保制度中的一类典型担保方式，与抵押权、质权、留置权所构建的物保制度不同的是，保证属于人的担保，担保方式是由保证人以其不特定的财产保障债权人债权的实现。

《民法典》第 681 条规定对保证合同的概念作了界定："保证合同是为保障债权的实现，保证人和债权人约定，当债务人不履行到期债务或者发生当事人约定的情形时，保证人履行债务或者承担责任的合同。"

保证合同的性质有以下几点。

第一，保证合同系单务合同，仅需由保证人向债权人承担保证义务，债权人一般无须作出对待给付。

第二，保证合同系从合同，根据《民法典》第 682 条的规定："保证合同是主债权债务合同的从合同。主债权债务合同无效的，保证合同无效，但是法律另有规定的除外。保证合同被确认无效后，债务人、保证人、债权人有过错的，应当根据其过错各自承担相应的民事责任。"由此可见，保证合同的效力依附于主债权债务合同的效力，系具有从属性的从合同。

第三，保证合同一般属于无偿合同，保证人向债权人承担保证义务，但债权人通常无须支付对价。

第四，保证合同系诺成合同，合同自当事人就保证内容达成合意时成立。

（二）保证人资格的限制

并非所有民事主体都可签订保证合同成为保证人。《民法典》第 683 条明确规定了禁止成为保证人的主体。

第一，机关法人不得为保证人，但是经国务院批准为使用外国政府或者国际经济组织贷款进行转贷的除外。

第二，以公益为目的的非营利法人不得为保证人。

第三，以公益为目的的非法人组织不得为保证人。

（三）保证合同

保证合同的内容一般包括被保证的主债权的种类、数额，债务人履行债务的期限，保证的方式、范围和期间等条款。

根据《民法典》第 685 条规定："保证合同可以是单独订立的书面合同，也可以是主债权债务合同中的保证条款。第三人单方以书面形式向债权人作出保证，债权人接收且未提出异议的，保证合同成立。"

（四）保证范围

保证范围，是指在债务人不履行到期债务或发生当事人约定的情形时，保证人承担保证责任的范围。根据《民法典》第 691 条规定，当事人对保证范围有约定的，从其约定；若无约定，保证范围包括主债权及其利息、违约金、损害赔偿金和实现债权的费用。

（五）两种保证方式及其保证责任

保证的方式包括两类：一般保证和连带责任保证。《民法典》第 686 条第2款规定："当事人在保证合同中对保证方式没有约定或者约定不明确的，按照一般保证承担保证责任。"据此，当事人对保证方式无约定或约定不明时，保证方式推定为一般保证。

1. 一般保证

一般保证，是指保证人在主债务履行期限届满后债务人出现履行不能的情形下才承担保证责任的保证方式。

《民法典》第687条第1款规定："当事人在保证合同中约定，债务人不能履行债务时，由保证人承担保证责任的，为一般保证。"

（1）一般保证人的先诉抗辩权

一般保证人享有先诉抗辩权。先诉抗辩权规定在《民法典》第687条第2款中："一般保证的保证人在主合同纠纷未经审判或者仲裁，并就债务人财产依法强制执行仍不能履行债务前，有权拒绝向债权人承担保证责任。"据此，在债权人向一般保证人主张保证责任时，一般保证人有权以债务人财产尚未依法被强制执行或债务人仍具有履行可能性为由予以抗辩。

但是，在下述情形出现时，一般保证人将丧失先诉抗辩权：第一，债务人下落不明，且无财产可供执行。第二，人民法院已经受理债务人破产案件。第三，债权人有证据证明债务人的财产不足以履行全部债务或者丧失履行债务能力。第四，保证人书面表示放弃本款规定的权利。

（2）一般保证人的免责抗辩权

《民法典》第698条规定："一般保证的保证人在主债务履行期限届满后，向债权人提供债务人可供执行财产的真实情况，债权人放弃或者怠于行使权利致使该财产不能被执行的，保证人在其提供可供执行财产的价值范围内不再承担保证责任。"据此，保证人已经向债权人提供债务人可执行财产真实情况时，若债权人放弃执行债务人财产或怠于行权，最终导致该财产丧失执行可能性，保证人有权在其提供的可执行财产范围内免责。

2. 连带责任保证

连带责任保证，是指保证人和债务人对债权人承担连带责任、债权人有权直接请求保证人履行全部债务的保证方式。《民法典》第 688 条第 1 款规定："当事人在保证合同中约定保证人和债务人对债务承担连带责任的，为连带责任保证。"

根据《民法典》第 688 条第 2 款规定："连带责任保证的债务人不履行到期债务或者发生当事人约定的情形时，债权人可以请求债务人履行债务，也可以请求保证人在其保证范围内承担保证责任。"

（六）保证人的其他权利

1. 追偿权

根据《民法典》第 700 条规定，保证人承担保证责任后，除当事人另有约定外，享有在其承担保证责任的范围内向债务人追偿的权利，享有债权人对债务人的权利，但是不得损害债权人的利益。

2. 抗辩权的移转

根据《民法典》第 701 条规定，保证人有权主张债务人对债权人的抗辩。债务人放弃抗辩的，保证人仍有权向债权人主张抗辩。

3. 抵销权和撤销权的移转

根据《民法典》第 702 条规定，在债务人对债权人享有抵销权或撤销权时，保证人有权在相应的范围内拒绝承担保证责任。

（七）主合同的变更和转让对保证责任的影响

1. 主合同的变更

《民法典》第 695 条规定："债权人和债务人未经保证人书面同意，协商变更主债权债务合同内容，减轻债务的，保证人仍对变更后的债务承担保证责任；加重债务的，保证人对加重的部分不承担保证责任。债权人和债务人变更主债权债务合同的履行期限，未经保证人书面同意的，保证期间不受影响。"

据此可知，在未经保证人书面同意的情形下，若债权人和债务人之间对主合同内容和履行期限作出不利于保证人的变更，如加重合同债务、延长债务履行期限等，保证人的保证责任不受到主合同变更的约束；若债权人和债务人之间对主合同内容作出有利于保证人的变更，如减轻债务，则保证人应当对减轻后的债务承担保证责任。

2. 主债权的转让

《民法典》第 696 条规定："债权人转让全部或者部分债权，未通知保证人的，该转让对保证人不发生效力。保证人与债权人约定禁止债权转让，债权人未经保证人书面同意转让债权的，保证人对受让人不再承担保证责任。"

由此可见，第一，债权人转让债权，应当履行对保证人的通知义务，否则保证人仍在原保证范围内承担保证责任。第二，在约定禁止转让债权的场景下，债权人转让债权的，还应当征求保证人的书面同意，否则保证人将免除保证责任。

3. 主债务的转让

《民法典》第 697 条规定："债权人未经保证人书面同意，允许债务人转移全部或者部分债务，保证人对未经其同意转移的债务不再承担保证责任，但是债权人和保证人另有约定的除外。第三人加入债务的，保证人的保证责任不受影响。"据此可知，在主债务转让情形下，第一，若主债务转让系免责的债务承担，因第三人的偿债能力具有不确定性，债务人将全部或部分债务转移给第三人承担，将极大增加保证人的担保风险，因此在未经保证人书面同意时，保证人在债务人转移给第三人的全部或部分债务范围内免除保证责任。第二，若主债务转让系并存的债务承担（债务加入），则由于债务加入并不免除债务人的责任，第三人的加入反而有利于保障债权的实现，并不会损害保证人的利益，因此保证人仍需继续承担保证责任。

（八）保证期间

根据《民法典》第 692 条第 1 款规定，保证期间是确定保证人承担保证责任的期间。保证期间不发生中止、中断和延长。

保证期间制度系保证合同的特有制度。在一般的合同中，债务人不履行到期债务时，只要债务诉讼时效未届满，债权人均有权向债务人主张权利。但是与一般的合同不同，保证合同具有从属性、单务性与无偿性等特点，这就决定了保证合同中的保证人处于相对弱势地位。尽管保证合同从属于主债权债务合同而存在，但由于主债务诉讼时效一般为 3 年，期间经过中途还可能存在中止、中断，若允许债权人在主债务诉讼时效内随时向保证人主张权利，保证人将面临长期的不安定状态。

因此，我国法律专门规定了保证期间制度，将债权人向保证人主张保证责任的时间限定在保证期间之内，以作为维护保证人利益、督促债权人及时行权的制度手段。

1. 保证期间的时长和起算点

根据《民法典》第 692 条第 2 款和第 3 款的规定，保证期间可分为两种类型：约定保证期间和法定保证期间。

（1）约定保证期间

债权人与保证人之间有权对保证期间进行约定。但是若约定的保证期间早于主债务履行期限，或与主债务履行期限同时届满，则视为没有约定。由于保证期间系保证人履行保证义务的期间，而保证人履行保证义务须以债务人未履行到期债务为前提，因此保证人承担保证责任的时点必然在主债务履行期限届满后，约定的保证期间应当晚于主债务履行期限，否则保证人的存在将形同虚设，没有任何意义。

（2）法定保证期间

债权人与保证人对保证期间没有约定或者约定不明确时，法律规定了保证期间为主债务履行期限届满之日起 6 个月。

若债权人与债务人对主债务履行期限无约定或者约定不明，保证期间的起算点为债权人请求债务人履行债务的宽限期届满之日。

2. 保证期间的效力

（1）债权人未主张权利时保证人保证责任的免除

保证期间系确定保证人承担保证责任的期间，有督促债权人及时行权之功能，若债权人在保证期间未及时主张权利，保证人则不再承担保证责任。

根据《民法典》第 693 条规定，一般保证和连带责任保证中，债权人主张权利的对象有所不同。

在一般保证中，由于保证人享有先诉抗辩权，债权人应当先向债务人主张权利。需要注意的是，第 693 条第 1 款明确规定债权人应当以提起诉讼或申请仲裁的方式主张权利。若债权人未在保证期间对债务人提起诉讼或者申请仲裁的，保证人不再承担保证责任。

在连带责任保证中，保证人与债务人对债务承担连带责任，债权人有权直接请求保证人履行全部债务。因此，债权人应当向保证人主张权利，若其未在保证期间请求保证人承担保证责任的，保证人不再承担保证责任。

（2）保证债务诉讼时效

保证债务诉讼时效，是指针对保证合同下保证人所负担的保证债务，在法定期限内债权人不向保证人主张该债务的履行，债权人将丧失胜诉权的制度。

注意保证期间和保证债务诉讼时效的区别。在保证期间内，债权人需要作出是否要求保证人承担保证责任的选择，当债权人确定向一般保证的债务人或连带责任保证的保证人主张权利时，保证期间的使命业已完成。此后，对于债权人基于保证合同主张保证人履行保证债务，仍需遵循民法总则的诉讼时效规定。

对保证债务诉讼时效期限，法律并无特殊规定，一般为 3 年，需要关注的问题是保证债务诉讼时效的起算点。

对于一般保证方式下的保证债务诉讼时效如何起算，《民法典》第 694 条第 1 款明确作了规定："一般保证的债权人在保证期间届满前对债务人提起诉讼或者申请仲裁的，从保证人拒绝承担保证责任的权利消灭之日起，开始计算保证债务的诉讼时效。"

对于连带责任保证方式下的保证债务诉讼时效如何起算，《民法典》第 694 条第 2 款明确作了规定："连带责任保证的债权人在保证期间届满前请求保证人承担保证责任的，从债权人请求保证人承担保证责任之日起，开始计算保证债务的诉讼时效。"

十七、保理合同

（一）保理合同的概念、内容和性质

保理合同是《民法典》新增内容。根据《民法典》第 761 条规定，保理合同是指应收账款债权人将现有的或者将有的应收账款转让给保理人，保理人提供资金融通、应收账款管理或者催收、应收账款债务人付款担保等服务的合同。保理合同的内容一般包括业务类型、服务范围、服务期限、基础交易合同情况、应收账款信息、保理融资款或者服务报酬及其支付方式等条款。保理合同是要式合同，合同的订立应当采用书面形式。

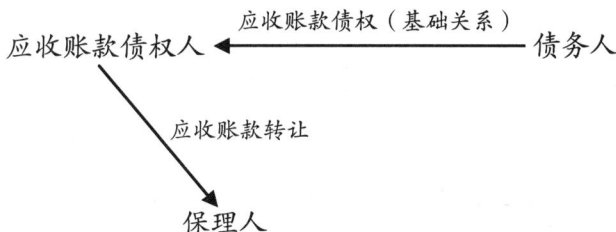

图 4-16 保理合同法律关系中当事人示意

保理具有一定的担保功能，保理合同法律关系本质上是应收账款的债权转让，即应收账款债权人将其对债务人的债权转让给保理人，因此在法律适用上无规定时可适用债权转让的有关规定。

（二）保理人的通知义务

应收账款债权人将债权转让给第三人保理人的，根据《民法典》第764条的规定，若保理人向应收账款债务人发出应收账款转让通知的，应当表明保理人身份并附有必要凭证。

根据《民法典》第765条规定，应收账款债务人接到应收账款转让通知，就意味着保理合同对债务人将产生法律约束力。此后应收账款债权人与债务人若无正当理由协商变更或终止基础交易合同，对保理人产生不利影响的，对保理人不发生效力。

（三）有追索权保理和无追索权保理

以在应收账款履行期届满后保理人是否对债权人享有追索权为标准，可将保理划分为两类：有追索权保理和无追索权保理。

《民法典》第766条是对有追索权保理下保理人如何行使权利的规定："当事人约定有追索权保理的，保理人可以向应收账款债权人主张返还保理融资款本息或者回购应收账款债权，也可以向应收账款债务人主张应收账款债权。保理人向应收账款债务人主张应收账款债权，在扣除保理融资款本息和相关费用后有剩余的，剩余部分应当返还给应收账款债权人。"

《民法典》第767条是对无追索权保理下保理人如何行使权利的规定："当事人约定无追索权保理的，保理人应当向应收账款债务人主张应收账款债权，保理人取得超过保理融资款本息和相关费用的部分，无需向应收账款债权人返还。"

（四）多重保理合同的保理人权利顺位

《民法典》第768条规定："应收账款债权人就同一应收账款订立多个保理合同，致使多个保理人主张权利的，已经登记的先于未登记的取得应收账款；均已经登记的，按照登记时间的先后顺序取得应收账款；均未登记的，由最先到达应收账款债务人的转让通知中载明的保理人取得应收账款；既未登记也未通知的，按照保理融资款或者服务报酬的比例取得应收账款。"

由此可见，在同一个应收账款上存在多个保理合同法律关系时，保理人主张权利的顺序应当按照如下规则。

第一，已对应收账款办理登记手续的保理人优先取得应收账款。

第二，都登记的，应收账款登记在先的保理人优先取得应收账款。

第三，都未登记的，最先到达应收账款债务人的转让通知中载明的保理人取得应收账款。

第四，未登记也未通知的，按保理融资款或者服务报酬的比例取得应收账款。

十八、技术合同

（一）技术合同的概念和类型

根据《民法典》第843条的规定，技术合同是指当事人就技术开发、转让、许可、咨询或者服务订立的确立相互之间权利和义务的合同。

技术合同包含五种类型：技术开发合同、技术转让合同、技术许可合同、技术咨询合同与技术服务合同。

思维导图

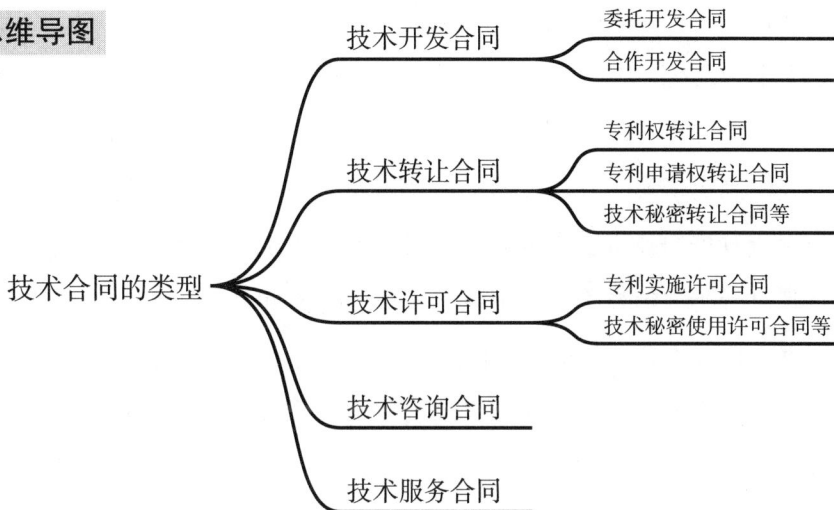

图 4-17 技术合同的类型框架

(二) 技术合同成果的权利归属

《民法典》第 847 条、第 848 条对技术成果的权利归属作了规定。

第一，对于职务技术成果而言，职务技术成果是指执行法人或非法人组织的工作任务，或主要是利用法人或非法人组织的物质技术条件所完成的技术成果。职务技术成果的使用权、转让权属于法人或非法人组织的，法人或者非法人组织可以就该项职务技术成果订立技术合同。法人或者非法人组织订立技术合同转让职务技术成果时，职务技术成果的完成人享有优先受让权，即可以以同等条件优先受让的权利。

第二，对于非职务技术成果而言，非职务技术成果的使用权、转让权属于完成技术成果的个人，完成技术成果的个人可以就该项非职务技术成果订立技术合同。

（三）技术合同的无效

《民法典》第 850 条明确规定了技术合同的无效情形："非法垄断技术或者侵害他人技术成果的技术合同无效。"

《最高人民法院关于审理技术合同纠纷案件适用法律若干问题的解释》（法释〔2020〕19 号）第 10 条界定了"非法垄断技术"的行为类型。

一是限制当事人一方在合同标的技术基础上进行新的研究开发或者限制其使用所改进的技术，或者双方交换改进技术的条件不对等，包括要求一方将其自行改进的技术无偿提供给对方、非互惠性转让给对方、无偿独占或者共享该改进技术的知识产权。

二是限制当事人一方从其他来源获得与技术提供方类似技术或者与其竞争的技术。

三是阻碍当事人一方根据市场需求，按照合理方式充分实施合同标的技术，包括明显不合理地限制技术接受方实施合同标的技术生产产品或者提供服务的数量、品种、价格、销售渠道和出口市场。

四是要求技术接受方接受并非实施技术必不可少的附带条件，包括购买非必需的技术、原材料、产品、设备、服务以及接收非必需的人员等。

五是不合理地限制技术接受方购买原材料、零部件、产品或者设备等的渠道或者来源。

六是禁止技术接受方对合同标的技术知识产权的有效性提出异议或者对提出异议附加条件。

（四）五类具体技术合同的概念和特征

1. 技术开发合同

根据《民法典》第 851 条规定，技术开发合同是指当事人之间就新技术、新产品、新工艺、新品种或者新材料及其系统的研究开发所订立的合同。技术开发合同包括委托开发合同和合作开发合同。

技术开发合同是要式合同，合同的订立应当采用书面形式。

2. 技术转让合同

根据《民法典》第 862 条第 1 款规定，技术转让合同是指合法拥有技术的权利人，将现有特定的专利、专利申请、技术秘密的相关权利让与他人所订立的合同。

技术转让合同是要式合同，合同的订立应当采用书面形式。

3. 技术许可合同

根据《民法典》第 862 条第 2 款规定，技术许可合同是指合法拥有技术的权利人，将现有特定的专利、技术秘密的相关权利许可他人实施、使用所订立的合同。

技术许可合同是要式合同，合同的订立应当采用书面形式。

4. 技术咨询合同

根据《民法典》第 878 条第 1 款规定，技术咨询合同是指当事人一方以技术知识为对方就特定技术项目提供可行性论证、技术预测、专题技术调查、分析评价报告等所订立的合同。

5. 技术服务合同

根据《民法典》第 878 条第 2 款规定，技术服务合同是指当事人一方以技术知识为对方解决特定技术问题所订立的合同，不包括承揽合同和建设工程合同。

十九、合伙合同

（一）合伙合同的概念和性质

根据《民法典》第 967 条规定，合伙合同是指两个以上合伙人为了共同的事业目的，订立的共享利益、共担风险的协议。

合伙合同的性质有以下几点。

第一，合伙合同并非双务合同。合伙合同的缔约方为两个以上，且合伙人之间并不是互负债权债务的关系，有观点认为合伙合同的性质是共同行为。[①]

第二，合伙合同一般为要式合同，原则上应当采用书面形式订立。

（二）合伙财产

根据《民法典》第969条规定，合伙财产是指合伙人的出资、因合伙事务依法取得的收益和其他财产。在合伙合同终止前，合伙人不得请求分割合伙财产。

（三）合伙事务的执行规则

根据《民法典》第970条规定，合伙人就合伙事务作出决定的，除合伙合同另有约定外，应当经全体合伙人一致同意。

合伙事务的执行包括三种方式：一是共同执行，二是委托执行，三是分别执行。第一，合伙事务通常应当由全体合伙人共同执行。第二，合伙合同有约定或全体合伙人一致决定的，全体合伙人也可以委托一个或者数个合伙人执行合伙事务，其他合伙人不再执行合伙事务，但是享有监督权，有权监督执行情况。第三，合伙人分别执行合伙事务的，执行事务合伙人享有异议权，可以对其他合伙人执行的事务提出异议；提出异议后，其他合伙人应当暂停该项事务的执行。

（四）利润分配和亏损分担

《民法典》第972条对合伙人之间利润分配和亏损分担问题作了规

[①] 最高人民法院民法典贯彻实施工作领导小组主编：《中华人民共和国民法典合同编理解与适用（四）》，人民法院出版社2020年版，第2736页。

定："合伙的利润分配和亏损分担，按照合伙合同的约定办理；合伙合同没有约定或者约定不明确的，由合伙人协商决定；协商不成的，由合伙人按照实缴出资比例分配、分担；无法确定出资比例的，由合伙人平均分配、分担。"

据此可知，合伙的利润分配和亏损分担规则遵循以下几个步骤：一是按照合伙合同约定。二是合伙人协商。三是按实缴出资比例分配、分担。四是平均分配、分担。

（五）债务承担

《民法典》第973条规定："合伙人对合伙债务承担连带责任。清偿合伙债务超过自己应当承担份额的合伙人，有权向其他合伙人追偿。"合伙合同项下的合伙人之间属于共担风险的关系，因此合伙人对外部债权人承担的是无限连带责任，但是合伙人内部之间则按照合伙份额承担清偿责任。

（六）合伙份额的转让

合伙关系具有较强的人合性，因此合伙人原则上不得未经其他合伙人一致同意而将合伙份额转让给他人。根据《民法典》第974条的规定："除合伙合同另有约定外，合伙人向合伙人以外的人转让其全部或者部分财产份额的，须经其他合伙人一致同意。"

·第五编·
人格权篇

　　民法调整平等主体之间的财产关系和人身关系，财产关系以财产权为内容，人身关系以人身权为内容。人身权可分为人格权和身份权，人格权是民事主体享有的基于人格利益而享有的民事权利；身份权则是指民事主体享有的基于身份关系而享有的民事权利。本编主要围绕人格权相关制度展开介绍，后两编（婚姻家庭篇、继承篇）再对身份权中的亲权、婚姻自主权、继承权等相关法律制度进行介绍。

思维导图

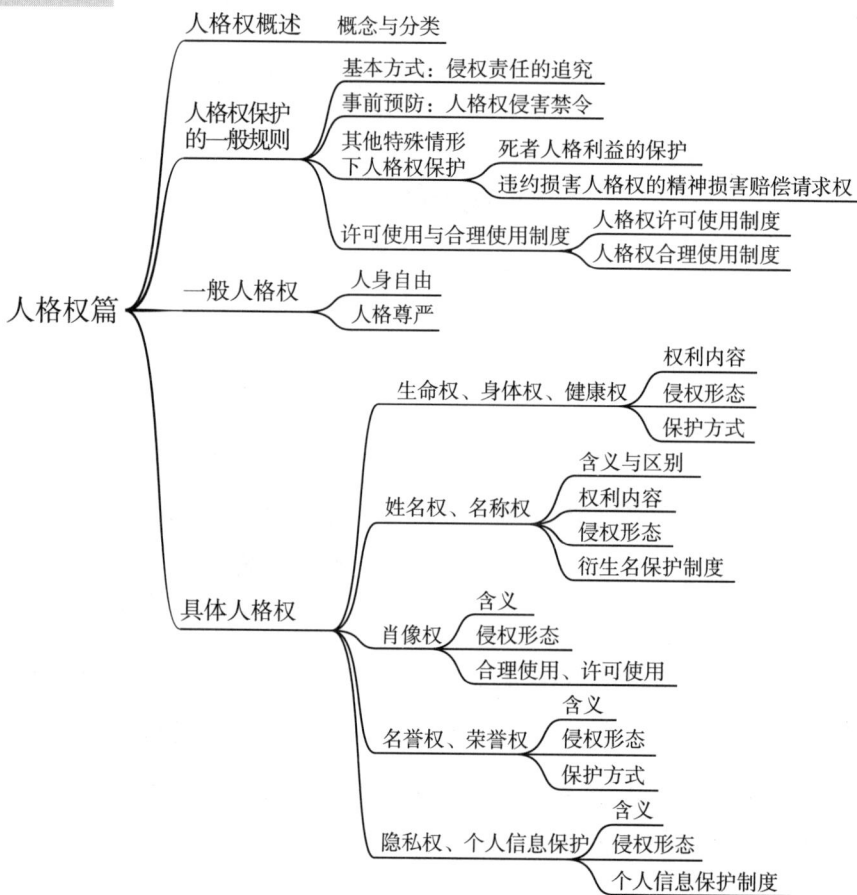

图 5-1　人格权篇章节概览

第一章　人格权概述

一、人格权的概念

人格权，是指法律确认或赋予民事主体享有的具有人格属性、以人格利益为客体的人身权利。[①] 人格权系专属于民事主体自身的权利，根据《民法典》第 992 条规定："人格权不得放弃、转让或者继承。"

二、人格权的分类

《民法典》第 990 条规定将人格权分为了一般人格权和具体人格权："人格权是民事主体享有的生命权、身体权、健康权、姓名权、名称权、肖像权、名誉权、荣誉权、隐私权等权利。除前款规定的人格权外，自然人享有基于人身自由、人格尊严产生的其他人格权益。"

一般人格权，是指自然人平等享有的以高度抽象的一般人格利益为客体的权利。自然人享有的一般人格权主要包括人身自由和人格尊严。

具体人格权，是指自然人、法人及非法人组织所享有的，以生命、身体、健康、姓名、名称、肖像、名誉、荣誉以及隐私等具体的人格利益为客体的权利。具体人格权又可细分为物质性人格权和精神性人格权两类，如下图所示。

[①] 最高人民法院民法典贯彻实施工作领导小组主编：《中华人民共和国民法典人格权编理解与适用》，人民法院出版社 2020 年版，第 13 页。

思维导图

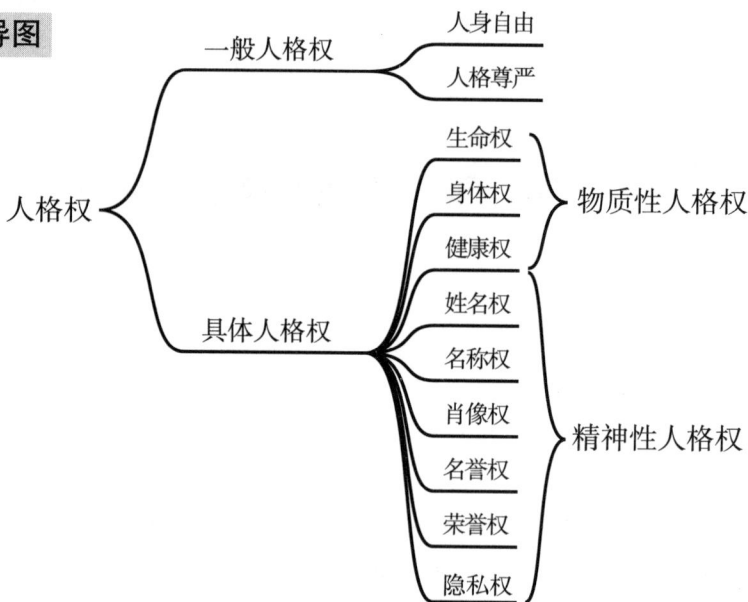

图 5-2 人格权的分类

三、人格权保护的一般规则

（一）基本方式：侵权责任的追究

我国民事立法模式下，人格权侵害的救济途径一般为侵权责任的追究。《民法典》第 995 条规定："人格权受到侵害的，受害人有权依照本法和其他法律的规定请求行为人承担民事责任。受害人的停止侵害、排除妨碍、消除危险、消除影响、恢复名誉、赔礼道歉请求权，不适用诉讼时效的规定。"据此可知，在人格权受到非法侵害的情形下，受害人有权依法向侵权人主张停止侵害、排除妨碍、消除危险、消除影响、恢复名誉、赔礼道歉、损害赔偿等侵权责任。

对非财产性民事责任而言，侵权人承担侵权责任的程度应当与侵权行为的方式及其影响范围相匹配。根据《民法典》第 1000 条规定，行为人因侵害人格权承担消除影响、恢复名誉、赔礼道歉等民事责任的，应当与行为的具体方式和造成的影响范围相当。若行为人拒不承担前款规定的民事责任，人民法院可以采取在报刊、网络等媒体上发布公告或者公布生效裁判文书等方式执行，产生的费用由行为人负担。

此外，根据《民法典》第 998 条规定，在行为人承担侵害除生命权、身体权和健康权外的人格权的情形下，认定行为人的民事责任，应当考虑行为人和受害人的职业、影响范围、过错程度，以及行为的目的、方式、后果等因素。

（二）事前预防：人格权侵害禁令

《民法典》第 997 条系对人格权侵害禁令制度的首次规定："民事主体有证据证明行为人正在实施或者即将实施侵害其人格权的违法行为，不及时制止将使其合法权益受到难以弥补的损害的，有权依法向人民法院申请采取责令行为人停止有关行为的措施。"人格权侵害禁令制度的功能在于在尚未对受害人造成不可挽回的损害之前将行为人的侵权行为遏制在萌芽阶段，提前预防危害结果的发生，从而加深对民事主体的人格权保护力度。

（三）其他特殊情形下的人格权保护

1. 死者人格利益的保护

死者的人格利益具有一定的精神利益的价值，因此我国法律对于死者以姓名、肖像、名誉、荣誉、隐私、遗体等为内容的人格利益予以延伸保护。

根据《民法典》第 994 条规定，死者的姓名、肖像、名誉、荣誉、隐私、遗体等受到侵害时，死者的配偶、子女、父母有权依法请求行为人承担民事责任；死者没有配偶、子女且父母已经死亡的，其他近亲属有权依法请求行为人承担民事责任。

对于侵权人所承担的民事责任，死者的近亲属有权主张精神损害赔偿。根据《最高人民法院关于确定民事侵权精神损害赔偿责任若干问题的解释》

（法释〔2020〕17 号）第 3 条规定："死者的姓名、肖像、名誉、荣誉、隐私、遗体、遗骨等受到侵害，其近亲属向人民法院提起诉讼请求精神损害赔偿的，人民法院应当依法予以支持。"

2. 违约损害人格权的精神损害赔偿请求权

《民法典》第 996 条规定："因当事人一方的违约行为，损害对方人格权并造成严重精神损害，受损害方选择请求其承担违约责任的，不影响受损害方请求精神损害赔偿。"

原则上，一方当事人在履行合同过程中存在违约行为的，对方仅能基于合同追究违约方的违约责任。但是满足以下条件时，非违约方在主张违约责任之外还能请求精神损害赔偿：一是违约方存在违约行为。二是非违约方人格权受到损害，且精神受到严重损害。三是违约方的违约行为与非违约方人格权受到损害以及严重精神损害之间具有因果关系。

（四）许可使用与合理使用制度

1. 人格权许可使用制度

随着社会经济的发展，人格权的商业化利用现象越发普遍，人们逐渐发现姓名、名称以及肖像权等人格权并非必然属于绝对的精神性权利，在特定民事主体身上也可能具有一定的财产利益和经济属性。因此，《民法典》第 993 条规定了人格权许可使用制度："民事主体可以将自己的姓名、名称、肖像等许他人使用，但是依照法律规定或者根据其性质不得许可的除外。"

2. 人格权合理使用制度

根据《民法典》第 999 条所规定的人格权合理使用制度，在为公共利益实施新闻报道、舆论监督等行为的情形下，行为人可以合理使用民事主体的姓名、名称、肖像、个人信息等；使用不合理而致使侵害民事主体人格权，则应当依法承担民事责任。

第二章 一般人格权

一、人身自由

人身自由，是公民的一项基本人权，指的是自然人享有的身体活动范围自由与自主行动自由的权利。《宪法》第 37 条明文规定："中华人民共和国公民的人身自由不受侵犯。任何公民，非经人民检察院批准或者决定或者人民法院决定，并由公安机关执行，不受逮捕。禁止非法拘禁和以其他方法非法剥夺或者限制公民的人身自由，禁止非法搜查公民的身体。"

此外，《民法典》第 1011 条规定："以非法拘禁等方式剥夺、限制他人的行动自由，或者非法搜查他人身体的，受害人有权依法请求行为人承担民事责任。"

二、人格尊严

人格尊严，是自然人得以受到他人尊重对待的权利。《宪法》第 38 条明文规定："中华人民共和国公民的人格尊严不受侵犯。禁止用任何方法对公民进行侮辱、诽谤和诬告陷害。"

在民事立法层面，《民法典》第 109 条专门规定："自然人的人身自由、人格尊严受法律保护。"

案例 57 【在他人居住的房屋涂写具有诅咒、诽谤、污辱、贬损性内容的标语，构成对房主人格尊严及名誉权的侵犯】

薛某林诉杨某风侮辱诅咒其房屋侵害人格尊严精神损害赔偿案①

事实：原告薛某林因搬迁新居，将其所有的一套住房委托中介陆某军出售。出售过程中，被告杨某风因与陆某军个人矛盾，用红漆在原告房门、门边墙壁和楼下独用车库门上打叉并写上诅咒内容的文字，还将门锁灌进胶水。此事引起了周围住户的议论。原告得知后去找被告理论，要求被告清除字迹，修复门锁，被告予以拒绝。后原告诉至法院，请求判令被告赔礼道歉、赔偿包括精神损害抚慰金等各项费用。

法院认为：被告杨某风因与案外人陆某军发生矛盾，本应采取协商或诉讼等方式妥善解决，但却用红漆在原告房屋门上涂写具有侮辱诅咒内容的文字，并将门锁灌进胶水，其行为不仅侵犯了原告的财产权，也严重侵犯了原告的人格尊严，损害了原告的名誉，在其居住的小区范围内造成了不良影响，给原告的精神带来了痛苦，被告应当承担侵权责任，赔偿原告的财产和精神损失。为弘扬社会主义法治，保护公民的人身权利和财产权利不受非法侵害，法院判令被告向原告赔礼道歉，并赔偿部分经济损失和精神损害抚慰金。

---

① （2006）镇民一终字第339号民事判决书。

第三章　具体人格权

一、生命权、身体权、健康权

生命权、身体权、健康权这三类物质性具体人格权，是自然人最根本的人身权利。

1. 生命权

生命权，是指自然人维护自身生命安全和生命尊严的权利。《民法典》第 1002 条规定："自然人享有生命权。自然人的生命安全和生命尊严受法律保护。任何组织或者个人不得侵害他人的生命权。"

2. 身体权

身体权，是指自然人维护自身身体完整和支配自己行动自由的权利。《民法典》第 1003 条规定："自然人享有身体权。自然人的身体完整和行动自由受法律保护。任何组织或者个人不得侵害他人的身体权。"

3. 健康权

健康权，是指自然人维护自身身体和心理机能正常运转与功能健全的权利。《民法典》第 1004 条规定："自然人享有健康权。自然人的身心健康受法律保护。任何组织或者个人不得侵害他人的健康权。"

4. 生命权、身体权和健康权的保护

对于生命权、身体权和健康权的侵权行为，受害人有权向侵权人主张侵权责任，主要包括请求停止侵害、损害赔偿等。2022 年 5 月 1 日起施行的《最高人民法院关于审理人身损害赔偿案件适用法律若干问题的解释》

（法释〔2022〕14号）对受害人因生命、身体、健康遭受侵害而主张物质损害和精神损害的相关赔偿问题作了指引。

此外，根据《民法典》第1005条规定，在自然人的生命权、身体权、健康权受到侵害或者处于其他危难情形时，负有法定救助义务的组织或者个人应当及时施救。

5.《民法典》关于物质性人格权保护的新增规定

随着科技的发展、社会的进步，众多新兴业态的出现对物质性人格权的保护发起挑战，许多处于道德与法律边界线上的事物及行为也亟须立法的确认。《民法典》主要对人体捐赠、人体买卖、临床试验、基因编辑等医学科研活动以及性骚扰等关涉人之生命、健康、身体的重要问题作了回应。

表5　《民法典》有关生命权、身体权、健康权的新增规定

新增内容	法条	要点
人体捐赠	第1006条	（1）完全民事行为能力人有权依法自主决定无偿捐献其人体细胞、人体组织、人体器官、遗体。 （2）任何组织或者个人不得强迫、欺骗、利诱其捐献。 （3）完全民事行为能力人同意捐献的，应当采用书面形式，也可以订立遗嘱。 （4）自然人生前未表示不同意捐献的，该自然人死亡后，其配偶、成年子女、父母可以共同决定捐献，决定捐献应当采用书面形式。
人体买卖	第1007条	（1）禁止以任何形式买卖人体细胞、人体组织、人体器官、遗体。 （2）违反上述规定的买卖行为无效。
临床试验	第1008条	（1）为研制新药、医疗器械或者发展新的预防和治疗方法，需要进行临床试验的，应当依法经相关主管部门批准并经伦理委员会审查同意，向受试者或者受试者的监护人告知试验目的、用途和可能产生的风险等详细情况，并经其书面同意。 （2）进行临床试验的，不得向受试者收取试验费用。

续表

新增内容	法条	要点
基因编辑等医学科研活动	第 1009 条	从事与人体基因、人体胚胎等有关的医学和科研活动，应当遵守法律、行政法规和国家有关规定，不得危害人体健康，不得违背伦理道德，不得损害公共利益。
性骚扰	第 1010 条	（1）违背他人意愿，以言语、文字、图像、肢体行为等方式对他人实施性骚扰的，受害人有权依法请求行为人承担民事责任。 （2）机关、企业、学校等单位应当采取合理的预防、受理投诉、调查处置等措施，防止和制止利用职权、从属关系等实施性骚扰。

案例 58 【健康权侵权】

刘某珍诉孙某芳、李某健康权纠纷案①

事实：被告孙某芳是××日用品经营部个体业主，系××科技集团的加盟店，被告李某系××科技集团公司销售经理。原告刘某珍曾在××日用品经营部购买保健产品。2013 年 3 月，李某携带三台数码经络治疗仪至孙某芳开设的××日用经营部进行指导。孙某芳遂联系刘某珍前来体验。在指导过程中，李某对刘某珍使用了数码经络治疗仪，并要求刘某珍大量饮用温白开水，后刘某珍感觉不适，并有呕吐现象。当日下午，刘某珍再次至××日用品经营部并被使用数码经络治疗仪，继续大量饮用温开水。晚上刘某珍又感不适，前去就医，被诊断为"水中毒；电解质代谢紊乱；癫痫持续状态"。现因原、被告之间就赔偿事宜商谈未果，故刘某珍起诉至法院，要求两被告赔偿医疗费、误工费等各项损失。

法院认为：公民的健康权受法律保护。本案中，被告李某作为指导老师，对原告刘某珍使用未经注册的产品，在指导过程中既未明确告知刘某珍使用该产品的特殊情况和注意事项，又要求刘某珍大量饮水等不恰当的

---

① （2014）扬民终字第 0810 号民事判决书，载《最高人民法院公报》2019 年第 1 期。

指导，导致此次事故的发生，应当承担主要过错责任。被告孙某芳作为召集人和指导场地的提供者，未设立该数码经络治疗仪与其经营的产品无任何关系的区别性标志，且在此过程中提供辅助性服务，依法亦应承担相应的法律责任。

二、姓名权、名称权

（一）姓名权和名称权的含义与区别

姓名权，根据《民法典》第 1012 条的规定，是指自然人享有的依法决定、使用、变更或者许可他人使用自己的姓名的权利。但是自然人行使姓名权不得违背公序良俗。

名称权，根据《民法典》第 1013 条的规定，是指法人、非法人组织享有的依法决定、使用、变更、转让或者许可他人使用自己的名称的权利。

姓名权和名称权的主要区别在于，姓名权的权利主体为自然人，名称权的权利主体为法人和非法人组织。

（二）姓名权和名称权的权利内容

姓名权和名称权的权利内容，具体包括四种：决定权、使用权、变更权和许可权。

法律对自然人行使姓名决定权有一定的限制，主要是姓氏上的限制。《民法典》第 1015 条规定："自然人应当随父姓或者母姓，但是有下列情形之一的，可以在父姓和母姓之外选取姓氏：（一）选取其他直系长辈血亲的姓氏；（二）因由法定扶养人以外的人扶养而选取扶养人姓氏；（三）有不违背公序良俗的其他正当理由。少数民族自然人的姓氏可以遵从本民族的文化传统和风俗习惯。"

自然人、法人或非法人组织行使姓名或名称的决定权、变更权需要遵循法定程序。《民法典》第 1016 条规定："自然人决定、变更姓名，或者法人、非法人组织决定、变更、转让名称的，应当依法向有关机关办理登记手续，但是法律另有规定的除外。民事主体变更姓名、名称的，变更前实施的民事法律行为对其具有法律约束力。"

（三）姓名权和名称权的侵权形态

根据《民法典》第 1014 条规定："任何组织或者个人不得以干涉、盗用、假冒等方式侵害他人的姓名权或者名称权。"据此可知，姓名权和名称权的侵权形态主要有三种：第一，干涉。第二，盗用。第三，假冒。

任何主体均不得干涉他人行使姓名权或名称权的自由，不得盗用或假冒他人的姓名进行民事活动。

（四）衍生名的同等保护制度

根据《民法典》第 1017 条规定，对于具有一定社会知名度，被他人使用足以造成公众混淆的笔名、艺名、网名、译名、字号、姓名和名称的简称等，可以参照适用姓名权和名称权保护的有关规定。

案例 59【**假冒他人姓名办理信用卡并恶意透支，构成姓名权侵权**】

王某生诉张某峰、某学校等侵权纠纷案①

事实：原告王某生系被告某学校学生，张某峰系其代课老师。其间，张某峰利用职务的便利，在未经原告同意的情况下，擅自使用原告身份证，伪造原告收入证明，用原告的姓名办理了招商银行信用卡并恶意透支，致使原告的姓名被列入银行不良信用记录，导致原告受到了严重的经济损失。故原告王某生诉至法院，请求判令被告共同赔偿各项损失费用。

---

① 《最高人民法院公报》2008 年第 10 期。

争议焦点：被告张某峰的行为是否构成侵犯姓名权或名誉权？

法院认为：本案中，被告张某峰侵犯了原告王某生的姓名权。根据《民法通则》（现已失效）第99条第1款规定："公民享有姓名权，有权决定、使用和依照规定改变自己的姓名，禁止他人干涉、盗用、假冒。"据此，姓名权是指公民自由决定、使用和依照规定改变自己的姓名，并禁止他人干涉、盗用、假冒自己姓名的一项民事权利。姓名权与其他人格权相比，具有基础权利的特征。姓名权被侵犯，可能会随之导致其他权利，诸如名誉权等人格权受到损害。因此，在现代经济活动中，姓名权越来越受到人们的重视。

根据本案事实，被告张某峰在捡到原告王某生遗失的身份证后，既未将身份证归还原告，也未征得原告同意，而是擅自使用原告的身份证，以原告的姓名申请办理信用卡，其行为即属于盗用、假冒他人姓名，侵犯他人姓名权的民事侵权行为。从结果看，张某峰的上述行为还导致王某生的姓名被列入中国人民银行征信系统（中国人民银行负责组织商业银行建立的个人信用信息基础数据库）的不良信用记录，而该不良信用记录在王某生与其他商业银行发生信贷活动时，其他商业银行均可查阅，必然造成王某生的信用污点，增大王某生从事商业交易活动和社会活动的成本，影响社会对王某生作出公正的评价，实际导致王某生的名誉受到损害，但结合案情全面分析，这一结果仍是张某峰侵犯王某生姓名权的行为所导致的损害后果，张某峰的行为不属于以虚构事实或其他侮辱、诽谤、贬损他人人格的手段侵犯他人名誉权的行为，不构成名誉权侵权。

三、肖像权

（一）肖像权的含义

肖像权，根据《民法典》第1018条规定，是指自然人享有肖像权，有权依法制作、使用、公开或者许可他人使用自己的肖像。

肖像，是指通过影像、雕塑、绘画等方式在一定载体上所反映的特定自然人可以被识别的外部形象。

（二）肖像权的侵权形态

《民法典》第 1019 条规定："任何组织或者个人不得以丑化、污损，或者利用信息技术手段伪造等方式侵害他人的肖像权。未经肖像权人同意，不得制作、使用、公开肖像权人的肖像，但是法律另有规定的除外。未经肖像权人同意，肖像作品权利人不得以发表、复制、发行、出租、展览等方式使用或者公开肖像权人的肖像。"

据此，肖像权的侵权形态有以下几种：第一，丑化、污损，或利用信息技术手段伪造他人肖像。第二，未经肖像权人同意，制作、使用、公开其肖像。第三，未经肖像权人同意，肖像作品权利人发表、复制、发行、出租、展览肖像权人的肖像。

（三）肖像权的合理使用制度

根据《民法典》第 1020 条规定，未经肖像权人同意而合理实施以下行为，属于对肖像权的合理使用，不构成对他人肖像权的侵犯。

第一，为个人学习、艺术欣赏、课堂教学或者科学研究，在必要范围内使用肖像权人已经公开的肖像。

第二，为实施新闻报道，不可避免地制作、使用、公开肖像权人的肖像。

第三，为依法履行职责，国家机关在必要范围内制作、使用、公开肖像权人的肖像。

第四，为展示特定公共环境，不可避免地制作、使用、公开肖像权人的肖像。

第五，为维护公共利益或者肖像权人合法权益，制作、使用、公开肖像权人的肖像的其他行为。

（四）肖像权的许可使用制度

肖像权人有权将肖像权许可他人使用，许可方和被许可方之间应签订肖像许可使用合同。

对于肖像使用条款的解释问题，根据《民法典》第 1021 条规定，若当事人对肖像许可使用合同中关于肖像使用条款的理解有争议，应当以有利于肖像权人原则，作出有利于肖像权人的解释。

对于许可使用的期限，根据《民法典》第 1022 条规定，若当事人对肖像许可使用期限没有约定或约定不明，任何一方当事人均享有合同任意解除权，即有权随时解除肖像许可使用合同，但是应当在合理期限之前通知对方。若当事人对肖像许可使用期限有明确约定，肖像权人在有正当理由时享有合同单方解除权，有权解除肖像许可使用合同，但是同样应当在合理期限之前通知对方。各方当事人因解除合同造成对方损失的，除不可归责于肖像权人的事由外，应当赔偿损失。

案例 60 【未经同意使用具有一定代表性的演员剧照，构成肖像权侵权】

葛某诉艺某网侵害肖像权案①

事实：2016 年 7 月，被告艺某网在微博上发布以"葛某躺独家教学"为名的内容，使用 7 幅葛某图片共 18 次，其中一张非剧照，为葛某个人身着西服给其他企业代言的照片，其余图片除一张为其他剧照外，均为某剧中人物在沙发上瘫坐的截图，图中和图下文字内容为对"葛某躺"的描述和渲染。最后几张图配了大床、浴室等酒店背景，微博后附"订酒店用艺某"的文字，并附二维码和艺某网标识。该微博被转发 4 次、评论 4 次、

① （2018）京 01 民终 97 号民事判决书。

点赞 11 次。葛某认为上述文字中提到"葛某"的名字，并非剧中人物名称，宣传内容为商业性使用。

争议焦点：未经同意使用具有一定代表性的演员剧照，是否构成肖像权侵权？

法院认为：肖像权，是指自然人对自己的肖像享有再现、使用或许可他人使用的权利，其载体包括人物画像、生活照、剧照等。剧照涉及影视作品中表演者扮演的剧中人物，当一般社会公众能够将表演形象与表演者本人真实的相貌特征联系在一起时，表演形象亦为肖像的一部分，影视作品相关的著作权与肖像权并不冲突。"葛某躺"造型确已形成特有的网络称谓，并具有一定的文化内涵，但一般社会公众看到该造型时除了联想到剧目和角色，也不可避免地与演员本人相联系，该表现形象亦构成演员的肖像内容，即便已成为网络热点，商家也不应对相关图片进行明显的商业性使用，否则仍构成对肖像权的侵犯。

涉案微博中使用了多幅系列剧照，并逐步引导与其业务特征相联系，虽然上述方式并不能使网友认为葛某为网站进行了代言，但是仍有一定博取网络用户注意力的商业性使用性质，且同时使用了一张非剧照照片，故艺某网在涉案微博中的使用行为侵犯了葛某的肖像权。艺某网在接到起诉后已经删除微博停止侵权。其编辑在致歉声明中的部分内容和语气表达因过于调侃，并未对葛某起到正向的抚慰作用，且再次宣传了品牌。葛某现要求艺某网在微博中正式致歉的诉讼请求，法院予以支持。

四、名誉权、荣誉权

（一）名誉权的含义及侵权形态

名誉权，是指民事主体享有的维护其名誉不受到他人侵害的权利。名誉是对民事主体的品德、声望、才能、信用等的社会评价。

根据《民法典》第 1024 条规定，名誉权侵权形态主要包括两种：侮辱和诽谤。任何组织或个人不得以侮辱、诽谤等方式侵害他人的名誉权。

（二）名誉权合理使用制度

根据《民法典》第 1025 条规定，行为人为公共利益实施新闻报道、舆论监督等行为，由于这些行为系出于公共利益的目的，即便影响了他人名誉，一般也无须承担民事责任，但是存在以下除外情形。

第一，行为人捏造、歪曲事实。

第二，行为人对他人提供的严重失实内容未尽到合理核实义务，对于合理核实义务需要考虑的因素包括：内容来源的可信度；对明显可能引发争议的内容是否进行了必要的调查；内容的时限性；内容与公序良俗的关联性；受害人名誉受贬损的可能性；核实能力和核实成本。

第三，行为人使用侮辱性言辞等贬损他人名誉。

（三）名誉权的保护

《民法典》第 1027 条至第 1029 条对名誉权保护的几种特定情形作了规定。

1. 文学艺术作品中的名誉权保护

根据《民法典》第 1027 条规定，行为人发表的文学、艺术作品以真人真事或者特定人为描述对象，含有侮辱、诽谤内容，侵害他人名誉权的，受害人有权依法请求该行为人承担民事责任。但是若行为人发表的文学、艺术作品并不以特定人为描述对象，仅其中的情节与该特定人的情况有所相似，不承担民事责任。

2. 媒体报道中的名誉权保护

根据《民法典》第 1028 条规定，民事主体有证据证明报刊、网络等媒体报道的内容失实，侵害其名誉权的，有权请求该媒体及时采取更正或者删除等必要措施。

3. 征信评价中的名誉权保护

根据《民法典》第 1029 条规定，民事主体可以依法查询自己的信用评价；发现信用评价不当的，有权提出异议并请求采取更正、删除等必要措施。信用评价人应当履行及时核查义务，经核查属实，则应当及时采取必要措施。

（四）荣誉权的含义及侵权形态

荣誉权，根据《民法典》第 1031 条规定，是指自然人、法人与非法人组织享有的维护其荣誉不受到他人侵害的权利。任何组织或者个人不得非法剥夺他人的荣誉称号，不得诋毁、贬损他人的荣誉。

自然人、法人或非法人组织获得的荣誉称号应当记载而没有记载的，民事主体有权请求记载；获得的荣誉称号记载错误的，民事主体有权请求更正。

五、隐私权与个人信息保护

（一）隐私权的含义及侵权形态

隐私，是指自然人的私人生活安宁和不愿为他人知晓的私密空间、私密活动、私密信息。

隐私权，是指自然人对其隐私享有的不被他人侵害的权利。《民法典》第 1032 条第 1 款规定："自然人享有隐私权。任何组织或者个人不得以刺探、侵扰、泄露、公开等方式侵害他人的隐私权。"

隐私权的侵权形态，根据《民法典》第 1033 条的规定，具体还包括以下几种侵权行为。

一是以电话、短信、即时通讯工具、电子邮件、传单等方式侵扰他人的私人生活安宁。

二是进入、拍摄、窥视他人的住宅、宾馆房间等私密空间。

三是拍摄、窥视、窃听、公开他人的私密活动。

四是拍摄、窥视他人身体的私密部位。

五是处理他人的私密信息。

六是以其他方式侵害他人的隐私权。

（二）个人信息保护制度

个人信息保护制度是《民法典》新增内容。随着信息时代的发展，个人信息保护问题逐渐进入立法者视野并成为重点关注对象，譬如 2021 年围绕个人信息保护制度接连出台的《个人信息保护法》《数据安全法》《最高人民法院关于审理使用人脸识别技术处理个人信息相关民事案件适用法律若干问题的规定》（法释〔2021〕15 号）《最高人民法院关于审理利用信息网络侵害人身权益民事纠纷案件适用法律若干问题的规定》（法释〔2020〕17 号）等诸多法律法规及司法解释，对侵犯个人信息行为的治理提出诸多法律规制手段与制度安排，值得学习研读。

1. 个人信息的含义

个人信息，是指以电子或者其他方式记录的能够单独或者与其他信息结合识别特定自然人的各种信息，包括自然人的姓名、出生日期、身份证件号码、生物识别信息、住址、电话号码、电子邮箱、健康信息、行踪信息等。

个人信息中的私密信息，适用有关隐私权的规定；没有规定的，适用有关个人信息保护的规定。

2. 个人信息的处理原则

个人信息的处理，包括个人信息的收集、存储、使用、加工、传输、提供、公开等。根据《民法典》第 1035 条的规定，处理个人信息应当遵循合法、正当、必要原则，不得过度处理，并符合下列条件。

（1）征得该自然人或其监护人同意，但法律、行政法规另有规定的除外。

（2）公开处理信息的规则。

（3）明示处理信息的目的、方式和范围。

（4）不违反法律、行政法规的规定和双方的约定。

3. 处理个人信息的免责事由

根据《民法典》第 1036 条的规定，处理个人信息，有下列情形之一的，行为人无须承担民事责任。

（1）在该自然人或者其监护人同意的范围内合理实施的行为。

（2）合理处理该自然人自行公开的或者其他已经合法公开的信息，但是该自然人明确拒绝或者处理该信息侵害其重大利益的除外。

（3）为维护公共利益或者该自然人合法权益，合理实施的其他行为。

4. 被处理者的权利

在个人信息处理过程中，自然人依法享有查阅权、复制权、异议权、更正请求权、删除请求权等。《民法典》第 1037 条规定，自然人有权依法向信息处理者查阅或者复制其个人信息；发现信息有错误的，有权提出异议并请求及时采取更正等必要措施。自然人发现信息处理者违反法律、行政法规的规定或者双方的约定处理其个人信息的，有权请求信息处理者及时删除。

5. 信息处理者的义务

根据《民法典》第 1038 条的规定："信息处理者不得泄露或者篡改其收集、存储的个人信息；未经自然人同意，不得向他人非法提供其个人信息，但是经过加工无法识别特定个人且不能复原的除外。信息处理者应当采取技术措施和其他必要措施，确保其收集、存储的个人信息安全，防止信息泄露、篡改、丢失；发生或者可能发生个人信息泄露、篡改、丢失的，应当及时采取补救措施，按照规定告知自然人并向有关主管部门报告。"

6. 行政机关工作人员的保密义务

根据《民法典》第 1039 条的规定，国家机关、承担行政职能的法定机构及其工作人员对于履行职责过程中知悉的自然人的隐私和个人信息负有保密义务，不得泄露或者向他人非法提供。

案例 61 【历史车况信息的提供不构成对车主隐私权及个人信息权益的侵犯】

余某某诉查某士隐私权、个人信息保护纠纷案①

事实：2020 年 12 月，余某某欲出售自有车辆，在与买方洽谈中发现其车辆信息可在查某士 APP 上查询到一份《历史车况报告》，具体内容包括历史车况综合评级、解析顺序及年均行驶里程、年均保养次数、最后保养时间、最后记录时间的详细数据，以及维保数据、碰撞数据的详细情况。由于查询记录中有较多维修记录，导致余某某车辆的出售价格受到影响。

争议焦点：被告提供历史车况信息的行为是否侵犯原告个人信息权益及隐私权？

法院认为：第一，关于被告提供历史车况信息是否构成对原告个人信息权益的侵犯问题。案涉历史车况信息是否为个人信息，关键在于该信息能否单独或者与其他信息结合识别特定自然人。对此，本院分析如下：（1）案涉历史车况信息未出现自然人身份信息、行踪信息、通信通讯联系方式等能直接识别特定自然人的信息，无法单独识别特定自然人。（2）案涉历史车况信息能综合反映所查车辆的日常损耗程度、未来发生故障可能性、未来使用寿命、损坏程度、安全系数等。余某某认为案涉历史车况信息综合反映了其驾驶习惯、驾驶特征、消费能力、消费习惯等。本院认为，余某某作为车辆所有人，其对于自有车辆车况数据的敏感度更高，但从社会公众的一般认知来看，案涉历史车况信息仅能反映所查车辆的使用情况，其内

---

① （2021）粤 0192 民初 928 号民事判决书。

容既不涉及具体个人，也不用于评价具体个人的行为或状态，无法关联到车辆所有人等特定自然人。因此，案涉车况信息不能被认定为个人信息。

第二，关于被告提供历史车况信息是否构成对原告隐私权的侵犯问题。案涉历史车况信息是否为隐私，关键在于判定该信息的公开是否会对余某某的私人生活带来不当干扰以及该信息是否具有私密性。对此，本院分析如下：（1）案涉历史车况信息的公开未对余某某私人生活安宁带来不当干扰。在车辆交易场景下，案涉历史车况信息无法识别到特定自然人，余某某亦未向本院提供证据证明其日常生活安宁、住宅安宁、通信安宁等受到了不当打扰。因此，目前该信息的公开并未打扰余某某的私人生活安宁。（2）案涉历史车况信息不具有私密性。隐私成立的条件之一是信息处于隐秘状态，且不为社会公众普遍知悉。车架号是可以通过观察车身直接获取的，并非处于隐秘状态。基本行驶及维修保养数据产生于公开汽修经营场所，虽然在公共场所发生的事件也可以成为隐私权的客体，但如果凡是自己不希望被他人知晓的信息都被界定为隐私，将会给社会正常交往带来不必要的负担，应当合理界定隐私权边界，保证社会正常交往。如前所述，案涉历史车况信息并非个人信息，并不具有私密性。如将案涉车况信息认定为个人隐私，不符合一般社会合理认知。（3）历史车况信息的开放共享关乎机动车运行安全、公众的人身安全和不特定消费者合法权益，将历史车况信息纳入隐私权保护范围，有可能增加二手车交易市场的信息不对称风险和交易安全隐患，不能充分保障消费者的知情权，损害社会公共利益。

·第六编·
婚姻家庭篇

家庭是社会的最小单元，而婚姻是家庭最核心的构建方式。婚姻家庭法律制度在我国民法体系中具有举足轻重的作用。本编重点介绍《民法典》婚姻家庭编的基本规定。婚姻家庭关系具体包括了三种重要的人身关系：婚姻关系、家庭关系和收养关系。第一章介绍了婚姻家庭制度中的基本概念和基本原则。第二章、第三章、第四章以婚姻关系的成立、存续与终止为主线，介绍了结婚制度、离婚制度和家庭关系制度。第五章则重点介绍了我国的收养制度。

思维导图

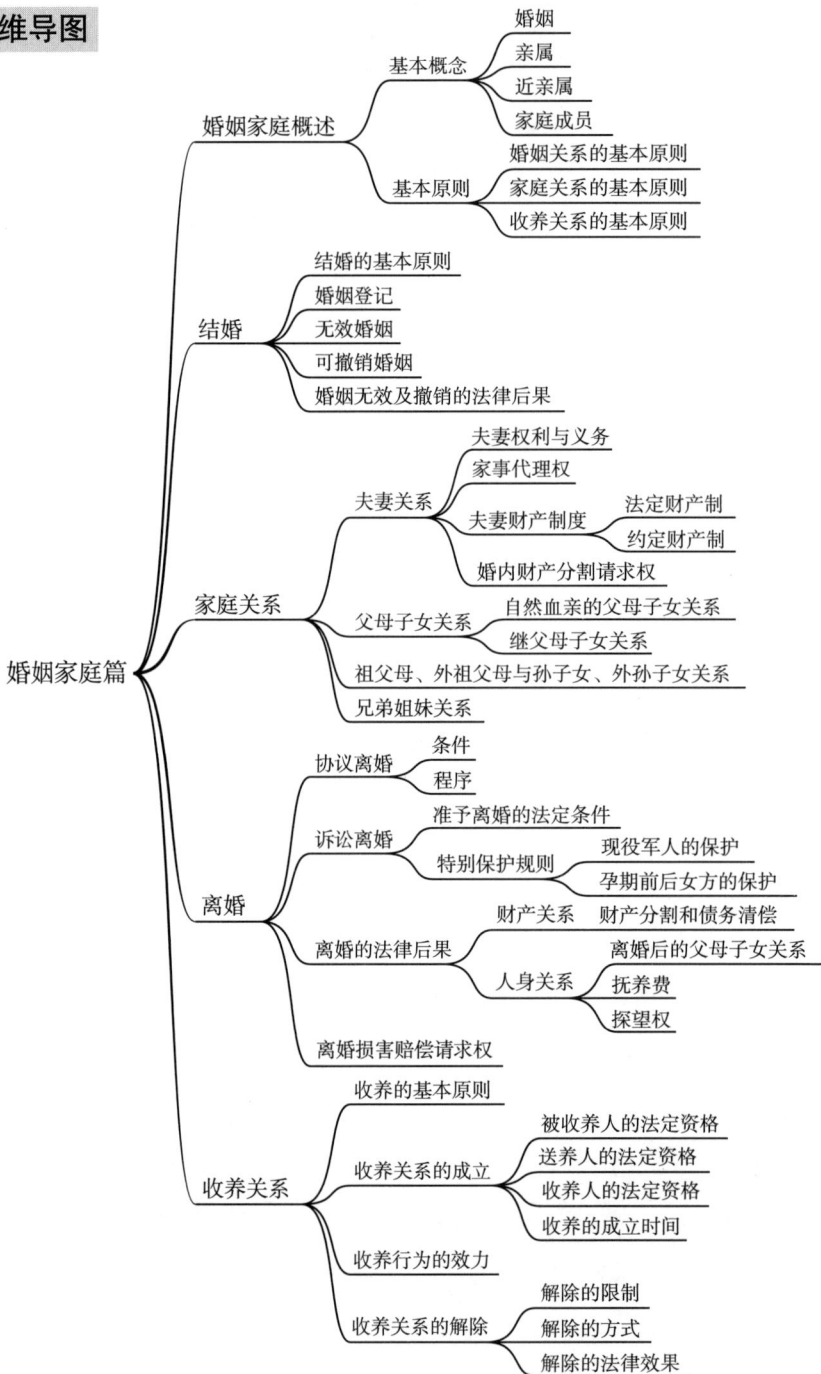

- 婚姻家庭篇
  - 婚姻家庭概述
    - 基本概念
      - 婚姻
      - 亲属
      - 近亲属
      - 家庭成员
    - 基本原则
      - 婚姻关系的基本原则
      - 家庭关系的基本原则
      - 收养关系的基本原则
  - 结婚
    - 结婚的基本原则
    - 婚姻登记
    - 无效婚姻
    - 可撤销婚姻
    - 婚姻无效及撤销的法律后果
  - 家庭关系
    - 夫妻关系
      - 夫妻权利与义务
      - 家事代理权
      - 夫妻财产制度
        - 法定财产制
        - 约定财产制
      - 婚内财产分割请求权
    - 父母子女关系
      - 自然血亲的父母子女关系
      - 继父母子女关系
    - 祖父母、外祖父母与孙子女、外孙子女关系
    - 兄弟姐妹关系
  - 离婚
    - 协议离婚
      - 条件
      - 程序
    - 诉讼离婚
      - 准予离婚的法定条件
      - 特别保护规则
        - 现役军人的保护
        - 孕期前后女方的保护
    - 离婚的法律后果
      - 财产关系
        - 财产分割和债务清偿
      - 人身关系
        - 离婚后的父母子女关系
        - 抚养费
        - 探望权
    - 离婚损害赔偿请求权
  - 收养关系
    - 收养的基本原则
    - 收养关系的成立
      - 被收养人的法定资格
      - 送养人的法定资格
      - 收养人的法定资格
      - 收养的成立时间
    - 收养行为的效力
    - 收养关系的解除
      - 解除的限制
      - 解除的方式
      - 解除的法律效果

图 6　婚姻家庭篇章概览

第一章　婚姻家庭概述

一、婚姻、亲属、近亲属与家庭成员的概念

婚姻，是一种以男性和女性双方长期结合、共同生活为目标的社会组织形式。

亲属，包括配偶、血亲和姻亲。

近亲属，包含 8 类主体，分别为配偶、父母、子女、兄弟姐妹、祖父母、外祖父母、孙子女、外孙子女。

家庭成员，是指配偶、父母、子女和其他共同生活的近亲属。

二、婚姻家庭制度的基本原则

《民法典》第 1041 条至第 1044 条对我国婚姻家庭制度的基本原则作了规定。

（一）婚姻关系的基本原则

我国婚姻关系的基本原则包括：实行婚姻自由、一夫一妻、男女平等的婚姻制度；保护妇女、未成年人、老年人、残疾人的合法权益；禁止包办、买卖婚姻和其他干涉婚姻自由的行为；禁止借婚姻索取财物；禁止重婚；禁止有配偶者与他人同居；夫妻应当互相忠实，互相尊重，互相关爱。

（二）家庭关系的基本原则

我国家庭关系的基本原则包括：禁止家庭暴力；禁止家庭成员间的虐

待和遗弃；家庭应当树立优良家风，弘扬家庭美德，重视家庭文明建设；家庭成员应当敬老爱幼，互相帮助，维护平等、和睦、文明的婚姻家庭关系。

（三）收养关系的基本原则

我国收养关系的基本原则包括：收养应当遵循最有利于被收养人的原则，保障被收养人和收养人的合法权益；禁止借收养名义买卖未成年人。

第二章　结　　婚

一、结婚的基本原则

结婚遵循自愿原则。根据《民法典》第 1046 条规定："结婚应当男女双方完全自愿，禁止任何一方对另一方加以强迫，禁止任何组织或者个人加以干涉。"

二、婚姻登记

结婚需要进行婚姻登记。根据《民法典》第 1049 条规定，要求结婚的男女双方应当亲自到婚姻登记机关申请结婚登记。符合本法规定的，予以登记，发给结婚证。完成结婚登记，即确立婚姻关系。未办理结婚登记的，应当补办登记。

《民法典》第 1050 条规定："登记结婚后，按照男女双方约定，女方可以成为男方家庭的成员，男方可以成为女方家庭的成员。"由此，结婚登记的法律效果是，男女双方根据约定可以互相成为对方的家庭成员。

三、无效婚姻

婚姻属于民事法律行为的一种，违反法律强制性规定的婚姻属于无效婚姻。根据《民法典》第 1051 条规定，婚姻无效情形有三种。

第一，重婚。

第二，有禁止结婚的亲属关系。根据《民法典》第 1048 条规定，禁止结婚的亲属关系指的是直系血亲或三代以内的旁系血亲。

第三，未到法定婚龄。根据《民法典》第 1047 条规定，结婚年龄，男不得早于 22 周岁，女不得早于 20 周岁。

四、可撤销婚姻

婚姻可撤销的情形有两种：第一，结婚受胁迫。第二，一方未如实告知重大疾病。

（一）结婚受胁迫

根据《民法典》第 1052 条规定，因胁迫结婚的，受胁迫的一方可以向人民法院请求撤销婚姻。关于撤销权的除斥期间，原则上受胁迫的一方请求撤销婚姻的，应当自胁迫行为终止之日起 1 年内提出。例外情况下，对于被非法限制人身自由的当事人请求撤销婚姻的，应当自恢复人身自由之日起 1 年内提出。

（二）一方未如实告知重大疾病

根据《民法典》第 1053 条规定，一方患有重大疾病的，应当在结婚登记前如实告知另一方；不如实告知的，另一方可以向人民法院请求撤销婚姻。关于撤销权的除斥期间，请求撤销婚姻的，应当自知道或应当知道撤销事由之日起 1 年内提出。

五、婚姻无效及撤销的法律效果

根据《民法典》第 1054 条规定，无效婚姻、被撤销的婚姻自始没有法律约束力，当事人不具有夫妻的权利和义务，无过错方有权请求损害赔偿。

对于同居期间所得的财产，由当事人协议处理；协议不成的，由人民法院根据照顾无过错方的原则判决。

对于重婚导致的无效婚姻的财产处理，不得侵害合法婚姻当事人的财产权益。对于当事人所生的子女，仍适用《民法典》中关于父母子女的规定。

案例62【可撤销婚姻中"重大疾病"的认定】

原告黄某诉被告封某1、第三人封某2、章某撤销婚姻纠纷案①

事实：原告与被告经媒人介绍相识并建立婚约关系，双方商定彩礼188000元和三金首饰，之后原告实际给付了被告和第三人（被告父亲）188000元彩礼和三金首饰。原、被告于2022年1月25日办理了结婚登记。2022年4月2日原、被告双方发生了争吵，原告发现被告情绪反应比较激烈，遂向被告父亲即第三人封某2反映，被告父亲送药过来，原告在网上搜索发现该药物是用来治疗精神疾病的。经查明，被告多次在××医院进行诊断，被确诊为精神障碍。因此，原告请求法院判令撤销婚姻，并要求被告返还彩礼188000元。

争议焦点：精神障碍是否属于婚姻可撤销条件中的"重大疾病"？

法院认为：夫妻一方患有重大疾病的，应当在结婚登记前如实告知另一方，若未告知的，为可撤销婚姻，另一方可以向人民法院请求撤销。而对于重大疾病的具体范围，《民法典》未作明确规定，一般参照《母婴保健法》第8条、第38条的规定，根据该法规定，精神疾病属于法定不宜结婚的重大疾病。本案中，被告封某1患有精神障碍多年，至与原告结婚登记前多次住院治疗，第三人认为被告已经治愈，被告未尽如实告知义务，影响了原告结婚的真实意思，且其婚后的疾病状态影响了正常的家庭生活，故对原告在法定期间内要求撤销与被告的婚姻关系的诉讼请求，本院予以支持。

---

① （2022）赣1002民初4345号民事判决书。

第三章　家庭关系

一、夫妻关系

（一）夫妻权利与义务

根据《民法典》第 1055 条至第 1059 条、第 1061 条的相关规定，夫妻关系中的权利和义务包括以下几点。

第一，夫妻在婚姻家庭中地位平等的权利。

第二，夫妻双方各自使用自己姓名的权利。

第三，夫妻双方都有参加生产、工作、学习和社会活动的自由，一方不得对另一方加以限制或干涉。

第四，夫妻双方平等享有对未成年子女抚养、教育和保护的权利，共同承担对未成年子女抚养、教育和保护的义务。

第五，夫妻之间有相互扶养的义务，需要扶养的一方，在另一方不履行扶养义务时，有要求其给付扶养费的权利。

第六，夫妻有相互继承遗产的权利。

（二）家事代理权

《民法典》第 1060 条规定了夫妻关系中的家事代理权制度："夫妻一方因家庭日常生活需要而实施的民事法律行为，对夫妻双方发生效力，但是夫妻一方与相对人另有约定的除外。夫妻之间对一方可以实施的民事法律行为范围的限制，不得对抗善意相对人。"

据此可知，在夫妻关系中，一方实施的民事法律行为对对方发生法律效力的前提，是该民事法律行为的实施系出于家庭日常生活需要的目的。此外，夫妻双方对其中一方有权实施的民事法律行为范围的限制，属于夫妻之间的内部约定，若一方实施民事法律行为的相对人系善意相对人，则该善意相对人不应受到夫妻内部约定的约束。

（三）夫妻财产制度

夫妻财产制度，是指在夫妻关系存续期间确定财产归属于一方还是双方、债务如何承担的制度。我国的夫妻财产制度包含两项内容：一是法定财产制。二是约定财产制。

1. 法定财产制

法定财产制，是指法律直接规定夫妻之间财产的归属和债务承担的制度。若夫妻在婚姻存续期间未对双方财产的归属和债务负担作特别约定，则财产归属和债务负担规则应依法确定。

第一，关于夫妻共同财产的认定，根据《民法典》第 1062 条规定，在婚姻关系存续期间，夫妻所得的以下财产属于夫妻的共同财产，归夫妻共同所有，双方有平等处理权。

（1）工资、奖金、劳务报酬。

（2）生产、经营、投资的收益。

（3）知识产权的收益。

（4）继承或者受赠的财产，但是《民法典》第 1063 条第 3 项规定的除外。

（5）其他应当归共同所有的财产。

第二，关于夫妻一方个人财产的认定，根据《民法典》第 1063 条规定，以下财产属于夫妻一方的个人财产。

（1）一方的婚前财产。

（2）一方因受到人身损害获得的赔偿或者补偿。

（3）遗嘱或者赠与合同中确定只归一方的财产。

（4）一方专用的生活用品。

（5）其他应当归一方的财产。

第三，关于夫妻共同债务的认定，根据《民法典》第 1064 条规定："夫妻双方共同签名或者夫妻一方事后追认等共同意思表示所负的债务，以及夫妻一方在婚姻关系存续期间以个人名义为家庭日常生活需要所负的债务，属于夫妻共同债务。夫妻一方在婚姻关系存续期间以个人名义超出家庭日常生活需要所负的债务，不属于夫妻共同债务；但是，债权人能够证明该债务用于夫妻共同生活、共同生产经营或者基于夫妻双方共同意思表示的除外。"

2. 约定财产制

约定财产制，根据《民法典》第 1065 条规定，是指男女双方可以约定婚姻关系存续期间所得的财产以及婚前财产归各自所有、共同所有或者部分各自所有、部分共同所有。约定应当采用书面形式。没有约定或者约定不明确的，适用本法第 1062 条、第 1063 条的规定。

夫妻对婚姻关系存续期间所得的财产以及婚前财产的约定，对双方具有法律约束力。

夫妻对婚姻关系存续期间所得的财产约定归各自所有，夫或者妻一方对外所负的债务，相对人知道该约定的，以夫或者妻一方的个人财产清偿。

（四）婚内财产分割请求权

财产分割一般发生在夫妻双方离婚之后，但是在特定情形下，在婚姻关系存续期间，夫妻也有权请求分割财产。《民法典》第 1066 条对婚内财产分割请求权作了规定："婚姻关系存续期间，有下列情形之一的，夫妻一方可以向人民法院请求分割共同财产：（一）一方有隐藏、转移、变卖、毁损、挥霍夫妻共同财产或者伪造夫妻共同债务等严重损害夫妻共同财产利益的行为；（二）一方负有法定扶养义务的人患重大疾病需要医治，另一方不同意支付相关医疗费用。"

二、父母子女关系和其他近亲属关系

（一）自然血亲的父母子女关系

1. 父母的抚养义务和子女的赡养义务

根据《民法典》第 1067 条规定："父母不履行抚养义务的，未成年子女或者不能独立生活的成年子女，有要求父母给付抚养费的权利。成年子女不履行赡养义务的，缺乏劳动能力或者生活困难的父母，有要求成年子女给付赡养费的权利。"

2. 父母的教育、保护义务

根据《民法典》第 1068 条规定："父母有教育、保护未成年子女的权利和义务。未成年子女造成他人损害的，父母应当依法承担民事责任。"

3. 子女尊重父母婚姻自由的义务

根据《民法典》第 1069 条规定："子女应当尊重父母的婚姻权利，不得干涉父母离婚、再婚以及婚后的生活。子女对父母的赡养义务，不因父母的婚姻关系变化而终止。"

4. 遗产继承权

根据《民法典》第 1070 条规定："父母和子女有相互继承遗产的权利。"

5. 非婚生子女的平等权

根据《民法典》第 1071 条规定："非婚生子女享有与婚生子女同等的权利，任何组织或者个人不得加以危害和歧视。不直接抚养非婚生子女的生父或者生母，应当负担未成年子女或者不能独立生活的成年子女的抚养费。"

6. 亲子关系异议权

根据《民法典》第 1073 条规定，父或者母对亲子关系有异议且有正当理由的，有权向人民法院提起诉讼，请求确认或者否认亲子关系。

成年子女对亲子关系有异议且有正当理由的，可以向人民法院提起诉讼，请求确认亲子关系，不得请求否认亲子关系。

（二）继父母子女关系

继父母和受其抚养教育的继子女之间，适用上文父母子女关系的法律规定。

根据《民法典》第 1072 条规定，继父母与继子女间，禁止虐待或歧视。

（三）祖父母、外祖父母与孙子女、外孙子女关系

根据《民法典》第 1074 条规定，有负担能力的祖父母、外祖父母，对于父母已经死亡或者父母无力抚养的未成年孙子女、外孙子女，有抚养的义务。有负担能力的孙子女、外孙子女，对于子女已经死亡或者子女无力赡养的祖父母、外祖父母，有赡养的义务。

（四）兄弟姐妹关系

根据《民法典》第 1075 条规定："有负担能力的兄、姐，对于父母已经死亡或者父母无力抚养的未成年弟、妹，有扶养的义务。由兄、姐扶养长大的有负担能力的弟、妹，对于缺乏劳动能力又缺乏生活来源的兄、姐，有扶养的义务。"

第四章 离　　婚

离婚，是指男女双方依法解除婚姻人身关系的民事法律行为。我国《民法典》所规定的离婚的方式有两种：协议离婚和诉讼离婚。

一、协议离婚

（一）协议离婚的条件

《民法典》第 1076 条规定："夫妻双方自愿离婚的，应当签订书面离婚协议，并亲自到婚姻登记机关申请离婚登记。离婚协议应当载明双方自愿离婚的意思表示和对子女抚养、财产以及债务处理等事项协商一致的意见。"据此可知，协议离婚需要满足两个前提条件：第一，夫妻签订书面离婚协议。第二，夫妻亲自到婚姻登记机关申请离婚登记。

（二）协议离婚的程序

根据《民法典》第 1077 条规定，夫妻双方亲自到婚姻登记机关申请离婚登记后，自婚姻登记机关收到离婚登记申请之日起 30 日内，任何一方不愿意离婚的，可以向婚姻登记机关撤回离婚登记申请。上述期限届满后 30 日内，双方应当亲自到婚姻登记机关申请发给离婚证；未申请的，视为撤回离婚登记申请。

根据《民法典》第 1078 条规定："婚姻登记机关查明双方确实是自愿离婚，并已经对子女抚养、财产以及债务处理等事项协商一致的，予以登记，发给离婚证。"

二、诉讼离婚

（一）准予离婚的法定条件

根据《民法典》第 1079 条规定，夫妻一方要求离婚，可由有关组织进行调解或直接向人民法院提起离婚诉讼。人民法院审理离婚案件，应当进行调解；如果感情确已破裂，调解无效的，应当准予离婚。

有下列情形之一，调解无效的，应当准予离婚。

一是重婚或者与他人同居。

二是实施家庭暴力或者虐待、遗弃家庭成员。

三是有赌博、吸毒等恶习屡教不改。

四是因感情不和分居满二年。

五是其他导致夫妻感情破裂的情形。

一方被宣告失踪，另一方提起离婚诉讼的，应当准予离婚。

经人民法院判决不准离婚后，双方又分居满一年，一方再次提起离婚诉讼的，应当准予离婚。

（二）诉讼离婚中的两项特别保护规则

诉讼离婚制度中，存在两项特别保护规则，分别为对现役军人的保护和对孕期前后女方的保护。

1. 对现役军人的保护

根据《民法典》第 1081 条规定："现役军人的配偶要求离婚，应当征得军人同意，但是军人一方有重大过错的除外。"

2. 对孕期前后女方的保护

《民法典》第 1082 条系对孕期前后女方的婚姻保护条款，主要体现为在三个特殊时间段内禁止男方提出离婚的规定。三个时间段分别为：女方怀孕期间；分娩后一年内；终止妊娠后六个月内。在该三个时间段内，男方不得提出离婚。

但是，若女方主动提出离婚或人民法院认为确有必要受理男方离婚请求的，则可不遵循上述要求。

三、离婚的法律后果

（一）离婚后的财产分割和债务清偿

《民法典》第1087条至第1090条、第1092条对离婚后的财产法律关系处理规则作了规定。

第一，关于离婚时的夫妻共同财产，处理规则首先由双方协议决定；若协议不成，则由人民法院根据财产的具体情况，按照照顾子女、女方和无过错方权益的原则判决。

第二，关于离婚时的夫妻共同债务，夫妻双方仍应当共同偿还。若共同财产不足清偿或者财产归各自所有的，由双方协议清偿；协议不成的，由人民法院判决。

第三，对于为维系家庭负担较多义务的夫妻一方，比如因抚育子女、照料老年人、协助另一方工作等而负担较多义务，离婚时有权向另一方请求补偿，另一方应当给予补偿。具体办法由双方协议；协议不成的，由人民法院判决。

第四，对于离婚时生活困难的一方，有负担能力的另一方应当给予适当帮助。具体办法由双方协议；协议不成的，由人民法院判决。

第五，若夫妻一方隐藏、转移、变卖、毁损、挥霍夫妻共同财产，或伪造夫妻共同债务企图侵占另一方财产，在离婚分割夫妻共同财产时，对该方可以少分或者不分。离婚后，另一方发现有上述行为的，可以向人民法院提起诉讼，请求再次分割夫妻共同财产。

（二）离婚后的人身关系

《民法典》第 1084 条至第 1086 条对离婚后的人身关系作了规定。

1. 离婚后的父母子女关系

父母与子女间的关系，不因父母离婚而消除。离婚后，子女无论由父或者母直接抚养，仍是父母双方的子女。

离婚后，父母对于子女仍有抚养、教育、保护的权利和义务。

离婚后，不满两周岁的子女，以由母亲直接抚养为原则。已满两周岁的子女，父母双方对抚养问题协议不成的，由人民法院根据双方的具体情况，按照最有利于未成年子女的原则判决。子女已满八周岁的，应当尊重其真实意愿。

2. 抚养费分担

离婚后，子女由一方直接抚养的，另一方应当负担部分或者全部抚养费。负担费用的多少和期限的长短，由双方协议；协议不成的，由人民法院判决。

前款规定的协议或者判决，不妨碍子女在必要时向父母任何一方提出超过协议或者判决原定数额的合理要求。

3. 探望权

离婚后，不直接抚养子女的父或者母，有探望子女的权利，另一方有协助的义务。

行使探望权利的方式、时间由当事人协议；协议不成的，由人民法院判决。

父或者母探望子女，不利于子女身心健康的，由人民法院依法中止探望；中止的事由消失后，应当恢复探望。

四、离婚损害赔偿请求权

离婚损害赔偿请求权，是指婚姻关系解除系由于一方过错导致并且致使另一方受到损害的，无过错方所享有的权利。根据《民法典》第 1091 条规定，无过错方行使离婚损害赔偿请求权的事由为以下几点。

一是重婚。

二是与他人同居。

三是实施家庭暴力。

四是虐待、遗弃家庭成员。

五是有其他重大过错。

案例 63 【一方婚内与他人同居，另一方有权主张精神损害赔偿】

原告张某与被告莫某离婚后损害责任纠纷案①

事实：原告张某与被告莫某为合法夫妻关系。2019 年 5 月，被告莫某在微信朋友圈发布其与另一女子的亲密合照 9 张，附文"这傻丫头，余生有你足矣！"之后，被告莫某与该女子生育了孩子。2021 年 2 月，原、被告被法院判决准予离婚，但未对精神损害抚慰金问题作出处理，故原告另诉向被告主张 50000 元精神损害抚慰金。

法院认为：本案中，原告张某提供的证据证实被告莫某婚内出轨且与他人生育了小孩，被告莫某违背了夫妻忠实义务，严重伤害了夫妻感情，给原告造成精神损害，被告的行为有过错。原告作为无过错方有权请求损害赔偿，但原告要求精神损害抚慰金 50000 元过高，本院结合当地居民的生活水平酌定为 20000 元。

---

① （2021）桂 0981 民初 5927 号民事判决书。

第五章　收养关系

收养关系，是指依照法定程序而在非自然血亲的自然人之间所形成的养父母和养子女关系。本章围绕收养关系的原则、成立、效力和解除四方面进行介绍。

一、收养的基本原则

《民法典》第 1104 条规定："收养人收养与送养人送养，应当双方自愿。收养八周岁以上未成年人的，应当征得被收养人的同意。"据此可知，收养应当遵循两项原则：一是自愿原则。二是收养 8 周岁以上被收养人的征求同意原则。

二、收养关系的成立

（一）被收养人、送养人、收养人的法定资格

1. 被收养人的法定资格

根据《民法典》第 1093 条规定，以下未成年人，能够成为被收养人。

（1）丧失父母的孤儿。

（2）查找不到生父母的未成年人。

（3）生父母有特殊困难无力抚养的子女。

2. 送养人的法定资格

根据《民法典》第 1094 条规定，以下个人或组织，能够成为送养人。

（1）孤儿的监护人。

（2）儿童福利机构。

（3）有特殊困难无力抚养子女的生父母。

此外，《民法典》第 1095 条至第 1097 条还规定了三种送养情形：第一，未成年人的父母均不具备完全民事行为能力且可能严重危害该未成年人的，该未成年人的监护人可以将其送养。第二，监护人送养孤儿的，应当征得有抚养义务的人同意。有抚养义务的人不同意送养、监护人不愿意继续履行监护职责的，应当另行确定监护人。第三，生父母送养子女，应当双方共同送养。生父母一方不明或者查找不到的，可以单方送养。

3. 收养人的法定资格

根据《民法典》第 1098 条规定，原则上，收养人应当同时具备下列条件：

（1）无子女或者只有一名子女。

（2）有抚养、教育和保护被收养人的能力。

（3）未患有在医学上认为不应当收养子女的疾病。

（4）无不利于被收养人健康成长的违法犯罪记录。

（5）年满 30 周岁。

此外，《民法典》第 1099 条至第 1103 条规定了几种特殊情形下的收养人条件。

第一，收养三代以内旁系同辈血亲的子女，可以不受下列条件限制：一是被抚养人不要求是生父母有特殊困难无力抚养的子女。二是，送养人不要求是有特殊困难无力抚养子女的生父母。三是，不要求无配偶者收养异性子女的，收养人与被收养人的年龄应当相差 40 周岁以上。

第二，华侨收养三代以内旁系同辈血亲的子女，除了同样不受到上述三个条件的限制以外，还可以不受"收养人应当无子女或者只有一名子女"条件的限制。

第三，根据《民法典》第 1100 条第 1 款规定，无子女的收养人可以收养两名子女；有子女的收养人只能收养一名子女。

第四，收养孤儿、残疾未成年人或者儿童福利机构抚养的查找不到生父母的未成年人，可以不受上面"无子女的收养人可以收养两名子女；有子女的收养人只能收养一名子女"和"收养人应当无子女或者只有一名子女"条件的限制。

第五，根据《民法典》第 1101 条规定，有配偶者收养子女，应当夫妻共同收养。

第六，根据《民法典》第 1102 条规定，无配偶者收养异性子女的，收养人与被收养人的年龄应当相差 40 周岁以上。

第七，继父或者继母经继子女的生父母同意，可以收养继子女，并可以不受到下列条件的限制：一是被抚养人不要求是生父母有特殊困难无力抚养的子女。二是送养人不要求是有特殊困难无力抚养子女的生父母。三是收养人不要求同时具备《民法典》第 1098 条规定的条件。四是不受到"无子女的收养人可以收养两名子女；有子女的收养人只能收养一名子女"的限制。

（三）收养的成立时间

根据《民法典》第 1105 条第 1 款规定："收养应当向县级以上人民政府民政部门登记。收养关系自登记之日起成立。"

三、收养行为的效力

根据《民法典》第 1111 条规定，自收养关系成立之日起，养父母与养子女间的权利义务关系，适用《民法典》关于父母子女关系的规定；养子女与养父母的近亲属间的权利义务关系，适用《民法典》关于子女与父母的近亲属关系的规定。养子女与生父母以及其他近亲属间的权利义务关系，因收养关系的成立而消除。

关于养子女的姓氏，根据《民法典》第1112条规定："养子女可以随养父或者养母的姓氏，经当事人协商一致，也可以保留原姓氏。"

四、收养关系的解除

（一）收养关系解除的限制

根据《民法典》第1114条第1款规定："收养人在被收养人成年以前，不得解除收养关系，但是收养人、送养人双方协议解除的除外。养子女八周岁以上的，应当征得本人同意。"

（二）收养关系解除的方式

收养关系的解除，包括协议解除和诉讼解除两种方式。

根据《民法典》第1114条第2款规定："收养人不履行抚养义务，有虐待、遗弃等侵害未成年养子女合法权益行为的，送养人有权要求解除养父母与养子女间的收养关系。送养人、收养人不能达成解除收养关系协议的，可以向人民法院提起诉讼。"

根据《民法典》第1115条规定："养父母与成年养子女关系恶化、无法共同生活的，可以协议解除收养关系。不能达成协议的，可以向人民法院提起诉讼。"

（三）收养关系解除的法律效果

《民法典》第1117条和第1118条规定了收养关系解除的法律效果。

收养关系解除后，养子女与养父母以及其他近亲属间的权利义务关系即行消除，与生父母以及其他近亲属间的权利义务关系自行恢复。但是，成年养子女与生父母以及其他近亲属间的权利义务关系是否恢复，可以协商确定。

收养关系解除后，经养父母抚养的成年养子女对缺乏劳动能力又缺乏生活来源的养父母，应当给付生活费。因养子女成年后虐待、遗弃养父母而解除收养关系的，养父母可以要求养子女补偿收养期间支出的抚养费。

生父母要求解除收养关系的，养父母可以要求生父母适当补偿收养期间支出的抚养费；但是，因养父母虐待、遗弃养子女而解除收养关系的除外。

案例 64 【养子女不尽赡养义务的，养父母有权起诉解除收养关系】

李某某夫妇诉李某解除收养关系纠纷案①

事实：李某某夫妇于 1989 年捡拾一名弃婴取名李某。夫妻二人省吃俭用将李某抚养成人，双方以父母子女名义共同生活至今。共同生活期间，李某与李某某夫妇因家庭琐事发生矛盾。李某某夫妇曾于 2015 年 3 月诉至法院，要求解除与李某的事实收养关系，未获得法院支持。事后，双方关系仍未缓和，李某离家出走，与李某某夫妇断绝往来。李某某夫妇再次诉至法院，要求解除与李某的事实收养关系。

法院认为：李某某夫妇两次起诉解除收养关系，李某长期未与李某某夫妇联系，法院系公告送达的法律文书，李某未到庭应诉，漠视收养关系的存续，现李某某夫妇解除收养关系的态度坚决，可以认定双方关系恶化，无法共同生活，故法院支持李某某夫妇要求解除与李某的收养关系的诉讼请求。

---

① 2016 年江苏法院家事审判十大典型案例之十。

·第七编·
继 承 篇

　　本章重点介绍我国的继承法律制度。第一章讲述继承的一般规定，一是继承的基本概念、分类与继承开始的认定，二是继承权的得丧变更；第二章、第三章则围绕继承的三种方式即法定继承、遗嘱继承与遗赠而展开；第四章则主要介绍遗产的管理与分割等内容。

继承的分类

继承的开始

继承的概述

一般规定

继承权的接受与放弃

继承权

继承权的丧失

法定继承概述

法定继承人的范围和继承顺序

法定继承

代位继承

法定继承中的遗产分配

继承

遗嘱继承概述

遗嘱

遗嘱继承和遗赠

遗赠与遗赠扶养协议

遗产的管理

遗产的分割

遗产的处理

被继承人的债务清偿

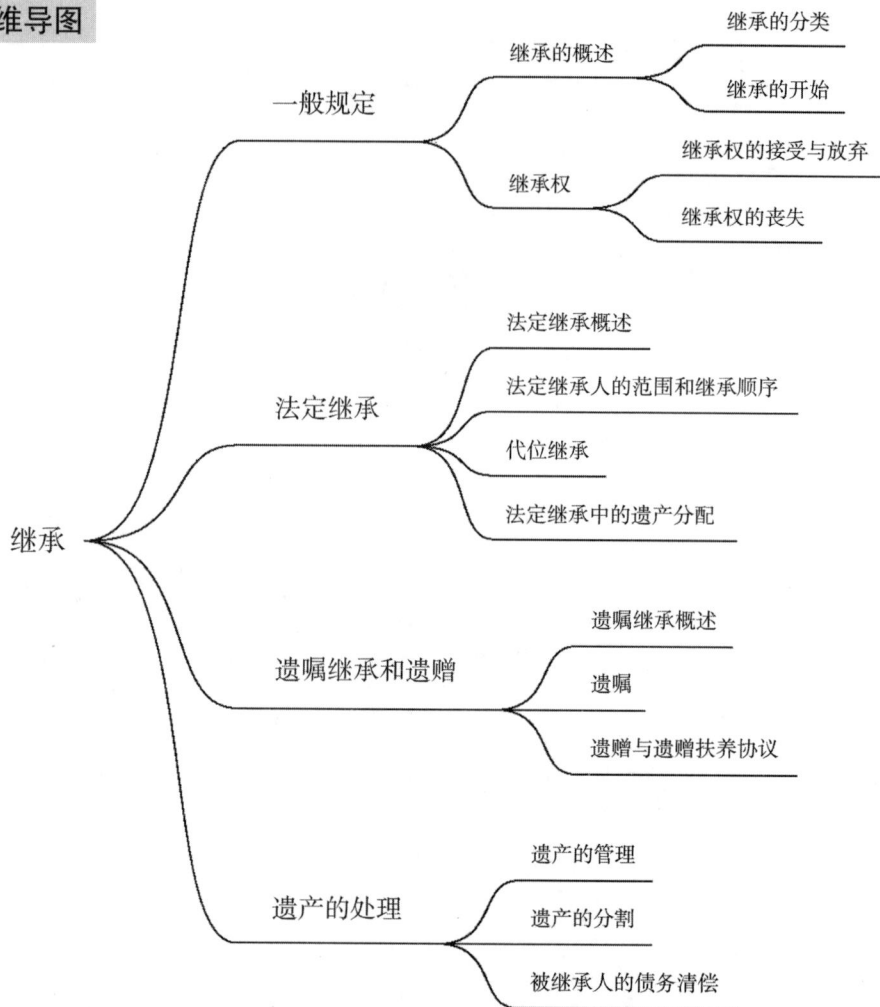

图 7-1 继承篇章节概览

第一章　继承的一般规定

思维导图

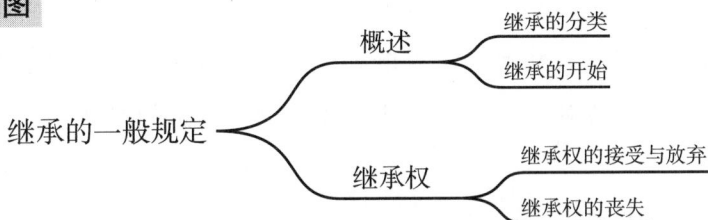

图 7-2　继承的一般规定框架

一、继承的概述

继承，是指自然人死亡时，其遗留的个人合法财产由法律规定的或者由死者指定的人取得的制度。

遗留财产的死者被称为被继承人，被继承人死亡时遗留的个人合法财产为遗产，取得遗产的人为继承人、受遗赠人或者酌情分得遗产的人。

（一）继承的分类

按照继承人继承遗产的方式，继承分为法定继承和遗嘱继承。

法定继承，是指由法律直接规定继承人的范围、继承顺序以及遗产分配的基本规则的继承方式。

遗嘱继承，是按照被继承人合法有效的遗嘱的指定，继承被继承人遗产的继承方式。

遗嘱继承的效力优先于法定继承的效力。

（二）继承的开始

根据《民法典》第 1121 条第 1 款的规定，继承从被继承人死亡时开始。这里的死亡包括自然死亡与宣告死亡。宣告死亡的，根据《民法典》第 48 条确定的死亡日期，为继承开始的时间。

《民法典》第 1121 条第 2 款为解决继承问题规定了死亡时间推定制度。根据该规定，相互有继承关系的数人在同一事件中死亡，难以确定死亡时间的，首先，推定没有其他继承人的人先死亡。其次，都有继承人，辈份不同的，推定长辈先死亡。最后，辈份相同的，推定同时死亡，相互不发生继承。

确定继承开始的时间有重要意义。首先，确定继承人、受遗赠人的范围以及确定遗产的范围都以继承开始的时间为标准。其次，继承开始的时间是遗产的所有权转移的时间，根据《民法典》第 230 条的规定，因继承取得物权的，自继承开始时发生效力。最后，继承开始的时间也是继承人可以放弃继承权的时间，继承人表示放弃继承权的时间段为从继承开始到遗产分割之前，在继承开始之前继承人仅享有继承期待权，不得放弃。

案例 65 【死亡时间推定】

吴某 1、梁某等继承纠纷案①

事实：吴某 1、梁某系夫妻关系，其女吴某 2 于 2021 年 2 月 11 日，与其夫林某（1988 年 10 月 8 日出生）及林某父母林某军（1965 年 6 月 2 日出生）、王某巧（1967 年 1 月 31 日出生），女林某晴（2012 年 4 月 8 日出生）、子林某杰（2016 年 3 月 18 日出生）被杀害。经侦查，无法确定林某军、王某巧、林某、吴某 2、林某晴的死亡顺序，确定林某杰为最后死亡。

---

① （2021）鲁 1326 民初 2693 号民事判决书。

郭某系王某巧母亲。吴某1、梁某与郭某就遗产分配问题提起诉讼。

法院认为： 林某军、王某巧、吴某2、林某、林某晴、林某杰被害，均未发现立有遗嘱，其遗产按照法定继承办理。本案中，经侦查，无法确定林某军、王某巧、林某、吴某2、林某晴的死亡顺序，但能确定林某杰为最后死亡。根据《民法典》第1121条第2款的规定："相互有继承关系的数人在同一事件中死亡，难以确定死亡时间的，推定没有其他继承人的人先死亡。都有其他继承人，辈份不同的，推定长辈先死亡；辈份相同的，推定同时死亡，相互不发生继承。"第1127条规定："遗产按照下列顺序继承：（一）第一顺序：配偶、子女、父母；（二）第二顺序：兄弟姐妹、祖父母、外祖父母。继承开始后，由第一顺序继承人继承，第二顺序继承人不继承；没有第一顺序继承人继承的，由第二顺序继承人继承……"本案当事人吴某1、梁某是吴某2的父母，是林某晴、林某杰的外祖父母，郭某是王某巧的母亲。依照以上法律规定，推定林某军、王某巧先死亡，二人共有财产中二分之一作为林某军的遗产由林某继承，二分之一作为王某巧的遗产由林某、郭某继承，林某军、王某巧之间相互不发生继承；同理，林某所继承林某军、王某巧的遗产以及林某遗产由林某晴、林某杰继承，吴某2的遗产由林某晴、林某杰、吴某1、梁某继承，林某、吴某2之间相互不发生继承；林某杰被确定为最后死亡，其姐林某晴的第一顺序继承人（其父母林某、吴某2）均推定先于其死亡，林某晴所继承的财产由其第二顺序继承人，即其外祖父母吴某1、梁某及其弟弟林某杰转继承，林某杰死亡后，其所继承的财产由其外祖父母吴某1、梁某继承。

二、继承权

继承权，是指自然人按照被继承人所立的合法有效遗嘱或法律的直接规定而享有的继承被继承人财产的权利。《民法典》第1120条规定："国家保护自然人的继承权。"

（一）继承权的接受与放弃

根据《民法典》第 1124 条第 1 款的规定，继承开始后，遗产处理前继承人未作出明确表示的，视为接受继承。继承权的放弃必须在继承开始后、遗产处理前。继承开始前，继承人不享有继承权，仅有继承期待权，继承期待权仅仅为一种资格，不得放弃。遗产处理后，继承人作出不接受遗产的意思表示，属于放弃遗产的所有权，而不是继承权。

继承人放弃继承应当以书面形式向遗产管理人或者其他继承人表示。在诉讼中，继承人向人民法院以口头方式表示放弃继承的，要制作笔录，由放弃继承的人签名。[①]

（二）继承权的丧失

继承权的丧失，是指继承人因发生法定事由失去继承被继承人遗产的资格。《民法典》第 1125 条规定了继承权的丧失的法定事由。

第一，继承人故意杀害被继承人。继承人故意杀害被继承人的，不论是既遂还是未遂，均应当确认其丧失继承权。[②]

第二，继承人为争夺遗产而杀害其他继承人。继承人必须是以争夺遗产为目的杀害其他继承人，才会导致继承权的丧失。

第三，遗弃被继承人，或者虐待被继承人情节严重。继承人是否符合"虐待被继承人情节严重"，可以从实施虐待行为的时间、手段、后果和社会影响等方面认定。[③]

第四，伪造、篡改、隐匿或者销毁遗嘱，情节严重。继承人伪造、篡改、隐匿或者销毁遗嘱，侵害了缺乏劳动能力又无生活来源的继承人的利

---

① 参见《最高人民法院关于适用〈中华人民共和国民法典〉继承编的解释（一）》第 33 条和第 34 条。

② 参见《最高人民法院关于适用〈中华人民共和国民法典〉继承编的解释（一）》第 7 条。

③ 参见《最高人民法院关于适用〈中华人民共和国民法典〉继承编的解释（一）》第 6 条。

益，并造成其生活困难的，应当认定为"情节严重"。①

第五，以欺诈、胁迫手段迫使或者妨碍被继承人设立、变更或者撤回遗嘱，情节严重。

《民法典》第 1125 条第 2 款规定，继承人存在遗弃被继承人，或者虐待被继承人情节严重，或者伪造、篡改、隐匿或销毁遗嘱，情节严重，或者以欺诈、胁迫手段迫使或妨碍被继承人设立、变更或撤回遗嘱，情节严重的，确有悔改表现，被继承人表示宽恕或事后在遗嘱中将其列为继承人的，该继承人不丧失继承权。

《民法典》第 1125 条第 3 款规定，受遗赠人有上述五种情形之一的，丧失受遗赠权。

---

① 参见《最高人民法院关于适用〈中华人民共和国民法典〉继承编的解释（一）》第 9 条。

第二章　法定继承

思维导图

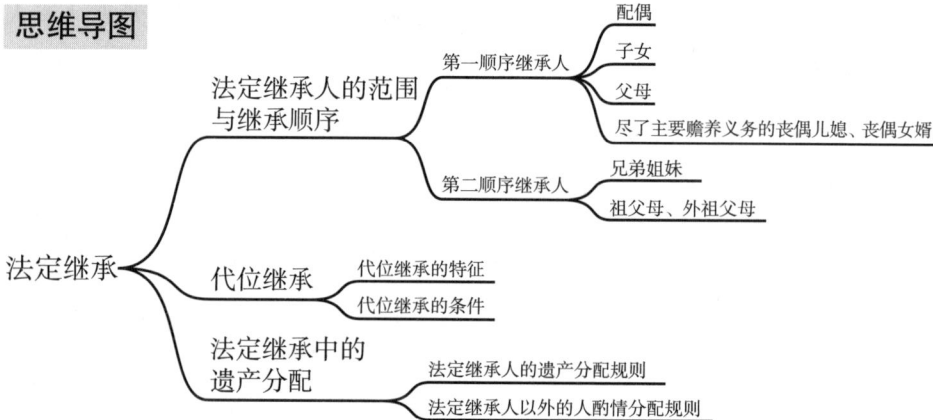

图 7-3　法定继承框架

一、法定继承概述

法定继承，是指由法律直接规定继承人的范围、继承顺序以及遗产分配的基本规则的继承方式。

《民法典》第 1123 条规定："继承开始后，按照法定继承办理；有遗嘱的，按照遗嘱继承或者遗赠办理；有遗赠扶养协议的，按照协议办理。"可见，法定继承、遗嘱继承、遗赠和遗赠扶养协议之间在优先效力上，遗赠扶养协议优先于遗嘱继承与遗赠，遗嘱继承与遗赠优先于法定继承。

根据《民法典》第 1154 条的规定，有下列情形之一的，遗产中的有关部分按照法定继承办理。

（1）遗嘱继承人放弃继承或者受遗赠人放弃受遗赠。

（2）遗嘱继承人丧失继承权或者受遗赠人丧失受遗赠权。

（3）遗嘱继承人、受遗赠人先于遗嘱人死亡或者终止。

（4）遗嘱无效部分所涉及的遗产。

（5）遗嘱未处分的遗产。

二、法定继承人的范围和继承顺序

（一）法定继承人的范围

我国《民法典》规定的法定继承人的范围包括：配偶、子女、父母、兄弟姐妹、祖父母、外祖父母，以及对公婆或岳父母尽了主要赡养义务的丧偶儿媳或女婿。

第一，配偶。婚姻关系存续期间，一方死亡，另一方享有法定继承权，即配偶必须在被继承人死亡时与其存在合法有效的婚姻关系才享有法定继承权。

第二，子女。子女包括婚生子女、非婚生子女、养子女和有抚养关系的继子女。继子女作为继父母的继承人，以继子女与继父母之间形成抚养关系为前提。

第三，父母。父母包括生父母、养父母和有扶养关系的继父母。继父母作为继子女的继承人，以继子女与继承父母之间形成扶养关系为前提。

第四，兄弟姐妹。兄弟姐妹包括同父母的兄弟姐妹、同父异母或同母异父的兄弟姐妹、养兄弟姐妹、有扶养关系的继兄弟姐妹。

第五，祖父母、外祖父母。

第六，对公婆或岳父母尽了主要赡养义务的丧偶儿媳或女婿。《民法典》第 1129 条规定："丧偶儿媳对公婆，丧偶女婿对岳父母，尽了主要赡养义务的，作为第一顺序继承人。"尽了主要赡养义务的丧偶儿媳、女婿，无论其是否再婚，均不影响其作为第一顺序继承人参与继承。"尽了主要赡养义务"主要是指对被继承人生活提供了主要经济来源，或者在劳务等方面给予了主要扶助。[①]

（二）法定继承人的继承顺序

根据《民法典》第1127条的规定，配偶、子女、父母为第一顺序继承人；兄弟姐妹、祖父母、外祖父母为第二顺序继承人。继承开始后，由第一顺序继承人继承，第二顺序继承人不继承；没有第一顺序继承人继承的，由第二顺序继承人继承。

三、代位继承

代位继承，是指被继承人的子女或者兄弟姐妹先于被继承人死亡时，由被继承人的子女的晚辈直系血亲或者被继承人的兄弟姐妹的子女代替被继承人的子女或兄弟姐妹的继承地位，继承被继承人遗产的法律制度。

《民法典》第1128条规定："被继承人的子女先于被继承人死亡的，由被继承人的子女的直系晚辈血亲代位继承。被继承人的兄弟姐妹先于被继承人死亡的，由被继承人的兄弟姐妹的子女代位继承。代位继承人一般只能继承被代位继承人有权继承的遗产份额。"

（一）代位继承的特征

第一，代位继承人按照被代位人的继承顺序和应继承份额参加继承。代位继承人取得被代位人的位置参与继承，其继承顺序和应继承份额都以被代位人的顺序与应继承份额为准。

第二，代位继承人直接继承被继承人的遗产。代位继承是一次继承，被继承人死亡后，代位继承人直接取得被继承人遗产。

---

① 参见《最高人民法院关于适用〈中华人民共和国民法典〉继承编的解释（一）》第19条。

（二）代位继承的条件

第一，代位继承只发生在法定继承中，并且只适用于被继承人的子女或者兄弟姐妹先于被继承人死亡的情形。

第二，代位继承人的范围依被代位人有所区别。被代位人是被继承人的子女的情形下，代位继承人为被代位人的晚辈直系血亲，不受辈数限制。如果被代位人是被继承人的兄弟姐妹，代位继承人只能为被代位人的子女。

第三，被代位人没有丧失继承权。由于代位继承人一般只能继承被代位继承人有权继承的遗产份额，如果被代位人丧失继承权，代位继承就不可能发生。

四、法定继承中的遗产分配

法定继承中的遗产分配是针对法定继承人为多人时继承人之间遗产份额的确定。

（一）法定继承人的遗产分配规则

《民法典》第1130条规定："同一顺序继承人继承遗产的份额，一般应当均等。对生活有特殊困难又缺乏劳动能力的继承人，分配遗产时，应当予以照顾。对被继承人尽了主要扶养义务或者与被继承人共同生活的继承人，分配遗产时，可以多分。有扶养能力和有扶养条件的继承人，不尽扶养义务的，分配遗产时，应当不分或者少分。继承人协商同意的，也可以不均等。"可见，一般情况下，同一顺序继承人继承遗产的份额，无论性别、辈分，应当均等。特殊情况下，可以不均等。

依据《民法典》第1130条和相关司法解释，特殊情况包括。

（1）对生活有特殊困难又缺乏劳动能力的继承人，应当予以照顾。

（2）对被继承人尽了主要扶养义务或者与被继承人共同生活的继承人，

分配遗产时可以多分；虽然与被继承人共同生活，但有扶养能力和扶养条件的继承人对需要扶养的被继承人不尽扶养义务，分配遗产时，可以少分或者不分①。

（3）有扶养能力和有扶养条件的继承人，不尽扶养义务的，分配遗产时应当不分或者少分。

（4）继承人有扶养能力和扶养条件，愿意尽扶养义务，但被继承人因有固定收入和劳动能力，明确表示不要求其扶养的，分配遗产时，一般不应因此而影响其继承份额。②

（5）代位继承人缺乏劳动能力又没有生活来源，或者对被继承人尽过主要赡养义务的，分配遗产时可以多分。

（6）继承人协商同意的，也可以不均等。

（二）继承人以外的人酌情分配遗产规则

根据《民法典》第 1131 条的规定："对继承人以外的依靠被继承人扶养的人，或者继承人以外的对被继承人扶养较多的人，可以分给适当的遗产。"

本条所称被继承人以外的人，既包括法定继承人以外的人，也包括不能继承遗产的后顺位法定继承人。

根据本条规定可以分给适当遗产的人，分给他们遗产时，按具体情况可以多于或者少于继承人，并且在其依法取得被继承人遗产的权利受到侵犯时，有权以独立的诉讼主体资格向人民法院提起诉讼。③

---

① 参见《最高人民法院关于适用〈中华人民共和国民法典〉继承编的解释（一）》第 23 条。
② 参见《最高人民法院关于适用〈中华人民共和国民法典〉继承编的解释（一）》第 22 条。
③ 参见《最高人民法院关于适用〈中华人民共和国民法典〉继承编的解释（一）》第 20 条和第 21 条。

案例 66 【代位继承和遗产分配】

马某 3 等与王某继承纠纷案①

事实： 马某 1 与辛某系原配夫妻，二人婚后生育两个子女，即马某 2、马某 3。马某 2 于 1996 年 4 月 9 日死亡，王某系马某 2 的独生子。马某 1 于 2020 年 9 月 15 日死亡，生前未立遗嘱。马某 1 与辛某共有房屋一套。截至马某 1 死亡之日，辛某名下银行账户内余额为 1344163.73 元。

法院认为： 一审法院认为马某 2 先于马某 1 死亡，马某 2 应继承的遗产份额由马某 2 之子王某继承。涉案房屋系马某 1 与辛某夫妻关系存续期间购买，应为二人的夫妻共同财产。马某 1 死亡后，其享有的涉案房屋中的一半份额属于马某 1 的遗产，应由辛某、马某 3、王某继承。辛某名下的银行存款，系其与马某 1 的夫妻共同财产，其中一半属于马某 1 的遗产。一审判决共同财产分出一半为配偶辛某所有后，马某 1 的遗产由辛某、马某 3 和王某均分。

辛某和马某 3 上诉后，二审法院认为，本案中，因马某 2 先于马某 1 死亡，马某 2 应继承的遗产份额由马某 2 之子王某代位继承，故马某 1 的遗产应由辛某、马某 3、王某继承。根据本案一、二审中各方当事人陈述及提交的证据情况，结合生活常识及情理，马某 1 与辛某长期生活在一起，相互照顾体贴，对马某 1 起到了精神慰藉的作用。马某 3 则经常照料父母，与母亲辛某共同照顾马某 1，在马某 1 生病时送医治疗进行护理等，二人对马某 1 尽到了主要扶养义务。在马某 1 未遗留有效遗嘱的情况下，按照法定继承原则对辛某、马某 3 予以多分遗产，符合法律规定。王某在未成年时未探望马某 1 情有可原，但在成年后十余年从未探望马某 1、辛某，更谈不上孝敬长辈，却在马某 1 去世后主张与辛某、马某 3 均等继承遗产份额，不符合生活情理，亦不符合社会主义核心价值观。综上，辛某、马某 3 关于多分遗产的上诉理由，本院予以采信，一审法院对于遗产份额的分割比例不当，本院对此予以调整。

---

① （2021）京 01 民终 11481 号民事判决书。

第三章 遗嘱继承和遗赠

思维导图

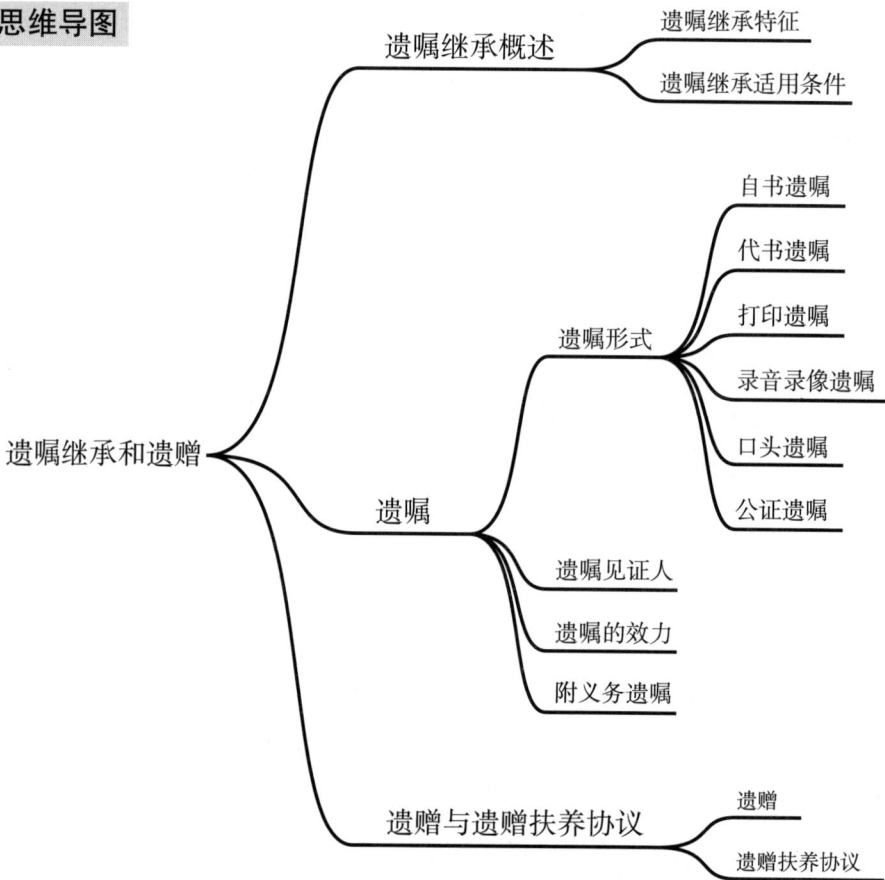

图 7-4 遗嘱继承和遗赠框架

一、遗嘱继承概述

遗嘱继承，是指于继承开始后，继承人按照被继承人合法有效的遗嘱，继承被继承人遗产的继承方式。

（一）遗嘱继承的特征

第一，遗嘱继承的发生需要两个法律事实：一是被继承人死亡，二是被继承人生前所立遗嘱合法有效。

第二，遗嘱继承适用效力上优先于法定继承，但是如果有遗赠扶养协议，则优先适用遗赠扶养协议。

第三，遗嘱继承人、继承份额由被继承人在遗嘱中指定，不受法定继承顺序与继承份额的限制，但是遗嘱继承人应当在法定继承人范围内选定。

（二）遗嘱继承的适用条件

第一，被继承人生前订立的遗嘱合法有效。遗嘱是遗嘱继承发生的条件和适用的依据。

第二，没有遗赠扶养协议或遗嘱未与遗赠扶养协议抵触。遗赠扶养协议效力优先于遗嘱。遗嘱扶养协议与遗嘱如果有抵触，按协议处理，与协议抵触的遗嘱全部或者部分无效。

第三，遗嘱继承人未丧失或放弃继承权。如果遗嘱继承人丧失或放弃继承权，遗嘱中指定由其继承的遗产不适用遗嘱继承。

第四，被继承人先于遗嘱继承人死亡。如果遗嘱继承人先于被继承人死亡，遗嘱涉及该遗嘱继承人的遗产不发生代位继承，只能适用法定继承。

二、遗嘱

遗嘱，是指自然人生前按照法律的规定对自己的财产处分作出意思表示，安排与此有关的事务，并于死后发生效力的单方法律行为。

遗嘱是无相对人的单方法律行为，无须取得继承人的同意，遗嘱人可以根据自己的意思变更或撤回。遗嘱由遗嘱人亲自订立，不得代理。遗嘱是要式法律行为，必须符合《民法典》规定的形式，否则无效。

（一）遗嘱的形式

《民法典》第 1134 条至第 1139 条规定了自书遗嘱、代书遗嘱、打印遗嘱、录音录像遗嘱、口头遗嘱和公证遗嘱六种法定形式。

1. 自书遗嘱

根据《民法典》第 1134 条的规定："自书遗嘱由遗嘱人亲笔书写，签名，注明年、月、日。"

2. 代书遗嘱

根据《民法典》第 1135 条的规定："代书遗嘱应当有两个以上见证人在场见证，由其中一人代书，并由遗嘱人、代书人和其他见证人签名，注明年、月、日。"

3. 打印遗嘱

根据《民法典》第 1136 条的规定："打印遗嘱应当有两个以上见证人在场见证。遗嘱人和见证人应当在遗嘱每一页签名，注明年、月、日。"

4. 录音录像遗嘱

根据《民法典》第 1137 条的规定："以录音录像形式立的遗嘱，应当有两个以上见证人在场见证。遗嘱人和见证人应当在录音录像中记录其姓名或者肖像，以及年、月、日。"

5. 口头遗嘱

根据《民法典》第 1138 条的规定："遗嘱人在危急情况下，可以立口头遗嘱。口头遗嘱应当有两个以上见证人在场见证。危急情况消除后，遗嘱人能够以书面或者录音录像形式立遗嘱的，所立的口头遗嘱无效。"

6. 公证遗嘱

根据《民法典》第 1139 条的规定："公证遗嘱由遗嘱人经公证机构办理。"

（二）遗嘱见证人

除自书遗嘱和公证遗嘱外，其他形式的遗嘱均须有见证人。《民法典》第 1140 条规定了不能作为遗嘱见证人的范围：一是无民事行为能力人、限制民事行为能力人以及其他不具有见证能力的人。二是继承人、受遗赠人。三是与继承人、受遗赠人有利害关系的人。继承人、受遗赠人的债权人、债务人，共同经营的合伙人，也应当视为与继承人、受遗赠人有利害关系，不能作为遗嘱的见证人。

（三）遗嘱的效力

1. 遗嘱的有效

遗嘱有效须具备以下条件：一是遗嘱人具有遗嘱能力。二是遗嘱是遗嘱人的真实意思表示。三是遗嘱的内容合法，不违反法律的强制性规定，不违背公序良俗。四是遗嘱的形式符合法律规定的形式要求。

2. 遗嘱的无效

遗嘱无效，是指遗嘱因欠缺有效要件而自始无法律约束力。

《民法典》第 1143 条规定了遗嘱无效的情形。

（1）无民事行为能力人或者限制民事行为能力人所立的遗嘱无效。此种情形下遗嘱人不具备遗嘱能力，因而遗嘱无效。

（2）遗嘱必须表示遗嘱人的真实意思，受欺诈、胁迫所立的遗嘱无效。此种情形下遗嘱不是遗嘱人的真实意思表示。因欺诈、胁迫而实施的民事法律行为一般为可撤销的民事法律行为，《民法典》中特别规定受欺诈、胁迫所立的遗嘱无效。

（3）伪造的遗嘱无效，遗嘱被篡改的，篡改的内容无效。此种情形下遗嘱内容也并非遗嘱人的真实意思表示，伪造的遗嘱或篡改的内容无效。

除了以上情形以外，遗嘱人以遗嘱处分了国家、集体或者他人财产的，该部分遗嘱无效。[①] 违背公序良俗的遗嘱无效。

3. 遗嘱的撤回、变更

《民法典》第 1142 条第 1 款规定："遗嘱人可以撤回、变更自己所立的遗嘱。"

遗嘱的撤回和变更主要为以下几种方式。

（1）订立新的遗嘱。新遗嘱中可以明确表示变更或撤回先前的遗嘱。如在新遗嘱中没有明确表示变更或撤回先前遗嘱，但新遗嘱的内容与先前遗嘱相抵触的，根据《民法典》第 1142 条第 3 款的规定，立有数份遗嘱，内容相抵触的，以最后的遗嘱为准。可见，对于相抵触的部分，新遗嘱的内容构成对先前遗嘱的撤回或变更。

（2）销毁、涂改先前遗嘱。遗嘱人销毁遗嘱，应视为撤回遗嘱的意思表示。遗嘱人在遗嘱上涂改的，应在涂改处签名并注明年、月、日。

（3）实施与遗嘱内容相反的法律行为。根据《民法典》第 1142 条第 2 款的规定："立遗嘱后，遗嘱人实施与遗嘱内容相反的民事法律行为的，视为对遗嘱相关内容的撤回。"

（四）附义务遗嘱

遗嘱人不仅可以在遗嘱中处分自己的财产，也可以在遗嘱中对遗嘱继承人或者受遗赠人规定附加义务。《民法典》第 1144 条规定："遗嘱继承或者遗赠附有义务的，继承人或者受遗赠人应当履行义务。没有正当理由不履行义务的，经利害关系人或者有关组织请求，人民法院可以取消其接受附义务部分遗产的权利。"

---

① 参见《最高人民法院关于适用〈中华人民共和国民法典〉继承编的解释（一）》第 26 条。

三、遗赠与遗赠扶养协议

（一）遗赠

遗赠，是指自然人以遗嘱的方式将其个人财产赠与国家、集体或者法定继承人以外的人，并于死后生效的单方民事法律行为。

自然人立遗嘱将个人财产指定由法定继承人继承的是遗嘱继承；自然人立遗嘱将个人财产赠与国家、集体或者法定继承人以外的人是遗赠。

与遗嘱继承相比，受遗赠人是法定继承人之外的人，受遗赠人应当在知道受遗赠后 60 日内，作出接受或者放弃受遗赠的表示；到期没有表示的，视为放弃受遗赠。

（二）遗赠扶养协议

遗赠扶养协议是被扶养人与继承人以外的扶养人之间订立的，以扶养人对被扶养人负生养死葬的义务以及被扶养人将个人财产遗赠给扶养人为内容的协议。《民法典》第 1158 条规定："自然人可以与继承人以外的组织或者个人签订遗赠扶养协议。按照协议，该组织或者个人承担该自然人生养死葬的义务，享有受遗赠的权利。"

遗赠扶养协议有如下特点。第一，遗赠扶养协议为双方法律行为。遗嘱是无相对人的单方法律行为，但遗赠扶养协议是双方法律行为，需要双方当事人意思表示一致才能成立。第二，遗赠扶养协议为双务、诺成法律行为。遗赠扶养协议自成立时生效，协议中双方当事人互负权利和义务。第三，遗赠扶养协议效力优先于遗嘱和法定继承。

第四章　遗产的处理

思维导图

```
                                          遗产的概念与特征
                          遗产的管理
                                                        遗产管理人的确定
                                          遗产管理人      遗产管理人的职责
遗产的处理                                                遗产管理人的责任与报酬请求权

                          遗产的分割

                                          清偿原则
                          被继承人的债务清偿
                                          清偿方式
```

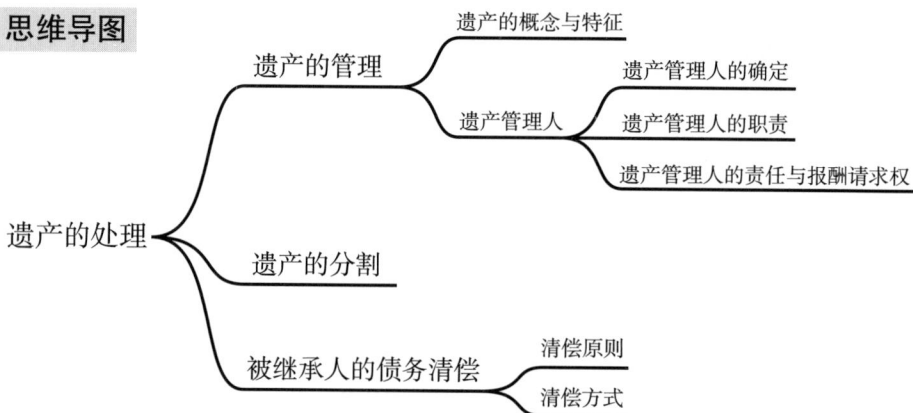

图 7-5　遗产的处理框架

一、遗产的管理

（一）遗产的概念与特征

根据《民法典》第 1122 条第 1 款的规定："遗产是自然人死亡时遗留的个人合法财产。"遗产的特征包括以下几点。

第一，遗产是自然人死亡时遗留的财产。自然人死亡的时间是划定遗产的时间界限。

第二，遗产是自然人死亡时遗留的个人财产。共有财产中他人的财产份额不属于遗产，在遗产分割时应予分出。

第三，遗产是自然人死亡时遗留的个人合法财产。财产性质必须是合法的，自然人合法取得的财产，才为遗产。

第四，依照法律规定或者根据其性质不得继承的遗产，不得继承。自然人死亡时遗留的个人合法财产虽然是遗产，但并非都可以继承。例如，扶养请求权等专属于被继承人的财产权，不得继承。

（二）遗产管理人

1. 遗产管理人的确定

《民法典》第 1145 条规定："继承开始后，遗嘱执行人为遗产管理人；没有遗嘱执行人的，继承人应当及时推选遗产管理人；继承人未推选的，由继承人共同担任遗产管理人；没有继承人或者继承人均放弃继承的，由被继承人生前住所地的民政部门或者村民委员会担任遗产管理人。"可见，如果遗嘱中指定了遗嘱执行人，则遗嘱执行人为遗产管理人。没有遗嘱、没有遗嘱执行人或者遗嘱执行人拒绝的，继承人应当及时推选遗产管理人。没有遗嘱执行人且继承人未推选遗产管理人的，由继承人共同担任遗产管理人。没有继承人或者继承人均放弃继承的，由被继承人生前住所地的民政部门或者村民委员会担任遗产管理人。

对于确定遗产管理人确有争议的，根据《民法典》第 1146 条的规定，利害关系人可以向人民法院申请指定遗产管理人。

2. 遗产管理人的职责

根据《民法典》第 1147 条的规定，遗产管理人应当履行下列职责。

第一，清理遗产并制作遗产清单。

第二，向继承人报告遗产情况。

第三，采取必要措施防止遗产毁损、灭失。

第四，处理被继承人的债权债务。

第五，按照遗嘱或者依照法律规定分割遗产。

第六，实施与管理遗产有关的其他必要行为。

3. 遗产管理人的责任与报酬请求权

遗产管理人应当依法履行职责，因故意或者重大过失造成继承人、受遗赠人、债权人损害的，应当承担民事责任。

遗产管理人享有依照法律规定或者按照约定获得报酬的权利。

二、遗产的分割

遗产的分割，是指存在数个继承人共同继承时，按照遗嘱指定或者法律规定将遗产分配给各继承人的行为。

遗产的分割应遵循物尽其用原则，应当有利于生产和生活需要，不损害遗产的效用。对于不宜分割的遗产，可以采取折价、适当补偿或者共有等方法处理。

第一，遗产的确定。在分割遗产前，应将遗产从共同财产中区分开来。根据《民法典》第 1153 条的规定："夫妻共同所有的财产，除有约定的外，遗产分割时，应当先将共同所有的财产的一半分出为配偶所有，其余的为被继承人的遗产。遗产在家庭共有财产之中的，遗产分割时，应当先分出他人的财产。"

第二，保留胎儿份额。根据《民法典》第 1155 条的规定："遗产分割时，应当保留胎儿的继承份额。胎儿娩出时是死体的，保留的份额按照法定继承办理。"

第三，应当为缺乏劳动能力又没有生活来源的继承人保留必要的遗产。

第四，转继承。根据《民法典》第 1152 条的规定："继承开始后，继承人于遗产分割前死亡，并没有放弃继承的，该继承人应当继承的遗产转给其继承人，但是遗嘱另有安排的除外。"

三、被继承人的债务清偿

被继承人死亡后，其生前应当偿还的债务并不消灭，应当由其继承人承担清偿被继承人债务的责任。

（一）被继承人债务的清偿原则

1. 限定继承原则

我国实行限定继承制度，根据《民法典》第1161条的规定："继承人以所得遗产实际价值为限清偿被继承人依法应当缴纳的税款和债务。超过遗产实际价值部分，继承人自愿偿还的不在此限。继承人放弃继承的，对被继承人依法应当缴纳的税款和债务可以不负清偿责任。"

2. 清偿债务优先于执行遗嘱原则

根据《民法典》第1162条的规定："执行遗赠不得妨碍清偿遗赠人依法应当缴纳的税款和债务。"

3. 保留必留份原则

根据《民法典》第1159条的规定："分割遗产，应当清偿被继承人依法应当缴纳的税款和债务；但是，应当为缺乏劳动能力又没有生活来源的继承人保留必要的遗产。"

（二）被继承人债务的清偿方式

被继承人债务应在执行遗赠、分割遗产之前予以清偿。如果被继承人债务尚未清偿完毕而遗产已经分割，应由取得遗产的继承人和受遗赠人按一定的顺序和比例清偿债务。根据《民法典》第1163条的规定："既有法定继承又有遗嘱继承、遗赠的，由法定继承人清偿被继承人依法应当缴纳的税款和债务；超过法定继承遗产实际价值部分，由遗嘱继承人和受遗赠人按比例以所得遗产清偿。"

·第八编·
侵权责任篇

我国侵权责任法独立成编,《民法典》侵权责任编既规定了侵权行为的构成要件,又规定了侵权责任的承担方式与内容。本章重点介绍侵权责任编的基本规定。第一章为侵权责任的概述。第二章为侵权责任的归责原则,包括归责事由、过错责任原则、无过错责任和公平责任等具体内容。第三章介绍了侵权责任的一般构成要件。第四章和第五章为多数人侵权及侵权责任的承担方式与免责事由。第六章具体介绍了各种特殊侵权责任。其中,第二章和第三章是理解和掌握侵权责任制度的重点,而第四章介绍的多数人侵权较为复杂,是侵权责任制度的难点。

侵权责任概述
　　侵权行为的概念及分类
　　侵权责任的含义与竞合

侵权责任的归责原则
　　归责事由
　　归责原则
　　过错责任原则
　　无过错责任
　　公平责任

侵权责任

侵权责任的一般构成要件
　　加害行为
　　损害
　　因果关系
　　过错

多数人侵权
　　共同加害行为
　　教唆、帮助行为
　　共同危险行为
　　无意思联络的数人侵权行为

侵权责任的承担方式与免责事由

特殊侵权责任

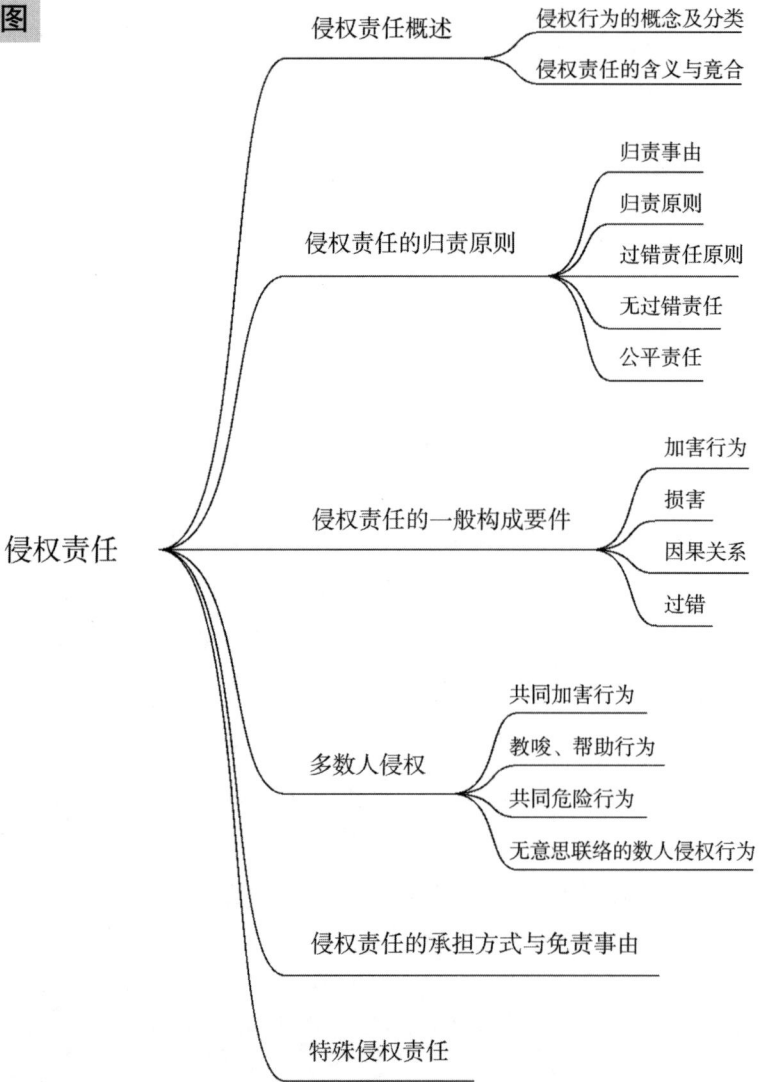

图 8-1　侵权责任编章节概览

第一章　侵权责任概述

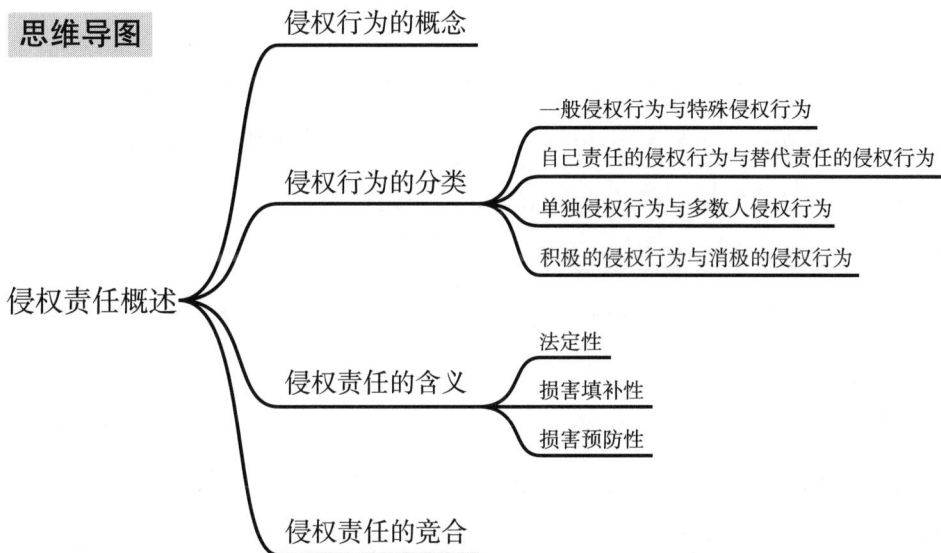

思维导图

侵权责任概述
- 侵权行为的概念
- 侵权行为的分类
  - 一般侵权行为与特殊侵权行为
  - 自己责任的侵权行为与替代责任的侵权行为
  - 单独侵权行为与多数人侵权行为
  - 积极的侵权行为与消极的侵权行为
- 侵权责任的含义
  - 法定性
  - 损害填补性
  - 损害预防性
- 侵权责任的竞合

图 8-2　侵权责任概述框架

一、侵权行为的概念及分类

（一）侵权行为的概念

侵权行为，是指行为人实施的侵害他人人身、财产等民事权益，依法应由行为人或相应的民事主体承担侵权责任的行为。[①]

侵权行为是一种侵害行为，侵害了他人的人身、财产等民事权益。只

---

① 程啸著：《侵权责任法》，法律出版社 2021 年版，第 68 页。

要侵害他人民事权益，即使没有造成损害后果，也属于侵权行为。

侵权行为所产生的法律后果是法律直接规定的，而非基于当事人的意思表示产生的。侵害他人民事权益的行为一旦发生，只要符合侵权责任的成立要件，就构成侵权行为，从而产生侵权责任法律关系。

（二）侵权行为的分类

1. 一般侵权行为与特殊侵权行为

一般侵权行为，是指一般条款所规定的适用过错责任的侵权行为。特殊侵权行为是相对于一般侵权责任而言的，是指欠缺侵权责任的一般构成要件，适用过错推定责任或无过错责任的侵权行为。

2. 自己责任的侵权行为与替代责任的侵权行为

依据侵权行为人是否自行承担侵权责任，侵权行为分为自己责任的侵权行为与替代责任的侵权行为。

绝大多数的侵权行为都是自己责任的侵权行为，即实施加害行为的人就是侵权人。每个人只对自己的行为负责，对别人的行为不负责。但是在少数情形下，法律要求行为人之外的人对行为人的侵权行为负责，这就是替代责任的侵权行为，替代责任也称转承责任。例如，监护人责任和用人者责任。

3. 单独侵权行为与多数人侵权行为

根据侵权行为的主体及承担责任的方式不同，可以将侵权行为分为单独侵权行为与多数人侵权行为。单独侵权行为是由一人实施的侵权行为。多数人侵权行为，是指二人以上实施并因此而承担连带责任或按份责任的侵权行为。我国《民法典》上的多数人侵权行为分为两类：第一，共同侵权行为，包括共同加害行为（第 1168 条）、教唆帮助行为（第 1169 条）及共同危险行为（第 1170 条）。第二，无意思联络的数人侵权（第 1171 条和第 1172 条）。多数人侵权中，多个侵权责任人承担按份责任或承担连带责任。

4. 积极的侵权行为与消极的侵权行为

加害行为分为作为与不作为，侵权行为据此可以分为作为的侵权行为与不作为的侵权行为，也被称为积极的侵权行为与消极的侵权行为。

积极的侵权行为，是指违反不得侵害他人人身、财产权益的不作为义务而有所为，从而侵害他人民事权益，依法承担侵权责任的行为。

消极的侵权行为，是指违反对他人负有的法定或约定的作为义务，不履行或未正确履行该义务，侵害他人民事权益，依法应承担侵权责任的行为。在消极的侵权行为中，行为人负有特定的作为义务，是认定行为人有过错的前提。行为人有作为的义务而没有作为，其违反了作为义务，因而存在过错。《民法典》第 1198 条规定的违反安全保障义务侵权责任即为典型的消极侵权行为。

二、侵权责任的含义与竞合

（一）侵权责任的含义

侵权责任，是指侵权人侵害他人权益时，应承担的民事法律后果。侵权责任有如下特点。

第一，侵权责任具有法定性。侵权行为是一种事实行为，其法律效果非基于行为人的意思而定，作为侵权行为之否定性法律后果的侵权责任具有法定性。侵权责任的构成、免责事由、责任方式、损害赔偿的范围等，均由法律直接规定。

第二，侵权责任具有损害填补性。侵权责任的损害填补性是指经由侵权责任的承担，使被侵权人的权益恢复至未受侵害前的状态。

第三，侵权责任具有损害预防性。侵权责任是由法律直接规定的民事责任，侵权人承担侵权责任，可以有效预防侵权人或其他人实施相同的侵权行为。

(二) 侵权责任的竞合

责任的竞合，是指行为人的某一行为同时符合不同法律责任的构成要件，从而成立多个法律责任，但最终只能适用一种法律责任的情形。最典型的责任竞合是违约责任与侵权责任的竞合。在合同关系中，如果一方的违约行为同时符合侵权行为的构成要件，或者一方的侵权行为同时导致对合同义务的违反，从而符合违约责任的构成要件，则会发生侵权责任与违约责任的竞合。

《民法典》第186条规定："因当事人一方的违约行为，损害对方人身权益、财产权益的，受损害方有权选择请求其承担违约责任或者侵权责任。"当侵权责任与违约责任竞合时，受害人可以选择其中一种要求对方承担责任。当事人选定行使某个请求权后，不能再行使另一个请求权。

第二章 侵权责任的归责原则

思维导图

```
                                          主观归责事由 —— 过错
                          归责事由
                                          客观归责事由 —— 危险
            概述                                      —— 控制力
                          归责原则                    —— 公平

侵权责任的
归责原则     过错责任原则 —— 一般过错责任
                         —— 过错推定责任

            无过错责任原则

            公平责任原则
```

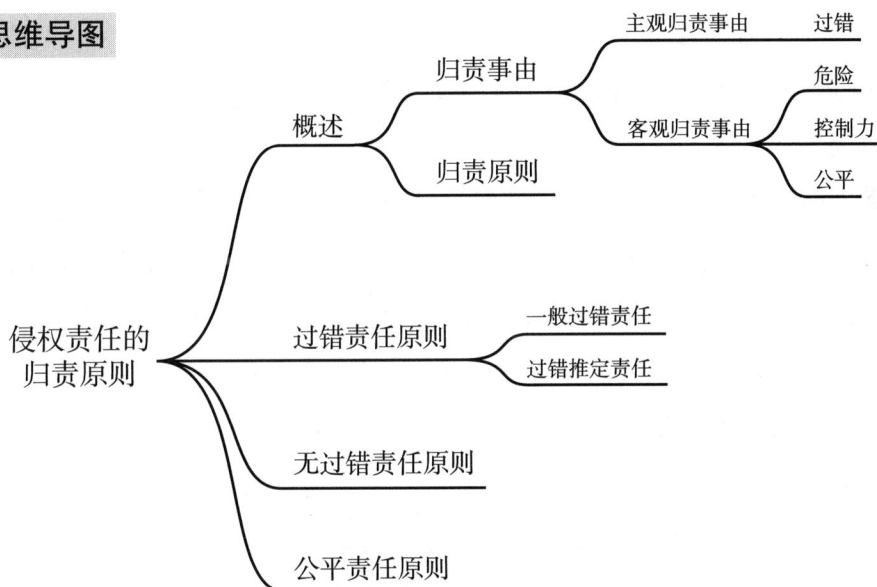

图 8-3 侵权责任的归责原则框架

一、概述

(一) 归责事由

归责事由是对能够使得已发生的损害被转移的法律原因的统称。归责事由可以导致损害转由他人承担。我国《民法典》侵权责任编中的归责事由可以分为以下两类。

1. 主观的归责事由

主观的归责事由也称意思归责，依据行为人有无过错确定其是否应当就所造成的损害负赔偿责任，只有损害是因行为人故意或过失所致时，行为人才负赔偿责任。

2. 客观的归责事由

客观归责事由有以下三类。

（1）危险。行为人从事具有高度危险的活动时，若该危险现实化而致人损害，行为人须承担赔偿责任。例如，《民法典》侵权责任编第八章规定的高度危险责任。

（2）控制力。在替代责任的侵权行为中，责任人虽然无过错，也要对与之有特定关系的人所从事的侵权行为承担责任。此时的归责事由不是过错也不是危险，而是控制力。例如，《民法典》第1188条和第1189条监护人责任以及第1191条用人单位责任等，责任人因对行为人具有控制力而对行为人造成他人损害的行为负责。

（3）公平。在某些情况下，造成损害之人没有过错也不适用无过错责任，基于公平的考虑，仍要令行为人承担补偿责任。此时的归责事由即为公平责任。例如，《民法典》第1254条规定的从建筑物中抛掷物品或者从建筑物上坠落的物品造成他人损害，难以确定具体侵权人的，由可能加害的建筑物使用人给予补偿。

（二）归责原则

归责原则是关于侵权责任的"归责事由"的基本规则，是确定侵权人承担侵权损害赔偿责任的一般准则。归责原则决定着侵权责任的构成要件、举证责任的负担、免责条件等各方面。

根据《民法典》侵权责任编的规定，侵权责任的归责原则包括过错责任原则、无过错责任原则和公平责任原则。

过错责任原则是侵权行为的一般归责原则，在法律没有特别规定的情况下，都适用过错责任原则。

过错推定责任属于过错责任原则。根据法律规定，推定行为人有过错，行为人不能证明自己没有过错的，应当承担侵权责任，其归责事由依然是过错，只不过在过错的证明上实行举证责任倒置。

无过错责任原则，是指不论行为人有无过错都应当承担侵权责任。其包含多种归责事由的情形，必须在法律明文规定其构成要件之后，才可能适用。

公平责任是在过错责任、过错推定责任和无过错责任都不能适用时，出于公平的考量，对特殊情形作出的分摊损失的规定。

二、过错责任原则

（一）过错责任的概念

过错责任原则，是指除非法律另有规定，行为人只有在因过错侵害他人民事权益造成损害时，才应当承担侵权责任。《民法典》第 1165 条第 1 款规定："行为人因过错侵害他人民事权益造成损害的，应当承担侵权责任。"

过错责任原则适用于一般侵权行为，在法律没有特别规定适用无过错责任或公平责任的情形下，均适用过错责任原则。

（二）过错责任的特点

以过错作为侵权责任的构成要件，行为人只有在具有主观过错的情形下才承担侵权责任。

遵循"谁主张，谁举证"的原则，受害人须对行为人主观上是否存在过错负举证责任。

过错决定侵权责任的成立与否，过错是过错责任的归责基础。在多数人侵权中，行为人承担的侵权责任与其过错程度相适应。

（三）过错推定责任

过错推定，是指损害事实发生后，推定行为人具有过错，由被推定者证明自己没有过错，如果行为人不能推翻该过错推定，即证明自己没有过错，则须承担侵权责任。过错推定责任的归责事由依然是过错，只是原本由原告负担的证明被告有过错的证明责任转移给了被告。过错推定责任是过错责任的特殊状态，而非独立的归责原则。我国《民法典》第1165条第2款规定："依照法律规定推定行为人有过错，其不能证明自己没有过错的，应当承担侵权责任。"

过错推定责任产生举证责任倒置的效果，应该由受害人证明的加害人的过错被法律推定存在，加害人要免责，必须证明自己没有过错，从而推翻这种对其存在过错的法律推定。这种改变证明责任的情形，被称为举证责任倒置。

过错推定必须以法律的明确规定为前提。根据《民法典》，适用过错推定责任的侵权类型主要包括：（1）无民事行为能力人受害时，教育机构的侵权责任（第1199条）；（2）医疗损害中过错推定责任（第1222条）；（3）动物园饲养的动物损害责任（第1248条）；（4）建筑物、构筑物等及其搁置物、悬挂物脱落、坠落损害责任（第1253条）；（5）堆放物倒塌损害责任（第1255条）；（6）公共道路堆放、倾倒、遗撒妨碍通行的物品致害时公共道路管理人的责任（第1256条）；（7）林木折断损害责任（第1257条）；（8）挖掘修缮地下设施损害责任（第1258条第1款）；（9）窨井等地下设施损害责任（第1258条第2款）。

三、无过错责任原则

(一) 无过错责任的概念

无过错责任是指不论行为人对于损害的发生有无过错，只要其行为侵害了他人的民事权益，造成了损害，就要承担侵权赔偿责任。由于这种侵权赔偿责任不以行为人的过错为要件，因此被称为无过错责任。我国《民法典》第 1166 条规定："行为人造成他人民事权益损害，不论行为人有无过错，法律规定应当承担侵权责任的，依照其规定。"

(二) 无过错责任的特征

无过错责任的成立，不以侵权人的过错为要件，不论侵权人对损害的发生有无过错，均不影响侵权赔偿责任的成立。被侵权人无须证明侵权人的过错。然而，过错虽然不是无过错责任的成立要件，有些情形也需要考虑过错。例如，《民法典》第 1207 条规定，只有生产者、销售者明知产品存在缺陷仍然生产、销售，或者没有采取第 1206 条规定的有效补救措施，造成他人死亡或者健康严重损害时，被侵权人有权请求相应的惩罚性赔偿。在替代责任中，如果工作人员或者提供劳务一方是因故意、重大过失造成他人损害的，用人单位或接受劳务一方在承担责任后，可以对有故意、重大过失的工作人员或提供劳务一方进行追偿。

无过错责任中减免责事由被严格限制。一方面，无过错责任中的减责与免责事由的种类总体上要少于过错责任。例如，根据《民法典》第 1175 条规定，在适用过错责任的侵权行为中，如果损害是因第三人造成的，第三人承担侵权责任，行为人可以免责。但是在无过错责任中，即使完全是因为第三人过错导致损害的发生，行为人也无法免责。例如，《民法典》第 1250 条规定的因第三人的过错致使动物造成他人损害的，被侵权人可以向动物饲养人或管理人请求赔偿，也可以向第三人请求赔偿。另一方面，同为无过错责任的侵权行为，法律对它们的减免责事由也作出不同的规定。例如，适用无过错责任的饲养动物损害责任，一般饲养动物损害责任中可以被侵权人的故意或重大过失作为免责或减责事由（第 1245 条）。但是对于违反管理规定，未对动物采取安全措施造成他人损害的，只有被侵权人故意才能减轻责任（第 1246 条）。对于禁止饲养的烈性犬等危险动物造成他人损害的，无论被侵权人对损害的发生是故意还是重大过失，都不能减轻责任或免除责任（第 1247 条）。显然，这两类饲养动物损害责任比一般的饲养动物损害责任更加严格。

无过错责任对行为人而言是一种加重责任，应由法律对其适用范围加以严格的限制。法律未明确规定适用无过错责任的案件，均属于过错责任原则的适用范围。无过错责任只适用于法律特殊规定的场合。

（三）无过错责任的适用

适用无过错责任的侵权行为类型主要包括：（1）监护人责任（第 1188 条和第 1189 条）；（2）用人单位责任（第 1191 条）；（3）提供劳务一方造成他人损害时接受劳务一方的侵权责任（第 1192 条）；（4）产品责任（第四章）；（5）机动车交通事故责任（第五章）；（6）环境污染和生态破坏责任（第七章）；（7）高度危险责任（第八章）；（8）饲养动物损害责任（第九章）；（9）建筑物、构筑物或者其他设施倒塌、塌陷致人损害责任（第 1252 条）。

四、公平责任原则

《民法典》第 1186 条规定："受害人和行为人对损害的发生都没有过错的，依照法律的规定由双方分担损失。"本条是关于公平责任原则的一般规定，是基于公平的考虑在行为人和受害人之间进行的损失分摊。

已经废止的《侵权责任法》中规定公平责任为："受害人和行为人对损

害的发生都没有过错的，可以根据实际情况，由双方分担损失。"《民法典》将"可以根据实际情况"修改为"依照法律的规定"，极大地限缩了公平责任的适用，法官只能依据法律的规定，而不能自行决定根据实际情况来适用公平责任，这一修改防止了对公平责任的滥用。①

《民法典》规定的公平责任适用情形包括：（1）自然原因引起的危险，紧急避险人对受害人的补偿责任（第182条第2款）；（2）见义勇为时受益人的补偿责任（第183条）；（3）完全民事行为能力人对自己的行为暂时没有意识或者失去控制致他人损害且没有过错的，对受害人的补偿责任（第1190条第1款）；（4）提供劳务一方因第三人的行为而遭受损害时，接受劳务一方承担的补偿责任（第1192条第2款）；（5）高空抛物或坠落物致人损害，经调查难以确定具体侵权人的，除能够证明自己不是侵权人的外，可能加害的建筑物使用人的补偿责任（第1254条第1款）。

---

① 参见程啸著：《侵权责任法》，法律出版社2021年版，第130—133页。

第三章　侵权责任的一般构成要件

思维导图

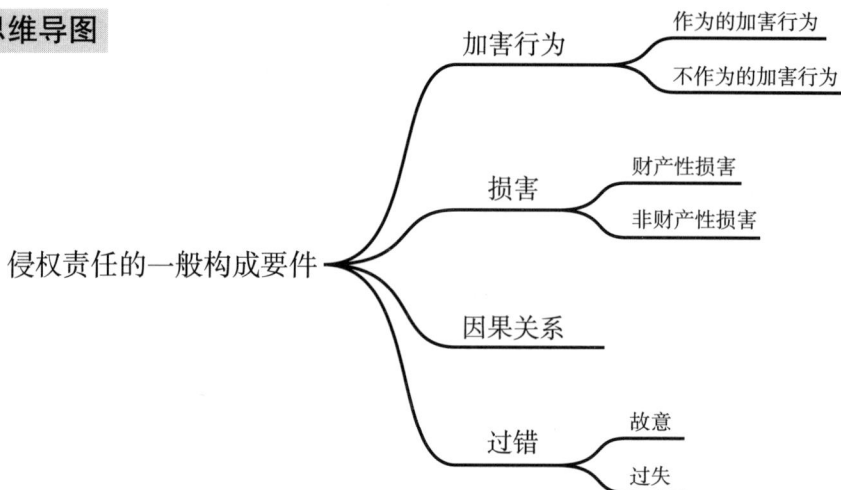

图8-4　侵权责任的一般构成要件框架

　　侵权责任的构成要件是指在一定的归责原则的基础上，行为人承担侵权责任所应具备的条件。过错责任原则为一般归责原则，因此，侵权责任的一般构成要件包括加害行为、损害、因果关系和过错。

一、加害行为

（一）加害行为的概念与特征

　　作为侵权责任构成要件的加害行为，是指侵害他人民事权益的受意志支配的人的行为。

　　如果行为人没有支配自己行为的意志，该行为就不是行为人的自主行为，不能归责于该行为人，其无须就该行为承担侵权赔偿责任。但是，对于完全民事行为能力人在暂时没有意识或失去控制而致人损害的情形，需要考虑造成其进入此种失去意识和控制状态的原因。根据《民法典》第1190 条规定，因醉酒、滥用麻醉药品或者精神药品对自己的行为暂时没有意识或者失去控制致他人损害，由于是行为人的在先过错行为导致其进入此种状态，行为人应当承担侵权责任。如果完全民事行为能力人对自己的行为暂时失去意识或者失去控制致他人损害没有过错，则基于公平责任考虑，根据行为人的经济状况对受害人承担补偿责任。

（二）作为与不作为

加害行为依其表现形态，可以分为作为与不作为。

作为，是指行为人表现于外的积极身体活动。对于作为，外界通常能够加以识别，如殴打他人、盗窃他人财物等。

不作为，是指行为人消极地不实施某种行为。不作为被认定为加害行为，其原因在于行为人违反了特定的作为义务。如果行为人没有特定的作为义务，则消极不作为并不会成为加害行为。这种特定的作为义务，不是一般的道德义务，而是法律要求的具体义务。

（三）作为义务的来源[①]

1. 基于法律规定而产生的作为义务

法律直接规定的作为义务主要是基于当事人之间的特定关系。

（1）亲属关系，在夫妻、父母、子女等亲属间，有较多的作为义务。例如，《民法典》第 1058 条规定的夫妻对未成年子女的抚养、教育和保护义务；第 1059 条规定的夫妻之间相互扶养的义务；第 1067 条规定的成年子女对父母的赡养义务等。

---

① 程啸著：《侵权责任法教程》，中国人民大学出版社 2011 年版，第 70—71 页。

（2）契约关系，例如，《民法典》第 822 条规定："承运人在运输过程中，应当尽力救助患有急病、分娩、遇险的旅客。"此规定属于法律对存在运输合同关系的承运人所规定的作为义务。

（3）非契约关系，主要是指当事人之间的信赖与被信赖关系。例如，《民法典》第 501 条规定的当事人在订立合同过程中知悉的商业秘密或者其他应当保密的信息，无论合同是否成立，都有不得泄露或不正当使用的义务。

2. 合同约定的作为义务

当事人可以通过民事法律行为约定各种作为义务，违反此种约定的作为义务，不仅产生违约责任，也可能产生侵权责任，构成不作为的侵权行为。例如，父母雇用保姆照顾未成年子女，保姆未尽照顾义务，导致该未成年人受到伤害，则该保姆不仅违反了雇用合同，也构成了侵权行为。

3. 在先行为产生的作为义务

行为人在先的行为诱发或开启了某种危险状态，则其负有消除该危险状态或救助因此而受害之人的义务。如果行为人造成的某种危险状态完全处于其支配范围之内，受害人非基于正当理由进入此种危险状态，则行为人对由此产生的损害不负责任，除非其已经发现了并且能够及时予以制止。

4. 基于职务或业务而产生的作为义务

因从事一定的职业或营业而产生防范危险、制止损害的作为义务。例如，警察负有保护人民群众安全，制止违法犯罪的义务；消防队员负有扑救火灾的义务等。

二、损害

损害是所有民事赔偿责任的构成要件，有损害未必有赔偿，但没有损害必定没有赔偿。

（一）损害的含义

损害，是指一定的行为致使权利主体的人身权利、财产权利以及其他利益受到侵害，并造成财产利益或非财产利益的减少或灭失的客观事实。[①] 通常表现为财产的减少、利益的丧失、名誉的毁损、精神痛苦或者身体疼痛、知识产权损害等。

损害是民事权益遭受侵害的后果。倘若没有侵害他人民事权益，即使他人受到不利影响，也不能认定为法律意义上的损害。例如，商家因同行正当竞争导致部分顾客流失，营业收入减少，即不属于侵权法上的损害。

损害需要具有确定性。确定性是指损害是真实发生的而非主观臆测的。损害事实已经发生，尚未发生的损害或者未来的利益损害不具有确定性。

（二）损害类型

《民法典》侵权责任编中的损害主要分为财产性损害和非财产性损害。

1. 财产性损害

财产性损害，也称有形损害，是指具有财产价值，能够通过金钱加以衡量的损害。

财产性损害一般采用损害赔偿的责任承担方式。对于财产性损害的确定采取"差额说"，将受害人在损害发生之前的财产状况与损害发生之后的财产状况加以比较，有差额则属于有损害，通过损害赔偿使受害人的财产状况恢复到未受侵害时的状态。

财产损害又可进一步区分为所受损害和所失利益。所受损害，也称积极损害，是指侵权行为致使受害人既有财产的减少；所失利益，也称消极损害，是指侵权行为导致受害人应增加的财产未增加。

2. 非财产性损害

非财产性损害，也称无形损害，是指没有财产价值、难以用金钱加以衡量的损害。

非财产性损害不能用金钱加以衡量，不适用完全赔偿原则，只能依据法

---

① 杨立新著：《侵权损害赔偿案件司法实务》，新时代出版社 1993 年版，第 38 页。

律的规定或当事人的约定计算赔偿额。非财产性损害除了要求侵权人赔偿损失以外，还可以要求侵权人承担赔礼道歉、恢复名誉、消除影响等侵权责任。

三、因果关系

侵权责任法中的因果关系，是指侵权行为与损害结果之间的因果关联。

（一）因果关系的意义

第一，维护自己责任的需要。任何人都要为自己的行为，也仅为自己的行为负责，因果关系有效地确保自己责任原则的贯彻。

第二，控制责任范围的需要。行为人的一个行为会引发一连串的后果，侵权法必须将那些过于"遥远"的损害从其体系中排除出去，依靠因果关系制度将侵权责任限制在一个合理的范围内，以免损害合理的行为自由。[1]

（二）因果关系的判断

我国目前采取相当因果关系说。在相当因果关系的适用上，先审查条件上的因果关系，如果行为是损害结果的条件，再进一步判断条件的相当性。在对条件关系的认定上，采用"若无，则不"的检验方式，即"若无此行为，必不生此种损害"，若无行为人的行为，损害事实不会发生，则行为人的行为是造成损害结果的必要条件。对相当性的认定，则是旨在限制侵权责任的范围，进一步判断前述的必要条件对于损害的发生是否有"相当性"。如果行为人的行为在通常的情形下会导致该损害结果的发生，或者至少在相当程度上增加了损害发生的可能性，那么这一行为与损害结果之间具有相当因果关系。如果虽然行为人的行为造成了损害结果，但这种损害仅仅是在非常特殊的情形下才会发生，那么这一行为与损害结果之间不具有相当因果关系。

---

[1] 程啸著：《侵权责任法教程》，中国人民大学出版社 2011 年版，第 76 页。

案例 67 【相当因果关系】

夏某诉泸州某中学人身损害赔偿案①

事实： 夏某于 1997 年至 1998 年在泸州某中学就读，该校物理老师刘某对其进行体罚。1998 年，夏某弃学在家。1999 年 4 月起，夏某到泸州市精神病医院接受治疗，其后在各医院进行检查治疗，疾病一直未愈。夏某的法定代理人委托某司法鉴定中心鉴定，鉴定结论为："夏某是在被刘某殴打后诱发精神分裂症，病情长期未愈，目前仍处于精神病态中，属四级伤残。"其后，双方当事人选择华西医科大学法医学技术鉴定中心对夏某的精神病诱发原因进行鉴定。鉴定结论为："原告患有精神分裂症，病情长期未愈，其所患疾病与被打事件缺乏必然因果关系。"

法院认为： 一审法院认为原告所患精神分裂症与被打事件缺乏必然的因果关系，原告所主张的被告多次暴力殴打原告，致使其精神受到强烈刺激，诱发精神病缺乏事实依据，对原告赔偿主张不予支持。夏某不服一审判决，提出上诉。

二审人民法院认为被上诉人泸州某中学教师刘某在上课时间体罚学生，是教育方法不当产生的行为，侵犯了夏某的人身权利。民事侵权因果关系的判断不应只限于行为与结果之间的必然联系，而应当以相当因果关系说进行分析，审查当事人行为是否属产生之结果的原因力，是否有相当的联系。夏某被体罚，当时并未对其身体健康造成直接损害，但对其心理造成了伤害，对其本身性格内向，又有学习成绩差、压力大、同学瞧不起等因素影响而形成的自卑心理，无疑是雪上加霜，使其逐步向抑郁状态发展，进而患上精神分裂症，体罚是致其患病的原因之一，两者之间具有因果关系，侵权人应当承担一定的民事责任。法院根据体罚行为与其他因素对诱发精神分裂症的原因力的大小，确定侵权行为应承担的比例。一审判决对

---

① （2005）泸民终字第 269 号民事判决书。

因果关系不予认定不当，应予纠正。

四、过错及其分类

过错是对行为人主观心理状态的否定性评价或非难。[①] 过错虽然是主观心理状态，但是过错的检验标准是客观的，过错从行为人的行为中表现出来，要从行为中检验、判断行为人主观上是否有过错。过错分为两种：故意和过失。

（一）故意

故意，是指行为人明知自己的行为会产生损害他人民事权益的结果，仍然积极追求或者放任其发生的一种主观心态。

在认识要素层面，行为人对于其行为将会侵害他人民事权益的后果有所认识。在意志要素层面，行为人有实现该后果的决意。根据行为人主动追求还是放任该后果的发生，可将故意分为直接故意和间接故意。直接故意，是指行为人明知其行为会产生某一后果而追求该后果的发生。间接故意，是指行为人明知其行为可能会发生某种后果而放任该后果的发生。

（二）过失

过失，是指行为人对自己的行为会侵害他人民事权益的结果应当预见，却因疏忽大意没有预见，或者虽然已经预见，但轻信可以避免损害的发生，以致造成损害后果的一种主观心理状态。

过失可以分为疏忽的过失和轻信的过失。前者是行为人对其行为所导致的损害后果应当预见而没有预见；后者是行为人已经预见其行为将导致损害后果，但轻信可以避免。

依据过失的严重程度，又可以将过失分为重大过失和一般过失。重大

---

① 程啸著：《侵权责任法》，法律出版社2021年版，第290页。

过失，是指行为人不仅没有尽到特定的注意义务，甚至连一般人的注意义务都没有尽到。一般过失，是指行为人虽然没有违反对一般人的注意程度的要求，但没有尽到特定的注意义务。原侵权责任法上的过错通常以一般过失为标准，只有在法律特别规定的情况下，重大过失才可以作为侵权责任成立的要件或者行为人的减免责事由。例如，《民法典》第 1239 条规定的高度危险物致人损害责任中，被侵权人对损害的发生有重大过失的，可以成为减轻侵权人责任的事由。

案例 68 【过失的判断】

王某、宁某等健康权纠纷案[①]

事实： 宁某为音某足球队队员，王某为 S 某足球队队员。2019 年 1 月，宁某所在的音某足球队与王某所在的 S 某足球队进行友谊比赛。比赛中，宁某与王某在追球过程中发生身体接触，致宁某受伤，经司法鉴定为十级伤残。

法院认为： 一审法院认为宁某作为一名成年人，多年参加足球运动，应当认知足球运动所存在的潜在危险、预见损害后果的可能发生，其仍自愿参加该项运动，应认定为自甘承担风险的行为。王某虽在主观上没有伤害宁某的故意，但恶意犯规碰撞宁某，其应当预见到在快跑过程中，用力碰撞他人可能会造成相应的损害后果，而其基于疏忽大意或过于自信没有预见，从而导致损害后果的发生，王某存在重大过失，应承担相应的赔偿责任。王某提起上诉。

争议焦点： 王某致伤宁某的行为是否构成故意或重大过失。

法院认为： 二审法院认为，以一般人在通常情况下能够注意到的事作为标准，重大过失，是指行为人违反在正常情况下只用轻微的注意即可预

---

① （2021）鲁 02 民终 5046 号民事判决书。

见的注意义务而构成的过错。王某作为一名业余足球队队员，在足球比赛中的注意义务标准应高于普通人、低于专业足球运动员。在竞技体育运动中，激烈的竞赛环境使运动员的精神处于高度紧张状态，足球参赛人员对其身体的角力、碰撞在高速运动中所造成的后果难以精准预见或避免。本案足球比赛中要求宁某对发生身体碰撞而造成的伤害作精准预判，显然不是轻微注意即可达到。如日常活动中发生此种冲撞，通常可考虑行为人构成重大过失，但基于竞技体育中注意义务标准的不同，犯规行为不必然被认为恶意伤害他人。对于宁某的损害，王某的行为应认定为一般过失，不构成故意或者重大过失，根据上述《民法典》的规定，对宁某的损失不承担赔偿责任。

第四章 多数人侵权

思维导图

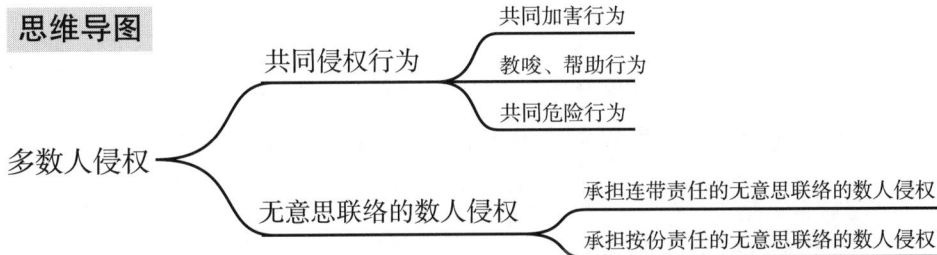

图 8-5 多数人侵权框架

多数人侵权责任是与单独的侵权责任相对应的概念。多数人侵权责任，是指二人以上实施侵权行为造成他人损害时的侵权责任。由于多数人实施侵权行为，因果关系表现为多因一果或多因多果，其相对于单独的侵权行为，在因果关系的证明、加害人的责任承担与责任分担等方面更为复杂。

在我国《民法典》侵权责任编中多数人侵权责任包括共同侵权行为和无意思联络的数人侵权。共同侵权行为包括第 1168 条规定的共同加害行为、第 1169 条规定的教唆、帮助行为和第 1170 条规定的共同危险行为。无意思联络的数人侵权包括第 1171 条规定的承担连带责任的无意思联络的数人侵权和第 1172 条规定的承担按份责任的无意思联络的数人侵权。

一、共同加害行为

共同加害行为是最典型的共同侵权行为，也称狭义的共同侵权行为，是指二人以上共同实施侵权行为，造成他人损害，应当承担连带责任的多数人侵权行为。《民法典》第 1168 条规定："二人以上共同实施侵权行为，造成他人损害的，应当承担连带责任。"

（一）共同加害行为的构成要件

1. 有数个加害人

加害人必须为二人或二人以上。加害人可以是自然人，也可以是法人或非法人组织。行为人是否有完全民事行为能力并不影响其成为加害人。

2. 每一个加害人都符合侵权责任的构成要件

（1）每一个加害人都以作为或不作为的方式实施了加害行为。

（2）共同的加害行为侵害了他人的民事权益，造成了他人损害。

（3）每一个加害人的加害行为均与受害人的民事权益受侵害存在因果关系。受害人不需要单独证明每个加害人的行为与损害之间的因果关系，只需要证明共同行为与损害之间的因果关系即可。

3. 共同故意

共同实施加害行为的数人之间存在共同故意。共同故意，是指二人以上明知且意欲协力导致损害结果发生的心理状态。数个行为人在实施加害行为的过程中存在主观的联络，有共同追求的目标，相互意识到彼此的存在，并且在客观上为了达到此目的为共同行为。

（二）共同加害行为的责任承担

根据《民法典》第 1168 条的规定，共同加害行为的法律后果是侵权人承担连带责任。

《民法典》第 178 条第 1 款和第 2 款规定："二人以上依法承担连带责任的，权利人有权请求部分或者全部连带责任人承担责任。连带责任人的责任份额根据各自责任大小确定；难以确定责任大小的，平均承担责任。实际承担责任超过自己责任份额的连带责任人，有权向其他连带责任人追偿。"可见，权利人有权选择部分或者全部连带责任人承担责任；在连带责任人内部，原则上按照"各自责任大小"承担责任，难以确定的，则平均分摊责任。支付超出了自己份额的连带责任人有权向其他连带责任人追偿。

案例69 【共同侵权】

四川省某电力有限公司、易某良侵权责任纠纷案①

事实： 袁某挂靠某建筑公司承担工程。2014年11月19日，袁某以某建筑公司名义与某农业公司签订鸟巢改造工程施工合同。之后，某农业公司与袁某个人签订玻璃恒温大棚施工合同。2015年4月11日，袁某以某建筑公司名义与某农业公司签订合同约定：前期某农业公司与某建筑公司代表袁某签订的所有建设合同均为整体合同的一部分。

易某良是袁某雇请的人员。2015年4月19日，易某良在玻璃恒温大棚工程施工中触碰大棚上方高压电线，被电击伤。原告易某良以某建筑公司、袁某和某农业公司为被告提起诉讼，后一审法院追加案涉高压电的经营者某电力有限公司以及大棚材料供应商作为共同被告。

法院认为： 在侵权责任主体的确定问题上，二审法院观点如下。

第一，对袁某，袁某作为实际施工人接受他人提供劳务是生产经营活动，并非因生活需要接受他人提供劳务。袁某作为雇主，对雇员因劳务受到的伤害，承担侵权责任的归责原则为无过错责任。

第二，对某建筑公司，某建筑公司虽未直接与某农业公司签署玻璃恒温大棚的施工合同，但2015年4月11日签订《园区建设合同》约定：前期某农业公司与某建筑公司代表袁某签订的所有建设合同均为整体合同的一部分，因此恒温大棚施工合同也应作为园区建设合同的一部分，也是袁某借用某建筑公司资质施工的组成部分。建筑领域中禁止挂靠是效力性禁

---

① （2019）川01民终16607号民事判决书。

止性规范，某建筑公司允许袁某借用本企业的资质和名义承揽工程，其民事行为无效，具有严重的违法性和过错，应当承担民事责任。挂靠人和被挂靠人都明知挂靠违反法律对资质和安全生产条件的强制性规定，既能达成挂靠之协议，说明双方有共同的意思联络，过错均为共同故意，在侵权责任中属于共同侵权。某建筑公司应对袁某向易某良的赔偿责任承担连带责任。

第三，对某农业公司，某农业公司与袁某个人签订恒温大棚施工合同，明知施工人是自然人，属于违法发包，虽然此后签署园区建设合同将恒温大棚施工合同吸纳为一个整体，但不改变某农业公司明知实际施工人是袁某个人的结果。根据 2003 年 12 月 26 日发布的《最高人民法院关于审理人身损害赔偿案件适用法律若干问题的解释》第 11 条第 2 款规定，"雇员在从事雇佣活动中因安全生产事故遭受人身损害，发包人、分包人知道或者应当知道接受发包或者分包业务的雇主没有相应资质或者安全生产条件的，应当与雇主承担连带赔偿责任"。某农业公司也应对袁某向易某良承担的赔偿责任承担连带责任。

第四，对大棚材料供应商，该供应商在恒温大棚修建中承担材料供应和安装技术指导的义务，与安装施工组织无关，其与易某良的损害没有因果关系，不承担侵权责任。

第五，对四川省某电力有限公司（以下简称某电力公司），是案涉高压电供电的经营者，易某良因触高压电受到人身损害，符合特殊侵权的规定，为高度危险责任。高度危险责任的归责原则为无过错责任，不论某电力公司是否有过错，都应承担侵权责任，除非具备法律规定的免责事由。而且，某电力公司本身也存在一定过错，其已经发现某农业公司在电力设施保护区范围内违法建设并发出整改通知，但在某农业公司没有停止建设和采取整改措施的情况下，某电力公司并未进一步采取防止损害的发生的行为。某电力公司没有有效制止违法施工行为，也是损害发生的原因之一。某电力公司应在因经营高压输电活动原因力范围内承担相应的责任。

二、教唆、帮助行为

教唆、帮助行为，也称视为共同侵权行为，是指教唆、帮助他人实施侵权行为的行为。侵权责任法上将教唆人、帮助人等同于共同侵权人，与直接加害人承担连带责任。

（一）教唆行为的构成要件

1. 存在教唆人和行为人

教唆行为中至少存在两个行为人：一是故意使他人产生实施侵权行为决意的人，即教唆人；二是实施侵权行为的人，即被教唆人，也称行为人。

2. 教唆人实施了教唆行为

教唆行为，是指利用言语对他人进行开导、说服，或者通过刺激、利诱等方法使被教唆者接受教唆意图，进而从事某种侵权行为。教唆人主观上应有教唆的故意。

3. 教唆行为与被教唆人故意实施的加害行为有因果关系

加害行为，是指被教唆人实施的侵害他人民事权益的行为。一方面，教唆行为引起了加害行为。另一方面，加害行为的内容正是教唆的内容。如果教唆行为未对被教唆人产生影响，没有引起加害行为，则不产生侵权责任问题。被教唆人的加害行为如果不是教唆的内容或者超出了教唆内容，教唆人不对非教唆内容或超出教唆范围的侵权行为产生的损害承担责任。

（二）帮助行为的构成要件

1. 存在数个行为人

帮助行为中至少存在两个行为人：一是故意帮助他人实施侵权行为决意的人，即帮助人；二是实施侵权行为的人，即被帮助人，也称行为人。

2. 帮助人实施了帮助行为

帮助行为是出于帮助人的主观故意，可以是物质上的帮助，也可以是精神上的帮助，可以是积极的作为，也可以是消极的不作为。例如，网络服务提供者明知或应知网络用户利用网络服务侵害信息网络传播权，却不依法采取删除、屏蔽、断开链接等必要措施。

帮助行为并不需要是加害行为的原因，只要该帮助行为客观上使加害行为易于实施即可。

3. 被帮助人实施了侵权行为，且帮助行为与损害结果之间具有因果关系

（三）教唆、帮助行为的责任承担

《民法典》第 1169 条第 1 款规定："教唆、帮助他人实施侵权行为的，应当与行为人承担连带责任。"也就是说，教唆、帮助完全民事行为能力人实施侵权行为，教唆人、帮助人与直接侵权人承担连带责任。

《民法典》第 1169 条第 2 款规定："教唆、帮助无民事行为能力人、限制民事行为能力人实施侵权行为的，应当承担侵权责任；该无民事行为能力人、限制民事行为能力人的监护人未尽到监护职责的，应当承担相应的责任。"在教唆、帮助无完全民事行为能力人时，教唆人、帮助人承担侵权责任，被教唆、被帮助的无完全民事行为能力人的监护人仅在未尽到监护职责时，才承担相应的责任。

案例 70 【共同侵权—帮助行为】

姚某财、公益诉讼人等环境污染责任纠纷案①

事实：姚某财将土地出租给黄某雄用作酸萝卜腌制场。黄某雄等人在该土地上从事酸洗作业，造成环境污染。检察院将姚某财、黄某雄等人作

_____

① （2018）粤民申 703 号民事裁定书。

为被告提起环境污染公益诉讼，法院判决姚某财对黄某雄等人的环境污染侵权责任承担连带赔偿责任。姚某财认为其既未参与酸洗作业的管理，也无实施具体业务的行为，更不清楚该土地用于污染行业，其在主观上没有侵权故意，客观上没有实施污染行为，不应承担连带赔偿责任，请求再审。

法院认为： 本案有充分的证据可以证明，姚某财知道黄某雄等人租赁涉案场地系用于酸洗作业，并在作业期间违法排放废水、废渣。姚某财明知上述情况却不予制止或收回土地，继续允许黄某雄等人在出租的场地上从事上述行为，主观上放任环境污染结果的发生，客观上帮助黄某雄等人污染环境。根据《侵权责任法》（现已失效）第9条第1款："教唆、帮助他人实施侵权行为的，应当与行为人承担连带责任"的规定，原审判决判令姚某财对污染环境所导致的各项损失和费用承担连带赔偿责任，具有事实和法律依据，处理正确。姚某财主张其不知道该土地用于污染行业故无须承担赔偿责任，与客观事实不符，本案对其再审申请不予支持。

三、共同危险行为

共同危险行为，是指二人以上实施危及他人人身安全或财产安全的行为，其中一人或数人的行为实际上造成他人的损害，但无法确定具体侵权人，由全体行为人承担连带责任的情形。在共同危险行为中行为人的范围是明确的，但是具体的侵权人是范围中的何人无法查明，每个从事危险行为的人与损害之间都是可能的因果关系，为了解决这种因果关系不明情形的责任问题，设立了共同危险行为制度。

（一）共同危险行为的构成要件

1. 存在数个共同危险行为人

共同危险行为中一定存在数个实施危险行为的主体，可以是自然人、法人或非法人组织。

2. 二人以上实施了危险行为

二人以上作出的行为需要有导致损害发生的风险，这种风险应当属于有高度的造成损害的可能性的风险。并且数个危险行为指向的是同一个客体，如果部分行为人的行为仅对某人的财产安全有危险，部分行为人的行为仅对该人的人身安全有危险，那么就不构成共同危险行为。

3. 共同危险行为导致他人损害

损害结果是由于共同危险行为中某一个或某几个人的行为所导致的，而非全部人所致，各行为人的行为与损害之间都是可能的因果关系。

4. 各行为人之间对损害结果的发生不存在意思联络

共同危险行为人在主观上通常为过失，也可能是故意，但一定不存在意思联络，不存在共同故意，否则将成立共同加害行为。

（二）共同危险行为的责任承担

《民法典》第1170条规定："二人以上实施危及他人人身、财产安全的行为，其中一人或者数人的行为造成他人损害，能够确定具体侵权人的，由侵权人承担责任；不能确定具体侵权人的，行为人承担连带责任。"共同危险行为人承担的是连带责任，与共同加害行为不同的是，共同危险行为人可以通过证明具体侵权人是他人，或者证明自己的行为与损害结果之间不存在因果关系而免除责任。

案例 71 【共同危险行为】

李某、冯某等财产损害赔偿纠纷案①

事实： 原告李某与被告冯某、姚某均系老乡，认识多年。2020 年 11 月 6 日，被告冯某、姚某酒后来到原告李某经营的店铺内喝茶。二被告因故发生争执拉扯、厮打。原告李某劝阻过程中被推倒在地，其左手腕佩戴的案涉手镯因撞击破碎为四块，左手小指亦受伤。原告向法院提起诉讼，要求二被告赔偿手镯损失。

法院认为： 现有证据可以证实二被告因故发生肢体冲突，原告系在劝阻二人过程中被推倒摔断手镯，即原告对损害发生并无过错。李某佩戴于左手的手镯确在被告冯某与姚某争执期间摔碎，可以证实案涉手镯破损与被告冯某、姚某存在关联。因现有证据均无法证实实施推倒动作的行为人是谁，故二被告均实施了危及他人人身、财产安全的行为，并造成了他人损害，不能确定具体侵权人，应当由二被告承担连带责任。

四、无意思联络的数人侵权行为

无意思联络的数人侵权，是指没有共同故意的数人，分别实施侵权行为，造成他人同一损害的情形。

（一）无意思联络的数人侵权行为构成要件

1. 数人分别实施侵权行为

侵权行为主体为二人以上，行为人可以是自然人，也可以是法人或非法人组织。各侵权人的侵权行为是分别实施的，不存在共同故意。

---

① （2021）云 3102 民初 1242 号民事判决书。

2. 造成同一损害

造成同一损害是无意思联络的数人侵权行为的成立前提。同一损害是指数个行为造成的损害不可分。

3. 存在因果关系

无意思联络的数人侵权的因果关系有两种。

其一是《民法典》第 1171 条规定的，每个人的侵权行为都足以造成全部损害，即每个行为人的侵权行为都与损害结果有相当因果关系，任何一个行为单独出现都足以导致该损害结果。

其二是《民法典》第 1172 条规定的，每个人的侵权行为都不足以造成全部损害，这些行为相互结合造成同一损害。

（二）无意思联络数人侵权行为的责任承担

1. 连带责任

根据《民法典》第 1171 条规定："二人以上分别实施侵权行为造成同一损害，每个人的侵权行为都足以造成全部损害的，行为人承担连带责任。"

2. 按份责任

根据《民法典》第 1172 条规定："二人以上分别实施侵权行为造成同一损害，能够确定责任大小的，各自承担相应的责任；难以确定责任大小的，平均承担责任。"

案例 72 【无意思联络的数人侵权】

马某伟、海某静等健康权纠纷案①

事实： 2018 年 8 月 7 日 4 时 50 分许，马某丹（未成年人，马某伟、海

———————

① （2021）豫 12 民终 1039 号民事判决书。

某静二人为其法定监护人）驾驶二轮电动自行车，行驶中剐撞由北向南横过道路的行人王某亮，致王某亮摔倒在地，后马某丹驾车离开；约4分钟后，范某迎驾驶三轮摩托车行至该处时剐撞倒地的王某亮，范某迎将王某亮搀扶至道路北侧后驾车驶离事故现场。此次事故造成王某亮受伤。经交警部门认定，马某丹、范某迎均构成交通肇事逃逸，共同承担此次事故全部责任，王某亮无责任。

法院认为：一审法院和二审法院认为，在本案中，马某丹、范某迎并非在同一时间、空间内导致原告王某亮受伤，二人系无意思联络的共同侵权人，二人分别实行的侵权行为间接结合发生同一损害后果，即致原告王某亮伤残的损害后果，二人应当根据过失大小和原因力比例各自承担相应赔偿责任。被告马某丹在撞倒原告王某亮之后，并未采取任何措施，导致老人一直处于倒地状态，具有重大过失，其侵权行为是致使老人倒地受伤的直接原因，亦是老人遭受二次伤害的次要原因之一，因侵权人均肇事逃逸，无法确认二人侵权行为对原告王某亮损害结果的具体责任比例。根据二人的过失及原因力比例，依据《侵权责任法》（现已失效）第12条规定："二人以上分别实施侵权行为造成同一损害，能够确定责任大小的，各自承担相应的责任；难以确定责任大小的，平均承担赔偿责任"，故被告马某丹与范某迎共同承担对原告王某亮的赔偿责任，二人应各自承担50%的赔偿责任。

第五章　侵权责任的承担方式与免责事由

思维导图

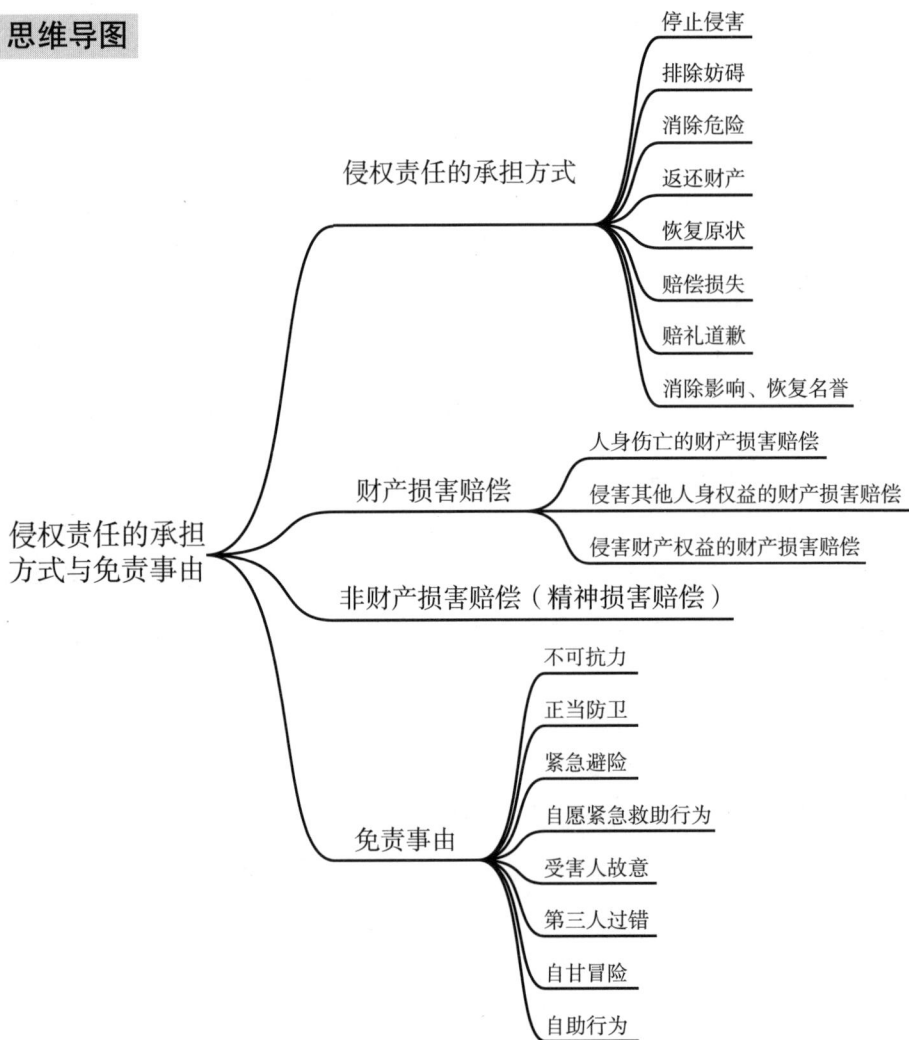

图 8-6　侵权责任的承担方式与免责事由框架

一、侵权责任的承担方式

《民法典》第 179 条第 1 款规定了 11 种民事责任的承担方式，其中适用侵权责任的有 8 种，即停止侵害、排除妨碍、消除危险、返还财产、恢复原状、赔偿损失、赔礼道歉、消除影响和恢复名誉。这些侵权责任的承担方式，可以单独适用，也可以合并适用。

（一）侵权责任承担方式的主要类型

1. 停止侵害

停止侵害，是指被侵权人要求侵权人停止正在进行的侵害行为。根据《民法典》第 1167 条的规定，侵权行为危及他人人身、财产安全的，被侵权人可以请求侵权人承担停止侵害、排除妨碍、消除危险等侵权责任。

2. 排除妨碍

排除妨碍，是指侵权人实行的侵权行为使被侵权人无法行使或无法正常行使其权利，被侵权人有权要求侵权人将此种妨碍加以排除的侵权责任承担方式。根据《民法典》第 1167 条的规定，侵权行为危及他人人身、财产安全的，被侵权人可以请求侵权人承担排除妨碍的侵权责任。

3. 消除危险

消除危险，是指行为人的行为虽然既未对他人的权利造成实际损害，也没有构成现实的侵害或妨碍，但是存在造成损害或者妨害的现实危险时，被侵权人有权要求侵权人消除这一危险。根据《民法典》第 1167 条的规定，侵权行为危及他人人身、财产安全的，被侵权人可以请求侵权人承担消除危险的侵权责任。

4. 返还财产

返还财产，是指侵权人将非法侵占的财产返还给被侵权人。可以请求返还财产的人，一般是财产的所有权人、合法占有人或合法使用人。权利人只能针对非法占有人提出返还财产的要求，而不能要求合法占有人返还。

5. 恢复原状

恢复原状，是指侵权人损坏他人财产的，应当将被损坏的财产修复。恢复原状主要是针对财产遭受损害的情况而适用。适用恢复原状需要满足两个条件：一是有修复的可能；二是有修复的必要。

6. 赔偿损失

赔偿损失，是指侵权人因侵权行为造成他人损害的，应向被侵权人支付一定数额的金钱或给付同样的物来弥补被侵权人所遭受的损害。赔偿损失是最常用的一种侵权责任方式，不论财产损害、人身损害还是精神损害，都可以适用赔偿损失的责任方式。

7. 赔礼道歉

赔礼道歉，是指侵权人以口头形式或书面形式向被侵权人承认错误、表示歉意。赔礼道歉适用于人格权受侵害的情形。《民法典》第 1000 条规定："行为人因侵害人格权承担消除影响、恢复名誉、赔礼道歉等民事责任的，应当与行为的具体方式和造成的影响范围相当。行为人拒不承担前款规定的民事责任的，人民法院可以采取在报刊、网络等媒体上发布公告或者公布生效裁判文书等方式执行，产生的费用由行为人负担。"

8. 消除影响和恢复名誉

消除影响，是指侵权人在其给被侵权人的人格权利造成不良影响的范围之内，消除此不利后果。恢复名誉，是指侵权人使被侵权人的名誉恢复到未受侵害时的状态。侵权人应当根据侵权行为所造成的不良影响以及名誉受损程度来采取适当的措施消除不良影响，恢复被侵权人的名誉。消除影响和恢复名誉主要适用于侵害人格权的行为。

（二）财产损害赔偿

财产损害赔偿，是指侵害他人民事权益并造成财产损害时，侵权行为人应该向被侵权人承担的赔偿义务。

《民法典》第1179条到第1181条规定的是人身伤亡的财产损害赔偿，第1182条规定的是侵害其他人身权益的财产损害赔偿，第1184条规定的是侵害他人财产的财产损害赔偿。

1. 人身伤亡的财产损害赔偿

（1）人身伤亡的财产损害赔偿请求权的主体

人身伤亡的财产损害赔偿请求权的主体包括直接受害人、死亡受害人的近亲属，以及为被侵权人支付医疗费、丧葬费等合理费用的人。

（2）人身伤亡的财产损害赔偿请求权的赔偿范围

《民法典》第1179条规定："侵害他人造成人身损害的，应当赔偿医疗费、护理费、交通费、营养费、住院伙食补助费等为治疗和康复支出的合理费用，以及因误工减少的收入。造成残疾的，还应当赔偿辅助器具费和残疾赔偿金；造成死亡的，还应当赔偿丧葬费和死亡赔偿金。"《最高人民法院关于审理人身损害赔偿案件适用法律若干问题的解释》对上述费用的数额计算与证明作出了详细的规定。

上述财产损害赔偿可以归结为两类：一类是所受损害，包括医疗费、护理费、交通费、营养费、住院伙食补助费等为治疗和康复支出的合理费用，残疾辅助器具费和丧葬费；另一类是所失利益，包括误工收入、残疾赔偿金和死亡赔偿金。

2. 侵害其他人身权益的财产损害赔偿

其他人身权益，是指除了生命权、身体权和健康权以外的人身权益，包括姓名权、名称权、名誉权、荣誉权、肖像权、隐私权、个人信息等人格权，以及死者的姓名、名誉、肖像、隐私等人格利益。一般来说，只有能够被商业化利用的人身权遭受侵害后，才可能造成被侵权人的财产损失。

《民法典》第1182条规定："侵害他人人身权益造成财产损失的，按照被侵权人因此受到的损失或者侵权人因此获得的利益赔偿；被侵权人因此受到的损失以及侵权人因此获得的利益难以确定，被侵权人和侵权人就赔偿数额协商不一致，向人民法院提起诉讼的，由人民法院根据实际情况确定赔偿数额。"被侵权人可以选择要求侵权人按照被侵权人因此所受到的损失赔偿，也可以要求侵权人按照侵权人因此获得的利益赔偿。在二者都难以确定并且协商不一致时，由人民法院根据实际情况确定赔偿数额。

3. 侵害财产权益的财产损害赔偿

侵犯财产权益给被侵权人造成的主要是财产损害，侵权人应当就被侵权人的财产损害承担赔偿责任。财产损害包括直接损害和间接损害。

直接损害，是指被侵权人现有财产的减少。间接损害，是指被侵权人因财产权益受侵害，导致本该获得的利益未获得。这种利益是依据事物通常的发展进程或者被侵权的特殊情形，被侵权人有获得的极大可能性的利益。如果该利益不可能获得或依法不能获得，则不应给予赔偿。

《民法典》第 1184 条规定："侵害他人财产的，财产损失按照损失发生时的市场价格或者其他合理方式计算。"损害赔偿数额的计算时间点为"损害发生时"，计算方式则按照市场价格或者其他合理方式进行计算，二者无优先顺序，由法官按具体情形选择。

（三）非财产损害赔偿

非财产损害，也称精神损害，《民法典》第 1183 条规定："侵害自然人人身权益造成严重精神损害的，被侵权人有权请求精神损害赔偿。因故意或者重大过失侵害自然人具有人身意义的特定物造成严重精神损害的，被侵权人有权请求精神损害赔偿。"

1. 精神损害赔偿的特点

（1）精神损害赔偿请求权仅适用于自然人。法人和非法人组织以民事权益受侵害为由主张精神损害赔偿的，人民法院不予支持。

（2）对被侵权人造成严重的精神损害的才可以主张精神损害赔偿，如果只是轻微的精神损害，只能通过赔礼道歉、消除影响、恢复名誉等方式承担民事责任。

（3）侵犯具有人身意义的特定物造成精神损害的，加害人必须为故意或重大过失。

（4）精神损害赔偿不限于侵权责任。《民法典》第 996 条规定："因当事人一方的违约行为，损害对方人格权并造成严重精神损害，受损害方选择请求其承担违约责任的，不影响受损害方请求精神损害赔偿。"

2. 精神损害赔偿的适用范围

（1）人身权益或者具有人身意义的特定物受侵害，自然人或其近亲属可以请求精神损害赔偿。

（2）侵害监护权。非法使被监护人脱离监护，导致亲子关系或者近亲属间的亲属关系遭受严重损害的，监护人可以向加害人请求赔偿精神损害。

（3）侵害死者人格利益。死者的姓名、肖像、名誉、荣誉、隐私、遗体、遗骨等受侵害，其近亲属可以请求精神损害赔偿。根据《民法典》第 994 条的规定，其配偶、子女、父母有权请求行为人承担民事责任，死者没有配偶、子女且父母已经死亡的，其他近亲属有权请求行为人承担民事责任。

3. 精神损害赔偿数额的确定

《最高人民法院关于确定民事侵权精神损害赔偿责任若干问题的解释》（法释〔2020〕17 号）中规定，精神损害赔偿数额应该根据侵权人的过错程度，侵权行为的目的、方式、场合等具体情节，侵权行为所造成的后果，侵权人的获利情况，侵权人承担责任的经济能力，受理诉讼法院所在地的平均生活水平综合确定。

二、免责事由

免责事由，是指那些因其存在而使侵权责任不成立的法律事实。《民法典》中规定的免责事由包括在总则编中规定的适用于一切民事责任的不可抗力、正当防卫、紧急避险、自愿紧急救助行为，在侵权责任编第一章"一般规定"中规定的适用于侵权责任的受害人故意、第三人过错、自甘冒险和自助行为，以及为某些侵权行为特别规定的免责事由。

由于《民法典》对免责事由既有一般规定，也有特别规定，除《民法典》外的特别法中也有对免责事由的规定，为避免适用中的混乱，《民法典》第 1178 条规定："本法和其他法律对不承担责任或者减轻责任的情形另有规定的，依照其规定。"即在免责事由的适用上，特别规定优于一般规定，特别法优于一般法。例如，《民法典》第 1246 条规定的违反管理规定，未对动物采取安全措施造成他人损害的，被侵权人故意的，可以减轻责任。而第 1174 条规定，受害人故意可以免责。此种情况，根据特别规定优于一般规定的原则，第 1246 条的规定优于第 1174 条适用。

（一）不可抗力

不可抗力，是指不能预见、不能避免且不能克服的客观情况。《民法典》第 180 条第 1 款规定："因不可抗力不能履行民事义务的，不承担民事责任。法律另有规定的，依照其规定。"

不可抗力作为免责事由的根据是，让人们承担与其行为无关而又无法控制的事故的后果，对责任的承担者并不公平，也无法起到教育和约束人们行为的积极效果。[①]

对于不可抗力造成的损害，当事人一般不承担责任。但是不可抗力免责，必须是不可抗力是损害发生的唯一原因，当事人对损害的发生和扩大不能产生任何作用。

---

① 王利明等著：《民法学》，法律出版社 2020 年版，第 1067 页。

（二）正当防卫

正当防卫，是指为了保护国家利益、公共利益、本人或者他人的人身财产和其他权益免受行为人正在进行的不法侵害，而采取的不超过必要限度的制止不法侵害的行为。《民法典》第 181 条第 1 款规定："因正当防卫造成损害的，不承担民事责任。"在侵权责任中，正当防卫是一般免责事由。

正当防卫只能针对正在进行的不法的侵害行为，对合法的行为不得实施正当防卫，侵害行为尚未发生或已经停止的，也不得实施正当防卫。防卫的对象只能是不法侵害行为人本人。防卫行为不得超过必要的限度，否则要承担防卫过当的侵权责任。

（三）紧急避险

紧急避险，是指为了避免自己或他人人身或财产上的急迫危险，不得已而实施对他人造成损害的行为。紧急避险是一种合法的行为。

《民法典》第 182 条第 1 款和第 2 款规定："因紧急避险造成损害的，由引起险情发生的人承担民事责任。危险由自然原因引起的，紧急避险人不承担民事责任，可以给予适当补偿。"此规定对紧急避险的责任承担根据引起险情的原因进行了区分。如果是人的原因引发的险情，应当由引起险情发生的人承担民事责任。如果是自然原因引发的险情，紧急避险人不承担民事责任，仅出于公平的考虑，可以给予适当的补偿。

构成紧急避险，首先，应当存在对避险人自身或他人人身或财产上的急迫的危险。其次，必须是迫不得已而实施的致他人损害的行为。如果避险人有其他的选择来避免危险，对于致他人损害应当承担侵权责任。最后，避险不应超过必要的限度。如果超出必要限度，造成不应有的损害，根据《民法典》第 182 条第 3 款的规定，紧急避险人应当承担适当的民事责任。

（四）自愿紧急救助行为

自愿紧急救助行为，是指没有救助义务的人对他人实施的救助行为。《民法典》第184条规定："因自愿实施紧急救助行为造成受助人损害的，救助人不承担民事责任。"法律规定紧急救助人的责任豁免权的目的在于鼓励自愿的救助行为。

本条规定适用于自愿实施的紧急救助行为，救助人应当没有法定的或约定的救助义务，否则不能适用本规定。例如，警察、医生等有法定救助义务的人，在救助中应当尽到相应的注意义务，未尽到注意义务而造成受助人损害的，不能适用本规定免责。

（五）受害人故意

受害人故意，是指受害人明知自己的行为会给自己造成损害而追求或放任该损害的发生。《民法典》第1174条规定："损害是因受害人故意造成的，行为人不承担责任。"受害人故意可以成为免责事由，是因为受害人的损害是自己的行为造成的，即受害人故意的行为是导致其损害发生的唯一原因，行为人的行为与受害人的损害之间没有因果关系，因此行为人无须承担侵权责任。

受害人故意应当符合以下条件。

第一，受害人有过错能力，即受害人是在能够认识自己行为的性质与后果的情形下追求损害结果的发生。

第二，受害人的故意既包括对实施侵害自我权益的行为的故意，也包括对损害后果的发生的故意。例如，偷盗电线的人触电死亡的情形，虽然其是在明知有触电危险的情况下故意窃取电线，但其并不希望触电死亡，此种情况不能认定偷盗电线者属于受害人故意而免除电力设施产权人的侵权责任。此时属于偷盗电线者有重大过失，根据《民法典》第1173条规定减轻电力设施产权人的责任。

第三，损害完全是因受害人的故意行为所致。行为人的行为与受害人的损害之间无责任成立上的因果关系。受害人的行为完全阻断了行为人的行为与损害之间的因果关系。

（六）第三人过错

第三人过错，是指当事人之外的第三人对受害人损害的发生或扩大具有过错。《民法典》第 1175 条规定："损害是因第三人造成的，第三人应当承担侵权责任。"

当第三人的过错是造成损害的唯一原因时，第三人过错是免责的事由。损害纯粹由第三人的过错导致，被告对此没有过错，因此应使被告免责，由第三人承担责任。

但是，《民法典》规定了第三人过错的一些特殊规则：

（1）行为人首先承担责任。例如，根据《民法典》第 1204 条的规定，在产品缺陷责任中，即使产品的缺陷是运输者、仓储者等第三人的过错所致，产品的生产者、销售者仍应承担赔偿责任，赔偿之后有权向第三人追偿。

（2）行为人与第三人共负不真正连带责任。例如，环境污染责任中，第三人过错污染环境、破坏生态的，被侵权人可以向侵权人请求赔偿，也可以向第三人请求赔偿，侵权人赔偿后，有权向第三人追偿。

（3）第三人过错实行补充责任。例如，在违反安全保障义务侵权责任中，因第三人行为造成他人损害的，由第三人承担侵权责任；管理人或者组织者未尽到安全保障义务的，承担相应的补充责任。

（七）自甘冒险

自甘冒险，是指明知且自愿地进入使自己权益遭受危险的境地。《民法典》第 1176 条规定："自愿参加具有一定风险的文体活动，因其他参加者的行为受到损害的，受害人不得请求其他参加者承担侵权责任；但是，其他参加者对损害的发生有故意或者重大过失的除外。活动组织者的责任适用本法第一千一百九十八条至第一千二百零一条的规定。"

自甘冒险应当符合以下条件。

第一，自愿参加有一定风险的文体活动。一方面受害人是自愿参加而非被迫参加。自愿本身表明受害人知道该文体活动具有一定的危险，且愿意承受这种风险现实化带来的损害，因此才可以免除其他参与者的责任。另一方面受害人自愿参加的是具有一定风险的文体活动。并非受害人参加任何对自己的人身、财产安全具有危险的活动，都属于自甘冒险。

第二，其他参与者没有故意或重大过失。其他参与者是指与受害人一同参与具有一定风险的文体活动的人。在其他参与者有故意或重大过失的情况下，不得依据自甘冒险的规定免责。

（八）自助行为

自助行为，是指特殊情况下，权利人为了保护自己的权利，采取扣留侵权人的财物等合理措施的行为。自助行为是私力救济的一种类型。

《民法典》第1177条第1款规定："合法权益受到侵害，情况紧迫且不能及时获得国家机关保护，不立即采取措施将使其合法权益受到难以弥补的损害的，受害人可以在保护自己合法权益的必要范围内采取扣留侵权人的财物等合理措施；但是，应当立即请求有关国家机关处理。"

自助行为应满足以下条件。

第一，合法权益受到侵害。自助行为仅适用于保护自身的合法权利，不包括社会公共利益或者他人的合法权益。

第二，情况紧迫且不能及时获得国家机关保护，不立即采取措施将使其合法权益受到难以弥补的损害。这一条件是自助行为的前提。

第三，采取合理的方式。所采取的方式要与遭受的损害相适应。例如，暂扣侵权人财物、暂时阻止侵权人离开等。受害人采取的措施不当造成他人损害的，根据《民法典》第1177条第2款的规定，应当承担侵权责任。

第四，立即请求国家机关处理。为了防止自助行为遭受滥用，受害人采取自助行为后应立即报告国家机关处理。

第六章　特殊侵权责任

一、监护人责任

监护人责任，是指无民事行为能力人或者限制民事行为能力人造成他人损害时，其监护人依法应当承担的侵权责任。

监护人责任属于替代责任。绝大多数侵权行为都是自己责任的侵权行为，即实施侵权行为的人就是侵权人，需要承担侵权责任。但是，在监护人责任中，实施侵权行为的是作为被监护人的无民事行为能力人或者限制民事行为能力人，而承担侵权责任的是无民事行为能力人或者限制民事行为能力人的监护人。在监护人责任中行为主体与责任主体是相分离的，所以监护人责任在性质上为替代责任。

监护人责任是无过错责任，只要是被监护人造成他人损害的，无论监护人是否有过错，其都应当承担侵权责任。即使监护人尽到了监护职责，也仅能减轻责任，而不能免除其责任。

（一）监护人责任的构成要件

1. 加害人是被监护人

被监护人包括无民事行为能力人和限制民事行为能力人。

2. 被监护人的行为是其自身的独立行为

如果被监护人的行为非为其自身的独立行为，而只是被教唆或帮助，其仅是他人侵权行为的工具，其行为本身不构成侵权行为，其监护人无须承担侵权责任，仅在监护人未尽到监护职责的情形下，监护人承担相应责任。

3. 被监护人造成他人损害

被监护人虽然民事行为能力有所欠缺，但依然可以通过自身的行为造成他人损害。

4. 被监护人的行为与损害之间有因果关系

（二）监护人责任的承担

根据《民法典》第 1188 条第 1 款的规定："无民事行为能力人、限制民事行为能力人造成他人损害的，由监护人承担侵权责任。监护人尽到监护职责的，可以减轻其侵权责任。"

如果被监护人具有财产，根据《民法典》第 1188 条第 2 款的规定，应该先从被监护人的财产中支付赔偿费用，不足部分，由监护人赔偿。

在委托监护的情况下，根据《民法典》第 1189 条的规定，无民事行为能力人、限制民事行为能力人造成他人损害，监护人将监护职责委托给他人的，监护人承担侵权责任；受托人有过错的，承担相应的责任。

二、用人单位责任

用人单位责任，即用人单位对其工作人员因执行工作任务造成他人损害所承担的侵权责任。

用人者责任中，实施侵权行为的主体为用人单位的工作人员，而承担责任的主体为用人单位，因此用人单位责任属于替代责任。

用人者责任为无过错责任，用人单位对工作人员因执行工作任务造成他人损害，无论用人单位有无过错，均应承担侵权责任。

（一）用人单位责任的构成要件

1. 加害人是用人单位的工作人员

用人单位，是指除自然人外的一切组织，不论其是否有法人资格。[①]
工作人员，是指在单位中，服从用人单位指示并受其管理控制的自然人。

2. 工作人员的行为为执行工作任务的行为

执行工作任务，是指执行本职工作或者主管人员交办的事务的行为。
如果工作人员实施的是与工作任务无关的行为，即使发生在工作时间，也
不属于执行工作任务。

3. 工作人员的行为构成侵权

工作人员的行为是否侵权，依其行为的具体性质认定。虽然用人单位
责任中用人单位承担的是无过错责任，但是侵权行为人即工作人员本身的
行为是否构成侵权行为，要依据工作人员具体行为的性质是属于一般的过
错责任的侵权、过错推定责任的侵权，还是属于无过错责任的侵权，具体
判断其侵权行为是否符合相应的构成要件。

（二）用人单位责任的承担

根据《民法典》第 1191 条第 1 款的规定，用人单位的工作人员因执行
工作任务造成他人损害的，由用人单位承担侵权责任。用人单位承担侵权
责任后，可以向有故意或者重大过失的工作人员追偿。

《民法典》第 1191 条第 2 款对劳务派遣情况下的责任承担进行了规定。
劳务派遣指由劳务派遣单位将工作人员派遣至用工单位，在用工单位的指
挥、监督下提供劳动的用工形式。由于此种情况是用工单位在支配工作人
员的劳动，所以劳务派遣期间，被派遣的工作人员因执行工作任务造成他
人损害的，由接受劳务派遣的用工单位承担侵权责任；劳务派遣单位有过

---

① 程啸著：《侵权责任法》，法律出版社 2021 年版，第 452—454 页。

错的，承担相应的责任。

三、个人劳务责任

个人劳务责任，是指个人劳务关系中，接受劳务一方对提供劳务一方因劳务造成他人损害所承担的侵权责任。

个人劳务责任，实施侵权行为的主体为提供劳务一方，而承担责任的主体为接受劳务一方，因此个人劳务责任属于替代责任。

个人劳务责任为无过错责任，接受劳务一方对提供劳务一方因劳务造成他人损害，无论接受劳务一方有无过错，均应承担侵权责任。

（一）个人劳务责任的构成要件

个人劳务责任的构成要件与用人单位责任的构成要件接近。首先，加害人是提供劳务一方，这里的"劳务"是指雇用合同等单纯提供劳务型合同所形成的劳务关系，并不包括代理、行纪、承揽等法律关系中涉及的劳务。其次，提供劳务一方的行为为提供劳务的行为。最后，提供劳务一方的行为构成侵权。

（二）个人劳务责任的承担

根据《民法典》第1192条第1款的规定，个人之间形成劳务关系，提供劳务一方造成他人损害的，由接受劳务一方承担侵权责任。接受劳务一方承担侵权责任后，可以向有故意或者重大过失的提供劳务一方追偿。

（三）提供劳务一方受损害的责任承担

上述的用人单位责任和个人劳务责任都是用人单位或接受劳务一方对工作人员因执行工作任务或提供劳务一方因提供劳务导致他人损害时所承担的替代责任。用人单位责任和个人劳务责任统称用人者责任。

广义上的用人者责任还包括工作人员或者提供劳务一方在执行工作任务或提供劳务的过程中，自己受到损害时的责任承担。

用人单位工作人员执行工作任务而受损害属于工伤，可以获得工伤保险赔偿，由《工伤保险条例》等加以规范。

个人劳务关系中，提供劳务一方因劳务造成自己损害的，根据《民法典》第 1192 条第 1 款的规定，应当根据双方各自的过错承担相应责任。在提供劳务期间，因第三人的行为造成提供劳务一方损害的，应当由第三人对提供劳务一方承担侵权责任，但为了加强对提供劳务一方的保护，《民法典》第 1192 条第 2 款规定，因第三人的行为造成提供劳务一方损害的，提供劳务一方有权请求第三人承担侵权责任，也有权请求接受劳务一方给予补偿。接受劳务一方补偿后，可以向第三人追偿。

（四）定作人责任

定作人责任，是指在承揽关系中，承揽人在完成工作过程中造成第三人损害或者导致自己损害时，定作人所应承担的侵权责任。

承揽关系中，承揽人虽然也向定作人提供一定的劳动，但是承揽人与定作人之间并未形成劳务关系，定作人的责任不适用《民法典》第 1192 条关于个人劳务责任中接受劳务一方的责任规定。承揽人在完成定作工作造成他人损害或者自己损害时，原则上应由承揽人自己承担。只有定作人对定作、指示或者选任存在过错时，定作人才承担相应责任。所以，定作人责任为适用过错责任归责原则的一般侵权责任。

《民法典》第 1193 条规定："承揽人在完成工作过程中造成第三人损害或者自己损害的，定作人不承担侵权责任。但是，定作人对定作、指示或者选任有过错的，应当承担相应的责任。"相应的责任，是指定作人承担的责任与其过错程度相适应。

四、网络侵权责任

网络侵权责任，是指网络用户利用网络服务实施侵害他人民事权益的行为而产生的侵权责任，其中既包括直接或具体实施侵权行为的网络用户应承担的侵权责任，也包括网络服务提供者应承担的侵权责任。

网络侵权并不特指侵害某种权利的行为，而是泛指一切发生于网络空间的侵权行为，其所侵害的民事权益，包括肖像权、名誉权、隐私权、知识产权等。

网络侵权行为属于一般侵权行为，适用过错责任原则。但由于网络侵权责任往往涉及网络用户、网络服务提供者和被侵权人三方主体，网络用户是通过网络服务提供者提供的网络服务实施侵权行为，网络服务提供者在预防、制止侵权行为和防止损害结果扩大上有重要作用，应当负有相应的注意义务。为了更好地规范网络侵权责任，《民法典》第 1194 条至第 1197 条对网络侵权责任进行了专门的规定，通过确立"通知规则"与"知道规则"明确各方的权利和义务，尤其是网络服务提供者的注意义务及违反该义务时的侵权责任。

（一）通知规则下的网络侵权责任

《民法典》第 1195 条和第 1196 条是关于通知规则的规定。

1. 权利人的通知权

网络用户利用他人的网络服务实施侵权行为，网络服务提供者原则上不承担责任。当权利人发现网络用户利用网络服务实施侵权行为时，根据《民法典》第 1195 条第 1 款的规定，其有权通知网络服务提供者采取删除、屏蔽、断开链接等必要措施。通知应当包括构成侵权的初步证据及权利人的真实身份信息。

同时，如果权利人的通知存在错误，根据第 1195 条第 3 款的规定：

"权利人因错误通知造成网络用户或者网络服务提供者损害的，应当承担侵权责任……"

2. 网络服务提供者转送通知和采取必要措施的义务

根据第 1195 条第 2 款的规定："网络服务提供者接到通知后，应当及时将该通知转送相关网络用户，并根据构成侵权的初步证据和服务类型采取必要措施；未及时采取必要措施的，对损害的扩大部分与该网络用户承担连带责任。"

3. 网络用户的声明权

网络用户接到转送的通知后，根据《民法典》第 1196 条第 1 款的规定，可以向网络服务提供者提交不存在侵权行为的声明。声明应当包括不存在侵权行为的初步证据及网络用户的真实身份信息。

网络服务提供者接到声明后，根据《民法典》第 1196 条第 2 款的规定，应当将该声明转送发出通知的权利人，并告知其可以向有关部门投诉或者向人民法院提起诉讼。网络服务提供者在转送声明到达权利人后的合理期限内，未收到权利人已经投诉或者提起诉讼通知的，应当及时终止所采取的措施。

（二）知道规则下的网络侵权责任

知道规则，也称红旗规则，《民法典》第 1197 条规定："网络服务提供者知道或者应当知道网络用户利用其网络服务侵害他人民事权益，未采取必要措施的，与该网络用户承担连带责任。"网络服务提供者知道或应当知道网络用户用其网络侵害他人民事权益而不采取必要措施，意味着网络服务提供者有主观故意，其与网络用户共同故意侵害他人民事权益或者为实施侵权行为的网络用户提供帮助，二者构成共同加害行为或帮助侵权行为，当然要承担连带责任。

五、违反安全保障义务的侵权责任

安全保障义务，是指宾馆、商场、银行、车站、机场、体育场馆、娱乐场所等经营场所、公共场所的经营者、管理者或者群众性活动的组织者，对进入场所或者参加活动的人所负有的保障其人身和财产安全的义务。未尽到安全保障义务，造成他人损害时，所承担的侵权责任，即为违反安全保障义务的侵权责任。

（一）违反安全保障义务的构成要件

1. 责任主体是安全保障义务人

安全保障义务人为经营场所、公共场所的经营者、管理者和群众性活动的组织者。

2. 安全保障义务主体没有尽到安全保障义务

未尽到安全保障义务，既包括经营者、管理者或者组织者自身违反安全保障义务，也包括在防止或制止第三人对他人实施侵权行为时未尽到安全保障义务。

3. 他人遭受损害

他人，是指安全保障义务人之外的民事主体。他人所遭受的损害，既包括人身损害，也包括财产损害。

4. 他人遭受的损害与义务人未尽到安全保障义务之间有因果关系

被侵权人遭受的损害必须与经营场所、公共场所的经营者、管理者或者群众性活动的组织者未尽到安全保障义务之间具有因果关系。

（二）违反安全保障义务的责任承担

根据《民法典》第 1198 条的规定，违反安全保障义务的责任承担形式有以下两种。

一是直接责任。宾馆、商场、银行、车站、机场、体育场馆、娱乐场所等经营场所、公共场所的经营者、管理者或者群众性活动的组织者，未尽到安全保障义务，造成他人损害的，经营者、管理者或者组织者应当承担直接责任。

二是相应的补充责任。因第三人的行为造成他人损害的，由第三人承担侵权责任；经营者、管理者或者组织者未尽到安全保障义务的，承担相应的补充责任。经营者、管理者或者组织者承担补充责任后，可以向第三人追偿。

案例 73 【安全保障义务】

某地铁集团有限公司、蔡某公共场所管理人责任纠纷案[①]

事实： 2017 年 11 月 10 日上午，蔡某乘坐地铁 5 号线。蔡某在地铁列车车厢内晕倒，地铁列车到达下一站时，乘客向站台内工作人员呼救，地铁工作人员将蔡某从列车上抬到站台并拨打急救电话，医院急救人员到达时蔡某已呼吸停止、心跳骤停，医务人员将蔡某抬上救护车送往医院抢救，后抢救无效，蔡某死亡。蔡某的近亲属将某地铁集团有限公司（以下简称地铁公司）、急救中心和医院作为被告提起诉讼。

法院认为： 一审法院认为，被告地铁公司作为公共场所的管理人，依法对其运营范围内的人员人身及财产负有安全保障义务，该义务不仅仅包括危险的预防及消除义务，同时也应包括在意外发生后的合理救助义务。本案中，被告地铁公司负有安全保障义务，其能够承担此种救助义务而没有承担，应当承担相应的赔偿责任。综合本案情况，酌情确定被告地铁公司的责任比例为 30%，被告地铁公司应对蔡某的合法继承人，承担在此范围内的赔偿责任。

---

① （2019）粤 03 民终 904 号民事判决书。

二审法院认为，本案中，地铁公司作为公共场所的管理人，对于进入其场所的人员负有安全保障义务，本案的争议焦点是地铁公司在受害人发病后是否给予了必要的帮助。根据已查明的事实，受害人发病后，地铁公司立即在下一个地铁站点将其抬到站台并及时拨打急救电话，被上诉人主张地铁公司在医生到达前未采取有效急救措施，未尽到安全保障义务。对此，本院认为，其一，并无法律法规要求地铁公司在乘客发病后施行有效的急救措施，因此地铁公司并不存在违反法定义务的情形；其二，从安全保障义务的一般标准或一个理性的管理人应当尽到的注意义务来看，地铁公司系公共交通经营者，并非专业医疗机构，相对于其每天庞大的运输量，出现突发疾病的旅客是小概率事件，将受害人妥善安置、及时通知急救机构系其应尽的附随义务，也不会增加其运营成本，但对病人进行急救则属于较为专业的措施，需要施救者接受一定的培训，部分情况下，施救措施不当还会造成二次伤害或加重病情，因此难以将此作为法定安全保障义务的内容加之于类似公共场所管理人。原审法院认为上诉人违反安全保障义务，判决其承担30%的赔偿责任，认定事实和适用法律均存在错误，本院予以纠正。

六、教育机构的侵权责任

教育机构的侵权责任，是指无民事行为能力人或限制民事行为能力人在幼儿园、学校和其他教育机构学习、生活期间遭受人身损害时，教育机构因未尽到教育、管理职责而依法承担的侵权责任。

《民法典》对教育机构侵权责任的归责原则根据受害人是无民事行为能力人还是限制民事行为能力人进行了区分。

当受害人是无民事行为能力人时，适用过错推定责任。根据《民法典》第1199条的规定，无民事行为能力人在教育机构学习、生活期间受到人身损害的，推定教育机构存在过错，教育机构应该证明自己尽到了教育、管理职责，表明自己无过错，否则要承担侵权责任。

当受害人是限制民事行为能力人时，适用过错责任。根据《民法典》第1200条的规定，限制民事行为能力人在教育机构学习、生活期间受到人身损害的，教育机构未尽到教育、管理职责的，应当承担侵权责任，由被侵权人证明教育机构未尽到教育、管理职责。

当侵权人为第三人时，根据《民法典》第1201条的规定，教育机构的侵权责任归责原则适用过错责任。

（一）教育机构侵权责任的构成要件

第一，受害人为无民事行为能力人或者限制民事行为能力人。

第二，人身损害发生在受害人在幼儿园、学校或其他教育机构学习、生活期间。所谓"在教育机构学习、生活期间"，是指教育机构安排的教育教学活动期间，无论是否在教育机构场所内进行，都属于在教育机构学习、生活期间。

第三，教育机构未尽到教育、管理职责。教育、管理职责实际上是指教育机构对在教育机构学习、生活期间的无民事行为能力人和限制民事行为能力人进行教育、管理和保护的义务。当其未尽到教育、管理职责时，教育机构即有过错，应当承担侵权责任。

（二）教育机构侵权责任的承担

根据《民法典》第1199条至第1201条的规定，教育机构承担的责任有以下两种形式。

一是直接责任。无民事行为能力人和限制民事行为能力人在教育机构学习、生活期间受到人身损害的，教育机构应承担直接责任。

二是相应的补充责任。无民事行为能力人或者限制民事行为能力人在教育机构学习、生活期间受到教育机构以外第三人人身损害的，由第三人承担侵权责任。教育机构未尽到管理职责的，承担相应的补充责任。教育机构承担补充责任后，可以向第三人追偿。

七、产品责任

产品责任，是指因产品存在缺陷而致人损害时，产品的生产者、销售者应当承担的侵权责任。

产品责任属于侵权责任，无论被侵权人与产品的生产者、销售者之间有无合同关系，被侵权人均可以要求生产者、销售者承担产品责任。

产品责任是一种特殊的侵权责任，适用无过错责任归责原则。产品的生产者和销售者均承担无过错责任。被侵权人无论是要求生产者承担侵权责任还是要求销售者承担侵权责任，均无须证明他们存在过错。如果销售者没有过错却承担了侵权责任，其可以向生产者追偿；如果生产者承担了侵权责任，其可以向因过错造成产品缺陷的销售者追偿。

（一）产品责任的构成要件

1. 产品存在缺陷

根据《产品质量法》第 2 条第 2 款的规定，产品是指经过加工、制作，用于销售的产品。所谓产品缺陷，根据《产品质量法》第 46 条的规定，是指产品存在危及人身、他人财产安全的不合理的危险；产品有保障人体健康和人身、财产安全的国家标准、行业标准的，是指不符合该标准。

2. 缺陷产品造成他人损害的事实

"他人"并不限于产品的购买者，产品的使用者或者因产品缺陷而遭受损害的第三人，都属于产品责任的被侵权人。损害包括人身损害和财产损害。

3. 缺陷产品与造成的损害事实之间存在因果关系

只有受害人的损害是因产品缺陷所导致时，生产者、销售者才承担无过错责任。

(二) 产品责任的承担

1. 损害赔偿责任

根据《民法典》第 1202 条至第 1204 条的规定，产品缺陷致人损害的，被侵权人既可以向生产者请求赔偿，也可以向销售者请求赔偿，二者皆承担无过错责任。即使是运输者、仓储者等第三人的过错使产品存在缺陷而造成他人损害的，生产者和销售者也要承担直接的损害赔偿责任。如果产品缺陷是生产者造成的，销售者赔偿后，有权向生产者追偿。因销售者的过错使产品存在缺陷的，生产者赔偿后，有权向销售者追偿。因运输者、仓储者等第三人的过错使产品存在缺陷致人损害的，生产者、销售者赔偿后，有权向第三人追偿。

2. 停止侵害、排除妨碍、消除危险责任

根据《民法典》第 1205 条的规定："因产品缺陷危及他人人身、财产安全的，被侵权人有权请求生产者、销售者承担停止侵害、排除妨碍、消除危险等侵权责任。"

3. 惩罚性赔偿责任

根据《民法典》第 1206 条和第 1207 条的规定，在以下两种情形下，被侵权人有权请求惩罚性赔偿。

一是明知产品存在缺陷仍然生产、销售，造成他人死亡或者健康严重损害的。

二是产品投入流通后发现存在缺陷，生产者、销售者未及时采取停止销售、警示、召回等补救措施，造成他人死亡或者健康严重损害的。

(三) 产品责任的免责事由

《产品质量法》第 41 条针对产品生产者规定了三类特有的产品责任免

责事由。

一是未将产品投入流通的。

二是产品投入流通时，引起损害的缺陷尚不存在的。

三是将产品投入流通时的科学技术水平尚不能发现缺陷的存在的。

八、机动车交通事故责任

机动车交通事故责任，是指机动车在道路上造成人身伤亡与财产损害时，机动车一方所应承担的侵权责任。

《民法典》第 1208 条规定："机动车发生交通事故造成损害的，依照道路交通安全法律和本法的有关规定承担赔偿责任。"因此，在确定机动车交通事故责任时，应当适用《道路交通安全法》和《民法典》侵权责任编的相关规定。

（一）机动车交通事故责任的归责原则

机动车交通事故责任的归责原则规定在《道路交通安全法》第 76 条。

1. 机动车之间发生交通事故的，适用过错责任原则

《道路交通安全法》第 76 条第 1 款第 1 项规定："机动车之间发生交通事故的，由有过错的一方承担赔偿责任；双方都有过错的，按照各自过错的比例分担责任。"

2. 机动车与非机动车、行人之间发生交通事故的，适用无过错责任

《道路交通安全法》第 76 条第 1 款第 2 项规定："机动车与非机动车驾驶人、行人之间发生交通事故，非机动车驾驶人、行人没有过错的，由机动车一方承担赔偿责任；有证据证明非机动车驾驶人、行人有过错的，根据过错程度适当减轻机动车一方的赔偿责任；机动车一方没有过错的，承担不超过百分之十的赔偿责任。"机动车一方没有过错的，也要承担赔偿责任，只不过存在 10% 的赔偿责任上限，因此机动车与非机动车、行人之间

的交通事故，适用无过错责任。非机动车驾驶人、行人有过错的，可以构成对机动车一方责任的减免事由。

（二）机动车交通事故责任的构成要件

1. 机动车交通事故发生在道路上。"道路"，根据《道路交通安全法》第 119 条，是指公路、城市道路和虽在单位管辖范围但允许社会机动车通行的地方，包括广场、公共停车场等用于公众通行的场所。

2. 交通事故造成他人损害。

3. 机动车交通事故与损害之间具有因果关系。

4. 机动车之间发生交通事故时，行为人应具有过错。

（三）机动车交通事故责任的承担

《民法典》第 1213 条规定："机动车发生交通事故造成损害，属于该机动车一方责任的，先由承保机动车强制保险的保险人在强制保险责任限额范围内予以赔偿；不足部分，由承保机动车商业保险的保险人按照保险合同的约定予以赔偿；仍然不足或者没有投保机动车商业保险的，由侵权人赔偿。"

机动车之间的交通事故，按照过错责任原则确定侵权责任；机动车与非机动车驾驶人、行人之间的交通事故，按照无过错责任确定侵权责任，非机动车驾驶人、行人有过错的，根据过错程度适当减轻机动车一方的赔偿责任。交通事故的损失是由非机动车驾驶人、行人故意碰撞机动车造成的，机动车一方不承担赔偿责任。

《民法典》对特殊情况下责任主体的确定进行了列举。

第一，根据《民法典》第 1209 条的规定，因租赁、借用等情形，机动车所有人、管理人与使用人不是同一人，使用人驾驶机动车，发生交通事故造成损害，属于该机动车一方责任的，由机动车使用人承担赔偿责任；

机动车所有人、管理人对损害的发生有过错的，承担相应的赔偿责任。此处的过错，一般为以下情形。

一是知道或者应当知道机动车存在缺陷，且该缺陷是交通事故发生原因之一的。二是知道或者应当知道驾驶人无驾驶资格或者未取得相应驾驶资格的。三是知道或者应当知道驾驶人因饮酒、服用国家管制的精神药品或者麻醉药品，或者患有妨碍安全驾驶机动车的疾病等依法不能驾驶机动车的。四是其他应当认定机动车所有人或者管理人有过错的。①

第二，根据《民法典》第1210条的规定："当事人之间已经以买卖或者其他方式转让并交付机动车但是未办理登记，发生交通事故造成损害，属于该机动车一方责任的，由受让人承担赔偿责任。"在机动车已经交付给受让人的情形下，机动车处于受让人的支配之下并且受让人享有机动车的运行利益，理应由受让人承担赔偿责任。

第三，根据《民法典》第1211条的规定："以挂靠形式从事道路运输经营活动的机动车，发生交通事故造成损害，属于该机动车一方责任的，由挂靠人和被挂靠人承担连带责任。"由于被挂靠人对挂靠车辆有一定的控制力，也可以从挂靠车辆的运行中获利，因此挂靠人与被挂靠人承担连带责任。

第四，根据《民法典》第1212条的规定："未经允许驾驶他人机动车，发生交通事故造成损害，属于该机动车一方责任的，由机动车使用人承担赔偿责任；机动车所有人、管理人对损害的发生有过错的，承担相应的赔偿责任，但是本章另有规定的除外。"这里的另有规定主要是指盗窃、抢劫或抢夺机动车发生交通事故的，不适用本条规定，而适用第1215条规定。

第五，根据《民法典》第1214条的规定："以买卖或者其他方式转让拼装或者已经达到报废标准的机动车，发生交通事故造成损害的，由转让人和受让人承担连带责任。"转让人和受让人明知拼装车、报废车不具备安

① 参见《最高人民法院关于审理道路交通事故损害赔偿案件适用法律若干问题的解释（2020修正）》，第1条。

全行驶条件，不得上路行驶，仍然违法转让，对机动车发生交通事故造成的损害，具有共同故意，应当承担连带责任。

第六，根据《民法典》第 1215 条的规定："盗窃、抢劫或者抢夺的机动车发生交通事故造成损害的，由盗窃人、抢劫人或者抢夺人承担赔偿责任。盗窃人、抢劫人或者抢夺人与机动车使用人不是同一人，发生交通事故造成损害，属于该机动车一方责任的，由盗窃人、抢劫人或者抢夺人与机动车使用人承担连带责任。保险人在机动车强制保险责任限额范围内垫付抢救费用的，有权向交通事故责任人追偿。"

第七，根据《民法典》第 1216 条的规定："机动车驾驶人发生交通事故后逃逸，该机动车参加强制保险的，由保险人在机动车强制保险责任限额范围内予以赔偿；机动车不明、该机动车未参加强制保险或者抢救费用超过机动车强制保险责任限额，需要支付被侵权人人身伤亡的抢救、丧葬等费用的，由道路交通事故社会救助基金垫付。道路交通事故社会救助基金垫付后，其管理机构有权向交通事故责任人追偿。"

第八，根据《民法典》第 1217 条的规定："非营运机动车发生交通事故造成无偿搭乘人损害，属于该机动车一方责任的，应当减轻其赔偿责任，但是机动车使用人有故意或者重大过失的除外。"

九、医疗损害责任

医疗损害责任，是指医疗机构或者医务人员在诊疗活动中因过错造成患者损害时，医疗机构应承担的侵权责任。

医疗损害责任适用过错责任原则。《民法典》第 1218 条规定："患者在诊疗活动中受到损害，医疗机构或者其医务人员有过错的，由医疗机构承担赔偿责任。"在某些特殊情况下，采用过错推定责任，推定医疗机构有过错。《民法典》第 1222 条规定："患者在诊疗活动中受到损害，有下列情形之一的，推定医疗机构有过错：（一）违反法律、行政法规、规章以及其他有关诊疗规范的规定；（二）隐匿或者拒绝提供与纠纷有关的病历资料；（三）遗失、伪造、篡改或者违法销毁病历资料。"

（一）医疗损害责任的构成要件

1. 加害人为医疗机构或者医务人员

医疗损害责任中，诊疗活动由医务人员具体实施，医务人员的过错致患者损害的，由医疗机构承担赔偿责任。

2. 患者在诊疗活动中受到损害

损害，是指在诊疗活动中医疗机构或者医务人员因过错而侵害了患者的生命权、身体权和健康权。

3. 诊疗活动与损害有因果关系

患者需要证明诊疗活动与损害之间的因果关系。

4. 医疗机构或者医务人员存在过错

医疗损害责任中的过错仅限于过失，不包括故意。《民法典》中对医疗过失的确定主要有三种方法：一是《民法典》第 1219 条规定了医务人员在诊疗活动中有说明义务和取得同意的义务，如果医务人员未履行该义务，则可认定其有过错。二是《民法典》第 1221 条规定了医务人员在诊疗活动中要尽到与当时的医疗水平相应的诊疗义务，如果未尽到该义务，则具有过错。三是《民法典》第 1222 条规定了三种推定医疗机构有过错的情形，包括违反法律、行政法规、规章以及其他有关诊疗规范的规定；隐匿或者拒绝提供与纠纷有关的病历资料；遗失、伪造、篡改或者违法销毁病历资料。存在以上三种情形之一的，推定医疗机构有过错。

（二）医疗损害责任的承担

根据《民法典》第 1218 条的规定，医疗损害由医疗机构承担赔偿责任。如果因药品、消毒产品、医疗器械的缺陷或者输入不合格的血液造成患者的损害，根据《民法典》第 1223 条的规定，患者有权选择向药品上市许可持有人、生产者、血液提供机构请求赔偿，也可以选择向医疗机构请求赔偿。患者向医疗机构请求赔偿的，医疗机构赔偿后，有权向负有责任的药品上市许可持有人、生产者、血液提供机构追偿。

《民法典》第 1224 条规定了以下三种免责事由。

第一，患者或者其近亲属不配合医疗机构进行符合诊疗规范的诊疗的，医疗机构不承担赔偿责任。如果医疗机构或者其医务人员也有过错的，应当承担相应的赔偿责任。

第二，医务人员在抢救生命垂危的患者等紧急情况下已经尽到合理诊疗义务的，医疗机构不承担赔偿责任。

第三，限于当时的医疗水平难以诊疗的，医疗机构不承担赔偿责任。

案例 74 【医疗损害责任】

某大学附属医院、文某等医疗损害责任纠纷案①

事实： 文某于 2019 年 11 月 1 日因右侧胸痛，前往某大学附属医院（以下简称某医院）就诊。11 月 2 日，文某前往该医院复诊。11 月 3 日，文某再次前往某医院就诊，当天 18：30 该院对文某进行抢救，病历显示 20：10 心肺复苏成功。11 月 4 日 5：55 左右，文某心率开始逐渐下降，即予胸外按压，反复肾上腺素，11 月 4 日 6：33，抢救无效，宣布死亡。死者近亲属以某医院为被告提起诉讼。一审法院委托北京某司法科学证据鉴定中心对本案进行医疗损害鉴定。鉴定意见书结论为某医院的诊疗行为存在过错，医疗过错与文某死亡后果的因果关系原因力程度，从技术鉴定立场分析建议为次要至同等原因范围。

法院认为： 原告在某医院处接受诊治，双方医疗服务合同关系成立，

---

① （2022）粤 01 民终 3291 号民事判决书。

现原告在本案中主张的案由为医疗损害责任纠纷，属选择以侵权纠纷要求某医院承担侵权责任，属对权利竞合的选择。但无论文某以及其近亲属刘某、杨某英、文某辉是以合同还是以侵权为由要求该院承担责任，都应考虑医疗行为本身具有高度的专业性，因此对于医疗机构是否承担责任，应当以医院的诊疗行为是否符合诊疗规范，医院的诊疗行为是否存在过错作为判断标准。同时，医院还应尽到与其医院级别相匹配的注意义务和勤勉义务。关于某医院的诊疗行为一审法院分析如下。

首先，《鉴定意见书》认定文某的死亡原因为肝脏真菌脓肿以及双肺弥漫性化脓性感染并大量脓肿形成，最终导致脓毒症休克而死亡。肝脏脓肿虽临床少见，但通过临床症状、查体，配合腹部超声以及血常规检查基本上是可以得到确诊的。文某第一次前往某医院的急诊处时已出现胸痛并伴有发热等症状。再通过事后的尸检报告可知文某肝左侧存在巨大脓肿，某医院医生在听诊时未发现异常，进而错过了早期发现、治疗的时机。

其次，即便如某医院所述文某体形偏胖，接诊医生在对文某查体、听诊时亦应考虑不同病人的特殊情况。当觉得患者自身条件可能影响医生查体、听诊的准确性时更应主动要求借助其他辅助检查，避免误诊或漏诊的可能性。

再次，文某在2019年11月2日再次前往某医院就诊时表现为双侧季肋部疼痛，与上次就诊相比较病情并未减轻，某医院应当进一步完善上次就诊未尽的检查。某医院所称文某依从性差，但并无证据证明文某拒绝上述检查或当事医生开具了相关检查的医嘱而文某拒不缴费的情况，故某医院应当对此承担不利后果。

最后，某医院作为我国综合实力较强的医院之一，又是某大学的临床教学单位，在荣获各种荣誉的同时亦应承担更重的社会责任。这不仅仅表现在医疗技术的突破以及疑难病症的诊治上，而且应体现在对每个患者都要更用心、更负责，相较其他下级医院或同级医院更加谨慎、勤勉，而文某前往某医院处诊疗更是基于信赖该院所具的权威。本案文某所患疾病的临床表现不典型，再加之其自身疾病严重，诊疗具有一定难度。但是考虑到某医院在诊疗过程中存在的一定问题以及该院的医院等级，一审法院认定某医院对于文某的死亡承担 50% 的赔偿责任。

二审法院认为，某医院在涉案诊疗过程中，未能准确评估病情，完善相关检查，及时明确患者感染灶，错失早期医疗干预时机，存在一定的过错，且该过错与文某的死亡后果之间存在一定因果关系，鉴定意见建议涉案原因力为次要至同等原因范围。一审法院据此并结合本案案情，酌定某医院对患方因涉案过错医疗行为所致损失承担 50% 的责任，基本符合本案案情，本院予以确认，二审不再调整。

十、环境污染和生态破坏责任

环境污染和生态破坏责任，是指因污染环境、破坏生态造成他人损害时，侵权人应当依法承担的侵权责任。

环境污染和生态破坏责任适用无过错责任。《民法典》第 1229 条规定："因污染环境、破坏生态造成他人损害的，侵权人应当承担侵权责任。"可见，只要污染环境、破坏生态造成他人损害，无论其是否有过错，均应承担侵权责任。

（一）环境污染和生态破坏责任构成要件

1. 行为人实施了污染环境、破坏生态的行为

污染环境、破坏生态的行为包括排放废气、废水、废渣、粉尘、放射性物质等。即使排放污染物符合国家标准或地方标准，只要造成他人损害，同样需要承担侵权责任，不得以行为合法为由主张免责。

2. 造成他人损害

损害包括人身伤亡和财产损害。即使没有造成损害，如果危及他人人身、财产安全的，污染者、破坏者仍应承担停止侵害、排除妨碍、消除危

险等侵权责任。

3. 存在因果关系

环境污染和生态破坏责任实行因果关系推定。根据《民法典》第 1230 条的规定，因污染环境、破坏生态发生纠纷，行为人应当就其行为与损害之间不存在因果关系承担举证责任。在诉讼法上，也称因果关系举证责任倒置。受害人仅需提供初步证据证明加害人实施污染环境的行为导致自己的损害，由加害人就其行为与损害结果之间不存在因果关系承担举证责任。

(二) 环境污染和生态破坏责任的承担

1. 两个以上侵权人污染环境和破坏生态的责任承担

侵权人为两人以上时，如果多个侵权人之间存在意思联络，构成共同侵权，则应承担连带责任。如果多个侵权人之间无意思联络，不构成共同侵权，各个侵权人的责任承担应为按份责任。《民法典》第 1231 条规定："两个以上侵权人污染环境、破坏生态的，承担责任的大小，根据污染物的种类、浓度、排放量，破坏生态的方式、范围、程度，以及行为对损害后果所起的作用等因素确定。"

2. 第三人过错

第三人过错在环境污染和生态破坏责任中不构成免责事由。《民法典》第 1233 条规定："因第三人的过错污染环境、破坏生态的，被侵权人可以向侵权人请求赔偿，也可以向第三人请求赔偿。侵权人赔偿后，有权向第三人追偿。"被侵权人有权选择要求侵权人赔偿，或选择要求第三人赔偿。侵权人赔偿后，有权向第三人追偿。

3. 惩罚性赔偿

《民法典》第 1232 条规定："侵权人违反法律规定故意污染环境、破坏生态造成严重后果的，被侵权人有权请求相应的惩罚性赔偿。"本条规定确立了环境污染和生态破坏责任的惩罚性赔偿制度。

4. 生态环境损害修复责任与赔偿范围

《民法典》第 1234 条规定了生态环境损害修复责任："违反国家规定造成生态环境损害，生态环境能够修复的，国家规定的机关或者法律规定的组织有权请求侵权人在合理期限内承担修复责任。侵权人在期限内未修复的，国家规定的机关或者法律规定的组织可以自行或者委托他人进行修复，所需费用由侵权人负担。"

《民法典》第 1235 条规定了生态环境损害的赔偿范围："违反国家规定造成生态环境损害的，国家规定的机关或者法律规定的组织有权请求侵权人赔偿下列损失和费用：（一）生态环境受到损害至修复完成期间服务功能丧失导致的损失；（二）生态环境功能永久性损害造成的损失；（三）生态环境损害调查、鉴定评估等费用；（四）清除污染、修复生态环境费用；（五）防止损害的发生和扩大所支出的合理费用。"

案例 75 【环境污染责任】

某清洁有限公司与张某耳水污染责任纠纷案①

事实：2017 年 4 月 28 日早上，某清洁有限公司（以下简称某公司）工作人员在某幼儿园旁垃圾屋用叉车操作清运垃圾时，有白色粉末飘到张某耳的鱼塘。随后，张某耳的鱼塘陆续出现鱼苗死亡现象。张某耳发现后，向当地村民委员会报告，并向公安机关报案。在村委会伍某主任等的见证下，张某耳对鱼塘内的鱼苗进行清理。4 月 28 日至 30 日共打捞死鱼苗约 200 斤，共约 90000 尾。5 月 12 日打捞活鱼苗 405.3 斤，约 36000 尾。

另查明，据 4 月 28 日公安录像及张某耳提供的照片反映，案涉垃圾站建有房屋，但垃圾没有放置在房屋内，大量的垃圾在房屋外露天堆放。庭审中，证人村委会伍某主任反映，案涉地点先有鱼塘再建垃圾站。垃圾站

---

① （2017）粤 06 民终 13010 号民事判决书。

有垃圾屋，但某公司的员工在将其他地方的垃圾收集后倾倒在垃圾屋的外面，再将垃圾统一收集后运走。

法院认为：一审法院按照一般侵权责任进行了论证。行为人因过错侵害他人民事权益，应当承担侵权责任。首先，鱼苗死亡与白色粉末飘洒存在关联。据现有证据反映，在粉末落入鱼塘后，随即出现大量鱼苗死亡。在此前未有证据反映有鱼苗大量死亡的情况发生。因此，据日常生活经验法则，法院认为白色粉末的飘洒与鱼苗死亡之间存在关联。其次，某公司与粉末飘洒存在关联。白色粉末原堆放在垃圾站外，有白色粉末随风飘出。某公司在用叉车操作清运垃圾时更使大量的粉末飘落到张某耳的鱼塘。案涉垃圾站由某公司管理使用，故该公司的管理及运营与粉末飘洒存在关联。最后，某公司存在过错。某公司使用案涉垃圾站对垃圾堆放负有管理责任。案涉垃圾站已建有房屋，某公司员工本应将垃圾放置于房屋内，且在垃圾过多时及时清运，而非使垃圾露天堆放。若某公司能履行其职责，及时清运垃圾，则若有他人把工业有毒物品放置于垃圾站，该公司员工亦能及时发现，并能及时作无害化处理。若垃圾不在房屋外堆放，便不会引起粉末随风飘洒。故对粉末在垃圾站外露天堆放，叉车清运垃圾引起粉末飘洒落入张某耳鱼塘，某公司均存在过错，应承担赔偿责任。

二审法院认为本案为环境污染责任案。根据《最高人民法院关于审理环境侵权责任纠纷案件适用法律若干问题的解释》（法释〔2015〕12号）第6条规定："被侵权人根据《侵权责任法》第六十五条的规定请求赔偿的①，应当提供证明以下事实的证据材料：（一）侵权人排放了污染物；（二）被侵权人的损害；（三）侵权人排放的污染物或者其次生污染物与损害之间具有关联性。"本案中，某公司确认事件发生当时确有工作人员在垃圾站清运垃圾，而公安机关的录像亦反映出垃圾站外地面上有白色的粉末，

---

① 《最高人民法院关于审理环境侵权责任纠纷案件适用法律若干问题的解释》（2020修正）中，已将《侵权责任法》第六十五条改为《民法典》第七编第七章。

结合村委会组织的协调会议记录上，某公司曾表示同意向张某耳补偿 5000 元的陈述，本院认为张某耳关于某公司在清运垃圾过程中使大量的粉末飘落至鱼塘的陈述具有高度的盖然性，本院予以采信。张某耳已举证证明粉末飘落鱼塘后出现死鱼致其产生损失，而根据日常生活经验判断，在无诸如天气突变等外界因素影响的情况下，不明性质的粉末飘落进鱼塘与塘鱼死亡之间的关联性应推定成立。根据上述司法解释的规定，张某耳已完成了本案的举证责任。某公司上诉主张其清运垃圾的行为以及白色粉末的飘落与张某耳的损害之间不存在因果关系，其应根据《最高人民法院关于审理环境侵权责任纠纷案件适用法律若干问题的解释》（法释〔2015〕12 号）第 7 条的规定，污染者举证证明本案情况存在下列情形之一，即（一）排放的污染物没有造成该损害可能的；（二）排放的可造成该损害的污染物未到达该损害发生地的；（三）该损害于排放污染物之前已发生的；（四）其他可以认定污染行为与损害之间不存在因果关系的情形。否则，应当认定某公司的排污行为与张某耳的损害之间存在因果关系。因某公司在一、二审期间均未提交证据证实其排污行为存在上述四种情形之一，故其应承担举证不能的不利后果。维持一审判决。

十一、高度危险责任

高度危险责任，也称高度危险作业责任，是指因从事高度危险作业造成他人损害而应当承担的侵权责任。

高度危险责任适用无过错责任。《民法典》第 1236 条规定："从事高度危险作业造成他人损害的，应当承担侵权责任。"无论行为人有无过错，只要高度危险作业致人损害，都应当承担侵权责任。

（一）高度危险责任的构成要件

1. 行为人实施了高度危险作业

高度危险作业包括从事高度危险活动、保有高度危险物品以及管理高度危险区域等形式。高度危险活动包括高空、高压、地下挖掘活动或者使用高速轨道运输工具的作业；高度危险物品包括民用核设施，民用航空器，易燃、易爆、剧毒、高放射性、强腐蚀性、高致病性等。

2. 受害人遭受了损害

3. 高度危险作业与受害人损害之间存在因果关系

受害人的损害是因高度危险作业本身所具有的危险性的现实化所造成的。①

（二）高度危险责任的承担

《民法典》侵权责任编对具体的高度危险责任的承担进行了规定。

1. 核事故责任

《民法典》第 1237 条规定："民用核设施或者运入运出核设施的核材料发生核事故造成他人损害的，民用核设施的营运单位应当承担侵权责任；但是，能够证明损害是因战争、武装冲突、暴乱等情形或者受害人故意造成的，不承担责任。"可见，核事故责任承担侵权责任的主体为民事核设施的营运单位。免责事由为战争、武装冲突、暴乱等情形或者受害人故意。

2. 民用航空器损害责任

《民法典》第 1238 条规定："民用航空器造成他人损害的，民用航空器的经营者应当承担侵权责任；但是，能够证明损害是因受害人故意造成的，不承担责任。"可见，民用航空器损害责任的主体为民用航空器的经营者。免责事由为受害人故意。

---

① 程啸著：《侵权责任法》，法律出版社 2021 年版，第 677 页。

3. 高度危险物损害责任

（1）《民法典》第 1239 条规定："占有或者使用易燃、易爆、剧毒、高放射性、强腐蚀性、高致病性等高度危险物造成他人损害的，占有人或者使用人应当承担侵权责任；但是，能够证明损害是因受害人故意或者不可抗力造成的，不承担责任。被侵权人对损害的发生有重大过失的，可以减轻占有人或者使用人的责任。"可见，高度危险物损害责任的主体为占有人或使用人。免责事由为受害人故意或者不可抗力。被侵权人有重大过失的，可以减轻侵权人的责任。

（2）《民法典》第 1241 条规定："遗失、抛弃高度危险物造成他人损害的，由所有人承担侵权责任。所有人将高度危险物交由他人管理的，由管理人承担侵权责任；所有人有过错的，与管理人承担连带责任。"

（3）《民法典》第 1242 条规定："非法占有高度危险物造成他人损害的，由非法占有人承担侵权责任。所有人、管理人不能证明对防止非法占有尽到高度注意义务的，与非法占有人承担连带责任。"

4. 高度危险活动损害责任

《民法典》第 1240 条规定："从事高空、高压、地下挖掘活动或者使用高速轨道运输工具造成他人损害的，经营者应当承担侵权责任；但是，能够证明损害是因受害人故意或者不可抗力造成的，不承担责任。被侵权人对损害的发生有重大过失的，可以减轻经营者的责任。"可见，高度危险活动的责任主体为经营者，受害人故意或者不可抗力为免责事由，被侵权人的重大过失可以作为减责事由。

5. 高度危险区域损害责任

《民法典》第 1243 条规定："未经许可进入高度危险活动区域或者高度危险物存放区域受到损害，管理人能够证明已经采取足够安全措施并尽到充分警示义务的，可以减轻或者不承担责任。"

十二、饲养动物损害责任

饲养动物损害责任，是指饲养的动物造成他人损害时，动物饲养人或者管理人应当承担的侵权责任。

饲养动物损害责任原则上为无过错责任，无论饲养人、管理人有无过错，均应承担侵权责任。但对于动物园饲养的动物损害责任，《民法典》第1248条规定适用过错推定责任，动物园可以通过证明尽到管理职责而免除责任。

（一）饲养动物损害责任的构成要件

1. 致人损害的动物是饲养的动物

饲养的动物，是指为民事主体所占有或控制的动物。未被民事主体所管理控制的野生动物致人损害，原则上不发生侵权责任。

2. 饲养动物的行为造成他人损害

饲养动物的行为是导致他人损害的原因，二者存在因果关系。

3. 饲养动物的独立动作造成他人损害

致人损害的行为必须是饲养动物的独立动作。动物在人强制或驱使下的加害行为不属于独立动作，属于人的行为，直接由行为人承担一般侵权责任。

（二）饲养动物损害责任的承担

饲养的动物造成他人损害的，根据《民法典》第1245条的规定，为无过错责任，由动物饲养人或者管理人承担侵权责任。

如果是遗弃、逃逸的动物在遗弃、逃逸期间造成他人损害的，根据《民法典》第1249条，由动物原饲养人或者管理人承担侵权责任。

被侵权人故意或重大过失构成饲养动物损害责任的减免责事由，根据

《民法典》第 1245 条的规定，动物饲养人或者管理人能够证明损害是因被侵权人故意或者重大过失造成的，可以不承担或者减轻责任。

但是，减免责事由在特殊情况下有所不同，对于未对动物采取安全措施造成他人损害的，根据《民法典》第 1246 条的规定，被侵权人故意或重大过失不构成免责事由，动物饲养人或者管理人能够证明损害是因被侵权人故意造成的，仅可以减轻责任；对于禁止饲养的烈性犬等危险动物造成他人损害的，根据《民法典》第 1247 条的规定，没有任何的免责事由和减责事由。

第三人的过错不构成免责事由。因第三人的过错致使动物造成他人损害的，根据《民法典》第 1250 条的规定，被侵权人可以向动物饲养人或者管理人请求赔偿，也可以向第三人请求赔偿。动物饲养人或者管理人赔偿后，有权向第三人追偿。

十三、建筑物和物件损害责任

建筑物和物件损害责任是一个统称的概念，包括多个具体的责任类型，不同类型的责任的归责原则、责任主体和减免责事由也有所不同。

1. 建筑物、构筑物或者其他设施倒塌、塌陷致害责任

《民法典》第 1252 条第 1 款规定："建筑物、构筑物或者其他设施倒塌、塌陷造成他人损害的，由建设单位与施工单位承担连带责任，但是建设单位与施工单位能够证明不存在质量缺陷的除外。建设单位、施工单位赔偿后，有其他责任人的，有权向其他责任人追偿。"建筑物、构筑物或者其他设施倒塌、塌陷往往意味着建筑物等存在质量问题、质量缺陷。造成损害的，应当由建设单位与施工单位承担连带赔偿责任，除非建设单位与施工单位能够证明不存在质量缺陷。建设单位与施工单位承担赔偿责任后，如果发现建筑物等的倒塌、塌陷是勘察单位、设计单位、监理单位等主体的责任，可以向有责任的相关主体追偿。

《民法典》第 1252 条第 2 款规定："因所有人、管理人、使用人或者第三人的原因，建筑物、构筑物或者其他设施倒塌、塌陷造成他人损害的，由所有人、管理人、使用人或者第三人承担侵权责任。"建筑物等本身不存在质量缺陷，其倒塌、塌陷是由于所有人、管理人、使用人或者第三人的原因造成的，造成他人损害的，应当由所有人、管理人、使用人或者第三人承担赔偿责任。

2. 建筑物、构筑物或者其他设施及其搁置物、悬挂物脱落、坠落损害责任

《民法典》第 1253 条规定："建筑物、构筑物或者其他设施及其搁置物、悬挂物发生脱落、坠落造成他人损害，所有人、管理人或者使用人不能证明自己没有过错的，应当承担侵权责任。所有人、管理人或者使用人赔偿后，有其他责任人的，有权向其他责任人追偿。"此处采取过错推定责任，发生脱落、坠落造成他人损害的事实后，首先推定所有人、管理人或者使用人有过错，如果其不能证明自己没有过错的，应当承担侵权责任。

3. 建筑物中抛掷物品或者建筑物上坠落物品致害责任

《民法典》第 1254 条第 1 款规定："禁止从建筑物中抛掷物品。从建筑物中抛掷物品或者从建筑物上坠落的物品造成他人损害的，由侵权人依法承担侵权责任；经调查难以确定具体侵权人的，除能够证明自己不是侵权人的外，由可能加害的建筑物使用人给予补偿。可能加害的建筑物使用人补偿后，有权向侵权人追偿。"发生此种损害的，能够确定具体侵权人的，由侵权人承担责任。在无法确定具体侵权人时，出于公平的考量，由可能加害的建筑物使用人给予补偿。

《民法典》第 1254 条第 2 款明确了物业等建筑物管理人防止此类损害发生的安全保障义务："物业服务企业等建筑物管理人应当采取必要的安全保障措施防止前款规定情形的发生；未采取必要的安全保障措施的，应当依法承担未履行安全保障义务的侵权责任。"

《民法典》第 1254 条第 3 款强调了发生本条第 1 款规定的情形的，公安等机关应当依法及时调查，查清责任人。

4. 堆放物倒塌、滚落或者滑落致害责任

《民法典》第 1255 条规定："堆放物倒塌、滚落或者滑落造成他人损害，堆放人不能证明自己没有过错的，应当承担侵权责任。"堆放物倒塌、滚落或者滑落致人损害责任适用过错推定责任，责任主体为堆放人。

5. 公共道路堆放、倾倒、遗撒妨碍通行的物品致害责任

《民法典》第 1256 条规定："在公共道路上堆放、倾倒、遗撒妨碍通行的物品造成他人损害的，由行为人承担侵权责任。公共道路管理人不能证明已经尽到清理、防护、警示等义务的，应当承担相应的责任。"妨碍通行的物品损害责任为无过错责任，无须考虑行为人是否具有过错。公共道路管理人则承担过错推定责任，如果公共道路管理人不能证明已经尽到清理、防护、警示等义务，应当承担相应的责任。

6. 林木折断、倾倒或果实坠落损害责任

《民法典》第 1257 条规定："因林木折断、倾倒或者果实坠落等造成他人损害，林木的所有人或者管理人不能证明自己没有过错的，应当承担侵权责任。"林木折断、倾倒或果实坠落致害的责任主体为林木的所有人或者管理人，适用过错推定责任。

7. 地面施工及地下设施损害责任

《民法典》第 1258 条规定："在公共场所或者道路上挖掘、修缮安装地下设施等造成他人损害，施工人不能证明已经设置明显标志和采取安全措施的，应当承担侵权责任。窨井等地下设施造成他人损害，管理人不能证明尽到管理职责的，应当承担侵权责任。"地面施工及地下设施致人损害责任采取过错推定责任，施工人须证明已经设置明显标志和采取安全措施，地下设施管理人须证明尽到管理职责，否则应承担侵权责任。